KB243943

18세기 연행록과 중국사회

엮은이

최소자 崔韶子, 1940년 서울태생.
이화여자대학교 사학과 졸업, 동대학원에서 석사·박사학위.
1969년부터 2005년 이화여자대학교 인문과학대학 사학과 교수.
현재 이화여자대학교 사학과 명예교수. 저서로『東西 文化交流史』(삼영사, 1987),『明淸時代 中韓關係
史 硏究』(이화여대출판부, 1997),『淸과 朝鮮』(혜안, 2005), 공저로『명말청초사회의 조명』(한울,
1990),『중국과 동아시아 세계』(국학자료원, 1997),『중국과 한국』(서해문집, 2005), 공역으로는
『중국 과거제도의 사회사적 의의』(동국대출판부,1987),『천주실의』(서울대출판부, 1999)가 있다.
동양사학회 회장 역임. 현재 명청사학회, 동양사학회 평의원.

정혜중 鄭惠仲, 이화여자대학교 사학과 및 대학원 사학과 석사학위. 2002년 도쿄대학교 인문사회계 연구과
박사학위 취득. 현재 이화여자 대학교 인문대학 사학전공 조교수. 저서로『淸末山西票號の硏究』(汲古書
院, 2005)가 있다.

송미령 宋美玲, 이화여자대학교 사학과 졸업, 동대학원에서 석사·박사학위.
2007년 1월부터 미국 Dartmouth 대학에서 박사후과정 연수중.
저서로『청대 정책결정기구와 정체세력』(혜안, 2005)가 있다.

18세기 연행록과 중국사회

최소자·정혜중·송미령 엮음

2007년 10월 31일 초판 1쇄 발행

펴낸이·오일주
펴낸곳·도서출판 혜안
등록번호·제22-471호
등록일자·1993년 7월 30일
⑰ 121-836 서울시 마포구 서교동 326-26번지 102호
전화·3141-3711~2 / 팩시밀리·3141-3710
E-Mail hyeanpub@hanmail.net

ISBN 978-89-8494-322-3 03910
값 18,000 원

18세기 연행록과 중국사회

최소자 · 정혜중 · 송미령 엮음

혜안

간행사

　전통시대 한국은 중국과 많은 문화교류가 있었다. 특히 조선시대에는 중국의 명청 왕조와 다양한 형태로 교류관계를 가졌다. 사행의 파견이라는 외교적 통로는 조선과 명청과의 교류관계의 일면으로서, 역사분야에서도 최근 새로운 연구대상으로서 상당히 주목을 받으며 연구가 이루어지고 있다. 중국을 다녀온 사행사들은 그 때마다 귀중한 여행기록으로 조천록朝天錄과 연행록燕行錄 등을 남겼다. 이 기록들에는 중국의 정치, 경제, 교류의 내용들과 사회문화 특히 생활풍속 등에 관한 내용이 다수 포함되어 있다. 최근 중국 연구자들이 명청시대에 관한 연구와 이해에 조선자료 중 특히 연행록에 주목하는 것도 이 때문이다.

　2003년부터 이화여자대학교 동아시아 교류사연구팀도 사행사들의 기록에 관심을 가지게 되었다. 그 결과 그 해 9월부터 학술진흥재단 기초학문 육성지원사업에 선정되어 1년 동안 '조청朝淸교류시스템에 나타는 중국시회中國社會-18세기 조선 지식인들의 기록을 중심으로'라는 과제를 수행하였다. 오랫동안 한중관계사 연구에 매진해 온 이화여자대학교 사학전공 최소자 교수를 책임자로 하고, 이화사학연구소의 정혜중·송미령을 책임연구원으로 한 동아시아 교류사연구팀은 18세기 조선지식인의 중국 방문을 둘러싼 연구논문을 집필하고 더불어 논문의 토대가 된 연행록 자료들 가운데 18세기 중국을 볼 수 있는 주제를 따로 모아 자료집을 구성하게 되었다. 자료집은 동아시아라는 하나의 통합된 전통사회, 특히 18세기의 중국에 초점을 맞추어 조선지식인의 시각에서 중국의 다양한 모습을 담고자 하였다.

조선지식인들, 즉 선비들이 기록한 것들은 당시 중국의 정치, 경제, 사회, 문화 각 방면에 걸친 방대한 내용들이었다. 그들은 중국 동북 산천을 둘러보며 고구려인의 기개를 느꼈고, 산해관에서는 맹강녀의 슬픈 아픔을 생각하며 중국인의 역사에도 깊은 관심을 가졌다. 뿐만 아니라 동북에 거주하는 다양한 민족의 역사를 가슴으로 느끼면서 기록 하였고, 또 북경 시내에 단기간 체류하면서 보고 듣고 느끼고 생각한 바를 진솔하게 서술하였다. 이렇게 연행록을 통해 중국과 관련된 다양 한 모습들이 펼쳐진다. 나아가 연행 당대를 보면서도 과거 역사까지 함께 생각하며 중국을 논하는 조선선비들의 인식에서 조선선비들의 변모된 세계관도 엿볼 수 있다.

일찍이 19세기의 대표적인 연행록인 김경선의 『연원직지燕轅直指』서 문에서 "연행 갔던 사람들이 대부분 기행문을 남겼는데 그 중 세 명이 저명하니 그는 곧 김창업, 홍대용, 박지원이다"라고 하여 18세기의 연행록 가운데 김창업의 『가재연행록』과 홍대용의 『을병연행록』(담헌 일기), 박지원의 『열하일기』를 크게 평가하고 있다. 『가재연행록』은 1712년(강희 51) 기록으로 이 시기는 강희 말년에 해당한다. 『담헌일 기』는 1765년(건륭 30) 기록으로서, 이 시기는 건륭황제 통치의 전성 시기였다. 또한 박지원이 중국을 여행한 1780년(건륭 45)은 건륭황제 통치기의 후반이었다. 같은 18세기라도 세 사람이 여행한 1712, 1765,

1780년 청의 국내 상황은 상당한 변화가 있었다. 김창업과 홍대용이 중국을 연행한 시간적 간격은 53년, 홍대용과 박지원의 간격은 15년이다. 김창업의 연행 당시와 홍대용의 연행 시기는 조선지식인의 중국에 대한 인식이 크게 차이가 나는데, 18세기 중반에는 점차 내외화이內外華夷를 구분하지 않고 화華와 이夷를 동등하게 보아 청조를 단순히 이夷로 천시하지 않고 그들 문화의 우수성을 배워 조선의 현실을 개선해야 한다고 주장하였다. 박지원도 중국이 이적일망정 이적에게 나온 것이 도움이 된다면 본받아야 하며, 청을 통해 선진문물을 들여올 것을 주장하였다. 조선선비들의 중국에 대한 이러한 인식 전환과 당시의 중국의 상황을 함께 기록하고 있는 사료가 바로 연행록이다.

　연행록의 사료적 가치는 이미 충분히 인정되어 일찍이 민족문화추진위원회에서 연행록의 한글 번역에 매진하였고, 최근에도 다양한 연행록 기록들이 속속 한글로 번역되이 널리 읽히게 되었으니 참으로 반가운 일이다. 우리 동아시아 교류사 연구팀은 연행록 연구를 진작시키는 하나의 방편으로 연행록에 보이는 다양한 내용들에 주목하였다. 그리고 조선 선비들의 견문에 따라 카테고리를 설정하여 내용들은 정리해 보았다. 물론 정리된 내용이 이 책에서 취급하는 세 종류의 연행록 주제별 항목을 모두 담았다고는 단언하기 힘들다. 하지만 이 책에서 제시한 내용들을 통해 18세기 중국사회의 다양한 모습과 만날 수 있을 것이다. 그 각각의 내용들을 다른 연행록들과 비교한다면 사행을 통한 외교관계가 지속되는 15~19세기까지의 중국의 변화되는 모습을 이해하는 기준도 될 것이다. 동시에 중국의 변화되는 모습을 관찰하고 기술하는 조선 선비의 인식변화도 읽어낼 수 있을 것으로 기대된다.

연행록의 고전 번역에 기초하였지만 다소 윤색을 가한 이 책은 독자들로 하여금 18세기 중국사회에 다가가서 이모저모를 쉽게 이해할 수 있도록 구성하였다. 이러한 시도가 앞으로 중국과 한국의 역사연구에 좀더 많은 도움이 되기를 바란다.

무엇보다도 연구기회를 제공한 학술진흥재단과 학술진흥재단 연구 과제를 수행하는 동안 함께 자료정리를 담당해준 이화여자대학교 사학과 대학원 박사과정 이정희·윤진영 선생에게 감사를 표한다. 또한 시장성이 적은데도 그 출판을 흔쾌히 맡아주신 혜안의 오일주 사장님과 김현숙 편집장님께 진심으로 감사의 마음을 전한다.

2007년 최소자

글 싣는 차례

II. 경제   237

Ⅲ. 사회와 문화 279

일러두기 ㅣ

1 이 자료집은 18세기 연행록 가운데 『가재연행록』, 『담헌연기』(『을병연행록』도 참조), 『열하일기』에
   서 발췌하여 정리하였다.
2 모든 글을 정치, 경제, 사회문화로 구분하고 다시 주제를 정하여 같은 성격의 기록을 모아 정리하였다.
3 독자의 이해를 돕기 위해 발췌한 내용에 제목을 붙였다.
4 국문으로 번역된 내용을 발췌하였고, 출전은 각 내용 말미에 언급하였다.
5 지명과 인명의 한자표기는 한글(한자) 형식으로 하였다.
6 설명이 필요한 단어는 각주로 달아 보충하였다.
7 민족문화추진회에서 간행한 고전국역본을 기본으로 하였으나, 문맥의 흐름을 고려하여 수정하였다.
8 주제별 사료를 싣는 순서는 각 연행록의 서술 연대다.
9 기록날짜는 음력에 준한다.

■ 들어가며

1. 연행록으로 중국사회를 보다

동아시아의 중국·한국 및 일본은 역사상 오랜 시기에 걸쳐서 서로 긴밀한 교류를 유지해 왔다. 문화적으로는 주요한 하나의 통합성을 이루어 동아시아문화권, 한자문화권 또는 유교문화권으로 일컬어져 왔다. 이 지역이 지녀온 통합성은 역사상 다른 지역들과 비교해 볼 때 그 문화권으로서의 장구성과 계속성에서 다른 어느 지역보다 두드러졌다고 할 수 있다. 특히 동아시아 문화권에서 중국과 한국의 관계는 유사 이래 중요성을 지니고 발전하였다. 한국에게 중국과의 관계는 근대 이전에는 거의 절대적인 관계였다고도 볼 수 있다.

지금까지 중국과 한국의 관계사는 한국쪽 입장에서 접근한 연구가 중심이었다. 한국의 대중국관계를 올바로 파악하기 위해서는 기존의 연구경향이 지니고 있는 문제점도 극복하고 중국사의 측면에서 조선과의 관계를 보는 작업도 중요한 의미를 갖는다. 관계사 또는 교류사는 상호관계에 대한 연구고, 따라서 양자를 함께 조명하는 상호인식도 반드시 요구된다.

일찍이 서양인들의 중국에 대한 기록은 많은 연구와 논의의 대상이 되어 있다. 서방에서 본 중국에 관한 기록 가운데 근대 이전 큰 영향을 준 대표적인 책은 13세기 마르코 폴로의 『동방견문록東方見聞錄』(1274~1290년 중국견문)을 시작으로, 이슬람 탐험가 이븐 바투타의 『이븐

건륭제와 매카트니

바투타의 여행기』(1325~1354년 아시아 · 아프리카 · 유럽 견문), 마
테오 리치의 『마테오 리치 중국차기利瑪竇中國札記』(1582~1610년 중국
견문), 매카트니의 『중국방문사절일기中國訪問使節日記』(1793년 중국견
문) 등 각 시대별로 다양한 자료가 남겨져 당시 유럽인들에게 동방에
관한 관심을 불러일으키는 유일한 정보 통로의 역할을 하였다.

　조선의 경우, 중국과의 관계가 지속적인 교류 시스템으로 정착함으로
써 많은 공식 사행을 파견하게 되었다. 조 · 청의 초기 교류시스템은
조선이 매년 한 차례씩 세폐를 보내고, 성절聖節 · 원단元旦 · 동자冬至
등 3 대절三大節에 각각 한 차례씩 진공하여 1년에 모두 네 차례에 걸쳐
청국을 방문하면, 청조는 이에 대해 회사回賜하는 관계를 유지하였다.
그러나 조선 측의 사행使行은 1645년(순치順治 2)부터 동지사 일행에

건륭제의 시가 삽입된 북경의 조감도

합병되어, 청 말까지 동지사가 매년 파견되고 이 밖에 특별한 일이 있을 때마다 사행이 파견되어 많은 경우 한 해에 두세 차례 이상 조선사행이 중국으로 파견되었다. 청초부터 동치 말년(1874)까지 238년간 모두 474차례의 사행이 중국에 갔으며, 겸대兼帶한 경우까지 합치면 870차례나 되었다. 전 시기 평균 매년 3.6회의 사행이 있었던 것이다. 이것으로 조·청 간의 사행 파견은 하나의 교류 시스템으로 정착하였던 것이다. 이에 따라 사행使行이나 수행원에 의한 다양한 견문이 연행록 형태로 정리되었고, 이 기록들은 조선사회에 많은 영향을 주었다.[1]

기록을 남긴 조선의 사행 및 수행원들은 고위 관료와 저명한 문인·학자들이 많았는데, 이들은 서방견문록의 저자들과는 달리 학문적 수준도 상당하고 문화적·사상적·지리적으로 중국에 익숙한 지식인들이었다. 따라서 서방 측의 이해보다는 수준 높고 심도 깊은 견문록을 남길 수 있었다. 즉 이들의 인식은 서양 여행가들보다 중국 사회를 보다 깊게 이해하고 또한 대청관계對淸關係에서도 초기 청에 대해 비판적인 시각을 가지고 있어 앞서의 중국에 대한 견문록들보다 오히려 중국의 실상을 예리하고 날카롭게 더욱 정확하게 볼 수 있었다고 생각된다. 이들 기록은 대체로 서울(당시 한성부漢城府)의 출발에서부터 국왕에 대한 의례, 노정의 기록, 북경에서의 외교 및 무역, 인상, 귀로 후의 보고 등으로 이어지는데, 그 과정은 가히 조선시대의 하나의 외교시스템에 대한 전반적인 기록이라고 볼 수 있다.

2. 18세기에 주목하다

조청관계가 안정된 18세기에 파견된 조선 외교사절단의 여행기록은 중국사회에 깊숙이 파고들어 몇 십 년 동안 생활하고 기록을 남긴 명청시대의 서양 선교사들의 기록과는 다르다. 또 같은 길을 반복적으로 사행들이 왕래하였다는 점은 사행지역에 국한되기는 하지만, 다른 국가는 접할 수 없는 만주지역을 오가면서 중국사회의 변화를 읽을

---

1) 최근 연행록에 관한 중국사 혹은 한국사 관련 논문은 상당히 많은 성과가 있었다. 대표적인 것으로는 박원호·서인범의『표해록』관련 논문과 저서, 그리고 정혜중,「조선 선비의 청국 수도 北京 見聞」,『명청사연구』23집, 2005 ; 송미령,「18세기 조선지식인이 본 청초의 統治」,『명청사연구』23집, 2005 ; 권인용,「명중기 조선의 입명사행」,『명청사연구』19집, 2003 ; 홍성구,「두 외국인의 눈에 비친 15·16세기 중기의 중국」,『명청사연구』24집, 2005 ; 김경록,「조선시대 사행과 사행기록」,『한국문화』38집, 2006 등이 있다.

수 있는 하나의 지침이 된다고 할 수 있다. 게다가 18세기에 파견된 사행과 그 수행원들은 19세기에 비해 비교적 자유롭게 움직이며 견문할 수 있었다. 특히 고관의 자제들이나 문인학사들은 공무의 책임이 없었기 때문에 중국에서 체류하는 시간을 대부분 학자들과의 학문적인 교류, 견문 확대 및 민간정보 획득에 활용하였다. 이들이 남긴 기록 중에는 중국 측 사료에는 일반적으로 잘 나타나지 않는 중국사회 이면의 모습이 기록되어 있다. 즉 당시의 중국사회가 비록 태평성대라고는 해도 여전히 만주족에 의한 언론 통제는 심하였으므로 일반적으로 중국사료에서 얻기 어려운 중국사회 이면의 모습들이 담겨 있는 것이다. 또한, 몽골에 대한 청조의 정책, 당시 몽골의 상황 등을 통해 중국 사회를 들여다본다는 것도, 중화제국 최고의 절정기 모습을 심도 깊게 볼 수 있다는 점에서 가치 있는 일이다.

18세기에 전형적인 중국과 한국의 교류관계 회복에 크게 기여할 수 있었던 것도 이 시기의 연행 사신과 수행원들의 견문록들이었다. 따라서 연행록에 나타난 청조 사회를 입체적으로 구성해볼 필요가 있다. 18세기에 안정과 번영을 구가한 청조에 대한 견문이 어떻게 조선으로 생생하게 전달되었는지, 그들의 기록에 나타나는 18세기의 중국사회는 실제 모습과 어떤 차이가 있었는지를 고찰하는 것은 중요한 의미를 지닌다. 또한 이를 통해서 18세기 조선 지식인의 중국사회에 대한 관찰과 그 변화도 드러낼 수 있을 것이다. 견문록을 남긴 사람들은 조선에서 청나라 동북쪽 육로인 만주지역을 통해 북경으로 들어갔는데, 비록 자유롭게 움직이지 못하고 예정된 루트를 따라 일정하게 왕래해야 했지만 조선인만이 오간 길이었고 따라서 이 지역에 대해 끊임없는 정보를 남겼다. 중국에서의 동북지역사 연구가 대부분 봉금封禁이 해지된 19세기 중반 이후부터를 연구 대상으로 삼고 있는 것은 사실 18세기 이 지역에 관한 중국 측 자료가 충분하지 않기 때문이기도 하다. 조선

지식인들의 연행록은 바로 이 만주를 주요 무대로 하여 북경을 중심으로 한 정치 중심권에 이르는 루트에 관한 사료라는 점에서 그 가치가 매우 크다.

이 책에서 주목한 것은 18세기의 중요성에 대해서다. 18세기 청과 조선의 관계는 17세기 후반과는 달리 전통적인 기존의 관계를 많이 회복하였다. 이 회복된 교류시스템을 통해 많은 조선은 많은 정보를 유입하였고, 유입된 정보는 조선사회의 분위기를 변화시키는 데 일조하였다. 따라서 시대적인 변화를 염두에 두면서 교류시스템이 회복된 이후 조선지식인에게서 보이는 대청對淸 인식의 변화와 조선사회 내부의 변화도 함께 고려하였다.[2] 연행록에는 조선 지식인들이 보고 들은 중국사회가 잘 묘사되어 있다. 아마도 당시 세계에서 중국과 중국문화를 가장 잘 이해했던 것은 조선의 지식인들이었을 것이고, 이것을 가장 잘 드러낸 것이 바로 연행록일 것이다. 따라서 연행록에 대한 연구는 기본적으로 우리 문화유산의 가치를 발굴하여 제 자리를 찾아준다는 의미만 있는 것이 아니라 중국학 연구에 국내 사료의 발굴과 이용이 필요하다는 사실을 일깨워 주는 것이기도 하다.

물론 조선인이 남긴 사료만으로 중국사의 전모를 파악할 수는 없다. 하지만 중국 사료를 위주로 하면서 한국의 사료를 보다 충분히 적극적으로 활용할 필요는 있다. 조선시대의 각종 연행록을 중국자료와 결합시켜 보면, 역사적 의미를 갖는 부분이 적지 않게 발굴된다. 최근 일본학계에서도 연행록을 가지고 유구사琉球史 연구라든지 조선통신사朝鮮通信使 연구에 적극 활용하고 있는데 이 같은 움직임도 좋은 자극이 될 것이다.

---

2) 최소자, 「조선후기 진보적 지식인들의 중국 방문과 交遊」, 『명청사연구』 23 집, 2005, 1~32쪽 ; 『淸과 朝鮮』, 혜안, 2005.

3. 연행록의 특징

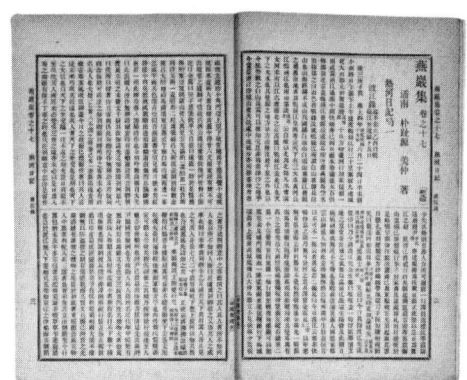

『열하일기』

『을병연행록』

18세기로부터 19세기 후반 개항에 이르기까지 조선이 얻은 해외에 대한 정보란 대부분 청국淸國을 통한 것이었다. 그만큼 조朝 · 청淸 관계는 조선의 정치와 외교 · 문화 사상에 중요한 역할을 하였고 이후 근대를 준비하는 과정에서도 조선의 지식과 정보의 양을 규정짓는 중요한 작용을 하였다. 이러한 관계가 안정기로 접어들어 발전했던 것이 앞서 지적한 18세기였다. 당시의 사행 및 수행원들은 자신들의 여행을 통하여 청의 선진문물을 목격하고, 그러한 과정에서 중국을 통한 새로운 문화유입에 대해 무엇을 생각하고, 이것을 토대로 그들의 세계관은 어떻게 확대되었는지 볼 수 있다.

일찍이 연행록 연구에 주목한 민두기 교수는 연행록이 청대의 정치제도 및 문물에 대한 비판도 전제로 하고 있는 것을 특징으로 들고, 정도의 차이 또는 질적 차이는 있지만 어떤 연행록이든 청대 문물에 전폭적으로 경도되어 있지 않았다고 하였다. 이는 대부분의 기록이 '연행록燕行錄'으로 불리는 데서도 단적으로 나타난다. '황명皇明'에 대한 사행기를 '조천록朝天錄'으로 불렸던 것과는 달리 청대 중국에 대한 견문록은 연행록이라고 불렀다는 것은 청조淸朝를 중화로 보지 않으려는 태도를 드러낸 것이다.

또한 연행록은 견문과 관찰이 광범위하다는 점도 주목할 수 있다. 당시 중국은 조선인이 접할 수 있는 대외세계의 거의 전부였다. 그러므로 그들은 중원의 문물 경관에 대해 깊고 넓게 그리고 호기심을 가지고 관찰하였는데, 이는 정치나 통치에 대한 비판을 할 수 없었기 때문이라고 해도 과언이 아니다.

연행록은 중단 없는 동시대적인 견문, 관찰기록이라는 점이 가장 큰 특징일 것이다. 1년에도 삼절겸연공사三節兼年貢使가 여러 차례 방문하고 그 밖에도 여러 명목으로 많은 임시 사행이 있었는데 한 해도 거르지 않고 계속되었다. 아마도 같은 지역에 대한 이 같은 계속된 동시대적 관찰 기록은 그 예가 드물 것이다.

한편 연행록은 청조의 통치와 사회상을 기술할 때 외국인이므로 표현의 자유를 가지고 있었다는 점이다. 이민족 통치체제인 청조에서는 강력한 사상통제, 문헌통제가 행해지고 있었기 때문에 기록하고 싶어도 할 수 없는 문제들이 적지 않았고 서책의 조선 유입도 많은 제한을 받았다. 그런데 조선인들은 청조의 이 같은 언론통제에 영향을 받지 않고 표현의 자유를 누릴 수 있었다.[3]

이상의 특징에서 조선의 연행록이 객관적인 기술로 청대의 정치·사회·문화 등에 대해 귀중한 자료를 포함하고 있었음을 알 수 있을 것이다. 더구나, 이러한 자료는 청淸 일대에 걸쳐 있기 때문에 시대적인 변화의 흐름도 파악할 수 있다. 그리고 이 기록을 통해 교류시스템으로

---

3) 민두기, 「『열하일기』의 일 연구」, 『역사학보』 20, 1963, 81~116쪽.

정착한 조청 관계를 다각적인 면에서 접근할 수 있다. 한편 중국사의 입장에서 여행 기록과 해당 시기의 조선 자료들을 중심으로 중국의 정보-정치, 경제, 사회사상-를 발췌 · 정리하고, 이것을 당시의 중국 사료와 비교, 검토, 분석해 보면 조선 지식인들의 해외정보에 관한 내용의 허와 실도 검토할 수 있을 것이다.

4. 지금까지의 한중관계사 연구현황

지금까지의 청과 조선, 조선과 청의 관계에 대한 연구는 주로 한국 측의 연구로 ① 명 · 청 교체에 따른 조선의 외교정책에 관한 연구, ② 정묘 · 병자 호란 관련 연구, ③ 조 · 청 조공관계에 대한 일반적인 연구, ④ 북벌론 · 대명의리론對明義理論에 관한 연구, ⑤ 국경설정 문제에 관한 연구, ⑥ 조선 후기 실학자들의 대외인식 변화에 관한 연구, ⑦ 청과 조선 문인 · 학자 들의 교류에 관한 연구, ⑧ 경제교류와 관련된 연구, ⑨ 서학과 천주교 수용에 관한 연구로 유형화할 수 있다. 이들 연구 중 연행록을 대상으로 한 연구는 지난 30, 40여 년간 꾸준히 지속적으로 추진되었으나, 그 내용을 보면 대체로 한국문학 영역에서 문학사적으로 접근하거나 한국사 연구자를 중심으로 무역과 외교 및 사상사적으로 접근하는 것이 주를 이루었고, 중국사와 관련해서는 한중 교류사의 일단으로 취급해 왔다. 이에 비해 중국에 대한 외국견문록이 짙고 있는 가치 즉, 중국에 관한 중난 없는 동시대적인 견문, 관찰 기록인 사료로서의 의미에는 그다지 주목하거나 평가하지 않았다.

연행록 가운데 중요한 가치를 지니는 대표적인 것들은 몇 차례 국역이 이루어지고 또 적지 않은 연행록이 번역되었는데, 최근 방대한 자료가 수집 · 정리 · 출판4)된 것은 반가운 일이 아닐 수 없다.

기존의 연구는 청과 조선, 조선과 청의 관계에 접근하면서도 한국의

---

4) 임기중 편, 『연행록전집』 1~10, 동국대학교출판부, 2001.

입장에서 편향된 연구를 진행하였다. 조 · 청 양국은 서로 밀접한 관계를 맺고 여러 방면에 걸쳐 복잡하고 긴밀하게 얽혀 있었기 때문에 체계적이고 유기적인 연구를 수행하지 않고는 전체의 모습을 밝히기 어렵다. 이 점에 유의하여 종합적인 이해를 도모하고5) 양국 간의 상호인식을 조명하는 데 초점을 맞춘 연구도 최근 진행되었다.6)

한편 청과 조선, 조선과 청의 관계에 관한 연구는 시기적으로 17세기 중반과 19세기에 집중되어 있기도 하다. 중국과 한국의 관계는 명대에 일정한 패턴이 만들어졌지만, 17세기 중반에 이민족왕조인 청조가 입관하여 국가를 수립하는 변수가 작용하면서 조선의 대중국인식에 큰 변화가 일어났다. 강한 충격을 받은 조선의 대중국관계의 틀은 18세기 중반 이후 서서히 회복되면서 전형적인 관계를 재정립하게 된다. 뿐만 아니라 이렇게 회복된 교류 시스템을 바탕으로 많은 정보가 조선으로 유입되었고, 이렇게 유입된 정보들은 조선사회의 변화에 일조하였다. 그럼에도 연구자들은 동아시아 국제정세의 변동기인 17세기 중반까지의 조 · 청 관계에만 집중하였고, 또 조선 측의 입장만을 중시하여 조선사회의 변화기인 19세기 이후 및 근대에 주목할 뿐, 18세기까지의 중요성에 대해서는 간과해 왔다.

조 · 청 양국관계에서 18세기가 갖는 특징은 청조의 안정과 번영을 기반으로 관계가 안정적이었다는 데서 찾을 수 있다. 이 시기는 청조의 통치자들이 명 · 청 교체의 혼란으로 인해 중단된 경제적 성장과 사회변화의 파고를 진정시키고자 했던 시기로, 중국사에서 가장 안정적이고 번영을 구가하며 중앙아시아에 대한 통제를 강화하면서 중국 역사상 전례 없는 대제국을 이룩하였다. 또한 이 시기에 효율적인 행정체계를

---

5) 최근 이러한 인식으로 김한규, 『한중관계사』 Ⅰ · Ⅱ, 아르케, 1999의 연구도 있다.

6) 최소자, 『명청시대중한관계사연구』, 이화여자대학교출판부, 1997 ; 앞의 책, 2005.

마련하고, 정부관직이나 사회 전반에 걸친 만한滿漢 긴장을 해소하기 위해 노력하였다. 경제적으로는 농업과 상업이 발달하고 세법이 개정되고 문화생활이 활성화되었다. 그러나, 18세기 후반부터 폭발적으로 증가한 인구 문제와 경작할 토지의 부족으로 인한 사회불안이 야기되면서 왕조의 전체적인 기강이 무너지기 시작하였다. 이러한 상황은 조선의 대외관계에도 심각한 영향을 미쳤다.[7] 18세기 말 북학론에 대한 논의에 비하면, 18세기 전기와 후기의 일부 시기는 교류사 부분에 대한 연구가 매우 소략한 편이다.

  조선시대에 중국에 간 조선 사신들 가운에는 당대 최고의 문인·학자들이 다수 포함되어 있었을 뿐 아니라, 고위자제나 문인들도 수행원 자격으로 사행에 적극 참여하여 견문을 넓히고 중국 인사들과 교류할 기회를 가졌다. 그들은 대부분 직접 견문한 내용을 기록해 두었다가 귀국 후 연행록을 저술하여 당시의 중국 문물에 대한 정보를 전달하였다. 18세기에 쓰여진 연행록으로 이 책에서 다룬 것은 김창업金昌業의 『노가재연행일기老稼齋燕行日記』(1712), 홍대용洪大容의 『담헌연기湛軒燕記』(1765~1766), 박지원朴趾源의 『열하일기熱河日記』(1780)다. 이들의 청의 정세에 대한 인식은 18세기 전기와 후기가 다른 양상을 보인다. 18세기 전기는 강희康熙 만년과 옹정雍正 시기로 만주족이 전 중국에 대해 실질적인 지배권을 완료한 시기인데, 이 같은 만주족의 중국지배를 기정사실로 받아들이는 분위기가 조선에서 일반화된 것은 아니지만, 청조에 대한 인식에도 서서히 변화가 일기 시작하였다. 이후 조선과 청의 관계는 전형적인 기존의 관계로 복구되었는데, 조선 측에서도 변화가 보일 뿐 아니라 청조 역시 이전과는 다른 모습을 보였다.

  18세기 후반은 건륭제 통치 후반기로 소위 청조의 전성기, 중화제국의 전성기라 부르는 정치·사회·경제·문화 발전의 절정기였다. 이

---

7) 최소자, 앞의 책.

시기 북경을 방문한 홍대용, 열하熱河까지 방문한 박지원 등은 관념 속의 중국과 현실 사이에는 현격한 차이가 있음을 확신하였고, 공리적功利的인 문물에 관심을 기울여 이용후생利用厚生을 주장하였다. 그리고 서양에 대한 관심도 단순한 호기심의 단계를 넘어 장차 활용이나 실천을 염두에 두는 지적 호기심으로 발전시키게 된다. 그러므로 18세기 후반 이들 지식인의 중국 인식은 단순히 정복왕조로서의 청조가 아니라 보다 넓고 새로운 세계로서 중국이었고, 그 안에서 새로운 문물을 이해하고 인식하려고 하였다.

5. 이 책의 구성

18세기 전기의 대표적인 연행록인 김창업의 『노가재연행일기』와 18세기 후기의 대표 연행록인 『담헌연기』 간에는 시간적으로 53년, 『담헌연기』와 『열하일기』는 15년의 차이가 난다. 작자 간의 학문적, 사상적 연계도 눈에 띈다. 담헌의 스승 김원행金元行은 김창집의 형 김창협의 손자가 되며, 연암의 장인 이천보 역시 김창협의 학문을 계승한 인물로서 이들이 모두 노론 가문의 영향 하에서 연행의 전통을 형성하고 있음은 특기할 사실이다. 이렇게 김창업(18세기 전기 대표), 그리고 홍대용과 박지원(18세기 후기 대표)을 연결해 놓고 보면 연행록의 전통과 문화의식의 변모가 확인된다.

연행록에 나타난 청국의 만주지역과 북경 일대의 주요 노정 및 목적지 [책문柵門→ 봉황성鳳凰城→ 요양遼陽→ 심양瀋陽→ 유조구柳條溝→ 무순撫順 → 산해관山海關(진황도秦皇島)→ 북경北京(조양문朝陽門→ 동악묘東岳廟→ 옥하관玉河館→ 관상대觀象臺→ 동천주당東天主堂→ 유리창琉璃廠→ 경산景山→ 습례정習禮亭→ 천안문天安門→ 남천주당南天主堂)→ 또는 열하熱河] 별로 각 지역자료를 위의 연행록에서 뽑아 정리하였다. 여행의 목적지인 북경에서는 한 달 이상을 체류하여 기록된 내용이 비교적 상세하여

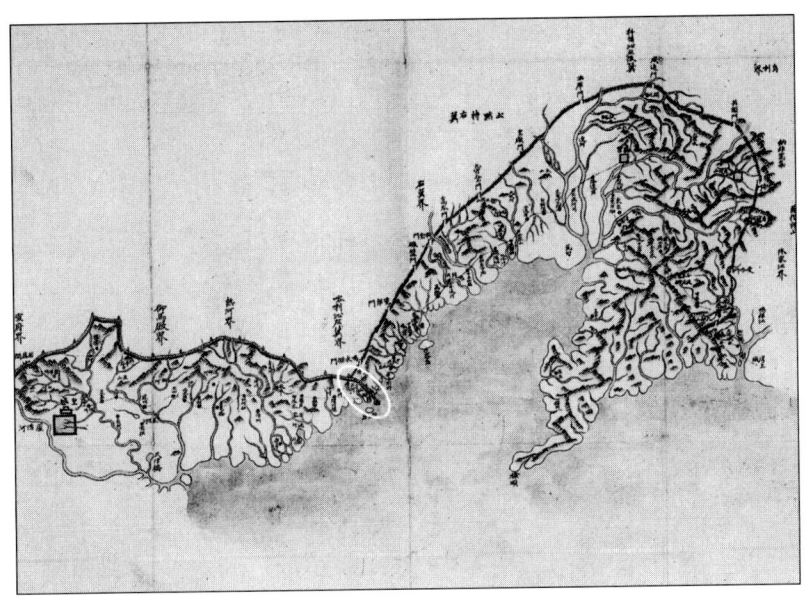

연행노정 지도

별도의 항목으로 정리하였다. 정리된 자료가 중국사 특히 만주 지역사, 도시사 및 청대 수도북경과 주변지역의 연구에 쓰일 수 있기를 기대한 다.

　이 책은 크게 정치, 경제, 사회와 문화의 3항목으로 대분류하고 각각 세부 항목으로 나누었다. 정치에서는 조공체제 속의 청국과 조선, 근세 동아시아 질서 속의 여러 나라들, 황제 및 황실, 청국의 정세에 대한 딤문, 청국의 행징 및 일반 정보, 조선인의 내정인식, 화이관, 청국인의 대조선인식, 조선인의 자국인식, 청국 안의 피로인 자손의 10개 항목으로 분류하였다. 경제는 사행무역과 도시 발달, 시장경제의 3개로 항목을 나누고, 사회와 문화 항목도 생활풍속, 인문지리, 종교, 문화교류, 의식 주의 5개로 정리하였다.

　각 항목은 이용의 편의를 위해 제목을 달았다. 원문에서는 제목에 관련된 내용만 간추렸기 때문에 필요한 부분은 본문 날짜를 찾아 병행해서 볼 수 있도록 본문 끝에 출전을 명기하였다. 본 자료의 내용은 1976년 민족문화추진위원회에서 국역한 연행록 총서를 기본으로 하고 독자들이 읽기 편하도록 현대문에 가깝게 윤색하였다.

자료집을 엮는 과정에서 중요하지만 놓친 부분도 있을 것이다. 비록 부족한 부분이 많겠지만 조선시대의 연행록이 중국사회의 각 방면을 이해하는 데 널리 활용될 수 있는 가치있는 사료라는 의식을 독자들이 공유하고, 연구자들에게 널리 이용되기를 바란다.

I. 정 치

조공체제 속의 청국과 조선

청의 황태자 폐위사건으로 방물수납이 정지되다

의주義州에서 배지陪持(장계를 서울에 전달하는 사람, 기발騎撥)를 만났는데, 그가 말하기를, "사신 일행이 17일에 이미 강을 건넜으나, 그들(청국)이 폐황태자廢皇太子 사건으로 방물方物의 정지를 명령하였기 때문에 예부의 자문咨文을 받아 왔다."라고 하였다. 『가재연행록』 1712년 11월 18일

도강을 위해 수행노의 명목을 빌리다

중국에 가는 인마人馬는 모두 명목이 있어야 했고, 명목이 없는 것은 강을 건널 수 없었다. 군관 휘하의 귀동貴同이라는 종은 명목이 있어서 데리고 갈 수 있었지만, 원건元建과 선흥善興은 다른 명목이 필요하였다. 이에 서울에서 이 문제로 역관에게 물었더니,

"당상노堂上奴의 명목으로 두 자리가 있는데 대부분 사용하지 않는다. 그러니 만약 사람을 데리고 가고 싶은데 명목이 없다고 해서 염려할 필요는 없다. 의주에 닿으면 자연 방법이 나올 것이다."라고 하였다. 이에 오늘 도강渡江 문서를 작성하면서 원건과 선흥을 어의 김득삼金得三과 의주 비장 임충국任忠國의 종으로 채워넣었지만, 그 주인에게는 말하지 않았다. 『가재연행록』 1712년 11월 25일

책문의 이동 설치와 주변 풍경을 논하다

책문은 봉황산 남쪽에 있다. 커다란 나무들이 10여 리씩 늘어선 중앙에 문이 있는데 이 문을 여닫는 일은 봉황성의 장군이 주관한다. 옛날에는 책문이 봉황성 동쪽으로 5리쯤에 위치하였는데, 압록강에서 130여 리쯤 되는 곳으로 땅은 비워 놓고 살지 않는다고 한다. 이는 옛 구탈甌脫(두 나라의 경계지역에 국경선을 획정하지 않은 지역) 같은 것으로서,

아마 청과 조선의 간민奸民들이 서로 통하는 길을 막기 위해서인 듯했다. 그러다가 지금부터 수십 년 전 봉성에서 20리 바깥으로 옮겨 설치하였는데, 이유는 봉성의 인구가 차츰 증가하여 경작지를 넓히기 위해서였다. 그 결과 압록강에 더욱 가까워졌으니, 이는 처음 책문을 설치한 의도는 아니다. 책문은 초가집으로 풀을 덮었으며, 문 안에는 성장城將의 처소와 주식점酒食店, 민가를 합쳐 모두 10여 호가 있었는데 모두 초가였다. 몇 리 바깥에서 책문 안을 바라보면 산처럼 쌓인 하얀 물건이 보이는데, 바로 씨를 뺀 면화였다. 이는 앞서 청국에 간 사신 일행이 사놓은 것으로서, 그 수량이 무려 수십만 근이나 되어 웅장하다. 『가재연행록』 1712년 11월 28일

청 관리들이 방물을 수납하다

방물은 서쪽 뜰에 두었다. 청국 사람 한 명이 계단 위에 앉아 문서를 들고 물건을 대조하는데, 품질도 살펴보지 않고 수량도 세어보지 않은 채 곧바로 창고 속에 넣었다. 게다가 호부戶部, 낭중郎中 두 사람은 문안 동쪽 온돌방에 앉아만 있을 뿐, 감시도 없고 무척 간단하였다. 『가재연행록』 1712년 12월 7일

인삼을 잠채한 사람을 북경으로 압송하다

도중에 호인胡人 18인이 두 명씩 철사줄로 목이 묶인 채 걸어가고, 말을 탄 세 명이 호인이 그들을 압송하는 것을 보았다. 물어보니, 그들은 몰래 인삼을 캐다가 영고탑寧古塔에서 붙잡혀 북경으로 압송되는 중이라고 하였다. 어떤 처벌을 받는지 물어보니, 유배流配에 그친다고 했다. 『가재연행록』 1712년 12월 9일

청이 조선사신을 영접하다

북경에서 병사들이 와서 말하기를,

"황제가 사냥을 나갔다가 돌아오는 날이 이 달 25, 26일 사이입니다."
라고 했다. 그들은 옥하관玉河關에 소속된 이들로, 사신의 행차가 관문에
들어오면 필요한 모든 물건을 공급해 주고 많은 이익을 남긴다. 이들의
생계는 오로지 여기에 의존하고 있기 때문에 멀리서 사탕이나 과일
같은 물건을 들고 와서 우리를 맞이하는 것이라고 한다. 들으니, 사행이
거처하는 곳을 회동관會同館으로 정했다고 하였다. 회동관은 곧 옥화관
을 말한다. 『가재연행록』 1712년 12월 20일

조선사행의 출입을 통제하다(1)

밤이 되자 옥전현에서는 갑군甲軍을 풀어 찰원 밖을 순시하며 밤새껏
요령을 울렸다. 몇 해 전 우리 사행이 이 곳에서 표문表文을 잃어버리는
바람에 지현知縣 이하 모든 관원이 파직된 일이 있었는데, 그래서 방비가
이렇듯 엄하였던 것이다. 우리도 마음대로 출입을 할 수 없었으므로
대단히 불편하였다. 『가재연행록』 1712년 12월 23일

조선사행의 출입을 통제하다(2)

새벽에 일어나 한참을 앉아 있으니 동이 트려고 하였다. 그 때 비로소
문이 열려 드디어 출발하였다. 옥전현은 일찍 나다니는 것을 허락하지
않았기 때문이다. 『가재연행록』 1712년 12월 24일

표문과 자문을 바치는 의식에 관해 전해듣다

아침에 세 명의 사신이 예부禮部로 표문과 자문을 바치러 가는데,
일행은 모두 따라갔으나 나는 가지 않았다. 의식 절차를 물어 보았더니
다음과 같이 이야기해 주었다.

"옥하관에서 서쪽으로 1리쯤 가면 예부가 있는데, 통관이 일행을

중국의 교자 모습

인솔하여 월랑月廊에 앉게 하고, 조금 후 한인 상서尙書 한 명과 시랑侍郎 한 명이 정당으로 와서 남향하여 섰다. 그 앞에 탁자 하나가 있었는데, 세 사신이 탁자 앞으로 나아가 꿇어앉으니, 두 사람의 상통사上通事가 표문을 받들고 꿇어앉은 채 나아왔다. 상사가 이것을 손으로 받아들어 탁자 위에 올려놓고는 물러섰다가 나오려 하니, 시랑이 세 사신에게 잠시 서서 지켜보게 하였다. 이 시랑도 한인인데 이름은 왕사직王師直이었다. 상서가 올 때 사인교四人轎를 탔는데, 사면은 검은색 휘장이 드리워져 있었다. 교자의 만듦새는 우리나라와 비슷했으나 가마 채[杠]가 교자 허리에 붙어 있고 채의 양 머리에 가죽 끈을 매어서 어깨에 메는 것이 달랐다. 앞에서 길을 인도하는 하인[引路] 한 명이 물렀거라[喝道]라고 외치는데, 그 소리가 우리나라의 그것과 거의 비슷했다." 하였다. 『가재연행록』 1712년 12월 28일

수리가 안 된 숙소에 대해 불평하다

예부 건물이 모두 낡았기에 통관에게 물어보니, 아문衙門의 수리는 황제가 관원에게 명령을 내려 시행하는데 아문이 대금을 지급하지 않아서 이렇게 되었다고 한다. 이 말이 사실이라면 황제정치도 역시 괴이한 것이다.

예전에는 사행이 도착하면 관청의 대청과 안팎의 온돌방에 모두 대자리를 깔고 창문마다 종이를 도배하였는데, 근년 와서는 점점 나빠지더니 지금은 모두 없어져서 오히려 찰원 만도 못하다. 이것은 관부館夫들이 관청에서 돈을 받고도 일을 하지 않은 것이다. 기강이 해이해져서 그렇

다고는 하지만, 우리나라 사람이 이 때문에 영향을 받으니 한탄스럽다.
『가재연행록』 1712년 12월 28일

조선사행을 관리하고 통제하다

아문에는 제독提督 1명, 대사大使 1명, 서반序班 6명, 대통관 6명, 차통관 6명이 중문 밖에 거처하며, 수문장 2명은 보십고甫十古(하급 무관) 2명과 갑군 20명을 거느리고 문을 지킨다. 수문장은 매일 교체하고 보십고는 5일마다 바뀐다. 통관은 번갈아 왕래하고 제독은 올 때도 있고 오지 않을 때도 있으며, 갑군은 모두 오지는 않는다. 매일 미시未時(오후 1~3시) 후에 통관들이 와서 중문重門을 잠가 봉인하고, 이튿날 해가 뜬 뒤에 비로소 와서 문을 연다. 문을 열고 닫을 때는 군뢰軍牢(군대에서 죄인을 다루는 일을 담당한 병사)가 자주 와서 사신에게 알렸다. 또한 문을 닫을 때는 갑군이 들어와 장사를 하는 호인들을 소리쳐 부르는데, 그 외치는 소리가 매우 놀라워서 사람을 스산하게 만들었다. 매일 아침 군관과 역배들이 모두 와서 세 사신에게 공식적으로 예[公禮]를 올렸다. 도중에도 물론 그렇게 했다. 문이 열리면 병방兵房 군관이 역배들을 데리고 들어와 예를 올린다며 온돌 아래서 통관에게 절을 하였는데, 이 때문에 김중화는 매우 괴로워했다. 『가재연행록』 1712년 12월 28일

조선사행이 궁중의식을 연습하다

식후에 통관이 일행을 데리고 홍려시鴻臚寺로 가서 의식을 익혔다. 홍려시는 예부의 동편 문 안에 있었다. 8면의 누각 안에는 어탑御榻이 마련되어 있고 어탑 위에는 비석이 있는데, 금으로 "황제 만세 만만세"라고 씌어 있다. 여창관臚唱官(의례를 행할 때 창唱을 맡아보는 홍려시의 관원) 두 사람이 좌우로 나누어 서고, 세 사신은 서쪽 뜰에 북향하고 선다. 군관과 역관 27명이 세 줄로 갈려서 세 사신 뒤에 섰다. 소리치는

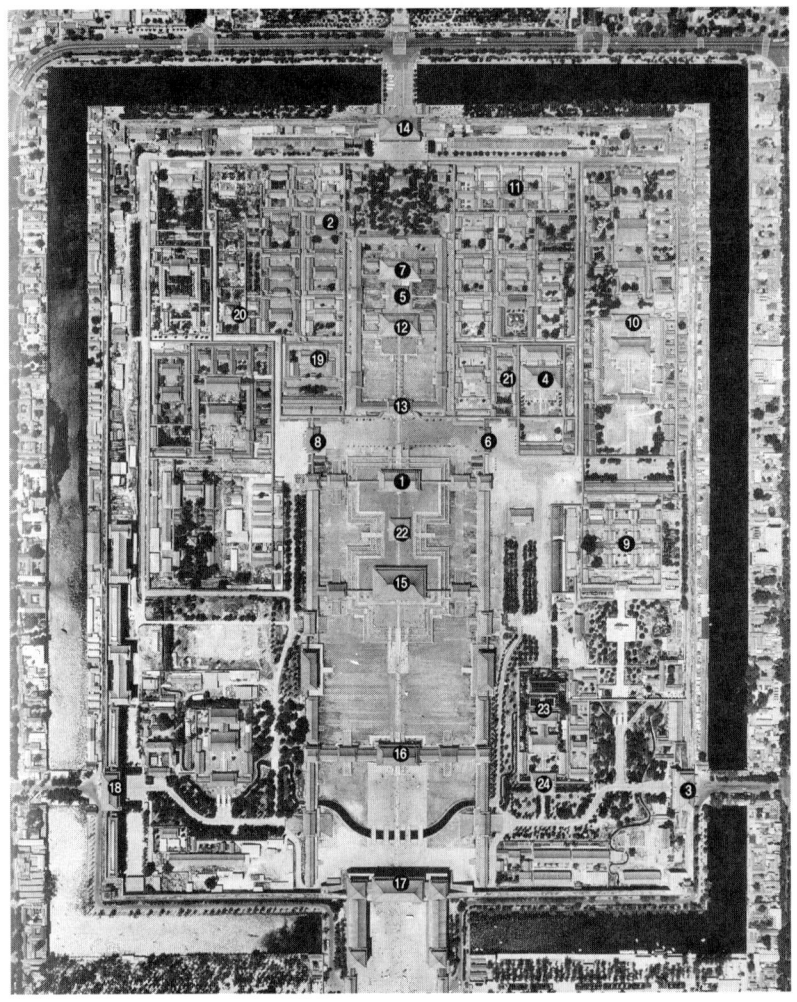

자금성 : ❶ 보화전 ❷ 저수궁 ❸ 동화문 ❹ 봉선전 ❺ 교태전 ❻ 경운문 ❼ 곤녕궁 ❽ 융종문 ❾ 남삼소 ❿ 영수궁 ⓫ 북오소北五所 ⓬ 건청궁 ⓭ 건청문 ⓮ 신무문 ⓯ 태화전 ⓰ 태화문 ⓱ 오문 ⓲ 서화문 ⓳ 양심전 ⓴ 우화각 ㉑ 종표관 鐘表館 ㉒ 중화전中和殿 ㉓ 문연각 ㉔ 문화전

말이 청나라 언어이기 때문에 통관이 사신 왼편에 서서 우리말로 바꾸어 전해준다. 모두 세 번을 꿇고 한 번 꿇을 때마다 머리를 세 번 조아렸으니, 이른바 삼배구고두三拜九叩頭다. 만약 조금만 어긋나도 다시 하게

하여 어긋남이 없어야 비로소 끝났다. 『가재연행록』 1712년 12월 29일

조선사행 대접에 대해 불평하다

저녁에 서장관을 만났다. 밤에 세찬歲饌이 들어와서 세 사신이 통역관을 거느리고 뜰에 내려가 삼배구고두의 예를 올렸다. 세찬은 광록시光禄寺에서 준비하여 보내는 것이 전례인데, 이 날은 밤이 깊도록 오지 않아 제독이 통관들을 번갈아 보내 독촉한 뒤에야 비로소 보내왔다. 그런데 보내온 찬품을 보니 조악하고 그릇 수도 전보다 줄었으므로 통관배가 불평을 하였다. 『가재연행록』 1712년 12월 29일

갑군에게 뇌물을 주고 출입하다

5경(새벽 3~5시)에 아문에서 들어와 군뢰를 부르며 입궐을 재촉하였다. 나는 밥을 막 먹고 있던 참이었는데 역관이 또 들어와 시간이 늦었다고 하였다. 백씨白氏(정사 김창집)가 곧 나가고, 나도 옷을 입고 나가니 문은 이미 닫혀 있었다. 통관들은 모두 사행을 따라가고 갑군만 남았기에 문 틈으로 갑군을 불러서 문을 열어달라고 하였으나, 갑군이 듣질 않았다. 마침 역관 이유량李惟亮이 병이 나서 입궐하지 못하고 있었는데 문 밑으로 와서 갑군을 달래자, 갑군이 선물[面皮]을 달라고 하여 부채 하나를 건네주니, 비로소 문을 열었다. 『가재연행록』 1713년 1월 1일

볼품없는 조선사행의 행색을 한탄하다

이 곳 사람들은 몸집이 크고 그 모양이 우뚝한 자들이 많은데, 우리나라 사람들을 둘러보니 본래 키가 작은데다 먼 길의 바람과 먼지에 시달린 뒤여서인지 세 사신을 제외하고는 모두가 꾀죄죄하다. 착용한 의관도 대부분 여기에 와서 돈을 주고 빌린 것이라 도포는 길이가

맞지 않고 사모는 눈까지 내려와 사람 같아 보이지 않으니 더욱 한탄스러운 일이다. 『가재연행록』 1713년 1월 1일

옥하관에 파견된 서반을 경계하다

대개 북경에는 글자를 아는 자가 드물어 남방 사람들을 서반으로 삼는다. 옥하관玉河館으로 보낸 자가 모두 6명인데, 이들은 모두 남방 사람이다. 그런데 생긴 모습은 본래 크지 않고, 비록 월급이 있다고는 하나 매우 박해서, 만리타향의 생활이 가난하고 군색한 빛이 얼굴에 드러난다. 사행이 오면 이들이 서책 매매를 담당하는데, 이것으로 약간의 이득을 보기도 한다. 그런데 우리나라에서는 이 곳의 비밀을 알고 싶으면 서반들을 통해 정보를 얻기 때문에 이들의 대부분이 거짓으로 문서를 만들어 역관들에게 되팔기도 한다. 아무일도 없는데도 일이 있다고 하거나, 일이 가벼운 사안임에도 불구하고 심각한 것처럼 말하기도 하니, 이들의 말은 절대로 믿을 수가 없다. 오늘의 문답도 이 가운데 거짓된 말이 있을 것이요, 그 중에 또한 진실과 거짓이 없지 않을 것이다. 『가재연행록』 1713년 1월 3일

조선사행의 서적구입을 규제하다

식후에 서장관이 있는 곳으로 갔다. 유봉산柳鳳山이 두 가지 병서兵書를 가져왔다. 하나는 『무비지략武備志略』으로 5, 6권이요, 하나는 『무비지武備志』로 70편이었는데, 병가兵家의 말은 모두 기재되어 있었다. 어제 아침부터 서책이 연달아 들어왔다. 책마다 각기 첫째 권만 보내어 물건을 보게 하고 구입하기 전에는 전질을 들여놓지 않았으며, 일단 들여놓은 후에는 사지 않을 수 없으니, 이 때문에 보고 싶은 것도 마음대로 볼 수가 없어서 답답하였다. 예전에는 갑군이 책을 보면 금지했기 때문에 책을 가슴에 숨기고 들여왔고 전질을 들여올 때면 밤에 담 위로

북경의 모습

들여보냈었다. 그런데 이번에는 서책을 마음대로 들여오니 이상하다 하였다. 저녁에 역관 최태상崔台相이 80여 종의 책을 들고 왔는데, 이 가운데 『본초강목本草綱目』만 갖고, 나머지는 모두 돌려보냈다. 『가재연행록』 1713년 1월 4일

대흥현지를 구하다

역관 오지항吳志恒이 책 한 권을 얻어 왔는데, 이름이 『대흥현지大興縣志』였다. 북경성 안에는 현이 두 개 있는데, 동쪽은 대흥, 서쪽은 완평宛平이다. 북경성 동쪽에 있는 궁궐, 사단祠壇, 촌방村坊, 산천, 인물, 풍속이 모두 기재되어 있고, 그 지방에서 생산되는 화과花果, 금수禽獸들이 모두 적혀 있었다. 이런 책을 얻고 보니, 더욱 바깥으로 나가고 싶은 마음이 생겼다. 드디어 백씨와 함께 정수 외의 방물 가운데 호조에 환납할 것을 빼고 이 책을 바꾸어 옥당玉堂으로 보내기로 하였다. 『가재연행록』 1713년 1월 6일

갑군이 조선사행의 출입에 동행하다

아침에 김창엽과 더불어 북쪽 담에 의지하여 몽골 사람들을 구경했다. 몽골 사람도 담 밑에 와서 쳐다보니, 네 눈만 서로 대하고 있을 뿐 말은 통할 수 없었다. 조금 있으니, 갑군이 와서 못하게 하므로 결국 내려왔다. 뒤에 한 갑군이 왔는데, 그 모습이 양순해서 원근元根에게 서로 사귀어 함께 가서 물을 길어오도록 짜 두었는데, 이는 갑군이 반드시 인솔을 하고 가야 했기 때문이다. 식후에 나는 만상, 군관을 대신해 물을 길러 갔다. 원건과 선홍이 따르고 유봉산도 함께 갔는데, 모두 군복을 착용하였다. 쇄마구인刷馬驅人 3명이 각각 말에 두 통씩을 싣고서 한 명을 앞세웠다. 함께 가는 갑군은 두 명인데, 그 중 하나는 아침에 약속한 자였다. 따로 부채 하나를 더 주었다. 『가재연행록』 1713년 1월 8일

갑군이 조선사행의 출입을 통제하다

부사副使의 군관 최덕중崔德中이 물을 길러 갔다가 정양문에 나가서 놀다 왔는데, 데리고 간 역졸이 물건을 사던 중 갑군에게 붙잡혀 아문에 보고되었다. 결국 행중에서 사행에게 고하여 그 녀석에게 곤장을 쳤다. 이로부터 물 길러 가는 길이 다시 막히게 되었다. 『가재연행록』 1713년 1월 15일

수석 통역관의 권한에 대해 이야기하다

수역은 책임이 막중해서 사람을 가려 쓰지 않을 수 없다. 모든 관청 안에서 이루어지는 매매의 가격 고하를 결정하고 사행의 취렴聚斂 분량과 역노의 출척黜陟이 모두 그의 손에 달려 있다. 우리나라 상인과 역졸로부터 중국 사람으로서 관청에 있는 자들에 이르기까지 수역 대하기를 마치 주인 대하듯 한다. 비록 정세태鄭世泰(북경의 상인)라 하더라도

수역

역관

수역의 말을 따르지 않을 수 없었다. 이번에 난두攔頭도 수역에 대한 대접을 전에 없이 잘하였으니, 이로써 논한다면 수역은 양국의 권한을 다 쥐고 있다고 할 만하다.

사신이 행사에 대해 물으면, 수역이 대답하기 전에는 다른 사람들이 입을 열지 못하며, 그가 말하는 바를 듣고서 따라 이야기한다. 때문에 수역이 감추려고만 하면 사신은 전해들을 길이 없으니, 정말로 한심한 일이라 하겠다. 『가재연행록』 1713년 1월 17일

북경성내를 통제 없이 구경하다

성 아래 작은 집에 문지기가 살고 있고, 성 위에도 이따금 군포軍鋪를 두었는데 역시 문지기가 있었으나 우리를 보고도 금하지 않았다. 다만, 여러 호인들이 몰려와 몇 겹으로 에워싸고는 우리의 의관과 갖고 있는 물병, 도시락 따위를 하나하나 눈여겨보았다. 내가 약과를 한 어린이에게 주었더니, 서로 다투어 돌려가며 구경하였다. 또한 갑군을 시켜 문지기에게도 약과를 주고 천단天壇으로 돌아왔다. 『가재연행록』 1713년 1월 19일

갑군 왕사에 대해 이야기하다

내가 매번 밖에 나가 구경을 하다 돌아오게 되면 부채나 혹은 담배 외에도 그가 달라는 것이면 주지 않는 것이 없었다. 왕사王四는 집이 가난하였으므로, 만약 밥 먹을 때 들어오면 내가 먹던 밥을 귀동이 나누어 반드시 같이 먹었다. 물을 길러 가는 날은 귀동이 특별히 왕사를 위해 밥을 지어주었다. 나에게는 이렇게 극진히 충성하니 내 종이나 다를 바 없었다. 그가 나와 함께 갈 때에는 사람들이 나에 대해 물어보면 반드시 대노야大老爺의 형제라고 자랑했다. 내가 그에게 함부로 누설하지 말라고 조심을 시키면, 그는 '알겠습니다.'라고 대답하지만 여전히 그렇게 이야기하고 다닌다.

대체로 이 곳 사람들은 우리나라 사신을 존중하였고, 더욱이 각로閣老를 존경하여 비록 다른 나라 관리라 하더라도 각로라고 하면 모두 존경하였다. 그러나 대노야의 형제를 수행하고 다닌다는 것이 그에게는 체면이 서는 일이어서 가는 곳마다 자랑스럽게 이야기하곤 하는 것이다. 『가재연행록』 1713년 1월 20일

통역관의 능력 부족을 한탄하다

예부에서 수역과 상통사를 불러서,

"지난해 사은사謝恩使의 방물 중에 황색 저포苧布가 50필로 적혀 있었는데, 지금 이 이준자문移準咨文에 30필로 적혀 있는 것은 무슨 까닭인가?"라고 물었다. 그 뜻은 사실을 조사하려는 것으로 약점을 잡으려 한 것이 아니었는데, 수역은 그 의도를 몰라 대답하지 못했다. 또 몇 년 전의 진주방물문서陳奏方物文書와 이번 사은방물문서謝恩方物文書를 꺼내보이며 말하기를, "사은 방물의 수량이 어찌 앞뒤가 다른가?" 하였는데, 수역은 또 그 이유를 몰라 갑자기 변명하여 대답하기를,

"사은은 같으나 일의 경중에 따라 방물이 많고 적어집니다."라고

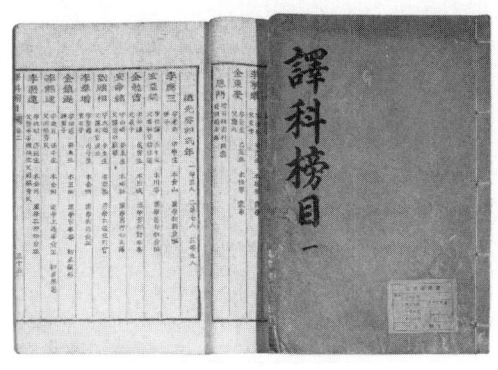

『역과방목』

대답했다. 사신이 이 말을 듣고 승문원 서원 강우문을 불러 물으니, "진주 방물과 사은 방물은 수효가 본래 서로 같지 않기 때문에 예전부터 등록이 이와 같았습니다."라고 하였다. 이에 수역이 비로소 잘못 대답하였다는 것을 알고, 강우문과 함께 예부로 갔으나, 여러 관리들이 이미 흩어져 미처 이야기하지 못하고 돌아왔다. 『가재연행록』 1713년 1월 20일

청국 황제가 군관을 불러 따라 나서다

아침에 수역이 들어와 통관의 말을 전하기를, "황제가 조선의 활쏘기를 보고 싶어하니, 군관 중에서 잘 쏘는 사람을 미리 뽑아 놓고 기다리라고 하였습니다." 하였다. 조금 후에 황제의 시종 한 명이 들어와 사신을 만나고자 하였다. 들어오라 하니, 통관 문봉선·홍이가·박득인 등 3명이 따라 들어왔다. 황제의 시종이 온돌에 올라가 백씨와 읍하고 앉았다. 봉산들은 모두 온돌 아래에 서서 피차의 말을 전달하였다. 황제의 시종이 말하기를, "황제가 조선에서 활 잘 쏘는 사람을 보고 싶어하셔서 나를 보내어 맞이하여 데려오라 하였습니다."라고 하고, 이어서 묻기를, "일행 가운데 시 잘하고 글씨 잘 쓰는 사람이 있습니까?"라고 하였다. 문봉선이 말하기를, "정승 대감께서 필경 활을 잘 쏠 것입니다."라고 하고, 스스로 크게 웃는다. "모두 없다."고 답했다. 또, "씨름 잘하는 사람이 있는가?"라고 묻기에,

역시 없다고 답했다. 황제의 시종이 "백씨의 연세와 아들은 몇이냐?"고 물어서, 수역이 대답했더니, 또 "아들 중에 관리가 있는가?"하고 물었다.

황제의 시종이 스스로 말하기를, 자신의 증조부모는 의주 사람으로 붙들려 들어왔는데 자신은 황제의 신임을 받아 조석으로 거둥할 때 꼭 따라다닌다고 하면서 자신의 성명을 김창민金昌民이라고 했다.

황제의 시종이 아직 들어오기 전에 신지순이 먼저 들어와 나에게 말하기를,

"시종이 바깥에서 여러 번 시 잘하는 사람이 있느냐고 물었는데, 그 일이 의심스러우니, 피하고 만나 보지 마십시오." 하였다. 이에 장막을 내리고 방에 앉아 있다가 시종이 나간 뒤에 나왔다.

시종은 제독 있는 곳에 앉아서 여러 군관을 불렀는데, 김중화·유봉산·노흡盧恰·최덕중이 모두 나갔다. 시종이 모두에게 활을 당기게 해보고 최덕중만 남기고 세 사람을 데리고 갔다. 나는 창춘원을 구경하고 싶어 수역을 시켜 통관에게 말해서 함께 가자고 했다. 수역이 말하기를,

"볼 일 없는 사람은 가는 것을 허락 받을 수 없습니다. 나는 수역인데도 따라가지 못하니, 어떻게 하겠습니까?" 하니, 내가 말하기를,

"다만 이야기라도 해 보시오." 하였다. 수역이 나갔다가 곧 돌아와 말하기를,

"다행히도 허락을 하였으니, 속히 나가 보십시오." 하였다. 내가 즉시 군복을 입고 나가니, 시종과 통관이 이미 말을 타고 큰길에 나와 섰고 세 비장도 바야흐로 말을 타고 문 밖으로 나왔다. 『가재연행록』 1713년 1월 21일

길에서 청국 황자를 만나다

노상에서 호인 소년이 말을 타고 오는 것을 보았는데, 앞뒤로 호인 5, 6명이 따랐다. 시종 이하 바라보던 자들이 모두 말에서 내렸다. 우리 역시 말에서 내렸다. 그들이 지나간 뒤에 물어보니 황자라고 했다. 그는 얼굴이 희고 준수하였다. 들으니, 이 곳 법은 오직 황자 앞에서만 말에서 내리고 각로閣老 이하에게는 말에서 내리지 않는다 한다. 『가제연행록』 1713년 1월 25일

청국 통역관 홍이가에게 조선말의 습득에 관해 듣다

통관들이 비록 우리나라 말을 하나 유창하지 못해, 말의 뜻이 서로 어긋나서 우스우며, 마치 어린이들이 처음 배우는 말과 흡사하다. 내가 홍이가에게 묻기를,

"처음에 어떻게 우리 말을 배웠소?" 하니, 홍이가가 말하기를,

"부모가 모두 조선 사람인데, 나에게 조선말을 가르치기 위하여 노비도 다 조선 사람을 사다 썼고, 집안에서는 청국 말이나 한어漢語도 사용하지 못하게 해서 자연히 배우게 되었습니다. 부모가 돌아가시고 차츰 잊어버리게 되었는데, 나의 자녀들은 비록 가르친다 하더라도 끝내 못 배울 것 같습니다. 우리가 죽은 뒤에는 양국이 통화할 길이 막히지 않을까 합니다."고 하였다. 『가재연행록』 1713년 1월 25일

청 환관들의 대접을 받다

여러 환관들이 묻기를,

"배가 고프십니까?" 하기에, "아니오."라고 대답하였다. 조금 있다가 또, "배가 고프십니까?" 하고는 이내 온돌방으로 데리고 들어가 밥을 들여온다. 나물 두 그릇에 돼지고기 한 그릇, 그리고 다른 한 그릇에 담긴 것은 만두처럼 생겼는데 빛깔이 몹시 붉고 맛이 짜서 마치 면에다 장을 넣어 만든 것 같았다. 조 환관이 탁자 머리에 앉아서 장에 절인

황제의 활쏘기

생강을 손으로 끊어 먹기를 권하였다. 밥상을 물리고 남은 것을 종자에게 주었다. 나와서 중정中庭에 앉으니, 한 어린 환관이 다가와 배 두 개를 주었다. 『가재연행록』 1713년 1월 25일

조선 비장들이 황제를 접견하고 활쏘기를 한 내용을 듣다

담 밑에 이르러 세 비장과 만나서 활 쏠 때의 일을 물어보았더니, 다음과 같이 말했다.

"먼저 들어갔던 시종이 다시 나와 통관들을 시켜 우리들을 인도하여 문 밖에 세워놓고는 황제의 뜻을 받들어 묻기를, '그대들은 편전片箭을 쏠 수 있는가?' 하기에, '편전은 사람마다 쏠 수 있는 것이 아니며 또 화살이 부적합하기 때문에 더욱 쏘기 어렵습니다.'라고 답하였습니다. 시종이 다시 들어갔다가 한참 뒤에 되돌아 나와서 우리들을 이끌고 문을 들어갔습니다.

시종이 선도하고 통관이 뒤따랐는데, 허리를 굽히고 빨리 달려나가 30보쯤 가니, 네 명의 환관이 각기 화살을 쥐고 서 있다가 맞이하면서 말하기를, '이것이 바로 그대 나라의 화살인데, 사신이 들어왔을 때 조공으로 바친 것이오.'라고 하므로, 활을 보니 장궁長弓인데, 우리나라에서 만든 것은 아니었습니다. 통과 화살은 우리나라에서 만든 것인데, 쏜 흔적이 있었습니다. 여러 호인이 잇달아 들어오라고 재촉하여, 우리들은 각기 그 활을 잡았고 호인들이 화살을 손에 쥐고 급히 굽히고 70여 보쯤 나아가서, 황제가 앉은 곳 앞에 닿았습니다.

통관이 우리들을 이끌어 남쪽을 향하여 꿇어앉게 하였는데, 황제의 자리에서 겨우 6, 7보쯤밖에 안 되었습니다. 무릎이 땅에 닿자마자, 통관이 서둘러 노 비장盧裨將에게 서북쪽을 향하여 서게 하고 편전을 주어 쏘게 하였습니다. 노 비장이 '어디로 쏠까?' 하고 물으니, 통관이 말하기를, '다만 공중을 향해서 멀리 쏘라.'고 말했습니다. 노 비장이 화살을 쏘고 나자, 통관이 곧 이끌고 가서 처음 꿇어앉았던 곳에 서게 하였습니다. 다음에는 김 비장을 데려가고, 다음에는 유 비장을 데려가고, 또 그 다음에 다시 노 비장을 데리고 갔습니다. 화살을 주고 나아가고 물러나게 하는 절차는 처음과 똑같이 하였습니다. 다음에 김 비장을 데리고 가서 연달아 화살 네 개를 주고 쏘게 하였으니, 김 비장이 쏜 화살은 유독 많았습니다.

활쏘기를 끝내자, 곧 황제를 향하여 꿇어앉게 하고 묻기를, '만약 글자를 써서 묻는다면 그대들은 대답할 수 있겠는가?' 하기에, 우리가 대답하기를, '저희들은 무인이라, 글에 능하지 못합니다. 그러나 물으신다면 혹 글자로 써서 대답할 수도 있습니다.' 하였습니다. 통관이 이것을 황제에게 고하자, 황제가 뭐라 뭐라 하는데 모두 만주말이라서 알아들을 수가 없었습니다.

또 일어나게 하더니 방혁方革을 향해 쏘게 하였습니다. 혁은 백전白氈

으로 만들었는데, 높이는 4척쯤 되고, 너비는 2척쯤 되었습니다. 중간에 홍혁紅革으로 상·중·하의 세 표적을 만들었는데, 표적 가운데에 또 누런 동그라미가 있었습니다. 혁 위에는 오색의 소기小旗를 나란하게 꽂았고, 곁에는 네 호인이 작은 북을 갖고 서 있었습니다. 먼저 김 비장에게 과녁을 주어 쏘게 하였고, 노 비장, 유 비장에게 차례로 활을 쏘게 하였습니다. 모두 나무 화살로 김 비장과 노 비장은 세 대, 유 비장은 두 대가 맞지 않았습니다. 유 비장은 활을 많이 쏘지 않았기 때문에 서서 몰래 살펴볼 수 있었습니다.

동쪽에는 담이 있고, 담에서 몇 장丈 떨어진 위치에 벽돌을 포장하여 뜰을 만들었는데, 사방이 20보쯤 되었습니다. 중앙에 있는 탑榻은 높이가 1척쯤 되고 위를 덮지 않았으며, 곁에 두른 것이 없었습니다. 탑 위에는 흰 담요를 깔고, 담요 위에는 돈피를 깔았습니다.

황제를 바라보니, 서쪽을 향해 무릎을 포개고 앉았는데, 이마는 넓고 턱은 조금 빠졌으며, 성긴 수염이 볼에까지 났는데 희끗희끗했습니다. 자웅안雌雄眼으로 신기가 청명하고 의복과 모자는 모두 검은 것이 보통 호인들과 다를 바 없었습니다. 환관 수십 명이 향로 등의 물건을 받들고 황제 뒤에 늘어섰고, 그 뒤에는 뭇 호인들이 손을 드리우고 서 있었습니다. 뜰 남쪽에도 늘어선 자가 또 60~70명이 되는데 역시 손을 드리우고 서 있었으며, 그 밖에 또 다른 의물儀物이나 물건은 없었습니다. 통관들과 북쪽으로 50보쯤 물러나 서 있으니, 방혁方革 동쪽에 홀연히 화살 소리가 울리고, 뒤이어 작은 북 소리가 울렸습니다. 이렇게 하기를 다섯 번이나 하였는데, 통관이 말하기를, '이것은 황제가 친히 쏘는 것이다.'라고 했습니다. 비로소 황제의 신장을 보니 7, 8척은 되는 듯했습니다. 조금 있다가 여러 호인들이 한 줄로 서서 번갈아 가며 서로 활을 쏘는데, 맞는 것이 반을 넘고, 모두 울리는 화살[鳴鏑]이었습니다. 시종이 와서 묻기를, '황제의 사법射法과 여러 무신의 기예는 어떠한가?'

하기에, '지극히 훌륭하며 쏘는 것이 굳세다.'고 하였습니다. 시종이 굽히고 나아갔다가 돌아와서 묻기를, '그대들은 황상의 얼굴[天顔]을 자세히 보았는가?' 하기에 '우리는 외국인인데 졸지에 천자 앞에 나와 황홀하고 두려워서 자세히 볼 수가 없었다.' 했더니, 시종은 '영광스럽게 성대한 의식에 참석하여 황상을 얼굴을 뵙지 못한 것은 애석한 일이다.' 라고 하였습니다. 시종이 출입할 때면 환관 한 사람이 따라다녔는데, 그 까닭을 물으니, 황제의 명령으로 우리의 말을 와서 듣는다고 하였습니다. 시종이 다시 우리의 각지角指를 거두어들여 갔다가 이윽고 돌려주면서 말하기를, '좋지 않다. 결코 우리나라 것만 못하다.'고 했습니다.
『가재연행록』 1713년 1월 25일

조선사람의 자손인 청국 통역관 홍이가의 집을 방문하다

종자가 이윽고 홍이가를 찾았는데, 그의 집은 박득인의 집에서 1리 정도 떨어져 있었다. 홍이가가 문에서 나와 우리를 맞이하고, 술과 반찬을 내와서 대접하는데, 풍부하고 깨끗한 것이 박득인의 집과 같았다. 또한 아들딸에게 나와서 우리에게 절을 올리게 하였다. 한 호인이 곁에 있었는데, 홍이가가 말하기를,

"이 사람도 조선사람의 자손입니다."라고 하였다. 대개 통관들은 모두 조선 사람의 자손이기 때문에, 포로로 잡혀온 사람들의 자손들과 더욱 친하게 지내고 서로 사돈을 맺는다고 하였다. 인정이 근본을 잊지 못함을 볼 수 있다. 주인집 여인들이 우리나라 춤을 보고 싶어한다기에, 역졸들에게 춤을 추어 보게 하였다. 한 사람은 탁자를 두드리고 두 사람은 마주 보고 춤을 추니, 뭇 여인들이 계단에 나와 구경하며 돈을 주었다. 『가재연행록』 1713년 1월 26일

규제를 피해 구경 다니는 것을 청국인들이 눈감아 주다

아침에 식은 밥을 끓여 먹고 이원영을 기다리는데 왕사가 시간이 늦었다고 하여 나갔다. 강우양·원건·선홍·귀동이 모두 따랐다. 강우양이 말을 타고 옥하교에 이르러 문이文二 형제를 만나니, 손을 들고 서로 묻기를,

"어디 가오?" 하니, 답하기를,

"물 길러 가오." 하였다. 두 사람이 웃으며 말하기를,

"이번에도 놀러 가는 것이지요." 하고, 역관들에게 이르기를,

"김 진사께서는 출입이 너무 잦으십니다." 하다가 곧,

"이 땅에 들어와서 어찌 구경하지 않겠습니까? 우리들이 말만 하지 않으면 무에 관계가 있겠습니까?" 하였다. 『가재연행록』 1713년 2월 1일

황제가 조선서책에 관심을 보이자 모두들 대비책을 강구하다

숙소로 돌아와서 저녁에 서장관을 만났다. 문을 잠그려고 하는데 수역 이하 몇 사람이 들어와 알리기를,

"황제가 묻고 싶어하는 것이 있어 우리나라 통관을 부르니 즉시 가봐야겠습니다."라고 하였다. 이에 수역 박동화朴東和, 상통사 장원익張遠翼, 당상 역관 김응헌金應瀗 등이 모두 창춘원暢春園으로 갔는데, 통관 홍이가가 인솔하고 갔다고 하였다. 무슨 일 때문인지 일행이 모두 짐작하지 못하고 있었다.

밤이 야심하여 막 촛불을 끄고 잠자리에 들려고 하는데, 역관들이 창춘원으로부터 돌아와 고하기를,

"예부 좌시랑 이격二格이 창춘원 문 밖에 앉아 우리들을 불러 묻기를, '너희 나라엔 어떤 책이 있느냐?' 하기에 곧 '사서四書', '오경五經'이라고 적어서 대답했습니다. 또 묻기를, '그 밖에 다른 책은 없는가?' 하기에 또 『당시唐詩』·『고문진보古文眞寶』라고 써서 대답했습니다. 또 묻기를, '사신들이 반드시 가져온 책이 있을 터인데 황제께서 보시고자 하니,

내일 가져오라. 세 사신이 문에서 기다리다가 창춘원으로 들어가면 된다.'고 하였습니다."라고 한다. 백씨가 즉시 사람들을 불러서 촛불을 켜고 일어나 앉았고 부사와 서장관도 모두 모였다. 때는 대개 이경二更 (밤 9~11시) 남짓 되었다.

바야흐로 함께 대답할 말에 대해 의논을 하였는데, 조금 있다가 제독提督과 필첩식筆帖式 상존常尊이 황제의 말씀을 적어 보냈다. 그 글에 이르기를,

"그대들은 모두 독서를 좋아하니 혹 가져온 문장이 있거든 어떤 서적이건 모두 가져오라. 짐이 보고 이야기하리라. 그대들은 감추지 말고 모두 가져오라. 한 번 보는 것은 아무 상관이 없다. 묻노니, 그 곳에 청나라에 없는 어떤 책들이 있느냐?"고 하였다. 사신들이 상의하기를,

"황제가 이미 우리나라에 있는 책을 묻고, 또 없는 책에 대해서도 물었은즉, 비록 금서禁書에 관계되더라도 계속 숨긴다면 성실한 도리가 아닙니다. 이렇게 간곡하게 요청하였으니 반드시 금서라는 꼬투리를 잡지도 않을 것이며, 비록 묻는 바가 있더라도 명나라 때 가져온 것이라고 답하면 그리 난처한 일은 없을 것입니다. 그러나 상황을 고려하면 금서는 빼고 알리는 것이 좋을 것이오."라고 하였다. 드디어 '사서四書', '오경五經', '제자諸子', 『강목綱目』, 『사문유취事文類聚』 등의 책과 함께 10여 종을 나란히 적었다. 역관들이 오경 중의 『춘추』는 금서이기에 빼고 대답하려 하였으나, 사리에 맞지 않으므로 오경도 기록하였다. 병서兵書에 이르러서는, 아무것도 없다고 할 수가 없어 『손무자孫武子』·『오자吳子』·『삼략三略』 등의 책을 모두 함께 적었다. 지금 가져온 서적으로는 딴 책이 없어서 백씨의 『당률광선唐律廣選』과 부사의 『육선공주의陸宣公奏議』를 바치기로 하였다.

창춘원에서 문답한 말에 대해 상세히 더 물어보았더니, 다음과 같다. 예부 시랑 이격二格이 말하기를,

소통사

"사신이 가져온 책은 어떤 책이오?" 하기에, 수역이 대답하기를,

"먼 길을 달려오느라 어느 틈에 책을 보겠습니까?" 하였다. 통관이 말하기를,

"사신이 가마 안에서 책을 봤다는 말을 들은 듯한데, 어찌 책이 없다고 합니까?" 하기에, 수역이 대답하기를,

"사신이 오는 도중에 본 것은 그저 일기일 뿐입니다."라고 하였다고 한다. 그런데 일기 내용에도 저들에게는 보일 수 없는 것이 있기 때문에 혹시 일기를 들여보낸다면 장차 걱정스러운 일이 생길 것 같았다. 그래서 내가 책 한 권을 만들어 강우문에게 압록강을 건넌 뒤부터 날씨의 맑고 흐림, 자고 쉰 곳, 거쳐 온 길을 밤새워 베껴 쓰게 하여 의외의 일에 대비하였다. 『가재연행록』 1713년 2월 3일

공무수행 중 역관들의 대처가 미숙한 것을 책망하다

동안문東安門을 나와 옥하의 서쪽 언덕을 따라 관에 이르니, 날이 이미 신시申時가 되었다.

말에서 내리니 수역이 고하기를,

"필첩식 상존常尊이 와서 말하기를, '오늘 대답한 문자는 아직 상주하지 못하였으니, 내일 세 사신이 다시 창춘원에 와서 상주해야 한다'라고 합니다." 하였다. 통관들이 중로에서 '내일 다시 온다'고 한 것은 그들이 알고서 한 말이었다. 역관들도 역시 함께 들었을 것이지만, 창춘원에 있을 때에 진작 말하지 않고 숙소에 이르러서야 비로소 고하니, 일이

매우 해괴하였다. 설령 이 말이 예부에서 나왔더라도 그들이 만약 통관을 통해 주선했더라면 미리 대책을 마련했을 텐데, 전혀 생각지도 않고 사신들에게 두 걸음을 하게 하니 그 상황이 상당히 한탄스러웠다. 또, 이 일은 비록 어제의 황지皇旨로 본다면 다만 통사通事에게 묻는 것이었을 뿐 사신을 부르는 말은 없었다. 그런데 역관들이 오가며 대답하는 것을 싫어하여 사신들에게 떠맡긴 것이고, 말로 주고받다가 자칫 탈이 생길까 염려되어 드디어는 사신들로 하여금 글로 답하게 하려 한 것이었다.

내가 서장관 처소에 가서 김흥헌金興瀗을 불러 그 상황을 지적하며 호되게 꾸짖고 상존과 주선하도록 하였으나, 상황이 이미 어긋났으니 어찌해 볼 수 없었다. 내가 백씨 앞에서 수역을 나무라고 계단에 나와 앉아 있으니, 여러 역관들이 모두 보였다. 장원익을 책망하였으나 그도 역시 변명할 말이 없었다. 『가재연행록』 1713년 2월 4일

수석통역관이 서책 바치는 일을 꺼리며 물어오다

통관이 사경四更(새벽 1~3시)에 들어와 말하기를,

"어제 늦게 가서 예부에서 꾸중을 들었으므로, 오늘은 일찍 가야겠습니다."라고 하였다. 닭이 두 홰를 치자 관문을 나섰다. 지나가는 군포軍鋪에는 모두 불이 켜져 있고, 길에는 딱딱이를 치며 가는 자들이 포졸捕卒들과 함께 소리친다. 서직문西直門을 나서자 날이 밝아 창춘원에 이르렀다. 다시 청범사淸梵寺에 들어가 어제 앉았던 월랑에 앉았다. 대답할 문자와 시책詩冊을 상존에게 주어 들여보냈다. 그 대답할 글에 이르기를,

"조선국 정사 모某(김창집金昌集), 부사 모 등은 삼가 『육선공집』·『당률광선』을 바치오니 이 두 책 외에는 가져온 딴 책이 결코 없습니다. 만약 가져왔다면 어찌 감히 속이고 숨기겠습니까? 우리나라[小邦] 여러 사람들이 지은 시율 몇 수는 외우고 있는 것을 뽑아 삼가 적어 올립니다."라고 하였다. 수역이 마지못하여 받아 갔다. 이 때문에 통관들이

뭐라고 숙덕거리며 자못 의심하고 염려하는 빛을 보였다. 조금 후 그 책을 다시 가지고 나와 말하기를,

"예부관이 말하기를, '이 책을 바친 뒤 황제가 다시 이것 외의 글을 구해 보고자 하면, 사신이 또 지어 바칠 수가 있겠습니까?' 하고, 이어서 서序, 기記, 사詞, 부賦, 비문碑文 5체五體를 종이에 적어 주면서 말하기를, '시험삼아 이러한 것을 사신들에게 물어보라.' 했는데 대답할 바를 모르겠습니다. 어떻게 해야겠습니까?" 하였다. 내가 책을 바치자고 주장하였기 때문에 먼저 나에게 물은 것이다. 내가 대답하기를,

"황제가 만약 묻는다면 우리는 마땅히 대답할 수 있을 것이니 이것은 예부관들이 걱정할 일이 아니오. 사신에게 가서 고하시오."라고 했다. 서장관은 그들이 으름장으로 놓느라 하는 말인 줄 알고 글로 써서 바칠 수 있다고 힘주어 말하니, 수역이 낙심하여 물러나 드디어 들어갔다. 『가재연행록』 1713년 2월 5일

황지皇旨를 받고 당황하여 움직이다

이틀 동안 계속 새벽에 일어나 달려오고 또 온종일 사람들 사이에서 시달리는 바람에 피로가 극심해져 서쪽 월랑에서 빈 온돌방을 얻어 잠깐 드러누워 잠을 자는데 귀동이 와서 알리기를,

"역관이 사신들 계시는 곳에 와서 무슨 말을 고합니다."라고 하였다. 곧 일어나 가 보니, 수역이 와서 황지皇旨를 전하기를, 상사와 부사를 부른다고 하였다. 책을 들여보낸 뒤 오랫동안 반응이 없어 일행이 이상하게 여기고 있었는데, 이 말을 듣고는 모두 마음이 불안해졌다. 통관이 연이어 재촉하니 백씨께서는 이미 온돌에서 내려섰다. 일이 급박하여 다른 이유를 물어볼 틈도 없어 따라갔다. 절문을 나서서 서쪽 책문으로 들어가니, 문 안에는 수레와 말이 가득 들어차 있어서 고생고생하며 겨우 이것을 뚫고 들어갔다.

통관 김사걸이 우리와 함께 갔는데 백씨에게 고하기를,

"이는 반드시 황제께서 책을 반포해 주시려는 것입니다."라고 하였다. 책문을 들어가 50여 보 가니 서쪽 담 밑에 문이 있는데, 이 문은 저번에 본 황만거黃幔車가 서 있던 곳이다. 예부시랑이 이미 문 밖에 나와 서 있었다. 사신이 앞으로 가 읍을 하니 시랑이 황지를 전하며 이르기를,

"어저께 들여보낸 책들을 보니 너희들 나라에 책이 적구나. 이 곳에 새로 지은 서적이 매우 많아 너희들에게 몇 부씩 내려주려고 너희들을 불러 묻고자 하노라." 하였다. 사신이 이 말을 듣고 절로 돌아와 앉았다. 예부에서 황지를 번역하여 보여주고 또 대답할 말을 적어 들여보내라고 하였다. 곧 대답을 적기를,

"조선국 정사 모某(김창집金昌集), 부사 모某(윤지인尹趾仁) 삼가 아뢰옵니다. 우리 나라는 한쪽에 치우쳐 있어 본래 서적이 적사온데, 황상폐하의 특별한 배려軫念(임금의 마음)를 입어 이러한 성지를 받자옵게 되니, 이는 저희들이 미처 생각지 못한 바입니다. 황은이 크고 특별하여 전고에 없었던 것이라, 저희들은 머리를 맞대고 영광에 감격하여 무어라 아뢸지 모르겠습니다.……"라고 하였다. 이런 말을 소지小紙에 적어 통관에게 주어서 예부관에게 전하라 하였더니, 오늘은 늦었으니 내일 새벽에 다시 와서 상주하고 책을 받아가는 것이 좋겠다고 하였다. 『가재연행록』 1713년 2월 5일

황제가 서책을 하사하다

두 사신이 북쪽으로 향해 서고, 예부의 청인 시랑 이격二格과 한인 시랑 풍충馬忠 및 시종 2명이 문 밖에서 좌우로 나누어 서서 황지皇旨를 전하였다. 통관 김사걸이 두 사신에게 꿇어앉아서 들으라고 하였다. 드디어 황지를 전하기를,

"너희 나라에는 서책이 적고 청조에는 새로 나온 책이 많으니, 이제 4부를 준다. 헐거나 상하게 하는 일 없이 가져가 국왕에게 전하라. 동국東國의 시부詩賦와 잡문을 짐이 보고자 하니, 이후에 오는 사신에게 보내도록 하라." 하였다. 한편 이 말을 전하고 다른 한편 환관들이 책을 안고 나와서 시랑 오른쪽에 서서 통관에게 주며 각 책의 첫권을 열어 사신에게 보이며 말하기를,

"제목은 모두 황제의 친필입니다."라고 하였다. 그 책은『연감유함淵鑑類函』20투套,『전당시全唐詩』20투,『패문운부佩文韻府』12투,『고문연감古文淵鑑』4투, 모두 370권이었다. 『가재연행록』 1713년 2월 6일

목극등을 만나다

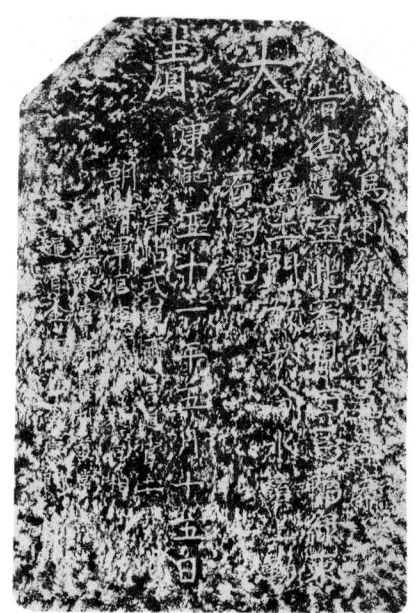

백두산 정계비

오랄총관烏喇摠管 목극등穆克登이 나와서 사신 보기를 청하였다. 사신이 나아가 읍하니, 목극등이 통관을 시켜 말을 전하기를,

"백두산 일은 이제 잘 해결되었으니, 다시 가서 보지 않더라도 지계地界에 대해서는 걱정할 필요가 없습니다. 표標를 세우는 것도 또한 급히 서두를 필요가 없습니다. 다만 한기에 서서히 해서 백성들을 상하지 않게 해야 합니다." 하였다. 말을 끝내고 바로 갔다. 조금 있다가 또

수역을 불러 말하기를,

"내가 북도北道를 왕래할 때 들으니, 회령개시會寧開市에서 영고탑寧古塔 사람이 조선 사람의 물건을 억지로 사는 일이 있다고 하기에 돌아와 황제께 상주하니, 황제께서 말씀하시기를, '짐도 일찍이 그런 말을 들었는데 마땅히 경계시켜야 할 것이다.'라고 하였습니다. 사신과 마주 볼 때에 이 말을 미처 못했으니, 이 말을 고하여 주시오." 하였다. 『가재연행록』 1713년 2월 6일

황제로부터 받은 책을 검토하다

어제 창춘원에서 받아온 네 가지 책의 각 첫 권을 꺼내어 보니, 『연감유함』은 『당유함唐類函』을 부연하여 만든 것인데, 대개 사물을 종류별로 모은 것이요, 『패문운부』는 범례가 하나같이 『운부군옥韻府群玉』과 같으나 그 내용이 풍부하였고, 『전당시』는 당나라 사람들의 시를 모은 것이며, 『고문연감』은 곧 『좌전』·『전국책戰國策』으로부터 송나라 사람들에 이르기까지 뽑은 것인데, 그 서문은 모두 황제가 직접 지은 것이었다. 『가재연행록』 1713년 2월 7일

방물을 납부하다

서화문西華門에서 수십 보 못 미쳐 북쪽으로 작은 골목으로 들어가 한 집에 앉아 있으니, 유봉산과 노 선전관盧宣傳官이 따라왔다. 통관이 낙차駱茶 한 병을 얻어 여러 사람에게 마시게 하였다. 조금 있으려니 관원이 와서 곧 작은 종이에 세 글자를 써서 통관에게 보였는데, 만주 글자였다. 소함을 놓고 가라는 것이었다. 전에는 관원이 우리나라 사람을 데리고 창고로 들어가 소함을 받았는데, 지금 이렇게 하는 것은 폐단을 덜기 위함이며, 또한 황제가 우리나라 사람을 우대하기 때문이라고 하였다. 그렇지만 나는 궁궐의 깊은 곳을 구경하지 못하여 한스러웠다. 태화전으로 돌아가니 여러 역관이 이미 명주와 모시를 바치고

나왔고, 현재 바깥 창고에서 종이와 자리를 바치고 있는 중이라고 하였다. 『가재연행록』 1713년 2월 9일

상마연上馬宴 후 연회풍경을 논하다

늦게 숙소로 돌아오니, 그제야 겨우 상마연上馬宴이 끝났다. 그 절차를 군관에게 물으니, 다음과 같이 이야기하였다.

"예부시랑이 오자, 사신이 중문 밖에서 맞이하여 들어와 동쪽 벽에 앉고, 예부의 낭관은 그 뒤에 앉았습니다. 사신은 서쪽 벽에 앉고 군관과 역관은 사신 뒤에 앉았습니다. 먼저 차 한 잔씩을 든 뒤 반찬을 올렸는데 사람마다 각기 한 탁자씩을 차지했으나 과실 이외에는 먹을 만한 것이 없었습니다. 탁자를 물린 뒤에 다시 삶은 양고기 한 덩이가 들어오고 술이 세 순배씩 돌았습니다. 연회를 파하기 전후하여 꿇어앉아 머리를 조아리며 감사의 예를 한 다음에 끝났습니다."라고 하였다. 연회상이 막 들어와 젓가락을 미처 놓기도 전에 마두馬頭들이 각기 자루를 가지고 나와 다투어 음식을 집어넣는데, 호인들은 그릇을 잃어버릴까 서로 한바탕 싸움판이 벌어졌다고 하니, 듣기에도 한심하였다. 상마연도 역시 이와 같다 하였다. 『가재연행록』 1713년 2월 13일

황제의 상사를 정리하다

상사賞賜는 동지冬至, 정조正朝, 성절聖節, 사은謝恩 등 각기 정해진 수가 있으나 합계하면, 국왕에게는 은 1000냥, 채단 25필, 준마駿馬 4필에 영롱안점玲瓏鞍貼을 모두 갖추었다. 상사와 부사에게는 각기 은 200냥, 대단大緞 12표리表裡, 황견黃絹 8필, 안구마鞍具馬 2필, 서장관에게는 은 180냥, 대단 8표리, 황견 5필, 대통관 3명에게는 각기 은 130냥, 대단 4표리, 또 1필, 황견 5필, 압물관押物官 24명에게는 각기 은 70냥, 소단小緞 4표리, 또 1필, 청삼승靑三升 10필, 종인 30명에게는 각 은 23냥을 주었다.

압물관 24명이 받은 상사는 정수 외로 들어온 자들에게 고루 나누어 주었는데 각기 은 53냥 5전, 소단 4필, 노주주潞州紬 2필, 청삼승 8필이었다. 나는 은 15냥, 소단 1필을 강우양康遇陽에게 주고, 원건과 선흥 등에게는 합하여 은 10냥, 삼승 2필, 마부 업립業立, 귀동에게는 각기 은 5냥, 귀동에게는 삼승 2필, 업립에게는 삼승 1필을 주고, 갑군 왕사에게는 은 1냥 5전, 상통사에게는 주가紬價 1냥 2전, 소단 1필, 노주주 1필, 김창엽에게는 소단 1필을 주고, 어의御醫에게도 노주주 1필을 주고, 만상 군관 임충국任忠國에게는 삼승 1필, 효석孝石에게는 올 때에 그 말을 3일간 빌린 수를 주었다. 은 1냥을 1998문文과 바꾸어 돌아가는 길에 구걸하는 자들에게 주기로 하고, 김창엽에게 9전, 마패馬貝의 노奴에게 6전을 주었으며, 동교동내東郊洞內 하인들에게 나누어 주려고 또 모자[쏬] 50개와 띠[帶子] 100개를 사고, 그 나머지 몇 냥은 선흥에게 주어 도중에 비용으로 쓰게 하되, 안 쓰게 되면 그에게 갖게 하였다.

『가재연행록』 1713년 2월 13일

흠천감 구경을 금지당하다

강변을 따라 북쪽으로 가다 흠천감欽天監에 이르렀다. 대문으로 들어서니 문 안에 정당正堂이 있는데, 편액에 '관찰유근觀察惟勤'이라고 씌어 있다. 동쪽 담장 아래에 구리로 만든 동기銅器가 하나가 있는데 형태는 달걀 같고 속은 텅 비어 있었다. 지름은 4척쯤 되니, 히늘의 모형[天象]이다. 몸에는 하늘 둘레의 도수度數가 종횡으로 새겨져 있고 조그맣고 가는 글자들이 새겨져 있다. 양 머리에는 자루[柄]가 달려 있는데, 남·북의 두 극極을 의미한다. 그런데 거름더미 안에 놓여 있는 것으로 보아 폐기해 버린 물건인 듯하였다.

정당 동남쪽 모퉁이에는 의대儀臺가 있고, 의대 위에 지난날과 같이 사람이 서 있었다. 동대東臺 아래에는 작은 집이 있고 뜰에 그릇 하나가

관상대(흠천감)

놓여 있는데 모양은 큰 시루[甑]처럼 생겼다. 높이는 4척 남짓한데, 역시 구리로 만든 것으로 무엇에 쓰는 것인지 알 수가 없었다. 원건이 그 집에 있는 사람을 만나 대臺 위에 올라가 보기를 청하니, 그 사람이 말하기를,

　"반드시 황제의 밀지를 가져와야 올라갈 수 있습니다." 하니, 원건이 말하기를,

　"우리는 외국인이니, 어떻게 황지皇旨를 얻을 수 있겠습니까? 체면을 보아 잠시 올라가서 볼 수 있도록 해주기 바랍니다." 하였다. 그 사람이

말하기를,

"그렇지만 대 위에 있는 사람에게 물어보아야 합니다." 하고, 곧 위로 올라갔는데 오랫동안 기다려도 내려오지 않았다. 생각건대, 이곳은 다른 곳과는 달라서 경솔하게 올라갈 수 없는 곳이므로, 혹시 무슨 일이 생길까 염려되어 마침내 대문으로 갔다. 문 좌우는 각각 회랑집이 있고, 벽에는 고시告示하는 방榜이 붙어 있는데, "각 성各省에서 시험을 치르기 위해 온 사람은 이 난간 안으로 들어올 수 없다."는 방문이었다. 서편에 있는 시원試院에서 수일 전 경과慶科를 시행한 때문이었다. 『가재연행록』 1713년 2월 13일

상사가 자문을 올리다

상사께서 작은 탁자 앞에 나아가 꿇어앉으니 상통사上通使 역관들이 탁자 좌우에 섰다가 궤 하나를 마주 들어 상사께 드렸다. 이에 상사께서는 두 손으로 붙들어 위로 향하여 한 번 밀어 올렸다. 상통사가 들어 통관을 주면 통관이 받아 탁자의 누런 보자기 위에 놓고 다음으로 부사께 드린다. 부사께서 상사가 하던 대로 밀어올리고 다음으로 계부께 드리면 계부께서 다시 밀어올린다. 자문에는 여러 가지 형식이 있고, 이 길에 가져온 사은謝恩 자문도 여러 개로 황제와 황태후 황후에게 각각 하였다. 『담헌연기』 1765년 12월 28일

청국의 조선사행에 대한 사은 규정을 살피다

북경에서는 우리나라의 사행 관원을 예로부터 30명으로 정하였다. 정관이라 하는 것은 3사신에게 역관과 군관을 다 메우게 하는 것으로 정관에 들면 상은賞銀 외에 상사단賞賜單을 얻는다. 정관에 들지 못하면 상은을 모아주는 것이 있어 든 사람과 다름이 없으나 상사단을 주는 일이 없기 때문에 역관을 다 메운 후에 군관 중에 가장 높은 사람으로

수를 채운다. 그 밖에 관상감觀象監, 사자관寫字官, 의원, 화원畵員은 비록 가자加資(조선시대에 관원의 임기가 찼거나 근무 성적이 좋은 경우 품계를 올려주는 일)가 있으나 그 중에는 들지 못하였다. 역관의 형세와 군관의 안정을 당하지 못하므로 예로부터 원통함을 호소하기도 했다고 한다. 『담헌연기』 1765년 12월 28일

조선사행의 출입을 통제하다(3)

식전에 지선紙扇과 먹과 청심환을 포장하여 이익李瀷을 시켜 아문의 대사大使에게 전하라 하였다. 이익이 전하고 들어와 말하기를, "대사가 여러 가지를 받고 매우 좋아하는 기색이므로 수일 뒤면 출입을 막지 않을 것입니다." 라고 하였다.

내가 말하기를,

"내가 선물을 주는 뜻은 오늘이나 내일 출입을 허락해 달라는 것인데, 수일 후까지 어찌 기다리겠는가?" 하니 이익이 말하기를

"이것은 전에 없는 일이므로 대사 또한 마음대로 허락할 수 없다고 합니다." 하고 나갔다. 『담헌연기』 1766년 1월 4일

통관이 횡포를 부리다

이윽고 세팔이 들어와 말하기를, "대 서통관이 아문에 들어와 문을 엄히 막아서 출입을 할 수 없습니다."라고 하는데, 대 서통관의 이름은 종맹宗孟으로 서종현의 사촌형이다. 종맹의 형인 서종순徐宗順은 대통관으로 부임하여 중국과 조선 양국에 권세를 부렸다. 종순이 죽은 후 종맹이 대를 이어 또한 권세를 부리는데, 우리나라 말을 잘하고 성정이 교활하여 여러 칙사들을 데리고 우리나라에 다니니 여러 가지 일들이 다 종맹의 손에서 결정되었다. 또 욕심이 끝이 없는데다 위인이 불량하여 우리나라 역관들은 감히 그 뜻을 어기지 못하고 매우 두려워하였다.

서반들이 서적구입을 살피다

일행의 서책 매매는 다 서반序班이 담당하여 이익을 취하였는데, 이 날 서반 한 명이 나를 따라와 곳곳을 지키며 떠나지 않았다. 대개 내가 은을 많이 갖고 있고 서책을 많이 살 것이라 생각하고는 관의 허가 없이 몰래 사고파는 장사가 있을까 하여 살피는 것이었는데 매우 괴로웠 다. 여러 차례에 걸쳐 먼저 돌아가라 해도 듣지 않더니, 유리창 이문里門 을 나간 후에야 웃으며 먼저 갔다. 『담헌연기』 1766년 1월 11일

몽골인과의 접촉을 금하기 위해 사행의 줄입을 통제하다

그 학당에 가려고 하는데, 갑자기 두어 명의 갑군이 채찍을 휘두르며 다급하게 돌아와 무례하고 사납게 이르기를 "아문에서 잡으러 왔노라" 하여 다 놀라며 의심하였다. 세팔이 이유를 물어보니 우리가 몽골관에 갔다는 이야기를 듣고 그 생사를 염려하여 통관들이 급히 불러오라고 한 것이었다. 갑군이 채찍을 들어 치려고 하는 거동을 보이면서 가기를 재촉하니, 좌우에 섰던 사람들이 다 도망치고 소년 또한 간 데가 없으니 대개 이 곳이 아문을 두려워하고 근신하는 풍속이었다.

김복서金復瑞에게 몽골아문에 간 이유를 이야기하게 하였는데 돌아와 말하기를,

"통관들에게 그 이유를 물어보니 '몽골은 예법이 없고 조선 사람들도 잘 다투는 까닭에 혹여 문제가 생길까 싶어 갑군을 보낸 것일 뿐, 다른 뜻은 없다. 어찌 잡아오라고 하였겠는가' 하며 갑군을 불러 꾸짖었습니 다. 이로 인하여 동천주당에 가는 사연을 말했더니 다 쾌히 허락하였습 니다."라고 하였다. 『담헌연기』 1766년 1월 24일

조선사행에 대한 통제가 엄해지다(1)

이 날 출입통제가 더욱 심하여 옥하교玉河橋와 정양문 근처에는 갑군들이 서서 사람들의 출입을 금하였다. 듣자하니 어제 제독이 사람들의 출입을 금지하는 방문을 써서 담 밖에 붙였다고 하였다. 역관에게 그 곡절을 물어보니 역관이 말하기를, 일행 중에 금지된 물건을 사가는 일이 많다는 소문이 있어서 그 폐단을 막기 위한 것이라고 하였다.

『담헌연기』 1766년 2월 1일

조선사행에 대한 통제가 엄해지다(2)

식후에 이덕성李德星과 함께 천주당에 가려고 했는데 이 날도 금문門禁이 엄격하여 세팔에게 아문에 가서 구경 나간다는 사실을 알리게 하였다. 통관들이 말하기를, 제독이 방을 붙여 사람의 출입을 엄격하게 금지하여 허락을 받지 못할 것 같으니, 가만히 나가는 편이 나을 것이라고 하였다. 일반적으로 문금이 엄할 때도 역관과 하인이 근처 상점에 출입하는 일은 흔하였으므로 아문 앞을 지나도 의심하지 않았다. 하지만 나는 행색도 다르고 출입도 일정하지 않은데다 한 번 문을 나서면 멀리 다닐 것이라고 짐작하고 있을 터니 몰래 나갔다가는 뒤에 욕을 볼 수도 있다. 그러니 출입 사실을 아문에 다 알리고 잔꾀는 쓰지 않는 것이 나았다. 『담헌연기』 1766년 2월 2일

사행과 중국인이 교류하다

엄생嚴生이 『감구집感舊集』 열 권을 가지고 와서 건네주며 말하기를, "이 책에 청음淸陰 선생[김상헌金尙憲]의 글이 들어 있으니 가져가는 것이 어떻겠습니까?"라고 하였다. 이에 사양하면서 "서책을 가져가면 여러 사람의 눈에 띌 텐데 어찌 가져가겠습니까?"라고 하였다. 두 사람이 말하기를 "저자에서 샀다고 하면 무슨 의심을 사겠습니까?"라고

하여 내가 평중과 의논한 후 품 속에 감추었다. 바깥문에 이르러 내일 약속을 하고 관으로 돌아와 주고받았던 종이를 보여주며 일행에게 자랑하였다. 『담헌연기』 1766년 2월 3일

조선사행과 청국사행을 비교하다

편지를 맡긴 뒤 아침을 재촉해서 먹고 아문에 이르니, 서종맹과 여러 통관이 있었다. 내가 나아가 인사하고 오늘 방물을 바치러 가는 사연을 말하였더니, 종맹이 웃으며 방물을 바치는데 내가는 무슨 할 일이 있느냐고 하였다. 내가 또한 웃으면서 말하기를,

"나는 삼대인(서장관)의 군관이라 일행의 사정을 검찰하는 소임을 맡고 있는데, 이런 중대한 일에 어찌 수고를 피하겠습니까?" 하니, 종맹이 웃고 또 말하길,

"그대는 황성 내외에 보지 않은 곳이 없는데, 조선의 서울과는 어떻게 다른가요?"라고 물었다. 내가 말하기를,

"조선은 바깥 나라고 작은 지방이니, 어찌 중국에 비할 수 있겠습니까?"라고 하니, 종맹이 말하기를,

"진실로 그렇지만 우리가 칙사로 조선에 나가면 남별궁 가운데 종일 가두어두고 한 걸음도 못 나가게 하는데, 조선 사신은 북경에 들어오면 마음대로 이리 구경을 다니니 억울하지 않겠어요?"라고 하였다.

내가 말하기를,

"조선은 작은 나라라서 별로 볼 만한 것이 없어서 그런 것이니 어찌 잘못이라 하겠습니까?"라고 하자 서종맹이 말하기를,

"나는 그대를 위하여 구경하는 일을 적극 도왔으니, 앞으로 내가 조선에 나가면 그대를 청하여 구경할 묘책을 물을 것입니다"라고 했다.

내가 웃으면서 말하기를,

"나는 조선의 일개 선비에 불과하고 나라에는 금령이 있는데, 어찌하

겠습니까?"라고 하니 여러 역관과 통관들이 다 웃었다. 『담헌연기』 1766년 2월 6일

서산 구경을 계획하다

서산西山은 북경 제일의 구경지로 일컫는 곳으로 황제가 행락行樂하는 곳이다. 지은 지 10년이 되었는데 궁실과 호수의 장려한 경물이 오로지 항주杭州의 서호西湖를 모방하였으니, 요즘은 우리나라 사행 가운데 구경하지 않는 이가 없었다. 하지만 황제가 원명원圓明園에 머물 때는 감히 가볼 수가 없어서 지금까지 구경을 못했다. 그런데 며칠 전 황제가 동릉東陵에 거둥하여 10여 일 후에 돌아온다고 하였기에 역관들이 해당 관청과 의논하여 10여 일쯤 사행이 가도록 정하였다. 『담헌연기』 1766년 2월 10일

청과 조선과의 관계, 상사賞賜를 중국인에게 말해주다

엄생이 청국이 조선을 돌보고 도와준 일에 대해 물어서 내가 "강희 연간 때부터 조선에 대한 접대가 다른 외국과는 아주 달랐어요. 우리나라에서 요청하는 일이 있으면 허락하지 않은 경우가 없었습니다. 특히 명국明國 때는 해마다 1만 석의 쌀을 조공하였는데 강희 연간에는 9천 석을 감하였고 차차 줄여서 지금은 겨우 수십여 석을 조공할 뿐입니다." 고 하였다. 이에 엄생이 말하기를,

"본조 초년에 조공해 오는 조선 사신들이 명의 의관을 그대로 착용하였으나 금하지 않았다."고 하였다. 반생潘生은 사신이 돌아가는데 황제가 상사賞賜한 것이 있느냐고 물었다. 내가 말하기를, 백여 필의 비단과 수천 냥의 은을 일행에게 나눠주었고, 선로沿路와 유관留館에 있을 때도 양식과 찬물饌物을 계속해서 주었다고 하였다. 『담헌연기』 1766년 2월 12일

조선사행의 출입을 통제하다(4)

사행이 돌아와 마침 상방上房에 앉았더니 덕유德裕가 급히 들어와 서종맹이 보기를 청한다고 했다. 즉시 문을 나와 캉으로 돌아오니 서종맹이 캉 문을 의지하고 나에게 말하기를

"내가 그대와 교분이 없으면 어찌 이런 말을 하겠습니까. 며칠 전 제독이 나에게 말하기를 '그의 인품에 대해 들어보니 그는 매우 좋은 사람이지만, 날마다 구경을 다니고 청국의 금지령을 지키지 않는 것은 잘못한 것이니 이러한 사실을 알려서 출입을 자제하도록 하라'고 했습니다. 제독의 말이 이미 이렇다면 관청도 따를 수 밖에 없습니다. 그러니 앞으로는 출입을 자제하여 관청이 난처해지는 일이 없었으면 합니다." 라고 했다.

이는 서산구경을 가면서 자신에게는 말을 하지 않은 데 대한 불만을 토로한 것으로, 제독의 이야기를 핑계 대어 출입을 금하려 한 것이었다.
『담헌연기』 1766년 2월 12일

조선사행의 출입을 통제하다(5)

죽을 먹은 후 평중平仲과 함께 건정동乾淨衕에 가려고, 먼저 덕형德亨을 대사에게 보내 물어보라 하였다. 돌아와 말하기를, 서종현은 나가라 하였으나 대사는 서종맹에게 한 번 책망을 받아 매우 곤란해하는 기색을 보이며 서봉관이 곧 늘어올 것이니 며칠 기다리는 편이 좋겠다고 하면서 오늘은 어렵다고 하였다. 『담헌연기』 1766년 2월 16일

책문에서 세금징수를 위해 물건들을 조사하다

12일에 이르러 흥정을 거의 마치고 출발하려고 의주 짐꾼을 불러 구입한 물건을 싣도록 했다. 이 짐을 내가는 삯은 후해서 의주사람에게 큰 이익이 되므로 많은 사람들이 한꺼번에 몰려들어 혼잡하였다. 책문

압록강변계도

안에 여러 서반과 갑군이 앉아 나오는 물건을 하나 하나 기록하니,
세금 징수를 위해서였다. 『담헌연기』 1766년 4월 9일

역관

득룡得龍은 가산嘉山 사람인데, 열네 살 때부터 북경을 드나들어 이번
으로 삼십여 차례에 이른다. 중국어에 능통하여 일행의 모든 일에서
그가 아니면 책임 지고 해낼 자가 없다. 그는 이미 가산과 용천龍川,
철산鐵山 등 부府의 중군中軍을 지내고 품계는 가선嘉善(종2품 문관 품계)
에까지 이르렀다. 사행이 있을 때마다 미리 가산에 알려 그의 가족들을
감금하여 그의 도피를 막는 것만 보더라도 가히 그의 능력을 짐작할
수 있겠다. 『열하일기』 1780년 6월 26일

책문

압록강에서 여기까지는 1백 20리다. 우리나라 사람들은 이 곳을 '책

문'이라 부르고 이 곳 사람들은 '가자문架子門'이라 하며, 중국 사람들은 '변문邊門'이라고 한다. 『열하일기』 1780년 6월 27일

통관들의 치부

아침 일찍이 변군과 함께 먼저 길을 떠났다. 대종이 멀리 큰 장원 하나를 가리키며 "저것은 통관通官 서종맹徐宗孟의 집입니다. 황성에는 저것보다 더 큰 건물이 있었답니다. 종맹은 본래 탐관으로 불법행위를 많이 저지르고 조선 사람들의 고혈을 빨아 큰 부자가 되었는데, 늘그막에 예부禮部에서 이 사실이 발각되어 황성에 있던 집은 몰수당하고 이것만 그대로 남아 있답니다." 하였다. 『열하일기』 1780년 6월 28일

조선사행에 대한 곱지 않은 시선

밤에 고교보高橋堡에서 묵었는데, 이 곳은 지난 해 사행이 은銀을 잃어버린 곳이다. 지방관이 이 일로 인해 파직되었고, 근처 점포에서 애매하게 죽은 사람이 있었으므로 갑군甲軍이 밤새도록 야경을 돌아서 우리나라 사람 방비하기를 도적과 다름 없게 엄히 하였다. 사처방 청지기의 말에 의하면,

"이 곳 사람들은 조선 사람 보기를 원수 같이 하여 가는 곳마다 문을 닫아걸고 들이지 않는다. '고려야, 고려는 신세진 사관의 주인을 죽였다. 어씨 4, 5냥의 목숨을 단논 천 냥과 바꿀 것인가. 우리 가운데도 불량한 사람이 많겠지만 당신네 일행 가운데는 어찌 좀도둑이 없을건가' 하면서 은닉하는 교묘한 방법이 몽골과 다름없사옵니다." 한다.
『열하일기』 1780년 7월 17일

의주의 말몰이꾼들

의주의 말몰이꾼들은 태반이 불량한 자들이며, 오로지 북경에 드나드

는 것을 돈 벌이를 위한 기회로 삼아서 해마다 북경을 저희들 뜰 앞처럼 여긴다. 그런데 의주부에서 그들에게 주는 것은 사람마다 백지 60권에 지나지 않으니, 백여 명 말몰이꾼들이 길을 가며 훔치지 않으면 다녀올 수가 없다. 그들은 압록강을 건너고 나서부터는 얼굴도 씻지 않고 벙거지도 쓰지 않아 머리털은 더부룩하고 먼지와 땀은 엉기고 비바람에 그을려 그 남루한 차림은 귀신도 아니고 인간도 아닌 것이 도깨비나 귀신처럼 우습게 보인다. 그들은 전혀 부끄러움도 모르고 도적질을 보통으로 하며, 밤에 사관寺館에 들면 어떠한 방법으로든 훔치고 만다.
『열하일기』 1780년 7월 18일

서관에 묵게 되다

순치順治 초년에 조선 사신의 사관을 옥하玉河 서쪽 기슭에 세워 옥하관玉河館이라고 불렀는데, 그 뒤에 악라사鄂羅斯(현재의 러시아)에게 점령당하였다. 악라사는 이른바 대비달자大鼻獺子인데 어찌나 사나운지 청인들도 그들을 누를 길이 없어서, 할 수 없이 회동관會同館을 건어호동乾魚衚衕에 세우니, 이것이 곧 도통都統 만비滿丕의 집이었다. 만비가 살해당할 때 집안사람들이 많이 자결하였으므로 그 집에 귀신이 많았다고 한다. 혹 우리나라 별사別使(임시사행)와 동지사가 한꺼번에 맞부딪히게 되면 서관西館에 나누어 들게 되었다. 몇 년 전 별사가 먼저 건어호동에 들었으므로 금성위錦城尉는 마침 동지사로 와서 서관에 머문 적도 있었다. 지난해 건어호동에 있는 회동관이 불에 타 버리고 여태까지 다시 세우지 못했으므로 이번에도 서관에 옮겨 들게 되었다. 『열하일기』 1780년 8월 1일

조선사행에게 공급되는 물품들

정사正使에게는 날마다 관館의 찬饌으로 거위 한 마리, 닭 세 마리, 돼지고기 다섯 근, 생선 세 마리, 우유 한 병, 두부 세 근, 백면白麵

두 근, 황주黃酒 여섯 항아리, 엄채醃菜(김치) 세 근, 다엽茶葉 넉 냥, 오이지 넉 냥, 소금 두 냥, 청장淸醬 여섯 냥, 감장甘醬 여덟 냥, 초醋 열 냥, 향유香油 한 냥, 화초花椒(후추) 한 돈, 등유燈油 세 병, 납초 석 자루, 내수유奶酥油(우유기름) 석 냥, 세분細粉 근 반, 생강 닷 냥, 마늘 열 뿌리, 빈과蘋果(능금) 열다섯 개, 소주 한 병, 쌀 두 되, 나무 서른 근, 또 사흘마다 몽골양蒙古羊 한 마리씩을 주었다.

부사나 서장관에게는 날마다 두 사람 어울러서 양 한 마리, 거위 각 한 마리, 닭 각 한 마리, 생선 각 한 마리, 우유 어울러서 한 병, 고기 어울러 세 근, 백면 각기 두 근, 두부 각기 두 근, 엄채 각기 세 근, 화초 각기 한 돈, 다엽 각기 한 냥, 소금 각기 한 냥, 청장 각기 여섯 냥, 감장 각기 여섯 냥, 초 각기 열 냥, 황주 각기 여섯 항아리, 오이지 각기 넉 냥, 향유 각기 한 냥, 등유 각기 한 종지, 쌀 각기 두 되, 빈과 어울러 열다섯 개, 사과 어울러 열다섯 개, 배 어울러 열다섯 개, 포도 어울러 닷 근, 말린 대추 어울러 닷 근, 그 밖의 과실은 닷새 만에 한 번씩 준다. 부사에게는 날마다 나무 열일곱 근, 서장관에게는 열닷 근씩을 준다.

그리고 대통관大通官 3명과 압물관押物官 24명에게는 날마다 각기 닭 한 마리, 고기 두 근, 백면 한 근, 엄채 한 근, 두부 한 근, 황주 두 항아리, 화초 닷 푼分, 다엽 닷 돈, 청장 두 냥, 감장 넉 냥, 향유 네 돈, 등유 한 종시, 소금 한 냥, 쌀 한 되, 나무 한 근씩을 주고, 또 득상得賞 종인從人 30명에게는 날마다 각기 고기 근 반, 백면 반근, 엄채 두 냥, 소금 한 냥, 등유 어울러 여섯 종지, 황주 어울러 여섯 항아리, 쌀 한 되, 나무 네 근씩을 주고, 무상無賞 종인 2백 21명에게는 날마다 각기 고기 반근, 엄채 넉 냥, 초 두 냥, 소금 한 냥, 쌀 한 되, 나무 네 근씩을 주었다. 『열하일기』 1780년 8월 2일

피서산장

강희제 친필의 편액. 이 곳을 크게 활용한 것은 건륭 연간이다. 박지원이 중국을 방문하였을 때 건륭제가 피서산장에 머물러 박지원도 여기까지 와서 멀리서나마 황제를 보았다.

열하의 연혁과 노정

열하는 황제의 행재소行在所가 있는 곳이다. 옹정제 때 승덕주承德州를 두었는데, 이제 건륭제가 주州를 승격시켜 부府로 삼았으니 곧 연경의 동북 4백 20리에 있고, 만리장성에서는 2백여 리다. 「열하지熱河志」에 보면,

"한나라 때 요양要陽·백단白檀의 두 현縣을 어양군漁陽郡에 속하게 하였고, 원위元魏 때에는 밀운密雲·안락安樂 두 군郡의 변계가 되었고, 당나라 때에는 해족奚族의 땅이 되었으며, 요나라 때는 흥화군興化軍이라 하여 중경에 속하게 하였고, 금나라 때는 영삭군寧朔軍으로 고쳐서 북경

강희제 때의 피서산장 모습

피서산장 전경

에 속하게 하였으며, 원나라 때는 고쳐 상도로上都路에 속하였다가 명나라 때에 이르러서는 타안위朶顔衛의 땅이 되었다." 하니, 이는 곧 열하의 지금까지의 연혁이다. 이제 청淸이 천하를 통일하고는 비로소 열하라 불렀으니 실로 장성 밖의 중요한 지역이었다. 강희제 때부터 늘 여름이면 이 곳에 거둥하여 더위를 피하였다. 그의 궁전들은 채색이나 아로새김도 없이 하여 피서산장避暑山莊이라 하였는데, 여기에서 서적을 읽고 때로는 임천林泉을 거닐며 천하의 일을 다 잊고 짐짓 평민이 되어 봄직하다는 뜻이 있는 듯하다. 그러나 실상을 보면, 이 곳이 험한 요새여서 몽골의 목구멍을 막는 동시에 북쪽 변새 깊숙한 곳이므로 이름은 비록 피서라고 하였지만, 천자 스스로 북호北胡를 막기 위함이었다. 이는 마치 원나라 때에 해마다 풀이 푸르러지면 수도를 떠났다가, 풀이 마르면 남으로 돌아왔던 것과 같다. 대체로 천자가 북쪽 가까이 머물러 있어서 자주 순행하여 거둥하면, 북방의 모든 호족들이 함부로 남으로 내려와 말을 놓아 먹이지 못할 것이므로 천자의 오고감을 늘 풀의 푸름과 마름으로써 시기를 정한 것이고, 피서라는 이름 역시 이를 가리

열하이궁의 건륭제

키는 것이었다. 올 봄에도 황제가 남방을 순행하였다가 바로 북의 열하
로 온 것이다.

열하의 성지와 궁전은 시간이 흐르면서 완비되어 그 화려하고 견고하
고 웅장함이 저 창춘원暢春苑이라든가 서산원西山苑 같은 것보다 더하였
다. 뿐만 아니라 산수의 경치도 오히려 연경보다 나아서 해마다 이
곳에 와서 머물게 되어, 애초에는 외적을 막기 위했던 곳이 도리어
방탕한 놀이터로 변히었다. 『열하일기』 1780년 8월 4일

열하에 온 조선사행의 인원

아침 사시巳時(오전 9∼11시)에 사은겸진하정사謝恩兼進賀正使를 따라
북경에서 열하로 길을 떠나는데, 일행이 부사 서장관과 역관 세 사람,
비장 네 사람, 또 하인들까지 모두 일흔넷이고, 말은 모두 쉰다섯 필이다.
나머지는 모두 서관西館에 머물러 있었다. 『열하일기』1780년 8월 5일

황제가 조선사행을 배려하다

밀운성密雲城을 바라보니 겨우 몇 리밖에 남지 않았으므로 채찍을 날려 말을 빨리 몰았으나 바람과 우레가 더욱 급해지고 빗발이 마치 사나운 주먹으로 후려갈기는 듯하여 그대로 앞으로 나아갈 수가 없어서 신속하게 길가의 낡은 사당으로 뛰어들었다. 그 동편 월랑月廊에 두 사람이 책상을 사이에 놓고 교의에 걸터앉아 바삐 문서를 다루고 있었는데, 이는 밀운 역리驛吏가 오가는 역말들을 적고 있는 것이었다. 하나는 한자로 쓰고 또 하나는 만주 글자로 번역하는데, 그 가운데 얼핏 조선朝鮮이라는 글자가 눈에 띄어서 들여다보니, "황제의 명령을 받들어 북경에 있는 병부兵部로부터 조선 사신들에게 건장한 말을 주어서 험난함이 없도록 하며, 그들에게 필수품을 공급하라."는 내용이었다. 『열하일기』 1780년 8월 6일

조선사행의 민간숙소 정하기

중국의 법이 비록 왕자나 공주의 행차일지라도 민가에는 머무르지 못하게 되어 있으므로 숙소는 반드시 점방 아니면 사당이다. 이제 이 고을에서 우리 일행의 숙소로 정해진 곳은 관묘關廟인데, 지현은 문까지 왔다가 곧 돌아갔다. 관묘에는 사람과 말을 들일 수는 있으나 사신이 거할 만한 곳이 없었다. 밤이 이미 깊어서 집집마다 문을 닫아걸었으므로, 오림포가 백번 천번을 두드리고 부른 끝에야 겨우 나와서 응대를 하는 이가 있었으니, 곧 소씨蘇氏 집이었다. 이 고을의 아전이었는데, 집이 훌륭하기가 행궁이나 다름없었다. 『열하일기』 1780년 8월 6일

밀운 지현이 보내온 접대물품을 거절하다

역관이 와서, "밀운 지현이 밥 한 동이와 채소·과실 다섯 쟁반, 돼지·양·거위·오리고기 다섯 쟁반, 차·술 다섯 병을 보내왔고,

땔나무와 말먹이도 보내왔습니다."라고 한다. 정사는, "그래, 땔나무나 말먹이는 받지 않을 이유가 없겠지만 밥과 고기는 주방이 있으니 남에게 폐를 끼칠 수 있겠어. 받든 안 받든 부사님과 서장관 나리께 여쭈어 보고 결정하는 게 옳을 거야." 하였다. 수역은, "이 곳에 들어오면 동팔참東八站으로부터 으레 공궤供饋가 있는 법입니다. 다만 이렇게 익힌 음식을 제공하지 않을 뿐이지요. 이제 이 곳에 도로 오게 된 것은 비록 뜻밖의 일이기는 합니다만, 그러나 저들이 지주地主의 체면으로서 이를 제공한 것이니 무슨 이유를 들어 물리치겠습니까." 한다. 이러던 차에 부사와 서장관이 들어와서,

"이건 황제의 명령이 없는 것인데, 어찌 받을 수 있겠습니까. 마땅히 돌려보내는 것이 옳습니다."라고 한다. 정사도, "그렇겠소." 하고는, 곧 명령을 내려 이를 받기 어려운 뜻을 밝히게 하였다. 이에 여남은 인부들이 아무 소리 없이 물건들을 다시 지고 가버렸다. 서장관이 또 하인들에게,

"만일 한 줌의 땔나무나 말먹이를 받는다면 반드시 무거운 매를 내릴 것이야." 하고, 엄격히 단속하였다. 『열하일기』 1780년 8월 6일

군기대신이 직접 와서 일정을 당부하다

얼마 아니 되어 조달동趙達東이 와서,

"군기대신軍機大臣 복차산福次山이 당도하였답니다."라고 여쭙는다. 황제가 특별히 군기대신을 파견하여 사신을 맞이하게 한 것이다. 그리하여 그가 바른 길로 덕승문德勝門에 들어갔는데 우리 일행은 벌써 동편 바른 문을 통과하였으니 서로 어긋나 버렸던 것이다. 이에 복차산이 밤낮을 가리지 않고 우리 뒤를 좇아왔다. 그는,

"황제께옵서 사신을 고대하고 계시오니 반드시 초아흐렛날 아침 일찍 열하에 도착해 주시기 바랍니다." 하며, 두세 번을 거듭 부탁하고

가버렸다. 군기軍機란 마치 한나라 때의 시중侍中과 같은 것으로 늘 황제 앞에서 모시고 있다가, 황제의 명령을 받으면 그 하나 하나를 의정대신議政大臣에게 전달하곤 한다. 그가 비록 계급은 낮으나 황제와 가까운 직책이어서 대신大臣이라고 불렀다. 복차산의 나이는 스물 대여섯쯤 되는데 키는 거의 한 길쯤 되고 허리가 날씬하고 눈매가 가늘어서 매우 풍치 있어 보였다. 그는 말을 끝낸 뒤 화고花糕 하나를 먹고는 곧 말을 달려 떠나버렸다. 『열하일기』 1780년 8월 6일

황제를 접견하다

정사가 말하기를, 아침나절 사찬賜饌이 있은 뒤 조금 지나서 들어오라는 명령이 내려서 통관의 인도를 받아 정문 앞에 이르렀더니, 그 동쪽 협문에 시위侍衛하는 여러 신하들이 서거나 혹은 앉아 있었다. 덕상서와 낭중 몇 사람이 와서, 사신의 출입을 주선하는 절차를 지휘하고 갔다. 이윽고 군기대신이 황제의 뜻을 받들어,

"그대의 나라에도 사찰이 있으며, 또 관제묘도 있는가?" 하고 묻더니, 얼마 안 되어 황제가 정문으로 해서 문 안의 벽돌을 깔아 놓은 위에 앉았다. 교의와 탁자도 내오지 않고, 다만 평상에 누런 보료만 깔았고, 좌우 시위는 모두 누런 옷을 입었는데, 그 중에서 칼을 찬 자는 서너 쌍에 불과하고, 누런 일산을 받들고 선 자는 두 쌍이었다. 그들은 모두 엄숙한 표정으로 조용하였다. 먼저 회자回子의 태자가 앞으로 나와 몇 마디 아뢰고 물러간 뒤, 사신과 세 통사通事를 나오라 하니 모두 나아가 무릎을 꿇었다. 이는 무릎이 땅에 닿았을 뿐, 뒤를 붙이고 앉은 것은 아니었다. 황제가,

"국왕께서는 평안하신가?" 하고 물으니, 사신이 공손하게

"평안하옵니다." 하고 대답하였다. 황제는 또,

"만주 말을 잘하는 이가 있는가." 하매, 상통사上通事 윤갑종尹甲宗이

"약간 아옵니다." 하며 만주말로 대답하였더니 황제가 좌우를 돌아보며 기뻐하며 웃었다. 황제는 모난 얼굴에 희맑으면서 약간 누런 빛을 띠고 수염은 반쯤 희고, 나이는 예순쯤 되어 보였다. 화색이 돌고 온화해 보이는 것이 춘풍화기春風和氣를 지녔다. 『열하일기』 1780년 8월 11일

황제의 명으로 찰십륜포에 가서 반선을 만나다

반선액이덕니班禪額爾德尼를 찰십륜포札什倫布에서 보았다. 찰십륜포란, 서번西番 말로서 대승大僧이 거처하는 곳이란 뜻이다. 『열하일기』 찰십륜포札什倫布

조선어를 배우고 엿듣는 청국인

박불화朴不花(고려 공민왕 때 우리나라 환관으로서 원에 들어가 황후의 사랑을 받은 자)가 원나라에 들어갔을 때부터 원의 내시들이 우리 말을 많이 배웠고, 명나라 시절에도 얼굴이 잘생긴 조선 고자들을 시켜 내시들에게 조선말 공부를 시켰으니, 지금 우리를 엿보고 간 두 사람도 어찌 조선말을 배우지 않았다고 할 수 있으랴. 소림과 같이 있던 푸른 깃을 꽂은 자도 와서 말을 세우고 자못 오랫동안 있다가 갔는데, 그 왕래가 하도 빨라서 마치 나는 제비와 같았다. 『열하일기』 찰십륜포札什倫布

만한 관리들의 알력

기려천奇麗川은 만주 사람이다. 성격이 몹시 교만하여 윤형산尹亨山을 멸시하는 빛을 얼굴에 나타냈는데, 형산은 일부러 모르는 척하고 얼굴 도 말씨도 겸손할 뿐이다. 대체로 윤尹은 기奇에 비하여 나이가 20여 세나 많고 벼슬 역시 조금 높은 편이다. 그러나 그는 한인이라는 이유로 마치 나그네 같은 처지였으니, 그 정세가 그렇지 않을 수 없는 까닭이다.

기려천이 거처하는 방은 나의 사관과 문을 마주 보고 있는 터라, 내가 형산을 찾아가 이야기를 하려면 반드시 기려천의 문 앞을 지나게

되므로 반드시 기려천에게 먼저 들렀다. 그러면 형산은 내 의도도 모르고 꼭 내 뒤를 따라 그 곳에 잠깐 지체하다가 곧 일어서면서 다른 곳에 약속이 있다는 핑계를 댄다. 그러면 기려천은,

"윤공尹公은 다른 곳으로 간다는 말이야." 하고, 비웃으며 그의 뒤통수에 대고 손가락질 하면서 깔깔댄다. 형산도 언젠가 돌아앉아서,

"올빼미 눈이 언제 사람이 될런지?" 하면서 악평을 한다. 만족과 한족 사이의 심한 알력을 이로써 짐작할 수 있겠다. 『열하일기』 피서록避暑錄

황제 탄일의 진공물들

가을 8월 13일은 황제의 천추절千秋節로, 특별히 우리나라 사신을 불러 행재소行在所까지 와서 뜰에서 참여하여 하례하도록 했다. 나는 사신을 따라 북으로 장성을 거쳐 주야로 달렸다. 길에서 보니 사방으로부터 공헌貢獻하는 수레가 만 대는 될 것 같고, 사람은 지고, 약대에는 싣고, 가마에 태우고 가는데, 그 형세가 풍우와 같았다. 들것에 메고 가는 것은 물건들 가운데 더욱 정하고 다치기 쉬운 것들이라 하였다. 모든 수레는 예닐곱 마리씩의 말이나 노새가 끌고, 혹 노새 네 마리가 끄는 가마 위에는 진공進貢이라는 글자가 적힌 누런빛의 작은 깃발을 꽂았다. 진공물들은 모두 거죽은 붉은빛 탄자와 여러 빛깔의 모직 옷감과 대 삿자리나 등자리로 쌌는데, 모두 옥으로 만든 기물器物들이라 한다. 수레 하나가 길에 넘어져 바야흐로 고쳐 싣는데, 겉을 싼 등자리가 조금 떨어진 틈으로 내다보니, 궤짝은 누런 칠을 하였고 작은 정자 한 칸만 했다. 가운데는 자유리보일좌紫琉璃普一座라고 썼는데, 보普자 아래와 일一자 위에 두서너 글자가 있는 것 같으나 자리 끝이 덮여서 무슨 글자인지 알아볼 수 없었다. 유리 그릇의 크기가 이정도라면 다른 여러 수레에 실은 짐도 미루어 알 수 있었다. 『열하일기』 산장잡기山莊雜記

조공국과 외국의 사신들이 황제에게 선물을 바치기 위해 차례를 기다리고 있는 모습(열하)

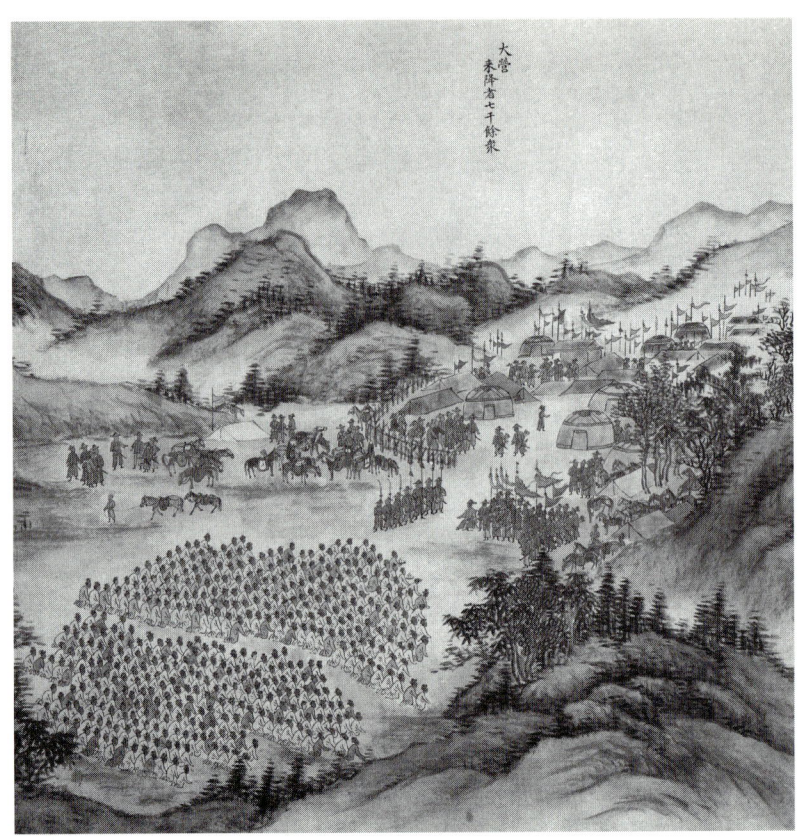

서부몽골 평정도平定圖

근세 동아시아 질서 속의 여러 나라들

몽골과 태극달자의 진공進貢

이 곳은 무령현無寧縣 소속으로 참站이 설치되지 않아 찰원이 없기 때문에 길 왼편 인가에 들었는데 호인 출신의 주인이 사나워서 고생이 많았다. 저녁을 먹고 비장들의 숙소에 들렀는데, 집이 깨끗하고 집주인은 한인으로 사람됨이 무던하여 내가 물었다.

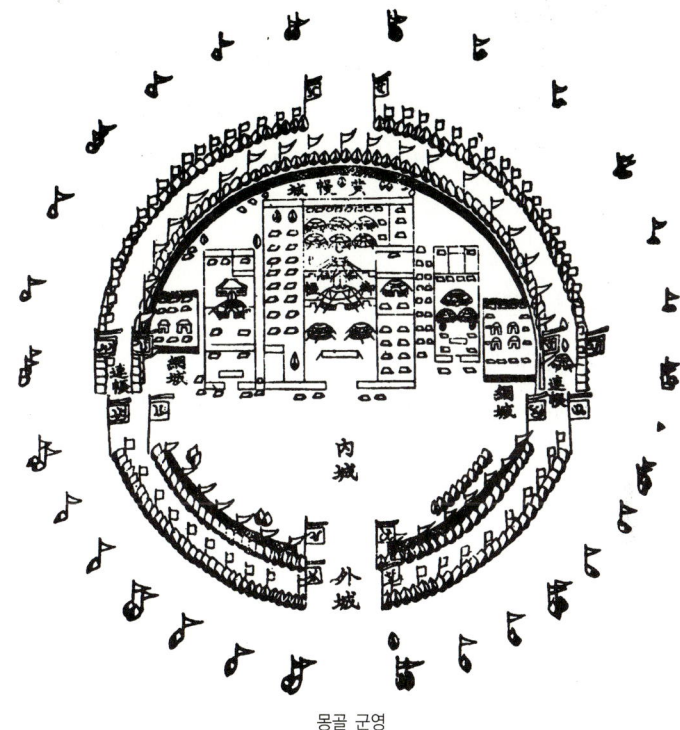

몽골 군영

　"나도 도성 10리 밖에서 농사를 짓고 있습니다. 그러니 공과 같습니다. 몽골 부락에서도 다 공물을 바칩니까?"

　"어제 이미 진공進貢했습니다."

　"태극달자太極㺚子도 진공합니까?"

　"하지 않습니다."

　"그 달자는 이롭습니까, 아니면 해롭습니까? 황조에서는 그들을 두려워합니까?"

　"왜 두려워하지 않겠습니까?"

　"무엇을 두려워합니까?"

　"군병이 많은 것을 두려워합니다." 『가재연행록』 1712년 12월 19일

북경으로 향하는 몽골인

길이 온통 수레들로 꽉 메워져 있는데, 이는 북경이 가깝고 세시歲時의 일로 왕래하는 자가 더욱 많기 때문일 것이다. 조촌점棗村店과 백부도점白浮圖店에 이르러, 몽골인이 장막과 잡물을 낙타 9필에 싣고 북경 쪽으로 가는 것을 보았다. 『가재연행록』 1712년 12월 26일

몽골인에 대해 논하다

승문원 서원 강우문姜遇文이 와서 말하기를,

"서쪽 담 밖에서 몽골 사람들이 마침 이를 잡아먹고 있다." 한다. 담 밑으로 가서 안장을 쌓고 사다리를 만들어 의지해서 내다보니 바깥은 빈터였다. 몽골 사람들이 수십 개의 천막을 함께 치고 있는데, 한 천막에 80여 명씩이었다. 그들은 광대뼈가 넓어 청인들과 다르며 옷이 낡고 더러워 사람의 꼴이 아니었다. 호인 하나가 옷을 벗고 이를 잡는데, 잡기만 하면 바로 삼키니, 더욱 더러웠다. 그러나 이를 삼키는 것은 몽골 사람들뿐만 아니라, 한인들도 역시 그러하다. 낙타는 100여 마리에 또한 준마도 많다. 이번에 몽골인 48가家가 모두 왔다고 하는데, 딴 곳에 사는 자들도 많다고 한다. 여인들도 왔다고 하는데, 마침 보이지는 않았다.

듣건대, 몽골의 의복제도는 호녀胡女와 같으며, 머리는 우리나라 여인들과 비슷하다 한다. 다만 멋대로 돌아다니며 사람을 보고도 피하지 않으니, 금수와 다를 바 없다고 하겠다. 『가재연행록』 1713년 1월 1일

한인사대부에게 중국 사정을 묻다

서반序班 가운데 반덕여潘德輿란 자가 있는데, 사람됨이 영리하고 문필로 이야기를 나눌 만하였다. 그가 들어왔기에 맞이하여 앉히고, 먼저 한가로운 이야기를 물어보니 대답하는 것이 민첩하였다. 내가 묻기를,

"고향은 어디며, 성명은 무엇이며, 연세는 몇이오?" 하니,

반덕여가 대답하기를,

"집은 절강성 소흥부紹興府 산음현山陰縣에 있으며, 성은 반이고 이름은 덕여며, 나이는 27세입니다." 한다.

"북경에 온 지는 몇 년이나 되었소?"

"47년 무자년(1708년)에 왔습니다."

"북경과 절강은 말씨가 같소?"

"다릅니다."

"그대는 여기 온 지 몇 년 만에 북경 말을 할 줄 알게 되었소?"

"반 년 만에 통했습니다."

"그대는 문장이 민속하고 응대가 분명하여 훌륭합니다. 내가 그대에게 묻겠는데, 지금 각로들 가운데 덕망이 무거운 분이 누구며, 대장으로 지용智勇을 겸비한 분은 몇이나 되는지 알고 싶습니다."

"그대를 늦게 만났으나 진실하여 배반할 분 같지는 않습니다. 우리나라 사정에 관해서는 남에게 이야기하면 안 됩니다만, 만약 각로들을 논한다면, 밥이나 축내는 위인들에 불과하고, 재상, 대장들 가운데 지혜와 용기 있는 자는 낱낱이 꼽아 봐도 찾을 수가 없습니다."

"구문九門 제독이 죄를 지어 벌을 받았다고 하는데, 무엇 때문에 그렇게 된 것이오?"

"구문제독 도화기陶和氣는 지은 죄가 하도 많아서 열거하기도 어렵습니다."

"죽었다는데 확실하오?"

"아직 옥에 갇혀 있고 죽지는 않았습니다."

"필경 살기는 어렵겠지요?"

"그렇습니다." 구문제독이란 경성京城의 9문을 모두 관장하는 사람이다. 혹자는 말하기를, '뇌물을 많이 받아먹어서 황제가 죽었다.'는 소문

이 있어서 그 허실을 알고자 물어보았던 것이다. 또 묻기를,

"조참 때에 보니, 전정前庭 갑군의 의장이 헐었고, 차고 있는 활과 칼도 또한 정교하지 못한데, 혹은 말하기를, '평시에는 비록 그러하나 출병할 때는 의복과 군장을 좋은 것으로 바꾸어 준다.' 하는데, 사실이오?" 하니, 대답하기를,

"어찌 마실 때를 당해서 샘을 파겠습니까?" 잘 생각해 보니, 그럴 것 같다. 또 묻기를,

"전정의 고취수들이 입은 홍의紅衣 또한 한결같지 않아 새것도 있고 헌것도 있으니, 이는 필시 황상께서 검박한 것을 숭상하여서 그러하오?" 하니, 대답하기를,

"황상께서 검박해서 그런 게 아니라, 재물을 아껴서 그런 것입니다."

"만승천자萬乘天子가 재물은 아껴 무엇에 쓰려는 것이오?"

"잘 모릅니다."

"들으니, 황상이 또한 궁실과 원림園林을 수리하지 않는다고 하는데, 그렇소?"

"그렇습니다."

"그러면 검덕儉德이 전고에 뛰어난 것이 아니오?"

"내가 황상의 검덕이 전고에 뛰어나지 않았다고 하는 것은 아니나, 바깥에 쓰는 것이 많아 부득불 스스로 검박한 것입니다."

"용처는 어떤 것이오?"

"은銀을 만들어 바깥 달자韃子들에게 상으로 주는 것입니다."

"바깥이란 어느 곳이오?"

"영고탑寧古塔 바깥입니다."

"이 달자들에게 상을 주는 것은 무슨 까닭이오?"

"모릅니다."

"달자가 곧 몽골인이오?"

"그렇습니다."

"지금 몽골에서 여기 와서 머무르는 자가 몇이며, 오랫동안 머무르는 것은 무슨 까닭이오?"

"48가家인데, 48가가 다 와서 여기에 오랫동안 머물고 있습니다. 그러나 까닭은 알 수 없습니다."

"1년에 은 얼마씩을 상으로 주오?"

"매년 48가에 약 4만, 5만 냥입니다."

"은 외에 비단도 주오?"

"별도로 비단 같은 물건도 줍니다."

"달자들이 1년에 바치는 공물은 무엇이며 얼마나 되오?"

"이는 모두 이번원理藩院(변방 사무를 총괄하는 관청)을 거치고 우리 예부와는 관계가 없기 때문에 자세히 알 수 없습니다."

"비록 예부의 일이 아니라 해도 혹 전해들은 이야기가 있을 터인데 어찌 모르겠소?"

"듣건대 공물로 바치는 것은 인삼과 피혁에 불과하다고 합니다."

"섬서陝西로부터 심양 이북에 이르기까지 다 몽골이 거처하는 곳인데, 그대는 어찌 영고탑을 곧 몽골이라고 하오? 섬서 근처의 몽골은 공물을 바치고 상을 받아 가는 일이 없소?"

"달자들이 구외口外(만리장성 밖)에 주거하는 지방과 명색이 매우 많으니, 어찌 두루 다 알 수가 있겠습니까?"

"지금 여기 북경에 머물고 있는 몽골인들은 모두 영고탑의 달자들이오?"

"그저 모두 구외에서 들어왔다는 것만 알고 있습니다."

"금주錦州 해적 가운데 대왕大王이라고 부르는 자가 있다는데 그렇소?"

"있습니다. 진상의陳尙義라 합니다."

"대단하오?"

"산동, 절강을 어지럽히고 다섯 성을 장악하고 있습니다. 대개 해적은 바람을 타고 달리며 출몰이 무상합니다. 지난해 10월 성경장군盛京將軍 패화락貝和諾이 청자淸字 절자折字로 계주啓奏한 것이 내각에 현존하고 있습니다."

"어찌 군대를 풀어서 소멸시키지 않소?"

"대개 해상의 도적은 주거지역을 측정하기 어렵고, 또한 지금 관병은 모두 죽음을 겁내는데, 누가 온갖 위험을 무릅쓰고 적과 싸우겠습니까?"

"적병은 얼마나 되오?"

"들건대 3만, 4만이라 합니다."

"그대는 장가를 들었소?"

"아니오."

"한인을 만자蠻子라고 부르는 것은 무슨 뜻이오?"

"만자는 공성인孔聖人(공자)이 초나라 사람을 일컬어 말한 것인데, 원래는 한가지로 두루 쓴 말이 아닙니다. 지금 달자들이 그 연고도 모르고 어지럽게 부르기를 만자라고 합니다."

"오늘날 만자와 달자는 결혼하오?"

"한인이지만 한인이 아닌 자를 한군漢軍이라고 부르는데, 흔히 달자들과 결혼합니다. 그러나 한인들은 아직 없습니다."

"이른바 한인이면서 한인이 아니라는 것은 어떠한 것인지 자세히 일러 주기 바라오."

"우리 청나라가 처음 중국에 들어왔을 때 산해관 백성들을 또한 자기네 사람이라고 말하였습니다. 뒤에 중국을 평정한 다음 이들을 구분하여 한군이라고 불렀습니다."

"오금조烏金朝란 어떤 사람이오?"

옹정제 때의 선농단 제사

"바로 한군입니다."

"대강大江 이남에는 한군이 없소?"

"있습니다. 경중京中에서 갈라져 나간 사람들입니다."

"한인과 한군은 결혼하오?"

"열에 다섯쯤 됩니다."

"서반序班이란 무슨 직책이오?"

"제독부의 서리書吏인데 오래 근무하면 공로로 지현知縣을 시킵니다."

『가재연행록』 1713년 1월 3일

몽골인들의 북경 거주에 관심을 가지다

아침에 종과 북소리가 궁궐 안에서 났다. 그 소리가 초하룻날 들었던 것과 같았는데, 황제가 선농단先農壇에 제사를 지내고 돌아오는 것이라 한다. 서쪽 담에 기대어 바라보았지만 보이는 것이 없었다. 몽골인들의 천막을 헤아려 보니 크고 작은 것이 각기 30여 개나 되고, 머물러 있는 호인이 모두 40여 명이나 된다. 또한 그 북변에 있는 자들도 많다고 한다. 통관배들이 말하기를,

"몽골인들은 3월이 되도록 머물다가 황제 생일이 지나야 돌아가며, 하루에 바치는 양고기와 술과 양식과 목초는 이루 헤아릴 수 없습니다." 라고 하였는데, 이렇듯 오래 머물게 하는 뜻을 모르겠다. 어떤 사람은, '황제의 생일을 축하하고, 이어서 황태자를 책립하기 때문에 묵고 있다.' 고 하지만, 반드시 그런 것은 아닌 것 같다. 『가재연행록』 1713년 1월 13일

황제가 개최하는 대보름 연회에 몽골 왕이 참석하다

일찍이 들으니, 중국의 상원上元(정월 보름) 등불이 대단하다고 하는데, 담 밖의 인가를 살펴보니 등불 달린 곳이 없었다. 황제는 창춘원에서 여러 왕들과 연회를 베풀고 등을 구경하는데, 몽골 왕도 참가했다고 하였다. 『가재연행록』 1713년 1월 15일

몽골 여인들이 조공하러 오다

외문外門 안 월랑의 계단 위에 몽골 여자 셋이 앉아 있는데 모두 광대뼈가 넓었다. 하나는 몽골왕의 처고, 둘은 시녀였다. 세 여자는 모두 돈피로 만든 옷[貂衣]과 모자[貂帽]를 걸치고 장화를 신었으며, 머리를 땋아 두 갈래로 나누어 앞으로 늘어뜨렸는데, 주인은 검은 비단으로 묶었다. 시녀는 서기도 하고 앉기도 했는데, 주인은 붉은 담요를 깔고 앉아 시종 움직이지 않았다. 내가 그들에게 온 까닭을 물으니 몽골왕이 죽고 그 아들이 어려서 조공을 하러 올 수 없으므로 그의 처가 직접 왔다고 한다. 『가재연행록』 1713년 2월 5일

금주성 밖의 몽골인 마을

8, 9리를 걸어가니, 길 우측의 대파수大陂水는 길이가 수백 보씩 되는데 여러 호인들이 그물을 던졌다가 강 언덕으로 방금 끌어올리고 있었다. 50여 호의 마을 앞에는 큰 배나무 몇 그루가 서 있길래 마침내 말에서 내려 그 나무 아래 앉아서 그물을 끌어올리는 모습을 구경하였다. 마을의 남녀들이 조금씩 모여드는데 그 모습을 보건대 몽골족이었다. 금주성錦州城 서북쪽으로 10리 정도에 대산帶山이 있고, 그 밖은 모두 몽골 지방으로 50, 60리 정도 되는 가까운 거리다. 몽골에서 북경으로 가려는 사람은 모두 이 길을 지나야 하기 때문에 도로를 오가는 사람은 거의 반 이상이 몽골인이었다. 녹용과 사향이 많은 것은 이 때문이나.

이 마을 사람들은 몽골의 별도 종족인데 황제의 명으로 이 곳에 살게 되어 저절로 한 촌락을 이루게 되었다고 한다. 『가재연행록』 1713년 2월 28일

유구국 사신을 만나다

유구국琉球國 사신이 가까이 앉아 있다고 하여 부사께서 역관에게

한 분을 데려오라 하였고 이윽고 종인 하나가 함께 왔다. 부사께서 필묵筆墨을 사용하여 말씀하셨다.

"언제 나라를 떠났으며, 어디서 배를 내려 북경에 언제 들어왔는가?"

그 사람이 또한 써서 말하기를,

"저희들은 복건성福建省에 이르러 육지에 내리고 육로를 통해 북경에 이르렀습니다."라고 하였다. 『담헌연기』 1766년 1월 1일

청국인의 눈에 비친 러시아

서쪽을 바라보니, 길가에 큰 문이 있고 그 안에 둥근 탑이 있길래 물어보니, 세팔이 말하기를 "옥하관입니다. 예로부터 조선 사신이 드는 곳이었는데, 어느 땐가 러시아에게 빼앗겼다고 합니다. 러시아는 북방 오랑캐로 코가 매우 크고 대단히 흉악한 사람들이라서 '대비달자大鼻㺚子'라고 부르는데, 우리나라에서 나는 서피鼠皮와 좋은 석경石鏡은 다 러시아 산입니다."라고 하였다.

홍명복이 말하기를, "러시아는 성정이 영악하여 황제도 매우 괴롭게 여깁니다. 조공을 해마다 하지 않는데 군사가 극히 강폭强暴해서 변방을 어지럽힐까 염려하여 중국에 출입하는 것을 허락하고 물화를 매매할 수 있게 하였습니다. 그러나 문 밖에 나가면 억지로 매매하는 것이 많고 혹 사람을 상하게 하거나 여자를 겁탈하고, 몇 해 전에는 여러 놈이 길가에 나와 사람을 죽이고 재물을 빼앗았습니다. 황제가 이것을 듣고 크게 노하여 태청문太淸門에 친히 앉아 많은 군사를 모아 위엄있게 두어 놈의 목을 베니 이후에는 그런 난동을 많이 부리지 않습니다."라고 하였다. 『담헌연기』 1766년 1월 5일

북경 천주당에서 신부들을 만나다

천주당은 서양국 사람이 머무는 곳인데, 서양국은 서쪽 바다 가운데

북경 선무문 천주교당인 남당南堂　　　　북경 왕부정 천주교당인 동당東堂

에 있는 나라로 중국에서 수만리 밖에 있다.

그 나라의 풍속은 이치에 합당하여 온갖 기계를 매우 정교하게 만든
다. 그러므로 이마두利瑪竇(마테오 리치)가 죽은 후 그 나라 사람이 이어
서 중국에 계속 왔고 근래에는 벼슬을 내리고 녹봉을 후하게 주어
책력 만드는 일을 완전히 맡겼다. 그 사람들은 한 번 나오면 돌아가는
법이 없어서 각각 집을 지어 따로 서서를 징하고 중국 사람들과 섞여
살지 않았는데, 동서남북 네 집이 있으며 그 이름을 천주당이라 하였다.
이는 하늘을 주主로 한다는 뜻이다. 그 중 서천주당(남천주당의 잘못)의
집과 기물이 더 이상하였다. 두 사람이 있는데, 한 명은 유송령劉松齡,
A. Von Hallerstein 이고 다른 한 명은 포우관鮑友官, A. Gogeisl으로 둘다
나이가 많고 소견이 높았다. 이 곳은 전부터 우리나라 사람이 출입하는
곳이었다. 『담헌연기』 1766년 1월 7일

회회의 사행을 만나다

동직문東直門을 나서서 열하로 향하는데, 몇 리 못 가 북경의 교군 30여 명이 어깨에 가마채를 메고 발을 맞추어 가고 있었다. 회회국回回國 사람 십여 명이 그 뒤를 따르는데 얼굴이 사납고, 코가 크며, 눈은 푸르고, 머리와 수염이 억세게 났다. 그 중 두 사람은 눈매가 맑고 고우며 복색이 가장 화려하였다. 붉은 전립을 썼는데, 좌우 가장자리 끝을 말아 붙이고 앞뒤 가장자리는 뾰족하여 마치 아직 피지 않은 연 잎사귀 같았다. 이리저리 돌아보니 경망스러워서 보기에 우스웠다. 마두馬頭들은 추측으로 그를 회회국 태자太子라고 불렀다. 앞서거니 뒤서 거니 길동무 삼아 간 지 사나흘 동안 때로는 말 위에서 담배도 서로 나누어 피우기도 했는데, 행동이 꽤 공순하였다. 하루는 한낮이 되어 너무 덥기에 말에서 내려 도중 삿자리 가게 아래서 쉬고 있는데, 두 사람이 뒤따라 와 역시 말에서 내려 마주보며 의자에 앉았다. 나에게 묻기를, "만주 말을 하시오, 몽골 말을 하시오." 하기에, 나는 농으로, "양반이 어떻게 만주 말이건 몽골 말이건 알겠어?"라고 대답하고는 곧 글로 써서 회회국의 내력을 물었다. 이에 한 사람은 머리를 흔들며 다른 쪽을 쳐다보는 것이 아주 까막눈인 것 같았고, 다른 한 사람은 붓을 한참 매만지더니 겨우 한 글자를 쓰는데, 젖 먹던 힘까지 내는 것이 몹시 힘든 모양이었다. 그는 스스로를 (실크로드 상의) 합밀왕哈密 王이라고 하고 같이 온 사람을 가리키며 역시 12부部의 번왕藩王이라고 했다. 『열하일기』 1780년 8월 6일

조공 온 사신들을 만나다

가산嘉山 사람 득룡得龍은 마두로 연경에 드나든 지 40년이어서 중국말 에 능숙하였다. 이 날 많은 사람들이 나를 멀리서 부르기에 사람들을 밀치고 가보니, 마침 늙은 몽골왕과 서로 손을 맞잡고 이야기가 한창이

었다. 몽골왕은 모자에 홍보석紅寶石을 달고 공작 깃을 꽂았다. 나이는 여든 하나고, 키는 거의 한 길[6척]이나 되는 장신이었는데, 허리가 굽고 얼굴 길이는 한 자 남짓하였다. 몸을 부들부들 떨며 체머리를 흔드는 것이 마치 금방이라도 쓰러질 듯한 썩은 나무 등걸 같았는데, 전신의 원기元氣는 모두 입으로 나오는 듯하였다. 그 늙은 모양이 이러하니, 그가 설사 묵돌冒頓(한대의 흉노 선우單于)일지라도 두려울 것이 못 된다. 따르는 자가 수십 명이건만 부축도 하지 않는다. 또 한 명의 몽골왕이 있었는데, 건장하고 기운이 세어 보이기에 득룡과 함께 가서 말을 붙여보았다. 그는 내 갓을 가리키며 무엇인지를 묻고는 대답을 알아듣지 못한 채 가마를 타고 횡 가버렸다. 『열하일기』 1780년 8월 10일

티베트 라마, 몽골에 대해 생각하다

6대 반선이 건륭제에게 경을 강의하고 법을 설파한 묘고장엄전

소위 성승聖僧이란 서번의 승왕僧王을 말하는데, 호는 반선불班禪佛이요, 장리불藏理佛이라고도 한다. 중국 사람들은 대개 그를 존경하여 활불活佛이라 일컫는다. 그는 스스로 말하기를,

"42대 전신轉身이며, 전신前身은 중국에서 많이 태어났고, 나이는 지금 마흔셋이다."라고 한다. 지난 오월 스무날 열하로 맞이해 왔는데, 따로 궁궐을 지어 스승으로 섬기고 있다. 혹은 이르기를,

"그의 하인들이 많아서, 이 곳으로 들어오자 점차 떨어져 나가기도 했으나 그래도 그를 따라온 자가 수천 명이 넘으며, 그들이 모두 몰래

1771년 Torgut(토르구트) 부족의 수령을 접견하는 건륭황제의 모습

수니복수지묘의 전경

무기를 감추고 있는데도 황제만 이 사실을 모르고 있다."라고 한다. 하지만 이 이야기는 괜히 인심을 어지럽히려고 만든 말인 듯싶다. 거리의 아이들이 부르는 황화요黃花謠는 이를 두고 말함이라 한다. 이 시詩는 욱리자郁離子가 지은 것이다.

붉은 꽃 다 지고 누런 꽃 피는구나   紅花落盡黃花發

붉은 꽃이란 붉은 모자를 가리키고, 누런 꽃은 몽골과 서번이 모두 누런 모자를 쓰는 것을 가리킨다. 또 한 노래에,

원래는 옛 물건이니 누가 정말 주인인고   元是古物誰是主

라 하였는데, 이 두 노래는 모두 몽골을 가리킨다. 몽골은 현재 48부가 강하고, 그 중 토번吐番이 가장 사납다. 토번은 서북의 호족胡族이었으며, 몽골의 별부別部로서 황제가 가장 두려워하는 존재다. 『열하일기』1780년 8월 10일

유구 사신이 본국으로 돌아가기를 청하다

건륭乾隆 41년 병신(1776)에, 유구琉球 사신이 예부에 글을 올려 돌아가기를 청했다. 유구 정사正使 이목관耳目官 상숭유尙崇猷와 도통사都通事 모경창毛景昌이 사정 때문에 빨리 돌아가고자 하니 승낙해달라고 청한 글에,

"숭유 등은 왕명을 받들어 건륭 39년(1774) 조공을 하고자 복건 무창撫昌으로부터 병패兵牌를 발급 받고, 오는 길에 일행의 호위를 받아 작년 12월 1일에 북경에 도착했습니다. 은혜로운 분부를 받아 반열에 따라 의례를 행하였고, 조하朝賀할 때와 원단元旦과 같은 명절에는 작은 나라의 말직 관리로서 황제를 가까이서 뵈었습니다. 게다가 상급賞給과 식사까지 돌봐주시니 숭유 등은 감격하기 그지없습니다. 이에 공무를 이미 끝내고 한가히 거처하고 있습니다. 유구는 땅이 해외에 속하여

유구(「책봉유구전도冊封琉球全圖」)

왕래할 때는 오로지 바람만 믿고 있으니, 이 때에 돌아가고자 하는 것은 귀국할 시기에 알맞기 때문입니다. 숭유 등이 북경에 올 때는 바로 한겨울이라 강물이 얼어서 어쩔 수 없이 왕가王家營을 거쳐 육로로 왔습니다. 지금 돌아간다면 때는 바로 중춘仲春이니, 바람은 화창하고 땅은 따뜻하여 출발하기에 알맞습니다. 정성을 다해 간절히 청하오니, 대인大人은 황상의 지극한 뜻을 받들고 멀리서 온 자의 사정을 보살펴, 전례에 따라 육로로 제령濟寧(산동성에 있다)까지 가서 배를 타고 돌아갈 수 있도록 허가해 주시기 바랍니다. 이치로 본다면 응당 미리 대인께 글로 밝혀야 될 일이나, 빨리 칙서와 병부의 문서를 2월 초순 안으로 내리도록 주청해주시면, 숭유 등은 소식을 듣는 대로 출발하겠사오니, 실로 이 은혜는 천추에 잊지 못할 것입니다. 건륭 41년 1월 24일에 갖추어 올립니다."라고 하였는데, 그 서술이 솔직하고 간곡하였다. 이것은 옛 당보唐報(관보의 일종)에 실린 것인데, 이번에 우리나라 사신이 몇 번 올린 글도 마땅히 당보에 실려 천하에 알려질 것이다.

유구국이 조공을 하는 규례는 유황硫黃 1만 근, 적동赤銅 1천 근, 석랍錫鑞 3천 근이라 한다. 『열하일기』 동란섭필銅蘭涉筆

회회의 사신과 이야기를 나누다

답하는 말이 문리文理에 전혀 닿지 않아서 뜻을 알 수가 없었다. 그에게,

"메고 온 물건들은 무엇인고?" 하고 물으니,

"모두 황제께 올릴 옥그릇들이오. 그 중 가장 큰 것은 자명종自鳴鐘입니다."라고 한다. 번왕이라고 일컫는 사람이 주머니를 풀더니 차茶를 꺼내어 종자를 시켜 끓여서 서로 나누어 마시며 나에게도 한 잔 권하는 폼이 아마 색다른 차라고 생각하는 모양이었다. 그러나 그 향내와 빛깔을 보건대 그냥 북경의 거리에서 파는 보통 차와 다름없었다. 화로라든가 찻잔은 모두 붉게 칠한 가죽으로 주머니를 만들어 주렁주렁 허리띠에 달린 장식품처럼 허리에 차고 등에 짊어졌는데, 보니 극히 간편해 보였다. 그는 차를 마신 뒤 먼저 일어더니 채찍을 한 번 들어 치면서 달려 나갔다. 이튿날 아침에 또 강가에서 만나서 중국말로,

"합밀왕의 나이는 얼마나 되오?" 하고 물었더니 그는 역시 중국말로,

"서른여섯이오."라고 대답한다. 그리고 번왕은 중국말이 능하나 다시 손바닥을 두 번 쥐었다 펴고 또 한 손을 펴서 스물다섯 살임을 표시했다. 『당서唐書』를 상고해 보면,

"회흘回紇의 다른 이름은 회골回鶻이다."라고 하였고, 『원사元史』 중에는 외올얼부畏兀兒部가 있는데 외올畏兀은 곧 회골이고 회회는 또 회골의 변한 소리라고 하였다. 또 『고려사高麗史』에,

"원나라 사람이 고려 사람을 시켜 외오얼畏吾兒 말을 가르쳤다."고 하였으니, 외오얼은 또 외올이 변한 말이다. 합밀은 한나라 때는 이오伊吾에 속하였고 당나라 때는 이주伊州에 속하였다. 고려 말기에 설손偰遜이라는 회골 사람이 원에 벼슬을 하다가 공주를 따라 동으로 와서 이내 고려에서 벼슬을 하였고, 조선 때 벼슬한 설장수偰長壽는 곧 설손의 손자다. 『열하일기』구외이문口外異聞

황제 및 황실

황태자 폐위사건에 관해 물어보다(1)

찰원에서 자는데, 고씨高氏 성을 가진 한인이 들어와 장현張炫, 박이절朴而截, 서효남徐孝男과 서로 잘 아는 사이라고 하였다. 나이를 물어보니, 79세로서 어릴 적에 본 명나라의 관복제도를 아직도 기억할 수 있다고 하였다. 황태자 사건을 물어보니, 말하기를

"황상皇上을 쏘려고 했기 때문에 태자를 폐위하고 그의 측근들을 모조리 죽였습니다."라고 하였다. 내가 묻기를,

"그럼 전날에 가둔 황장자皇長子는 풀려났습니까?" 하고 물어보니,

"풀려나지 않았습니다."라고 하였다. 『가재연행록』 1712년 12월 3일

황태자 폐위사건에 관해 물어보다(2)

이 곳은 무령현撫寧縣 소속으로 참이 설치되지 않아 찰원이 없기 때문에 길 왼편 인가에 들었는데 주인이 호인으로 사나워서 고생이 많았다. 저녁을 먹고 비장들의 숙소에 들렀더니, 집이 깨끗하고 집주인은 한인으로 사람됨이 무던하기에 내가 물었다.

"황태자를 폐위시켰다던데, 무엇 때문에 그런 일이 일어났습니까?"

"성상聖上께서 북경에 오셨을 때 황태자가 연회를 베풀었는데 독약을 넣었습니다."

"어떻게 발각되었으며, 황태자는 어떻게 처치하였습니까?"

"황태자의 신하가 달려와서 상주해서 발각되었고 잡아서 지고장至高墻으로 보냈으며 다시는 놓아주지 않았습니다."

"몇째 황자를 황태자로 삼았습니까?"

"이야기를 들으니, 3월 천추절千秋節에 신위神位에 빌고 세운다고 합니다."『가재연행록』 1712년 12월 19일

북경의 천자와 황실

청 황제가 원단례를 올리다

다리를 지나 한 성문에 들어서니, 천안문天安門이다. 문은 다리의 수효
와 같은데, 문의 깊이는 거의 30보나 된다. 마두馬頭 준원俊元이 백씨의
명을 받고 와서 문 안으로 맞이해서 들어갔다. 100여 보를 가니 또
성문 하나가 있는데, 그 만듦새가 천안문과 같으니, 단문端門이다. 문으
로 들어가 100여 보를 가니, 사신 셋이 서정西庭에 벌려 앉아 있다.
나도 백씨 뒤에 가서 앉았다.

동정東庭과 서정西庭에 문무 관원들이 벌려 앉아 있는데 그 수효를
헤아릴 수가 없었다. 초롱이 오가는데, 초롱 위에는 각각 관명을 적었다.
엄숙하게 차례로 늘어서 있는데 시끄럽게 떠드는 소리는 하나도 들리지
않았다. 통관 무리들은 사신과 멀지 않은 곳에 앉아 있었는데, 역관으로
하여금 세 사신에게 청차靑茶를 드리게 하고, 이어 타락차駝酪茶를 큰
병으로 하나 보내왔으나, 사신들이 마시려 하지 않았다. 나는 일찍이

청대의 조관

그 맛이 좋은 것을 알고 있었기 때문에 연거푸 두 잔이나 마셨다.

　오래 앉아 있으려니 동쪽이 비로소 밝아온다. 종소리가 오문午門 안에서 나는데 매우 여러 번 울렸다. 관원들이 일제히 일어나 반열을 정리하였는데, 황제가 분향을 하러 묘당을 나가기 때문이다. 전정殿庭에 있던 관원을 제외한 사람과 갑군이 모두 서문 밖으로 몰려나왔다. 나도 마침내 나와서 땅 위에 앉았다. 여러 호인들이 둥글게 둘러섰는데, 그 말을 알아들을 수는 없으나 때때로 무슨 무슨 벼슬[甚麼官]이라는 세 마니가 들린다. 어떤 자는 등불을 들어 얼굴을 비추어 들여다보니 더욱 괴롭다. 조금 있다가 황제가 나오면서 문이 열렸다. 내가 이윽고 들어가 황제가 나올 때의 위의威儀를 물으니, '어둠 속에 여러 기마騎馬와 함께 지나는데 앞에는 등롱燈籠 한 쌍만 보일 뿐, 아무것도 보이지 않았다.'고 하였다. 역관들이 말하기를,

　"황제가 들어올 때 반드시 나갈 필요 없이 흑의黑衣를 걸치고 여러

사람들과 섞여 있으면 볼 수 있다."고 하는데, 통관들의 말이 대개 이와 같았다. 나는 갖옷을 벗고 백씨의 등 뒤에 앉았는데, 유독 우양遇陽만 쫓겨났다. 상통사 장원익張遠翼이 급기야 모자를 벗어 전립氈笠 위에 덮어서 가려 겨우 쫓겨나는 것을 면할 수 있었으니, 우습다.

고鼓와 각角을 들고 어로御路를 사이에 두고 서 있는 자가 동서에 각각 30여 명이다. 모두 몸에 붉은 옷을 둘렀는데 무늬는 누런 색이며, 머리에 쓴 모자의 모습은 전립과 같으나 붉은 실로 덮였고 실 위에는 누런 깃을 꽂았다. 고鼓 12, 각角 12, 태평소가 5, 6개나 되었다.

날이 밝아, 의장이 단문端門에서 들어오는데, 그 수는 많지 않았다. 먼저 곡병曲柄과 황우산黃雨傘이 지나가고 다시 교룡기交龍旗가 10개 가량 지나가는데, 기를 든 자는 모두 말을 타고, 기 하나가 한 무리의 병정들을 거느린 듯하나 멀어서 그 수효는 헤아릴 수 없었다. 기가 이르자, 좌우의 고각이 일시에 가지런히 울렸다. 고는 매우 웅장하여 땅을 뒤흔들고, 풍악 소리는 금방 높았다가 낮아지고 또 금방 느렸다가 빨라져서 곡조가 있어, 우리나라 군악과는 달랐다.

연輦이 이르니, 백관들이 모두 일어나 몇 걸음 나아가서 앉는다. 연 뒤에 말을 탄 자가 100여 명이나 되는데, 항오行伍와 차례가 없다. 연이 오문에 들어가니, 백관들이 물러나 동서 월랑으로 들어가고, 통관들이 사신을 인도하여 물러나서 월랑으로 들어갔다.

오문 밖 좌우에 각각 황옥거黃屋車 두 대가 서 있다. 바퀴와 멍에는 붉고 덮개의 제도는 둥근데 크기가 1칸은 되고, 사면에는 난간을 둘렀다. 사람들이 다닐 수 있을 만하며, 모두 금과 옥과 구슬과 비취로 장식을 하였다. 수레의 멍에 뒤에는 황기를 꽂고, 기 위에는 열두 마리의 용을 수놓고 짙은 붉은 실로 술을 달았는데, 크기가 한 아름[圍]이나 된다. 축軸에 맨 것은 배의 닻줄과 같고 그 끝을 수레 멍에에다 매었는데 수레를 끌기 위한 것이다. 황제가 이 수레를 타면 시신侍臣이 좌우에

서고 어자御者가 앞서고 코끼리가 끈다고 한다. 『가재연행록』 1713년 1월 1일

황녀의 행차에 대한 이야기를 듣다

귀동이 주미酒米를 씻기 위하여 만상 군관灣上軍官과 더불어 팔리포八里
鋪에 갔다 돌아오는 길에 황녀皇女를 만났다. 옥거屋車 3대가 오고 앞에서
호인 5, 6쌍이 말을 타고 가며, 뒤에 따르는 자들도 수십 명인데 모두
말을 탔고 앞에 있는 자가 행인의 통행을 금지하였다고 한다. 귀동과
만상 군관이 말에서 내려 길가에 서 있는데, 수레 안에서 여자 목소리가
나는 듯하더니 종자가 수레의 휘장을 걷었다. 거기에는 젊은 여자가
앉아서 얼굴을 내밀고 바깥을 바라보는데, 구슬과 비취가 머리에 가득
하여 눈이 황홀해져서 똑바로 쳐다볼 수가 없었고, 뒤따르는 두 수레에
는 시녀들이 타고 있었다고 한다. 『가재연행록』 1713년 1월 4일

통관에게 청 황실의 정보를 묻다

저녁에 역관들이 들어왔는데, 김응헌金應瀗이 통관들과 더불어 나누
었던 이야기를 아래와 같이 늘어놓았다. 묻기를,

"여러 왕자들은 어진가?" 하니, 통관은,

"여러 왕자들은 사람됨이 다 보잘것없다. 그 중 팔왕八王은 조금 낫다
고는 하지만 역시 평범하다. 십왕十王은 극히 불량하다. 황제가 죽은
뒤의 나랏일을 짐작할 만하다."고 하였다 한다. 이러한 이야기를 조금도
꺼리거나 숨기지 않았다. 역관들이 다시 말하기를,

"우리나라에서 매년 조공을 바치는 것은 오직 황제를 위해서인데,
황제가 죽은 뒤에는 우리들이 어찌 다시 오겠는가?" 하니, 통관들도
역시 그렇게 여기고 조금도 이상하게 생각하는 빛이 없었다.

통관이 또 말하기를,

"지금 만세야萬歲爺는 영웅인데, 그 자식들의 어질고 어리석음을 모르

실 리 없다. 여러 왕자들을 두고도 태자를 결정하지 못하는 것은 반드시 까닭이 있을 것이다." 하였다 한다.

만세야란 황제를 말한다. 묻기를,

"황제가 매년 원조에 등장군묘滕將軍廟를 찾아가는데, 등 장군은 어떤 사람인가?" 하니, 통관은,

"등 장군이라는 말은 와전된 것이고 누르하치[奴爾哈赤]의 아버지가 쓰던 모자가 이 묘에 간직되어 있다. 황제가 원조에 먼저 가서 분향한다."

"그 모자에 어떤 희귀한 점이 있는가?"

"그냥 산달피에 불과한데 온통 좀이 먹었다." 그래서 한바탕 웃었다고 한다. 문봉선文奉先이 말하기를,

"지금 황태후는 황제의 친어머니가 아니다." 하기에, 묻기를,

"그러면 황제의 친어머니는 누군가?" 하니, 봉선이,

"순치황제順治皇帝가 짝을 잃은 뒤 궁중에서 연회를 열었는데, 제왕들과 재상의 아내들이 모두 여기에 참여하였다. 그 가운데 명 도원수明都元帥의 처 동씨佟氏의 자색이 매우 뛰어났다. 순치가 그녀를 보고 기뻐하여 그대로 붙들어 둔 채 돌려보내지 않으므로, 그 지아비가 스스로 죽으니, 순치가 그녀를 맞이하여 황제를 낳았다. 지금의 황태후는 곧 황제의 적모嫡母다."라고 하였다. 일찍이 듣건대, 황제는 황태후를 정성껏 섬겼으며, 황태후 역시 현명하여 모든 정사에서 많은 도움을 주고 있다고 한다. 몇 년 전에 황제가 심양으로 나와 백두산을 보고자 하였을 때, 우리나라에서 이 말을 듣고 매우 당황해하였는데, 황태후가 병이 들어 황제를 부르니, 황제가 곧 돌아갔다고 한다. 이 한 가지만 보더라도 황태후의 현명함과 황제의 순종함을 모두 알 수 있겠다. 이것으로 일찍이 친모자간인가 여겼더니, 지금 이 말을 들으니 그런 일은 더욱 쉽지 않다고 여겨진다.

문봉선이 또 말하기를,

"누르하치의 아버지는 처음에 장백산 동쪽에 살고 있었는데, 그의 형제 여섯이 모두 말타와 활쏘기에 뛰어났다. 그 때 동요에, '여섯 사람 가운데 천자가 나오리라.'고 하였으므로, 항상 하늘에 빌었다. 그 뒤에 건주建州로 옮겨 살았는데, 누르하치가 과연 일어나 천자가 되었다. 누르하치가 당초에 거주하던 곳은 조선에서 멀리 떨어져 있지 않았다. 내가 한 번은 개시開市에 가서 북도인들에게 들으니, 그들이 살았던 곳의 돌담이 여전히 남아 있다고 하였다. 연전에 황제가 사람을 보내 그 곳을 찾아보니, 과연 돌담이 있었다. 북도인들이 말한 것이 틀리지 않았던 것이다."라고 하였다 한다. 『가재연행록』 1713년 1월 16일

폐태자의 근황을 듣다

장원익이 서화첩 하나를 들고 와서 보여주었다. 모두 고금 명인들의 작품인데 그 출처를 물으니, 황태자 유모의 아들인 김시성金時聲에게서 나왔다고 한다. 어떻게 그 사람을 아느냐고 물으니, 장원익이 말하기를,

"김시성의 외조부는 고故 통관 장효례張孝禮입니다. 장효례가 우리나라에 있을 때 정鄭 정승(정태화鄭太和인 듯)댁 옆집에 있었는데, 정씨댁을 출입하며 노복처럼 지냈습니다. 일찍이 동평위東平尉(정재륜鄭載崙)를 따라왔을 적에, 김시성이 사신들을 뵈러 자주 관에 왔기 때문에 서로 친해졌습니다. 나도 그의 집에 가 보았는데, 어미가 나와서 특별히 대접을 하였습니다. 지금 이 그림을 보내면서 편지를 보내기를, '바야흐로 환란중이라 가서 뵈올 수가 없습니다. 이 그림은 집에 전해오는 보물이나 지금 집안 일이 군색하여 팔고자 합니다.' 하였습니다."라고 하였다.

며칠이 지나, 장원익이 또 와서 말하기를,

"김시성이 마침 와서, 태자의 일을 물었더니, '황제의 장자에게 모함

을 받아 갇혔는데, 다만 외부인의 왕래를 금할 뿐이요, 태자비와 태자
후궁 등 여러 명과 함께 한집에 들어 있다. 지금 비록 모함을 받고
있으나 결국에는 황제도 깨닫게 될 것이다.'라고 하였습니다. 그 모습을
보니, 그림도 역시 황태자의 물건인 듯합니다. 내가 그 사람에게 경계하
기를, '다른 사람의 눈이 있으니, 다음에는 다시 오지 말라.'고 했습니
다."라고 하였다. 『가재연행록』 1713년 1월 20일

황제의 명으로 환관은 통관에게 조선어를 배우다

나와 문답을 하면서 주고받은 글을 큰 소리로 읽어 보라고도 한다.
이는 우리나라 글자의 음을 알고 싶어서였다. 내가 '마두馬頭'라고
하면 저들도 따라서 '마두'라고 발음하였다. '고자'라고 말할 수 있는
자가 있는 것을 보고 여러 사람에게 묻기를,

"어떻게 우리나라 말을 할 줄 아는 게요?" 하니, 대답하기를,

"통관에게서 배웠습니다."라고 한다. 뒤에 박득인에게 물으니,

"황제가 나에게 조선말을 여러 환관들에게 가르치도록 하였으나,
결국 잘하지 못했습니다." 하였다. 박득인에게 조선말을 가르치게 한
뜻도 이상한 일이다. 『가재연행록』 1713년 1월 25일

조선 비장들이 황제를 만난 이야기를 듣다

황제를 바라보니, 서쪽을 향해 무릎을 포개고 앉아 있는데 이마는
넓고 (변발이기에) 턱은 조금 빠졌으며, 성긴 수염이 희끗희끗 볼에까지
났습니다. 자웅안雌雄眼으로 신기가 청명하고 의복과 모자는 모두 검은
색으로서 일반 호인들의 복장과 다를 바 없었습니다. 환관 수십 명이
향로 등의 물건을 받들고 황제 뒤에 늘어섰고, 그 뒤에는 뭇 호인들이
손을 드리우고 서 있었습니다. 뜰 남쪽에도 늘어선 자가 또 60~70명
되는데 역시 손을 드리우고 있었으며, 그 밖에 달리 의물儀物이나 물건은

건륭제의 남쪽 지역 순행

없었습니다. 통관들과 북쪽으로 50보쯤에 물러나 서 있으니, 방혁方革
동쪽에 홀연히 울리는 화살 소리가 나고, 뒤이어 작은 북소리가 울렸습
니다. 이런 것이 다섯 번이나 반복되었는데, 통관이 말하기를, '이는
황제가 친히 활을 쏘는 것이다.'라고 했습니다. 비로소 황제의 신장을
보니 7, 8척은 됨직했습니다. 조금 있다가 여러 호인들이 한 줄로 서서
번갈아 가며 서로 활을 쏘는데, 맞는 것이 반을 넘고, 모두 울리는
화살[鳴鏑]이었습니다.

   시종이 와서 묻기를, '황제의 사법射法과 여러 무신의 기예는 어떠한
가?' 하기에, '지극히 훌륭하며 쏘는 것이 굳세다.' 하였습니다. 시종이
굽히고 나아갔다가 돌아와서 묻기를, '그대들은 황상의 천안天顏을 자세
히 보았는가?' 하기에 '우리는 외국인인데 졸지에 천자 앞에 나와 황홀하
고 두려워서 자세히 볼 수가 없었다.' 했더니, 시종은 '영광스럽게 성대
한 의식에 참석하여 천안을 뵙지 못하였음은 애석한 일이다.'라고 하였
습니다. 『가재연행록』 1713년 1월 25일

길에서 만난 황자들을 비교해 보다

돌아오는 길에 황자를 만났다. 세 사신은 피해서 숨고 우리들은 말에서 내려서 살펴보았다. 모습은 이전 만세산 동쪽 담 밖에서 만났던 자와 비슷하나, 역시 뛰어나지는 못했다. 『가재연행록』 1713년 2월 4일

청 황제 강희제를 칭찬하다

강희제가 추려뽑은 작품집인 『어제문집』

옛날에 듣건대, 황제는 창춘원에 별궁 15채를 지어, 북경 및 14성의 미녀들을 모아 두고 궁실제도와 의복, 음식, 그릇 등을 모두 그 곳 풍속에 따라 마련하여 황제가 그 가운데서 노닌다고

하였다. 지금 와서 보니 이소문과는 크게 달랐다. 창춘원은 남북이 200여 보, 동서가 100여 보에 불과한데, 그 안에 어떻게 별궁 15개를 둘 수 있겠는가? 삼면을 둘러보았지만 끝내 처마 끝을 보지 못하였으니 그 높고 크지 않음을 알 수 있다. 또 그 문과 담을 보니, 제도가 순박하여 시골집이나 다름이 없다. 정말 놀기만 하고 사치에 바쁘다면 태액太液, 오룡五龍 같이 아름다운 곳을 버리고 여기에서 거처하겠는가? 내 생각으로는 이 곳은 서산西山과 옥천玉泉에 가까워 산수의 경치와 전야의 취미를 겸한 곳인데, 이러한 곳을 사랑하기 때문인 듯하다. 이렇게 보건대, 그 사람의 성품을 헤아릴 수 있다.

처음 와 보았을 때에 북쪽 담 안에는 대나무가 있었다. 또 이 『군방보群

군복을 입은 강희제의 모습. 사냥을 나갈 때는 황제는 황자들을 거느리고 스스로 군복을 착용하고 활을 잘 쏘는 사람들과 함께 나갔다.

『芳譜』에는 황제가 창춘원의 벽모란碧牡丹을 읊은 시가 있으니, 곧 그 안에 화초를 많이 심었다는 것을 알 수 있다. 옥천의 물을 창춘원 안으로 끌어들였지만 좌우 언덕에는 벽돌도 놓지 않았으니, 비록 지대池臺와 원림園林을 두었다고는 하나 어디까지나 매우 검소하다. 또한 창춘원에는 관부를 설치하지 않고 백관들을 승려僧廬에 들게 하며 날마다 25리나 되는 곳을 왕래하게 하니, 더러는 이것을 괴이하게 여기나 역시 의의가 없는 것은 아니다. 대개, 호인들은 말 등을 집으로 삼으며 춥고 배고픔을 능히 이길 수 있는 것을 그들의 장기로 하였는데, 중국에 들어온 지 70년에 거처와 음식이 점차 사치스러워져 본색을 잃게 되었다. 이렇기 때문에 조석으로 왕래하게 하여 말달리기를 익히고, 거처할 곳을 마련하지 않음으로써 안일함을 경계하게 하였으니, 의도가 깊다고 하겠다. 열하熱河로 피서를 가고 패주霸州로 관어觀魚를 가는 것도 돌아다니며 노는 것에 그친다고 할 수 없다. 『가재연행록』 1713년 2월 7일

만수원의 몽골 파오(이동식 가옥)에서 건륭황제가 문무백관을 대접하여 벌인 연회

황제 관련 용어

자금성紫禁城(황제가 거처하는 궁성)에는 문이 셋 있고, 궁성은 17리에 문이 넷이다. 그 전전前殿은 태화太和라고 하여 오로지 한 사람만이 살고 있다. 그의 성姓은 애신각라愛新覺羅요, 종족은 여진女眞 만주부滿洲部요, 그 위位는 천자요, 호號는 황제고, 그 직책은 하늘을 대신하여 만물을 다스리는 것이다. 그가 자신을 일컬을 때는 '짐'이라 하고, 세계의 여러 나라들은 그를 높여서 '폐하'라 한다. 말씀을 내면 '조詔'라 하고, 명령을 내리면 '칙勅'이라 하며, 갓은 홍모紅帽고, 그 옷은 마제수馬蹄袖다. 그가 국통國統을 이은 지 벌써 4대고, 연호는 '건륭乾隆'이라 한다. 『열하일기』

황제 건륭제

황제는 나이가 많고 또 재위한 지 오래되어 권세를 한 손에 쥐고 있는데, 그 총명함은 아직 쇠하지 않았으며 기혈은 더욱 왕성하였다. 그러나 나라 안이 태평하고 임금의 자리가 점차 높아짐에 따라 황제 자신의 감정을 솔직하게 표현하였는데, 기뻐하고 화내는 일에 규칙이 없었다. 이에 조정에 선 신하들은 모두 그때그때 잘 꾸며대는 것을 상책으로 삼고, 오로지 황제의 마음을 기쁘게 하는 것만을 시의時義에 맞는 것인 줄로 알았다. 『열하일기』 1780년 8월 9일

황자들을 비교하다

한 사람이 말을 탄 채 궐내로 들어가는데, 따르는 사람들은 모두 말에서 내려 걸어갔다. 그가 소위 황제의 여섯째 아들인 영용永瑢이다. 흰 얼굴에 얽은 자국이 많고, 콧날은 낮고 작으나 볼이 몹시 넓으며, 흰 눈자위에는 눈거풀이 세 겹이나 지고, 어깨가 넓고 가슴이 떡 벌어져서 체격이 건장하긴 하나, 귀인다운 모습은 전혀 없어 보인다. 그러나,

옹정제

그는 글을 잘하고 글씨와 그림에도 능하여, 지금 『사고전서四庫全書』
총재관總裁官으로 있으며, 백성들의 기대가 그에게 쏠려 있다고 한다.
내 일찍이 강녀묘姜女廟에 들어갔을 때, 그 벽 위에 황제의 셋째 아들과
다섯째 아들의 시詩를 새겨둔 것을 본 적이 있다. 황제의 다섯째 아들의
호는 등금거사藤琴居土라 하며, 시가 몹시 쓸쓸하고 글씨마저 가냘파서,
재주는 있으나 황왕가皇王家의 부유하고 귀한 기상은 엿볼 수 없었다.
그리고 등금거사는 호부시랑(김간金簡)의 생질이요, 간簡은 상명祥明의
종손從孫이다. 상명의 조부는 본시 의주義州 사람으로 중국에 들어갔는

사냥 후 그 성적에 따라 사냥물을 나누어 먹는 장면. 가운에 앉아 있는 이가 건륭제다.

승려복을 입은 건륭제의 모습을 그린 그림

서양옷을 입은 옹정제의 모습

데, 상명은 벼슬이 예부상서에 이르렀고, 옹정雍正 때의 사람이다. 간簡의 누이동생이 궁중에 들어가서 귀비貴妃가 되어 총애를 받았다. 건륭제는 다섯째 아들에게 뒷일을 맡길 생각을 갖고 있었으나 몇 년 전에 일찍 죽어 버리고 지금은 영용이 총애를 독차지하여 지난 해에 서장西藏에 가서 반선班禪을 맞아왔다고 한다. 그의 죽은 아들이 읊은 시詩는 뜻이 몹시 스산하고, 남은 아들의 것 역시 귀기貴氣가 전혀 없으니, 폐하 집안의 일이 어찌 될지 모를 노릇이다. 『열하일기』 1780년 8월 10일

건륭제와 화신을 평가하다

한 청년이 문을 나서니, 사람들이 모두 그를 피한다. 청년이 잠시 걸음을 멈추고 하인에게 무슨 말을 하는데, 돌아보는 모습이 몹시 사나워 보였다. 사람들은 모두 두려워하며 잠자코 있었다. 두 군졸이 채찍을 갖고 와서 사람을 몰아내니, 회자回子 하나가 앉았다가 성을 내며 일어나 두 군졸의 뺨을 치고 한주먹으로 때려 눕혔다. 청년 관원은 눈을 흘기면서 어디론가 사라져 버렸다. 남들에게 물으니, 수정꼭지를 단 자는 곧 호부상서戸部尙書 화신和神이라 한다. 눈매가 곱고 준수한 얼굴에 기운이 날카로웠으나, 다만 덕기가 없으며, 나이는 이제 서른하나라 한다. 그는 애초 난의사鑾儀司 호위 군졸 출신으로, 성격이 몹시 교활하여

윗사람의 비위를 잘 맞추었으므로, 불과 대여섯 해 사이에 갑자기 귀한 자리를 얻어서 구문九門을 통령하는 제독이 되어, 병부상서兵部尙書 복융안福隆安과 함께 언제나 황제의 좌우에 붙어서 조정에 그 세력을 떨쳤다. 이시요李侍堯가 해명海明의 뇌물을 먹은 사실을 적발한 것이나, 우민중于敏中(청 건륭 때의 고관)의 집을 몰수하고 아계阿桂를 내친 것은 모두 화신의 힘이었는데, 이 일들은 모두 올해 봄과 여름 사이에 일어난 것이다. 그래서 사람들은 함부로 눈을 똑바로 뜨고 그를 쳐다보지 못하였다. 황제는 이제 여섯 살 난 딸을 화신의 어린 자식과 약혼시켰는데, 황제의 나이가 많아 성격이 점차 조급해지면서 노여움도 잦아 좌우를 매질하기 일쑤였다. 그러한 황제가 자신의 어린 딸을 가장 사랑했으므로, 황제가 크게 성을 내거나 하면 궁인들은 그 때마다 어린 딸을 껴안고 와서 황제 앞에 내놓았다. 그러면 황제가 노여움을 그쳤다고 한다.

『열하일기』 1780년 8월 12일

황제의 거둥

길가에서 빈 차가 열하로 달려가는 것이 날마다 몇천 몇만인지 모를 만큼 많으니, 이는 황제가 장차 준화遵化 역주易州 등지에 거둥하는 까닭으로 짐을 실으러 가는 것이다. 그리고 몇 천의 낙타橐駝가 떼를 지어 물건을 싣고 나온다. 『열하일기』 1780년 8월 17일

황제의 탄일 진상

지금의 호부상서 화신은 황제의 총신寵臣으로, 구문제독九門提督을 겸하여 그 위세를 조정에 떨치고 있다. 황제의 생일에 산장 문 밖에 이르렀는데, 공헌貢獻하는 물건들이 문 앞까지 폭주하고 있었다. 누런 보를 덮은 것은 모두 금부처거나 옥그릇들이라 했다. 화신이 실어온 물건 가운데는 진주로 만든 포도 한 덩굴이 들어 있었다고 하는데, 금과

황제의 거동 모습

은·오동으로 빛을 내어 덩굴과 잎을 만들고, 화제火齊(구슬의 일종)와 슬슬瑟瑟(구슬의 일종)로 포도알을 만들었는데, 이것이야말로 초룡주장 艸龍珠帳(극단적인 사치품)이라 아니할 수 없겠다. 『열하일기』 동란섭필銅蘭涉筆

강희제의 아들들과 옹정제의 즉위에 대하여

강희에게는 모두 20명의 아들이 있다. 능력이 뛰어난 이친왕怡親王 윤상允祥과 장친왕莊親王 윤록允祿, 과친왕果親王 윤례允禮, 그리고 옹정황제가 되는 넷째가 윤진允禛이다. 팔왕八王 윤아允䄉, 구왕九王 윤당允禟, 십삼왕 윤지允禔, 십오왕 윤우允祐, 염친왕廉親王 윤기允祇가 있고, 십사왕은 윤제允禵로 본명은 윤정允禎이고 큰 공을 세워 많은 사람들로부터 신망을 얻었다. 강희의 병이 위급해지자, 한인 각로閣老 왕담王惔과 함께 고명顧命을 받았는데 '진禛'자를 '정禎'자로, 즉 넷째 아들을 열넷째 아들로 잘못 알았다가 왕담은 죄를 받고 윤정은 역적의 우두머리가 되었으며 '정禎'자는 '제禵'자로 고쳤다 한다. 『열하일기』 동란섭필銅蘭涉筆

청국의 정세에 대한 탐문

해적에 대한 정보를 모으다

새벽에 출발하여 삼대자三臺子를 거쳐 대릉하大陵河에 이르렀다. 강의 크기는 혼하渾河 정도 되는데 얼지 않았으며 토교土橋가 있었다. 거기서 3리를 더 가서 대릉하참에 이르러 한인인 왕씨의 집에 들었다. 아침을 먹고 나니, 주인의 형 왕준공王俊公이 들어와, 수재秀才라고 자칭하면서 손가락으로 신지순의 손바닥에 글씨를 썼다. 그 모양을 살펴보니 해적에 관한 일 같아서 지필을 꺼내어 쓰게 하니, 사람을 시켜 문을 닫은 후에야 비로소 쓰기를,

"고교보高橋堡 남쪽 14리에 있는 해도海島에서 평강왕平康王이라 불리는 자가 해적질을 하는데, 객선 9척을 태우고 겁탈하였으며, 황제가 대인大人을 보내 회유하였으나 듣지 않았다."고 하였다.

강희제

이 내용을 쓸 때 힐끔힐끔 바깥을 내다보며 마치 누가 올까 겁내는 듯하였다. 그러면서도 해적의 군병과 장수를 묻는 말에는 4백, 5백 인이라 답하고, 무기에 대한 질문에 대해서도 등패藤牌·편도扁刀·화약 관火藥罐이라고 하였다. 『가재연행록』 1712년 12월 13일

숙소 주인에게 해적에 대한 정부를 묻다

십리하점十里河店을 지나 고교보高橋堡에 이르니, 인가는 역시 쓸쓸하

였으나 마을 북쪽 2리쯤에 옛 성이 아직 온전히 남아 있었다. 세 사신은 찰원에 들고 나는 민가에 들었는데, 주인의 성은 유劉씨였다. 역役의 소속을 물었더니, 황기하군黃旗下軍에 속해 있다고 하였다. 해적에 관한 일을 물어보았는데 왕준공王俊公의 말과 대동소이하였다. 『가재연행록』 1712년 12월 14일

관원과 해적에 대한 정보를 묻다

"이 성에 관원이 몇입니까?"

"여덟입니다. 지주知州, 훈도訓導, 이목吏目이 각 한 분이며, 우중于衆이 둘, 효기교驍騎校 둘, 필첩식筆帖式이 하나입니다."

"봉급은 각각 얼마씩입니까?"

"지주가 108냥, 훈도 40냥, 이목 36냥, 우중 109냥, 효기가 70냥입니다."

"전에 황제가 우리나라에 보낸 자문咨文에, 지금 금주錦州 지방에 해적이 출몰하니 주의하여 방비토록 하라고 하였는데, 그 해적이 지금도 있습니까?"

"지금은 없습니다. 다만 철산鐵山 통자구桶子溝에 있다고 들었습니다."

"철산은 어느 부府입니까?"

"산동山東 등주登州에 속해 있습니다."

"등주는 여기서 뱃길로 몇 리나 됩니까?"

"바람만 순조로우면 하루에 갈 수 있는 거리입니다. 여러분의 성명을 써서 저에게 주시겠습니까? 혹 나중에 다시 만나게 되면 예전의 사귐을 생각하고자 합니다." 『가재연행록』 1712년 12월 14일

명말청초의 상황을 논하다

"명나라 말기에 이 성을 지킨 장수는 누구였습니까?"

"처음엔 조대수祖大壽였고 뒤엔 오삼귀吳三貴였습니다."라고 하였다. 오삼귀는 곧 오삼계吳三桂를 말한다.

"조 장군이 지켰는데 어찌해서 이 곳을 떠나고 오삼계가 대신 지키게 되었습니까? 오삼계는 항복하였습니까? 아니면 패전해서 후퇴한 것입니까?"

"조祖는 영원寧遠을 지켰고 오吳는 산해관과 전둔前屯(곧 전둔위)을 지켰는데, 명나라 말기에 이르러 조는 견식이 없어서 서쪽으로 경지京地에 돌아갔고, 오삼귀는 산해관을 버리고 영원을 지키다가, 뒤에 청병淸兵이 서정西征하자, 다시 영원을 버리고 산해관을 지키게 되었으니, 이것은 안으로는 틈적闖賊(반란을 일으킨 자, 곧 이자성李自成 무리)이 서로 핍박하고 밖으로는 청병이 서로 핍박하여 청에 돌아가게 된 것입니다."

"조 장군이 끝내 항복하였는데, 무엇 때문입니까?"

"조이수祖二壽가 항복한 것은 진陣이 북문 밖에서 망한데다가 조대수가 병들었기 때문입니다. 조씨 집안은 지금의 조정에서 모두 3품의 직분입니다."

"조대수의 형제로는 조대락祖大樂 한 사람뿐인데, 조이수는 누구입니까?"

"이수는 조대락의 속명俗名입니다."

"조대락은 송산松山을 지키다가 성이 함락되어 잡혔다고 하는데, 사실입니까?"

"송산에서 잡혔다는 것은 사실이나, 뒤에 다시 도망쳤습니다."

"어디로 도망했습니까?"

"영원으로 도망했습니다."

"그 뒤에 끝내 어느 편이 되었습니까?"

"뒤에 다시 돌아왔다는 것과 진이 북문 밖에서 망했다는 것은 사실입니다." 『가재연행록』 1712년 12월 15일

명말청초, 오삼계에 대해 이야기하다

산해관을 지키던 명조의 장수로 청조가 입관入關하는 데 큰 역할을 한 오삼계吳三桂

세상에서 혹자는 오삼계가 관문을 열어 청병을 받아들인 것에 대해 죄를 묻는데, 이것은 정당하지 않다. 당시 황성은 이미 함락되고 황제는 순사하여 천하가 이미 망하였는데, 오삼계 홀로 관문을 보존하려 한다고 한들 가능했겠는가! 이자성에게 격파당하지 않았으면 청병에게 깨어졌을 터니, 당시의 형세로 보건대 그것은 결코 오삼계 탓이 아니다. 또 이자성의 죄는, 명나라 신하된 자라면 누구나 마땅히 그를 불공대천의 원수로 토죄해야 한다. 오삼계는 기왕 깨질 관關(산해관)을 포기하고 군부君父의 원수를 갚았으니, 임시변통의 의[倉卒處義]는 지켰다고 할 수 있다. 만일 오삼계가 완전한 의[一切之義]를 지켜 청병과 힘을 합하지 않았다면 끝내 이자성에게 패했을 것이고 청병도 자연스럽게 산해관을 손에 넣었을 것이다. 그렇게 되었다면 도대체 무슨 소용이 있겠는가! 그러나 아버지 오양吳襄이 죽은 뒤에 따라 죽었어야 했는데, 그렇지 않은 것은 오삼계의 죄다. 그래도 30년을 은인자중하며 평민으로서 거사하여 천하를 진동시켰으니, 그 행위 또한 장하다 하겠다. 물론 아깝게도 명나라 왕실을 세우지 못하여 천하 사람의 소망을 잃고, 스스로 왕을 참칭하였다가 끝내 패망하였으니, 그가 이름을 망치고 절의를 잃었다는 것은 두말할 나위가

「오삼계두순도吳三桂斗韓圖」

없다. 아마도 나이가 많아 의지가 약해지고, 옳은 보좌를 두지 못한 탓이 아니겠는가? 요동에 있는 이소증李素曾이 일찍이 선군에게 이야기하기를, "오왕(오삼계)이 운남雲南에 있을 적에 사졸을 만나면 술을 마시기 일쑤며 연극은 악무목岳武穆(송의 충신 악비岳飛. 무목은 시호)에 대한 것을 즐겨 보았는데, 본 다음에는 바로 울면서, '천하가 이러하거늘 변경藩境이 남의 말을 옳게 여기지 않는다.'고 하며 다시 술을 마셨다."고 하였다. 이로 보아 그가 품은 뜻이 무엇이었는지 알 수 있겠다. 후반의 일이 사람들에게 만족을 주지는 못했으나, 세상에서 보기 드문 웅걸인 엔 틀림이 없다. 『가재연행록』 1712년 12월 13일

서반西班에게 청국 재정과 몽골과의 관련을 묻다

"전정殿庭의 고취수들이 입은 홍의紅衣 또한 한결같지 않아 새것도 있고 헌것도 있으니, 이는 필시 황상께서 검박한 것을 숭상하여서 그러한 것이오?"하고 물으니, 답하기를,

"황상께서 검박해서 그런 게 아니라, 재물을 아껴서 그런 것입니다."

"만승천자가 재물은 아껴 무엇에 쓰려는 것이오?"

"잘 모릅니다."

"들으니, 황상이 또한 궁실과 원림園林을 수리하지 않는다고 하는데, 그렇소?"

"그렇습니다."

"그러면 검덕儉德이 전고에 뛰어난 것 아니오?"

"내 말이 황상의 검덕이 전고에 뛰어나지 않다는 것은 아니나, 바깥에 쓰는 것이 많아 부득불 스스로 검박한 것입니다."

"용처는 어떤 것이오?"

"은銀을 만들어 바깥 달자韃子들에게 상으로 주는 것입니다."

"바깥이란 어디를 말하는 것이오?"

"영고탑寧古塔 바깥입니다."

"달자들에게 상을 주는 것은 무슨 까닭이오?"

"모릅니다."

"달자가 곧 몽골인이오?"

"그렇습니다."

"지금 몽골인으로 여기 와서 머무르는 자가 몇이나 되며, 오랫동안 머무르는 것은 무슨 까닭이오?"

"48가家인데, 48가가 다 와서 여기에 오랫동안 머물고 있습니다. 그러나 까닭은 알 수 없습니다."

"1년에 은 얼마씩을 상으로 주오?"

"매년 48가에 약 4만, 5만 냥입니다."

"은 외에 비단도 주오?"

"별도로 비단 같은 물건도 줍니다."

"달자들이 1년에 바치는 공물은 무엇이며 또 얼마나 되오?"

"이는 모두 이번원理藩院(변방 사무를 총괄하는 관청)을 거치는 것이고 우리 예부와 관계되는 일이 아니기 때문에 자세히 알 수 없습니다."

"비록 예부의 일이 아니라 해도 혹 전해들을 수는 있을 터인데 어찌 모르겠소?"

"듣건대 공물로 바치는 것은 인삼과 피혁에 불과할 뿐이라 합니다."

"몽골은 섬서로부터 심양 이북에 이르기까지 다 거처하고 있는데, 그대는 어찌하여 영고탑을 몽골이라고 하오? 섬서 근처의 몽골은 공물을 바치고 상을 받아 가는 일이 없소?"

"달자들이 구외口쌔(만리장성 밖)에 주거하는 지방과 명색이 매우 많으니, 어찌 두루 다 알 수가 있겠습니까?"

"지금 여기 북경에 머물고 있는 몽골인들은 모두 영고탑의 달자들이오?"

"모두 구외에서 들어온 것만 알 뿐입니다." 『가재연행록』 1713년 1월 3일

서반에게 금주 해적에 대해 묻다

"금주錦州 해적 중에 대왕大王이라고 부르는 자가 있다는데 그렇소?"

"있습니다. 진상의陳尙義라 합니다."

"대단하오?"

"산동, 절강을 어지럽히고 다섯 성을 장악하고 있습니다. 대개 해적은 바람을 타고 달리며 출몰이 일정하지 않습니다. 지난해 10월 성경장군盛京將軍 패화락貝和諾이 만주어로 상조한 것이 내각에 현존하고 있습니다."

"어찌 군대를 풀어 소멸시키지 않소?"

"대개 해상의 도적은 주거지역을 측정하기 어렵고, 또한 지금의 관병은 모두 죽음을 겁내는데, 누가 온갖 위험을 무릅쓰고 적과 싸우겠습니까?"

"적병은 얼마나 되오?"

"듣건대 3, 4만이라 합니다." 『가재연행록』 1713년 1월 3일

청국의 상황에 대한 문서를 구입하다

수역 박동화, 상통사 장원익, 별만상別灣上 최수창이 함께 문서 두 가지를 구해 왔는데, 병부에서 해적을 평정한 일과 예부에서 존호尊號를 청한 일이었다. 『가재연행록』 1713년 1월 27일

북경으로 압송된 해적을 보다

월랑 동쪽에는 6, 7인이 담 밑에 모여 서 있었다. 이상해서 물어보니 해적들이다. 어제 초안사招安使를 따라 북경에 왔는데 황제가 보고자 하여 데려온 것이다. 그들의 의복과 모자는 관에서 지어주었다고 한다. 그들의 얼굴은 좁고 피부가 거칠며, 사납고 독살스러운 기운이 표정에 나타나 있다. 그 가운데 3인이 우두머리라고 하는데, 그 기상을 보니 사람이나 죽이고 재물이나 빼앗을 놈들에 불과하고, 끝내 큰 뜻을 품고 있을 주제는 못 되니, 크게 두려워할 바가 아니었다. 『가재연행록』 1713년 2월 5일

한인사대부에게 오삼계, 해적 등에 대해 묻다

고가자孤家子에 이르러 신지순, 김응헌이 곽원과 함께 왔다. 백씨가 나를 시켜 물어보게 하였다. 나는 글로 물었다.

"평강왕平康王은 지금 어디에 있습니까?"

"이미 물러갔다고 들었습니다."

"처음은 어디에 있었는데 지금 물러갔습니까?"

"해도海島에 있었다고도 하고 혹은 등래登萊로 향했다가 그 곳에 방비가 있는 것을 보고는 동북으로 왔다고도 하는데 어저께 들으니 물러가서 그 간 곳을 모른다고 합니다."

"어떤 사람이 말하기를 이미 평정했다고도 하는데, 그 말은 근거가 있습니까?"

"평정된 것은 사실입니다. 들으니 배 1척이 태풍을 만나 가 버린 후 지금까지 종적을 찾을 수 없다고 합니다. 지난해 12월 담당 관원이 와서 조사하고 갔습니다."

"『사서이동조변四書異同條辨』을 지은 이패림李沛霖은 어느 지방 사람이며 지금도 생존해 있습니까?"

"그 사람은 이미 작고했다고 들었습니다. 남방 사람입니다."

"누군가 그 사람이 도량都梁 사람이라고 하는 말을 들었는데, 도량이란 어느 곳에 있는 지방입니까?"

"대량大梁입니다."

"이 즈음 문장과 도학으로 세상의 추앙을 받는 사람은 몇 명이나 됩니까?"

"왕초생王礎生과 여만촌呂晚村은 절강浙江 사람으로 모두 『사서휘통해四書彙通解』를 가지고 세상에 행세하며, 계축년에 장원한 한담韓菼은 호를 원소元少라고 하며, 또 허원許元이라는 사람이 있습니다."

"그 한담과 허원 두 사람의 책도 세상에 나와 있습니까?"

"있습니다." 하고, 곽원은 글을 쓰기를,

"명을 받들고 이 곳에 와서 친숙하게 이야기를 하고 있으나 아직 통성명도 못했고 문안인사도 드리지 못하였습니다. 노 선생께서는 무슨 직책에 계신지 서로 알고 난 후 말을 계속했으면 합니다." 하였다. 나는 그 물음을 받고 대답하기를,

"이 어른은 성姓이 김金씨로 현재 각로(정승)로 계십니다. 소생도 성은 김씨고, 이름은 모요 벼슬은 없습니다."라고 하였다.

"귀국의 여러 대인大人께서 모두 우리 부자를 알고 계시는데, 역시 일찍이 언급한 적이 있습니까?"

"익히 명성은 듣고 있었습니다."라고 답하고 곧이어 묻기를,

"어르신네께서 왕의 막하에 있을 때 무슨 벼슬을 하셨습니까?"라고 하였다.

"초임은 형부낭중刑部郎中이었고 다음에 홍려정경鴻臚正卿으로 옮겼으며, 세 번째 대리정경大理正卿으로 있다가 통정사通政使를 지냈습니다."

"본관은 어디십니까?"

"할아버지의 본관은 강서江西 남창부南昌府입니다. 분양汾陽(곽자의郭子儀)의 후예라고 들었습니다만 족보가 산실되고, 옮겨다니다 보니 사는 것이 일정치 않아 세계世系를 상고해 볼 수가 없습니다."

"오왕吳王(오삼계)의 용략勇略은 어떠했으며 신체의 크기는 어떠했고, 수염은 얼마나 났는지, 필시 조정에 있을 때 들었을 것이니 한두 가지 들려주셨으면 합니다."

"체격이 크고 뛰어난 인물이었습니다. 어려서부터 전쟁에 나가서는 군략이 출중하였는데, 수염이 장대하고 귀인의 상을 가졌습니다."

"오왕이 거병을 한 후에 제왕의 호칭을 참칭했다고 하였는데 그러했습니까?"

"(국호를) 대주大周라 하고 연호는 소무昭武라고 하였습니다."

"어느 해에 출생했습니까?"

"죽을 때 나이가 70세였는데 지금으로부터 35년 전입니다."라고 하고 곧이어,

"문답한 사실들은 다른 사람에게 보이지 않는 게 좋겠습니다."라고 적었다.

"잘 알겠습니다."

"형제는 몇 분이나 되십니까?"

"네 명인데 제가 장남입니다."

"선생님의 존함은 이미 들었습니다만 어진 동생들도 각각 이름을

알려 주시기 바랍니다."

"둘째는 곽곤郭坤, 셋째는 곽용郭墉, 넷째 동생은 곽방郭坊입니다."

"거류하巨流河에 있는 옛 성은 누가 쌓은 것입니까?"

"본조本朝에서 둔량屯量하던 작은 성으로 태조太祖에게 청하여 쌓은 것입니다." 그러나 이 말들은 확실치 않은 것이 많았다. 왜냐하면, 해적이 처음에는 물러갔다고 했는데, 뒤에 나의 물음에 따라서 갑자기 평정되었다고 하였으며, 이패림李霈霖을 처음에 도량인都梁人이라 하였으나 이는 터무니없는 말이었다. 그리고 도량을 대량大梁이라고 한 것은 더욱 가당치도 않은 말이었다. 『가재연행록』1713년 3월 4일

청국의 정치 상황을 논하다

내가 "조선에 있을 때 중국 소식을 들으니 해마다 재해와 난리가 많아 민심이 불안하여 천하가 평안하지 못하다 하였는데, 실상은 어떠합니까?"라고 물으니, 엄생은 정말로 없다고 했고, 반생은 회자국回子國이 변방을 어지럽힌 지 3년이 넘자 즉시 평정하여 지금은 사방이 평안하니 그런 일이 없다고 했다.

엄생이 또한 말하였다.

"지금은 태평하고 인재도 많은 시기라서 혹 도적이 있어도 곧 진압할 수 있습니다. 몇 년 전 마조주馬朝柱라는 도적이 있었는데 그 활동이 드러나자 즉시 도망하여 10년 동안 사방으로 찾았지만, 결국 잡지 못하였습니다. 근래 들으니 이미 죽은 지 오래라고 합니다. 또 민심에서도, 천하 사람이 황상의 은혜를 생각지 않는 이 없고 조금도 세상을 어지럽히는 말이 없으니, 그 중 절강 근방은 자주 세금을 덜어 은혜를 베풀어 사람들이 감사하고 있습니다." 『담헌연기』1766년 2월 12일

청의 천주학 등에 대해 한인사대부와 대화하다

내가 남방에도 천주학을 존숭하는 사람이 있느냐고 물어보니, 반생이 이렇게 말하였다.

"천주학문은 근년에 비로소 중국에 행해졌는데, 이것은 금수에 가까운 것이라서 사대부로서 믿는 자는 없습니다. 명나라 만력 연간에 서양의 이마두(마테오 리치)가 중국에 들어와 그 학문을 행하고 여러 권의 책을 지었습니다. 그 가운데서 이르기를, '천주가 세상에 내려와 사람을 가르치려다가 억울하게 참혹한 형벌을 받아 몸이 죽으니, 십자가라 일컫는 것이 있어 사람들에게 날마다 예배하고 천주를 생각하게 하여 위아래가 모두 눈물을 흘리고 은혜를 잊지 말라' 하니, 극히 미혹한 말입니다."

내가 말하기를,

"하늘의 도수度數와 역법曆法을 논하는 것은 서양국의 논의가 가장 뛰어나니 중국 사람보다 낫습니다. 다만 그 학문을 논하면서 유교의 상제上帝라는 칭호를 사용하고 불교의 윤회라는 말로 꾸몄으니, 더러움이 이를 데 없습니다. 그런데 중국 사람들 가운데 존경하고 믿는 이가 있으니 이상합니다." 하니 엄생이 천주 학문에 대해서는 나라에서 금령이 내려져 있다고 했다. 내가 이미 금령이 있다면 어찌 황성 가운데 천주당이 있냐고 물으니 두 사람이 놀라면서 어느 곳에 있느냐고 했다. 내가 동서남북에 각각 집이 있는데, 둘은 이미 구경하였으며 서양국 사람 여럿이 머물러 있으면서 스스로 일컬어 학문을 전하러 왔노라고 하더라 하였다. 두 사람은 북경에 온 지 오래되지 않아서 이 이야기를 듣지 못하였다고 했다. 『담헌연기』 1766년 2월 17일

청 황후의 폐위사건으로 크게 다투다

내가 요사이 들으니 궁중에 큰 일이 있어 조정이 평안치 못하다고 하는데 그대들도 반드시 들었을 거라 했더니 반생(반정균潘庭筠)이 크게

놀라 낯빛이 변하여 말하였다.

"어찌 알았습니까? 본조의 가법은 매우 엄하여 지금까지 황후를 폐한 적이 없고 황태후가 덕으로 보호하여 폐위를 할 상황에까지는 이르지 않았습니다. 만주대신 아영아阿永阿가 계속 옹호하다가 중벌을 받아 겨우 죽음만 면한 상황인데, 한인 가운데는 한 사람도 언급하는 이가 없으니 극히 부끄러운 일입니다."

이 때 반생의 낯빛이 파래지고 당황하는 기색이 역력하였다. 내가 천하를 한집으로 생각해서 그들과 거리를 두지 않고 믿고 자유롭게 물어본 것인데 그가 너무 당황하는 바람에 다시는 이 이야기를 꺼내지 않겠다고 하였다. 그러자 반생이 나라의 법령이 엄해서 만약 이런 이야기가 누설되면 당장 죽음을 면치 못하기 때문에 그런 것이라고 하였다.

내가 "그렇지 않다. 같은 중국 사람이면 이런 이야기는 해도 무방하지 않은가? 중외中外의 분별은 마침내 다름이 없으니, 형의 놀람은 또한 괴이치 않다."

이 때 엄생이 반생에게 뭐라고 하는데 서로 다투는 것 같았으나 알아들을 수 없었다. 『담헌연기』 1766년 2월 17일

대명의리와 대청관

반생이 또 말하기를, "이제 성 안에 이르러 마침내 우리의 의관제도에 대해 들었는데, 태종 문황제太宗文皇帝 때 신하인 달해達海와 고이전庫爾纏이 의복은 한인漢人의 제도를 따르자고 건의하니, 태종께서 이르시기를 '짐이 그대들의 간언을 받아들이지 않는 것이 아니라 그 필요에 대해 생각할 필요가 있다. 만일 한인들의 풍습을 본받아 옷을 널찍하게 하고 소매를 크게 한다면, 장차 남이 고기를 베어주기를 기다렸다가 먹겠다는 것인가? 만일 용맹스러운 적장을 만난다면 장차 어떻게 막아내겠다는 것인가? 사람들이 만주인에 대해 칭찬하기를 서 있으면 동요함이

없고, 싸움에 나가면 머리를 돌이키지 않아 천하무적이라고 하는데 만약 한漢의 풍습을 본받으면 모든 일에 게을러져서 말타기와 활쏘기를 잊을 것이고, 순후하고 질박한 기풍이 적어질 것이니 자손들은 마땅히 삼가 경계해야 할지니라.'라고 하였습니다. 그래서 우리는 한인의 의복 제도를 본받지 않았던 것입니다." 『담헌연기』 1766년 2월 26일

청국의 행정 및 일반 정보

청국인의 만한어 사용

만주인들은 한어漢語를 잘하는데 한인은 만주어를 잘 못한다. 만주어를 못한다는 것이 아니라 그것을 달갑지 않게 여긴다. 그러나 만주어에 능통하지 못하면 벼슬을 하는 데 장애가 된다. 대궐 안에서건 아문에서건 모두 만주어를 사용하기 때문이다. 일반인들 사이에서는 만주인이나 한인이 모두 모두 한어를 쓴다. 그러다 보니 만주인에게서 태어난 아이도 만주어를 못하는 경우가 많다. 황제가 이를 근심하여 총명한 어린이를 뽑아 영고탑寧古塔으로 보내 만주어를 배우게 한다고 하였다. 『가재연행록』 산천 풍속 총록

북경에 대한 사전 정보

저녁에 객사의 대청에서 주수主守를 만나보았다. 주수는 바로 홍우정洪禹鼎 군이었는데, 참판인 그의 숙부 수주受疇 공을 따라 북경에 간 적이 있어서 나는 그에게 유람한 일을 물어보았다. 이야기 내용은 대체로 '오룡정五龍亭이나 천주당天主堂 같은 데는 우리나라 사람들이 가 보기 어려운 곳인데, 볼 수 있었다.'는 것이었다. 『가재연행록』 1712년 11월 4일

한인 갑군의 급료

성 안팎에 있는 민가는 겨우 수십백 호였다. 내가 숙박한 집은 성 밖에 있었고 주인은 한인이었다. 무슨 일을 하느냐고 물어보니 갑군이라고 하였다. 급료를 물었더니 1년에 은 18냥이라고 하였다. 『가재연행록』 1712년 11월 29일

심양의 연혁과 관제

심양은 옛 읍루국挹婁國으로 당나라 때 심주瀋州를 설치하였고, 요遼가 흥료군興遼郡으로 고쳤다. 명나라 홍무 연간에 처음으로 위衛를 설치했고 천계天啓 연간에 호인에게 함락당하여 그 수도가 되었으며, 위衛는 봉천부로 바뀌었다.

이 곳은 성경盛京으로도 불리는데, 호부 · 예부 · 병부 · 형부 · 공부의 다섯 아문衙門을 두고 각 아문에는 시랑侍郎 1명, 낭중郎中 2명을 두었다. 또 장군 1명을 두어 장성 밖의 군사를 모두 관리하고, 봉천부에 부윤府尹을, 승덕현承德縣에는 지현知縣을 두었다고 한다. 『가재연행록』 1712년 12월 6일

청의 관리와 명말탐관을 비교하다

유 비장이 가진 채찍은 속을 힘줄로 채워넣고 겉은 등藤으로 얽어 만든 것으로 우리나라 제품이었다. 호부 낭중이 보고서 매우 갖고 싶어 하는 눈치였으나 끝내 말을 하지는 않더라고 하였다. 휴암休庵(백인걸白仁傑)의 『연행일기』를 보니, '요동에 도착했는데, 아문에서 뇌물을 요구하는 바람에 20여 일을 지체하며 떠나지 못하였다. 그리고 한 유격장군遊擊將軍은 벼루로 제 이마를 쳐서 피를 흘리면서까지 역관들을 위협하며 재물을 요구했다.' 하였다.

명나라 말기에 탐관의 풍조가 이와 같았으니, 오늘과 비교하면 더욱

한숨이 나왔다. 『가재연행록』 1712년 12월 7일

한인사대부와 문답하여 정보를 수집하다

신민둔新民屯을 지날 때, 부사와 서장관, 곽조서郭朝瑞 사이에 문답이 오갔다. 곽조서는 오삼계의 부하인데, 삼계가 패한 뒤 이 곳에 유배되어 있었다. 우리 사행들은 전부터 흔히 그를 초청해서 만나보고 사정을 묻곤 하였다. 그 중에서도 재상 남구만南九萬과 최석정崔錫鼎은 유달리 친하여 오래도록 변하지 않고 편지와 선물을 보냈다고 한다. 그런데 그는 문장은 좋지만 사람됨이 들뜨고 허황되며 말이 진실하지 못하였다고 한다. 『가재연행록』 1712년 12월 9일

청 지방관속의 녹봉

형제는 키가 크고 얼굴이 잘 생겼는데, 형은 애꾸였다. 자기들은 만주인이며 형 되는 사람은 봉성의 대자帶子라고 하였다. 대자란 장경章京 직의 하나다. 봉급을 물었더니, 1년에 60냥이며, 장경은 80냥, 장경 중에 우록牛彔은 100냥이라고 하였다. 『가재연행록』 1712년 12월 9일

청 관리가 왕래하는 인마와 물품을 자세히 기록하다

밤에 비장을 만나러 바깥채로 가니 방에 책자가 하나 있는데 '당檔' 자가 씌어 있었다. 뜻을 물으니, 주인은 '관문서[文字]를 말한다.'라고 하였다. 펴보니 왕래한 인마의 수와 연월일시가 아주 자세히 기록되어 있는데, 혹은 '공간公幹' 혹은 '상용上用'이라 칭하여 모종의 물건들을 가져간 것에 대한 기록이었다. 이것들은 모두 심양이나 영고탑, 아니면 조룡강烏龍江의 장군들에게 가져간 것으로, 상용한 물건은 인삼, 도로어鏥鱸魚, 야구채野韭菜(들부추), 학령鶴翎(학의 날개), 심어鱘魚, 잣[松子], 매[鷹]였다. 도로어가 무슨 고기냐고 물었더니, 큰 물고기로 조룡강에서

잡힌다고 하였다. 심어 역시 큰 물고기로, 길이는 한 길[丈]이 넘으며 색은 청황색인데 『본초강목』에 기록되어 있다. 학령은 어디에 쓰느냐고 물었더니, 화살 깃을 만드는 데 쓰인다고 하였다. 야구채는 토산물이기 때문에 진공하는 것에 불과하다고 하였다. 『가재연행록』 1712년 12월 13일

한인사대부에게 관원과 해적에 대해 묻다

"이 성에는 관원이 몇이나 있습니까?"

"여덟입니다. 지주知州, 훈도訓導, 이목吏目이 각 한 분이며, 우중于衆이 둘, 효기교驍騎校 둘, 필첩식筆帖式이 하나입니다."

"봉급은 각각 얼마씩입니까?"

"지주가 108냥, 훈도 40냥, 이목 36냥, 우중 109냥, 효기기 70냥입니다."

"전에 황제가 우리나라에 보낸 자문咨文 가운데 지금 금주錦州 지방에 해적이 출몰하니 주의해서 방비하라고 대목이 있었는데, 그 해적은 지금도 있습니까?"

"지금은 없습니다. 다만 철산鐵山 통자구桶子溝에 있다고 들었습니다."

"철산은 어느 부府입니까?"

"산동山東 등주登州에 속해 있습니다."

"능수는 여기서 뱃길로 몇 리나 됩니까?"

"바람만 순조로우면 하루에 갈 수 있는 거리입니다. 여러분의 성명을 써서 저에게 주실 수 있는지요? 혹 나중에 다시 만나게 되면 예전의 사귐을 생각하렵니다." 『가재연행록』 1712년 12월 15일

삼하현의 연혁

삼하현三河縣은 본래 한나라 때는 임구현臨泃縣의 땅이었는데, 당나라 때 와서 석로현析路縣에 삼하현을 설치하였으니, 칠도七渡, 포구鮑丘, 임구

臨泃 등 세 강과 가까워 그렇게 이름을 붙인 것이다. 『가재연행록』 1712년
12월 25일

통주의 연혁

통주는 진秦나라 때 어양군에 속했고, 한나라 때는 노현潞縣을 두었으며, 수·당나라 때 이를 폐지하고 탁현涿縣에 편입시켰다가 다시 노현潞縣으로 하였다. 오대五代와 요遼 때는 그대로 두었고, 금나라가 승격시켜 통주로 만들었는데, 해운으로 서로 통한다는 뜻이다. 명나라 때는 그대로 두었다. 『가재연행록』 1712년 12월 26일

청 조정이 새해 업무를 시작하는 모습

관에 머무른 지 이미 20일이 되었으나, 방물과 세폐를 쌓아두기만 하고 바치지 못했으며, 표문 역시 황제에게 상주하지 못했다고 한다. 이 나라의 법은 12월 22일부터 모든 관청이 봉인封印(연말연시의 사무 정지를 뜻함)하고 출근을 하지 않는 까닭에 이렇게 지연되었던 것이다. 1월 20일경에는 개인開印(연초의 사무 시작)할 것이라 한다. 『가재연행록』
1713년 1월 17일

각 성의 세입을 정리하다

북직예北直隸 9부府 20주州 120현 : 지정은地丁銀 2,450,192냥, 염과은鹽課
　　銀 437,949냥, 관세은關稅銀 65,460냥, 은 합계 2,953,601냥
성경盛京 2부 2주 7현 : 지정은 10,088냥, 지정 흑두속미黑豆粟米 44,300
　　석
강남성江南省 동도東道 7부 6주 46현 : 지정은 424,066냥, 지정전량은地丁錢
　　糧銀 3,900,169냥, 관세은 176,720냥, 염과은 2,085,286냥, 합계
　　6,586,237냥. 조량漕糧 1,554,100석, 추미秋米 1,511,989석 7두,

백미 132,357석, 쌀 합계 3,198,446석 7두

서도西道 7부 8주 50현 : 지정은 1,506,433냥, 지정전량은 172,820냥, 관세은 338,320냥, 은 합계 2,017,573냥. 조량 239,000석, 추미 188,987석 3두, 쌀 합계 427,987석 3두

강서성江西省 13부 1주 77현 : 지정은 2,066,527냥, 또 20,027냥, 관세은 163,880냥, 은 합계 2,250,434냥. 추미 709,730석 4두, 또 7,888석 4두, 또 13,000석, 또 25,008석 6두, 조량 568,716석, 쌀 합계 1,324,343석 4두

복건성福建省 9부 1주 60현 : 지정은 1,023,499냥, 인정은人丁銀 15,106냥, 징은徵銀 3,003냥, 정은征銀 2,717냥, 염과은 85,470냥, 관세은 66,549냥, 은 합계 1,196,344냥

절강성浙江省 11부 10주 76현 : 지정은 2,944,169냥, 염과은 502,034냥, 관세은 230,180냥, 은 합계 3,676,383냥. 조량 662,030석, 추미 583,495석, 백미 66,195석 쌀 합계 1,311,720석

호광성湖廣省 8부 8주 52현 : 지정은 1,858,732냥. 조량 244,995석, 추미 168,054석 2두, 또 6,000석, 쌀 합계 419,049석 2두

하남성河南省 8부 12주 92현 : 지정은 2,915,684냥. 조량 379,992석, 추미 231,724석, 쌀 합계 611,716석

산동성山東省 6부 15주 89현 : 지정은 3,415,053냥, 관세은 29,680냥, 은 합계 3,444,733냥. 조량 375,600석, 추미 344,902석 4두, 쌀 합계 720,502석 4두

산서성山西省 5부 19주 78현 : 지정은 2,946,593냥, 염과은 172,628냥, 은 합계 3,119,221냥

섬서성陝西省 8부 20주 96현 : 지정은 1,874,243냥

사천성四川省 10부 22주 97현 : 지정은 217,432냥, 교절은蕎折銀 163냥, 은 합계 217,595냥. 창두미倉斗米 36석

광동성廣東省 10부 9주 78현 : 지정은 1,239,403냥, 개정은改征銀 1,755
　　냥, 관세은 122,950냥, 염과은 41,510냥, 은 합계 1,405,618냥
광서성廣西省 12부 37주 46현 : 지정은 412,782냥
귀주성貴州省 11부 12주 25현 : 지정은 63,549냥
운남성雲南省 17부 27주 27현 : 지정은 366,052냥
총계 은銀 34,368,873냥, 쌀 8,058,101석

　대개 토지는 1묘畝마다 은을 4푼分 4리里씩 거두고, 정丁은 3등等 9칙則
으로 구분하는데 대략 한 사람마다 은 4전錢 2푼 9리씩 거둔다. 부역법賦
役法도 대개 이러하다. 은과 쌀의 각 항 명목은 구체적으로 무엇을 뜻하는
지 알 수 없는 부분이 많았으나 요점은 부담이 매우 가볍다는 것이다.
『가재연행록』 1713년 1월 24일

조선, 청의 환관을 비교하다

　이윽고 처음에 앉았던 곳으로 되돌아왔다. 묻기를,
　"당신네 나라에도 이런 사람이 있습니까?" 하기에, 처음엔 무슨 말인
지 몰랐다. 그가 곧 스스로 자기 몸을 가리키니, 옆에 있던 어린 환관이
또,
　"고자古者, 고자."라고 한다. 내가 비로소 깨닫고서 답하기를,
　"우리나라에도 있습니다."라고 했다. 묻기를,
　"관직은 몇 품까지 이릅니까?" 하기에, 답하기를,
　"지위가 1품에까지 이르는 자도 있으나, 단 관직은 없고 궁중에서
명령을 전할 따름이오."라고 하였다. 내가 대국은 어떠하냐고 물어보니,
여러 사람이 오랫동안 상의한 후 '일양一樣'이라는 두 글자를 쓴다. 그러
나 기색을 살펴보니 실제로 그런 것 같지 않았다.
　대개 호인들은 명나라가 망한 것이 환관들 때문이라고 믿고 노예처럼

취급하며, 비록 봉급은 있기는 해도 아주 박해서 이들의 거처와 의복을 보면 모두 남루하다. 문답을 나눌 적에 시종 붓을 쥐고 있었던 자는 조씨 성을 가진 사람으로, 여러 환관이 각기 묻고 싶은 바를 조씨에게 써서 보이게 하였는데, 전후에 끊일 사이가 없어 응대하기가 피곤하였다. 나도 물어보고 싶은 바가 있었으나 미처 물을 새도 없었고, 또한 혹여 행색이 탄로날까도 두려워 다른 말은 감히 꺼내지 못했다. 『가재연행록』 1713년 1월 25일

청의 대신들을 묘사하다

절로 돌아오니 백관들이 황제가 있는 곳에서 모두 물러나왔다. 다섯 각로閣老가 후전後殿 월랑에 있기에 내가 비장들을 따라가서 보니, 만주족 각로 두 사람은 북변의 한 온돌방에 함께 앉아 있고, 한족 각로 세 사람은 온돌 아래에 의자를 한 줄로 놓고 앉아 있는데, 각기 앞에는 탁자가 놓여 있고 문서가 수북하게 쌓여 있었다. 만주족 각로는 송주松柱와 온달溫達이었다. 키가 작고 용모가 이상한 온달은 사나운 빛을 띠고 있었는데, 얼굴은 붉으면서 시커멓고, 수염은 드물었으며, 한쪽 눈이 찌그러져 있었다. 한족 각로는 이광지李光地(호는 용촌榕村, 청대의 학자)인데 복건성 안계安溪 사람으로 용모가 단정하고, 미목이 청명하며 수염은 하얬다. 다른 한 명은 소영조蕭永祚로 봉천성 해주 사람인데 키는 작고 얼굴은 길며 앞니 하나가 빠졌다. 또 한 명은 왕염王琰으로 강남 태창太倉 사람인데 세련되고 우아한 기풍을 갖고 있었으며 용모는 풍만하고 정채精彩가 넘쳐흘렀다. 온달과 송주가 서로 이야기를 나누고 있었고 한인 각로 세 사람은 모두 문서를 열람하고 있었는데, 더러 엎드려서 글자를 쓰기도 하였다. 이광지는 안경을 쓰고 있었다. 좌우에 딴 사람은 없고 다만 호인 하나가 앞에 서서 심부름을 하였다. 『가재연행록』 1713년 2월 6일

목극등을 묘사하다

목극등은 황제의 총신寵臣으로 오라烏喇의 땅을 지키다가 몇 년 전 황제의 명령으로 백두산을 시찰한 인물이라 이렇게 거론하게 되었다. 목극등의 사람됨은 작고, 눈에는 영기英氣가 있으며, 말할 때에는 웃는 듯하며, 매우 지혜롭고 약은 듯하나 역시 탁월한 인물은 못 되는 듯했다. 일찍이 압록강에서 직접 배를 젓다가 미끄러져 이가 빠졌다고 한다.

『가재연행록』 1713년 2월 6일

과거제도를 묻다

수재秀才 한 사람이 들어왔다. 나는 성수가과聖壽加科(황제의 생일에 특별히 보는 과거)에서 선비를 뽑는 방법에 대해 물어보았다. 그 사람이 대답하기를,

"금년은 성상이 육순六旬이 되는 해이므로 2월에 가향시加鄕試의 과거가 있습니다. 정식 과거시험(정고正考)으로 논한다면 금년 세시歲試는 생生과 동童을 시험보는 해입니다. 3년 가운데 1년은 세시, 1년은 과시科試, 1년은 회시會試를 보는데, 세시를 맡아보는 시관試官은 학원주學院主, 향시는 향시주고鄕試主考가 있으며, 회시는 천하의 사람이 모두 서울의 한 시험장에 모여서 치르는 것으로 대왕고大王考라는 시관이 있습니다." 라고 하였다. 생生과 동童은 어떤 차이가 있냐고 물으니, 생은 학원學院에서 합격한 수재秀才를 말하고, 동은 시험 보러 가는 학생 모두를 통칭하는 것이라고 하였다. 수재로 뽑히면 생원이 될 수 있느냐고 물었더니, 벼슬을 하면 생원이라 칭한다고 하였다. 그러면 동자童子와 수재 사이에는 어떤 차등이 있느냐고 묻자, 동과 생은 모두 직책職責이 없으며, 수재는 손님을 맞을 때 빈객의 예로써 행한다고 하였다. 옛말에 이르기를,

"재상도 벼슬길에 오르지 않으면 수재는 내려와 무릎을 꿇지 않는다."

18세기 중국의 학생

고 하였으니, 수재가 되면 비로소 배인拜人을 하지 않으며 생원은 곧 수재인 것이다. 보통 사람들이 수재를 부를 적에는 모 수재가某秀才家라고 한다고 했다. 동과 생을 뽑는 시험방법은 어떠한가를 물었더니,

"동童과 생生은 좋은 문장을 지어 학원에 합격하면 곧 남삼藍衫을 입고 머리에는 작정雀頂을 씁니다. 금년 같은 경우 풍윤현豐潤縣에서 세고歲考를 본 동과 생은 문과에 500여 명이 갔는데, 정확한 숫자는 단지 15명이 뽑혔을 뿐이요, 무과武科 역시 그러했습니다."라고 하였다.

동과 생에 합격한 사람도 역시 생원과 마찬가지로 향시鄕試를 볼 수 있느냐고 물으니,

"동과 생이 만약 학문을 크게 하여 수재가 되면 곧 향시를 보러 갈 수 있으며, 향시에 합격하면 바로 회시를 볼 수 있고, 회시를 마치고 전시殿試에 합격하면 장원壯元이 됩니다."라고 하였다. 또 말하기를,

"금년에는 가과加科를 보게 되기 때문에 작년은 회시년인데 앞당겨 먼저 보았습니다."라고 하였다. 가향시加鄕試에서는 몇 사람이나 뽑느냐고 물었더니,

"성상聖上 육순의 가향시에서 뽑는 숫자도 정식 향시에서 뽑을 때와 같아, 전국에 13성省이 있는데 각 성에서 300여 명이나 됩니다."라고 하였다. 그렇다면 가加자를 붙여 부르는 까닭은 무엇이냐고 물었더니,

"고거考擧를 향시라고 하고 세고歲考에서 거인擧人을 시험 보이므로

가향시加鄕試라고 합니다. 정식 시험을 논해 본다면 3년을 세시 · 과시 · 회시의 순서로 보고, 3년이 지나면 다시 그 순서로 시작합니다. 그 밖의 해에 보는 것이 가향시인데, 이번 세고에 합격한 사람에게 모두 가加를 붙인 것은 향시를 보는 해가 아닌데 향시를 보았기 때문입니다." 라고 하였다. 또 말하기를,

"회시는 '가'자를 붙이지 않습니다. 정식 회시는 을미년에 있었는데, 회시는 전국에서 모두 300여 명을 뽑습니다." 한다. 가과加科는 금년 어느 날짜에 시취하느냐고 물으니, 지난 2월 8일에 과장을 열었는데 개방開榜은 용호일龍虎日인 인진일寅辰日(인은 호이고 진은 용)이라고 하였다. 그 사람의 성명을 물었더니, 성명은 왕화王化요 나이는 26세며 지난해에 진학進學을 했다고 한다. 『가재연행록』 1713년 2월 19일

조선과 청의 과거시험 문장에 대해 대화하다

날이 어두워지려 하는데, 한 소년이 마침 뜰 앞으로 나왔다가 나와 만나게 되어 함께 그의 방으로 들어갔다. 촛불을 밝히고 차를 끓여 마시며 오랜 동안 한담을 나누었다.

내가 물었다.

"무엇 때문에 이 깊은 산에 와서 지내고 있소?"

"책을 읽으러 왔습니다."

"무슨 책을 읽고 있소?"

"사서四書와 문장文章, 즉 과거문[科文]을 읽고 있습니다."

내가 또 묻기를,

"이 곳은 과거문에 '팔고八股'라는 이름이 있던데, 그것은 무슨 뜻이오?" 하니, 소년은 책 두 권을 꺼내 보이면서 말하기를,

"이 책을 보면 알 수 있습니다."라고 하였다.

책의 제목은, 하 권은 '명문적明文商', 또 한 권은 '금문적今文商'이라고

했는데, 금문今文이란 다름 아닌 청문清文인데, 모두 과거문의 격식으로서 우리나라 사람들의 것과 같다. 소년은 마침내 한 편을 펼쳐보이며 말하기를,

"'팔고八股'란 사서에 있는 문자로 출제를 하면 그 의의를 부연해서 문장을 짓는데 수首, 미尾, 기起, 결結은 모두 쌍관雙關으로 하고, 1편 안에서 벽闢(글뜻을 열다), 합合(뜻을 마무리하다)을 모두 네 차례 하므로 팔고라고 이르는 것입니다."라고 하였다. 소년이 우리나라 과거법에 관하여 물어보기에, 요약해서 대답해 주었다. 『가재연행록』 1713년 2월 23일

한인사대부와 사도私屠 금령에 대해 이야기하다

반생이 말하기를,

"지난번 관중에 갔을 때 음식 중에 전약煎藥(동짓날에 먹는 음식의 하나)이 있었는데, 평생 쇠고기를 먹지 않아 맛을 보지 못하였습니다. 그런데 돌아와 종의 말을 들어보니 그 맛이 대단히 좋아서 중국음식에 비할 데가 없다 하니 아쉽기 그지 없습니다. 두어 조각 얻기를 청합니다."라고 하였다.

내가 그것은 어렵지 않은 일이지만, 쇠고기를 먹지 않는 것은 무슨 뜻인지 물으니, 반생이 말하기를 금령이 워낙 엄해서 민간에서는 사도私屠(관가의 허가 없이 소를 잡음)를 할 엄두를 못 내니 비록 먹고 싶어도 얻을 길이 없으며 다른 뜻은 없다고 하였다. 내가 말하기를,

"몇 년 전 복건성 사람이 우리나라에 표류한 적이 있는데 쇠고기를 먹지 않기에 그 까닭을 물으니 '그 곳에 제천대성齊天大聖이라는 이름의 신통한 귀신이 있는데, 그 귀신이 쇠고기를 먹지 않기 때문에 우리도 감히 먹지 못합니다'라고 대답했습니다. 이것은 무슨 곡절입니까?" 하자 반생이 웃으며 말하기를, "과연 그런 말이 있지만, 이는 사실이 아니고 미혹한 백성들을 속여 사도를 금하려 한 것입니다"라고 하였다.

내가 말하기를,

"우리나라 율곡 선생은 큰 선비입니다. 평생 쇠고기를 먹지 아니하며 말하기를, '이미 그 힘을 부려먹고 또 그 고기를 먹는다는 것이 가한가?' 라고 하니 이 말은 어떠합니까" 하자 반생이 말하기를, "이는 짐짓 군자의 소견입니다."라고 하였다. 『담헌연기』 1766년 2월 8일

한인사대부와 만주족 청국에 대해 이야기하다

엄생이 말하기를, "본조가 나라를 얻은 것은 매우 정대합니다. 도적을 멸하고 대의를 펴서 명나라의 수치를 씻고, 중국에 주인이 없는 상황이 되자 자연히 천위天位를 얻은 것이지 천하를 도모한 것이 아닙니다."라고 하였다.

말을 마치고 나를 보며 희미하게 웃으니 내 소견을 시험하는 기색이었다.

내가 웃으면서 말하기를,

"천하를 도모하지 않는다는 말은 믿을 수 없지만, 다만 산해관을 들어온 후 대의를 붙들어 이름이 바르고 말이 순하니 누가 감히 제어하겠습니까?"라고 하니 엄생이 말하기를,

"강남에 '보내는 예물을 어찌 받지 않으리오'라는 말이 있는데, 이것은 명나라가 천하를 유지하지 못하여 본조에게 준 것을 이르는 것입니다." 라고 하였다.

내가 말하기를,

"오삼계가 보낸 예물이지요" 하니, 다 크게 웃었다. 『담헌연기』 1766년 2월 12일

청조 연납제를 논하다

내가 말하기를, "이 곳에 와서 재물로 벼슬을 얻는 사람의 이야기를

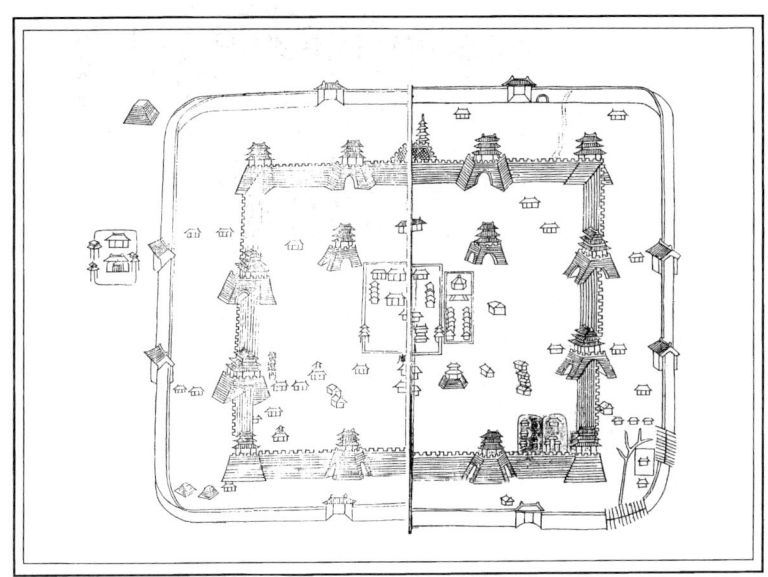

성경성도盛京城圖(1784년)

들었는데, 이런 무리와 함께 어깨를 맞대는 것이 어찌 부끄럽지 않겠습
니까?"라고 하니 반생이 말하기를, "과갑科甲으로 벼슬길을 얻으면 자연
히 차등이 있겠으나, 그렇지 않으면 벼슬을 얻는다 하여도 어깨를 나란
히 할 수 없습니다."라고 하였다. 『담헌연기』 1766년 2월 12일

명과 청의 관원에게 가하는 형벌을 비교하다

내가 말하기를, "재상으로서 형벌을 받는 자가 있으니 무릇 선비는
세상을 헤아린 후 관료가 되어야 합니다."라고 하니 반생의 기색이
실망한 듯하였고 아무 대답이 없었다. 내가 조선은 악한 역적이 아니면
재상의 몸에는 형벌을 가하지 않는다고 하니, 반생이 중국에서는 비록
정승이라 해도 형벌을 면치 못한다고 했다. 내가 선비는 죽을지언정
욕되게 하지는 못한다고 하자, 엄생이 명조 조정에서는 신료의 볼기를

성경(심양) 황궁聖京皇宮 숭정전崇政殿

치는 형벌이 있고, 가혹한 법령도 많았다고 했다. 또한 그 때는 관원들이
도리어 조정에서 볼기 맞는 것을 영화로 알았는데 이것이 명조의 어지러
운 정사며, 청조에 이르러서는 조정에서 형장刑杖하는 법을 없앴으니
매우 관대하다고 하였다. 『담헌연기』 1766년 2월 12일

청조의 행정

황제가 읽는 문서는 다 만주글자로 번역해서 올리는 까닭에 자연히
시간이 많이 걸린다. 『담헌연기』 1766년 2월 23일

심양의 연혁과 관제

심양은 본래 우리나라 땅이다. 혹은 이르기를, "한이 4군을 두었을
때는 이 곳이 낙랑의 군청[治所]이더니 원위元魏 · 수隋 · 당唐 때 고구려에
속했다."고 한다. 지금은 성경이라고 부른다. 봉천부윤奉天府尹이 백성을
다스리고 봉천장군奉天將軍 부도통副都統이 팔기八旗를 통할하며, 또한 승

덕지현承德知縣이 있는데, 각부各部를 설치하고 좌이아문佐貳衙門을 두었다. 문 맞은편에 조장照墻이 있고 문 앞마다 옻칠한 나무를 어긋매끼로 세워서 난간을 만들었다. 장군부將軍府 앞에는 큰 패루牌樓 한 채가 서 있다. 길에서 그 지붕의 알록달록한 유리기와를 바라보았다. 『열하일기』 1780년 7월 10일

심양의 재정

해마다 북경에서 심양의 여러 관청과 팔기八旗의 봉급을 지급하면 심양에서 다시 흥경興京 · 선창船廠 · 영고탑 등지로 나누어 보내는데 그 돈이 125만 냥이라 한다. 『열하일기』 1780년 7월 11일

관외에 대한 청조의 생각

영안교永安橋에서부터 아름드리 통나무를 엮어서 다리를 놓았는데, 다리 높이가 두세 길이나 되고, 넓이는 다섯 길이며, 양쪽의 나무 끝이 가지런하여 마치 한 칼로 밀어놓은 듯하다. 다리 밑 도랑엔 푸른 물이 끝없이 흐르고 진흙 벌은 윤기가 난다. 만일 이것을 개간해서 논으로 바꾼다면 해마다 몇 만 섬에 이르는 가지각색의 벼를 거둘 수 있을 것이다. 혹은 이르기를,

"강희황제가 일찍이 경식노耕織圖와 농정農政에 대한 모두 글(『농정전서農政全書』)을 지었고, 지금 황제도 실상 오랜 농가에 태어난 분으로 산해관 밖의 이 푸른 듯 검은 기름진 땅이 상상전上上田이 될 줄 어찌 모르겠는가마는, 관 밖의 땅은 실로 자신들이 일어난 고장이라, 벼가 기름지고 향기로우며 이밥이 차져서 백성이 혀에 감기도록 늘 먹어 버릇이 된다면, 힘줄이 풀리고 뼈가 연해져 용맹하지 못하게 될 것인즉, 차라리 수수떡과 산벼 밥을 늘상 먹게 하여, 그들로 하여금 배고픔을 잘 참고 혈기를 돋우어 구복口腹의 사치를 잊게 하는 것만 같지 못하다

옹정제가 황위에 오르기 전 왕자로 있던 시절에 논에 거름을 푸는 장면을 묘사한 그림

함이니, 비록 천 리의 기름진 땅을 버릴지언정 그들로 하여금 메마른 땅에 정의를 위해 사는 백성이 되게 하는 것으로, 이는 그의 더욱 깊은 생각일 것이다."라고 하였다.

길에서 본즉 2리나 3리마다 시골집들이 끊어졌다 이어지고, 수레와 말이 수없이 쏘다니고,

좌우 점포도 모두 볼 만하여 봉성에서 여기까지 비록 사치스럽고 검박한 것에 혹 다른 점이 없지야 않겠지만, 그 규모는 모두 한결 같다. 때로 갑자기 눈에 띄는 것으로 실로 놀랄 만하고 기뻐할 만한 것들이 적지 않았지만 이루 다 적을 수 없겠다. 『열하일기』 1780년 7월 13일

북경의 연혁

이제 그들은 나라 이름을 청淸이라 하고, 수도를 순천順天이라 하니, 천문으로 보면 기箕·미尾 두 별의 사이고, 지리로 말한다면 우공禹貢에서 이른바 기주冀州의 터전으로서, 고양씨高陽氏는 유릉幽陵이라 하였고, 도당씨陶唐氏 요堯는 유도幽都, 우虞는 유주幽州, 하夏·은殷은 기주冀州, 진秦은 상곡上谷·어양漁陽이라 하였으며, 한漢 초기엔 연국燕國이라 하였다가 뒤에는 나누어서 탁군涿郡이라 했고, 또 고쳐서 광양廣陽이라 하였으며, 진晉·당唐에서는 범양范陽이라 하였고, 요遼는 남경이라 하였다가 뒤에는 고쳐서 석진부析津府라 하였으며, 송宋은 연산부燕山府라 하였고, 금金은 연경燕京이라 했다가 곧 중도中都로 고쳤으며, 원元은 대도大都라

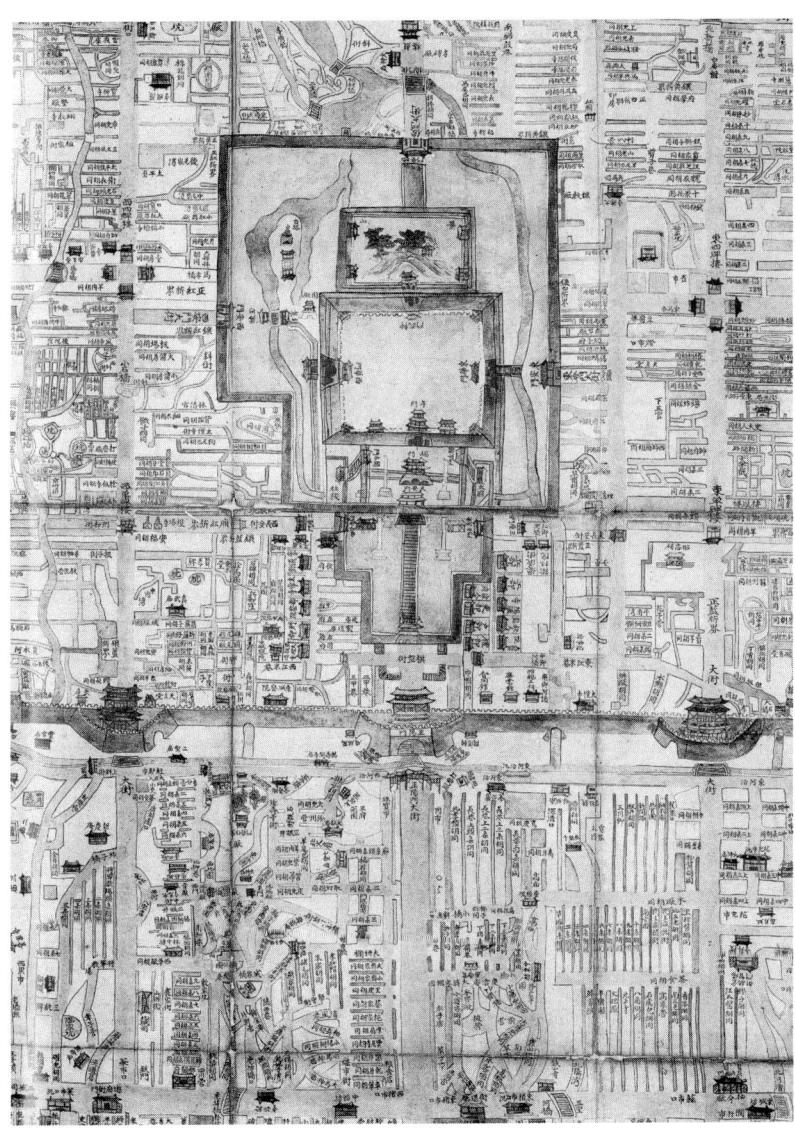

연경성시도

하였고, 명明 초년엔 북평부北平府라 하였다가, 태종황제太宗皇帝가 이에
수도를 옮기고 순천부라 고쳤더니, 이제 청淸은 이내 이 곳을 수도로

삼았다. 성의 둘레는 40리, 왼쪽에 창해滄海가 둘러 있고, 오른편에는
태행산太行山을 끼고, 북으로 거용관居庸關을 베고, 남으로는 하수河水 ·
제수濟水가 옷깃처럼 되어 있다. 성문의 정남은 정양正陽, 오른편은 숭문
崇文, 왼편은 선무宣武, 동남은 제화齊化, 동북은 조양朝陽, 서남은 평택平澤,
서북은 서직西直, 북동은 덕승德勝, 북서는 안정安定이었고, 외성外城에
문이 일곱 있으며, 자금성紫禁城 황제가 거처하는 궁성에는 문이 셋
있고, 궁성宮城은 17리인데 문이 넷이며, 그 전전前殿을 태화太和라 하여
오로지 한 사람만 살고 있으니, 그 성姓은 애신각라愛新覺羅요, 종족은
여진 만주부滿洲部요, 그 위位는 천자天子요, 호는 황제고, 그 직책은 하늘
을 대신하여 만물을 다스리는 것이었다. 『열하일기』 1780년 8월 1일

북경 동악묘

얼마 전 청의 강희 경진庚辰(1701) 3월에 불이 나서 전殿 · 무廡와
함께 사당 가운데 있던 모든 소상이 불타버리고, 다만 양편의 도원道院만
남아 있었다. 강희황제는 특히 내탕금內帑金(황제의 사용금)을 내리고,
아울러 내외의 대소 관원들에게 명하여 비용을 보조하게 하고, 유친왕裕
親王에게 그 공사를 감독하게 하여 비로소 완성하였다. 이에 황제가
친히 거둥하였고, 옹정황제와 지금 황제도 역시 내탕금을 내어 이를
수리하였다.

그 제일전第一殿에는 '영소화육靈昭化育'이라고 써 붙였는데, 동악태제
가 곤룡포와 면류관을 갖추었고, 모신 여러 신은 왼편에 문文, 오른편에
무武가 늘어섰다. 『열하일기』 1780년 8월 1일

열하의 연혁

열하는 황제의 행재소行在所가 있는 곳이다. 옹정황제 때에 승덕주承德
州를 두었는데, 이제 건륭황제가 주州를 승격시켜 부府로 삼았으니 곧

북경의 동북 4백 20리에 있고, 만리장성에서는 2백여 리다. 「열하지熱河
志」를 상고해 보면,

"한나라 때 요양要陽 · 백단白檀의 두 현縣으로 어양군漁陽郡에 속하였
고, 원위元魏 때 밀운密雲 · 안락安樂 두 군郡의 변계로 되었고, 당나라
때는 해족奚族의 땅이 되었으며, 요나라 때는 흥화군興化軍이라 하여
중경에 속했고, 금나라 때는 영삭군寧朔軍으로 고쳐 북경에 속하였으며,
원나라 때는 고쳐서 상도로上都路에 속하였다가 명나라 때에 이르러서는
타안위朶顔衛의 땅이 되었다."고 하니, 이는 곧 열하의 이 때까지의 연혁
이다. 『열하일기』 1780년 8월 4일

청 관리의 청조인식

곡정(왕민호王民皞)은 얼핏 말하기를,

"청조가 나라를 얻을 때 공명정대했다는 것은, 천지에 대하여 유감이
없습니다. 대체로 국가를 창건한 자가 정권을 잡을 때는 그 전의 왕조에
대해 원수처럼 대하지 않는 자가 없었으나, 입국 초기에 큰 은혜를
베풀어 명의 원수를 갚아준 것은 우리 청조밖에 없습니다. 여덟 살
난 어린아이로서 중국을 하나로 통일했다는 것은, 생민生民 이래로 한
번도 없었던 일입니다. 우리 세조 장황제世祖章皇帝는 처음에는 천하를
차지할 마음은 없었고, 다만 천하를 위하여 대의를 밝히고, 명나라의
원수를 갚고 천하 백성을 혈해血海와 골산骨山 속에서 구해내려 하였는
데, 하늘과 백성들의 마음이 한결같이 귀순했던 것입니다. 맨 처음
숭정을 따라 죽은 대신 범경문范景文(명나라의 명신) 등 20명을 표창했
고, 지난해에도 황제는 숭정의 죽음과 관련된 여러 신하들 1천 6백여
명에게 충민忠愍 · 민절愍節 등의 시호를 주었습니다. 공명정대하고 강상
綱常을 바로잡은 일은, 삼황 · 오제 이래로 이러한 일을 아직 들어본
적이 없습니다. 천하를 차지하는 자는, 자기 집안에 부끄러운 일이

서양인의 눈에 비친 청의 문관(왼쪽)과 무관(오른쪽)

없어야만 능히 그 나라를 오래 지닐 수 있을 것입니다."라고 한다.

『열하일기』 곡정필담鵠汀筆譚

이전 조선사행의 행적

계해년(1683)에 청성부원군淸城府院君 김공金公 석주錫冑가 사신으로 이 곳을 지나다가 이 일을 기록하여 돌아왔고, 또 그 뒤 30여 년을 지나서 노가재老稼齋 김공金公 창업昌業이 역시 이 곳을 지나니 바람벽에 쓴 글자가 여전히 남아 있었다고 하였다. 이제 내가 가재연행록보다 60여 년이 흐른 이 날 또 이 곳을 지나다가 이를 생각하여 배회하였으나 벽 사이의 글자는 다시 찾아볼 수가 없었다. 『열하일기』 피서록避暑錄

청국의 관리선발

중국에서는 진사 급제 출신으로 일갑一甲이 세 사람인데, 첫째가 '장원 壯元'이요, 다음이 '방안榜眼'이며, 그 다음은 '탐화探花'라고 하며, 장원에 게는 바로 한림원翰林院 수찬修撰이라는 벼슬을 주고, 방안과 탐화에게는 한림원 편수編修를 준다. 이갑二甲은 80~90명인데 그 중 첫째는 '전려傳 臚'라 하여 역시 한림의 벼슬을 주고, 삼갑三甲은 백여 명인데 이갑과 함께 모두 조고朝考(황제가 친림하여 보이는 고시)에 응시할 수 있거나, 혹은 한림 후보도 되고, 혹은 육부六部의 주사主事도 되고, 혹은 지현知縣 도 되고, 여기에 참여 못하면 진사로 되돌아간다. 우리나라에서 지체와 문벌 따져서 3관館에 벼슬을 나누는 규정에는 비할 바가 아니다. 『열하일기』 동란섭필銅蘭涉筆

청국 군기대신

소위 군기대신軍機大臣이란 모두 만인滿人이다. 일찍이 듣건대, 나라 안에 큰 기밀이 있을 시, 황제가 비밀리에 군기대신을 불러서 함께 높은 누각에 올라가면 밑에서 사닥다리를 치워버렸다가 누각 위에서 방울 소리가 난 연후에 다시 그 사닥다리를 가져다놓는다. 비록 며칠이 지나더라도 방울 소리가 나지 않으면, 좌우의 누구든 감히 가까이 가지 못한다. 옹정황제 때의 군기대신은 망곡립莽鵠立이었는데, 그는 몽골인 으로서 그림을 잘 그려 일찍이 강희황제와 옹정황제의 초상을 그렸다. 익이태鄂爾泰·펑공야彭公冶는 모두 문무를 겸비한 재사였으며, 김상명金 常明은 우리나라 의주 사람으로 역시 군기대신의 칭호를 갖고 있었다. 지금 복차산福次山은 밀운점密雲店까지 따라왔는데 나이는 25, 26세 가량 으로 역시 군기대신이라 불렀다. 『열하일기』 동란섭필銅蘭涉筆

서해안에서 양국 어업분쟁을 논하다

우리나라 서해안 장연長淵·풍천豐川 해변의 고기잡이에는 중국 배들이 휩쓸고 있다. 이들은 모두 각화도覺華島 사람으로 매년 5월 초에 와서 7월 초에 돌아간다. 잡는 것은 방풍防風(한약 재료)과 해삼海蔘뿐으로 때로는 육지에 내려 양식을 청하므로, 우리나라에서는 중국 황제께 아뢰어 금지할 것을 청했다. 강희 54년(1715) 2월 예부에서 주청하여 문서를 돌려 봉천장군奉天將軍·봉천부윤奉天府尹과 산동·강남·절강·복건·광동 등지의 독무督務에게 알려 경계하게 하였다. 연해 수사영水師營에서는 조선에 가까운 해상에서 고기를 잡지 못하게 하고, 밀항으로 바다를 건너다가 붙들려 조선에서 보내온 자를 엄히 벌 줄 것과, 그 지방의 관리와 해당 부서는 협의하여 역시 엄격히 경계하도록 하였다. 또한 조선 연변을 지키는 관리나 군사들은 불시에 순찰을 하여, 만일 이러한 자를 발견하면 즉시 붙들어 압송하라고 하였다. 지금은 중국 배가 서해안에 오면 지방 이교吏校들이 즉시 지방관에게 보고를 하지만, 실상은 금지할 방도가 없었기 때문에 알고도 모른 체하고 있다가 돌아갈 시기를 기다려 멀리서 배 떠나는 날짜를 묻고 그제야 수영水營에 보고하기를, 방금 배가 왔다고 하면 수영이 조정에 보고하는 한편, 그 지방 관리에게 그 날로 쫓아낼 것을 명령한다. 실상인즉 모두 귀막고 방울 도둑질하는 격이니, 우리나라 국경 수비가 실로 한심하다.

『열하일기』 동란섭필銅蘭涉筆

양국 관리의 녹봉제도를 비교하다

한나라의 제도에서는 삼공三公의 월봉月俸이 3백 50곡斛(곡은 10말)이다. 이 밖에 중 이천석中二千石으로부터 백석에 이르기까지 무릇 14등급으로 나누었으니, 중 이천석의 월봉은 1백 80곡이요, 백석의 월봉은 16곡이다. 후한시대의 대장군과 삼공의 월봉은 3백 50곡이요, 중 이천석의 월봉은 72곡에 돈이 9천 냥이요, 백석의 월봉은 4곡 8두에 돈 8백 냥이다. 진晉나라 제도는 품질品秩에 있어 제일등이 1천 8백 곡이요,

후주後周에서는 구명九命과 삼공이 1만 석이요, 하사下士 일명一命에는 1백 25석이다. 당나라 제도는 정1품이 매년 7백 석에 돈 3만 1천 냥이요, 종9품에 이르면 52석에 돈 1천 9백 70냥이다. 송나라 제도는 41등급인데, 재상과 추밀사樞密使가 매월 돈 3백 1천 냥(30만 냥)이요, 보장정保章正에 이르러는 2천 냥이다. 명나라에서는 정일품에 매월 쌀 87석을 주고, 종9품에 5석을 준다. 대체로 비교해서 춘추전국시대에는 대신의 녹봉이 1만 종鍾(1종은 10부釜)이라 하였은즉, 삼공의 월봉은 너무 약소한 편이다. 지금 청나라의 녹봉제도와 지방관들의 보수를 보면 명나라의 제도보다 적은 편이다.

고려의 중서·상서령과 문하시중은 연봉이 쌀 4백 석이요 조교助敎에 이르면 쌀 10섬이디. 우리 조정에서는 정1품은 연봉 98석에 명주 6필, 정포正布 15필, 저화楮貨 10장이요, 종9품은 12석에 정포 2필, 저화 1장이요, 임진왜란 뒤는 1품 연봉이 60여 석에 명주와 정포·저화는 없앴다. 이것은 대개 녹봉제도가 전 시대보다 검약해져서가 아니라 쓸데없는 관원이 많아진 때문이다. 『열하일기』 동란섭필銅蘭涉筆

조선사행, 정보수집에 대해 논하다

북경 사람 하류下流 가운데 글을 아는 자는 매우 드물었다. 소위 필첩식筆帖式 서반序班(청나라 때의 하급관리)에는 남방의 가난한 집 아들이 많았는데, 얼굴이 초라하고 야위어서 조금도 풍후한 자가 없었으며, 비록 봉급을 받기는 해도 액수가 너무 적어서 만리 객지의 생계가 쓸쓸하고, 가난하고 군색한 기색이 얼굴에 나타났다. 우리 사행이 갈 때면 서책이나 필묵의 매매는 모두 서반들이 주관하여 그 사이에서 장쾌[駔儈] 노릇을 하여 남은 이문을 취하였다. 그리고 역관들이 그 사이의 비밀을 알려고 들면, 반드시 서반을 통해야 하므로 이들이 크게 거짓말을 퍼뜨렸다. 시정時政을 물으면 아름다운 업적은 숨기고 나쁜

것들만 꾸며서 천재天災와 시변時變과 인요人妖와 물괴物怪 따위에도 역대에 없던 일을 모았으며, 심지어 변방의 침략과 백성들의 원망에 이르기까지 한때 소란한 형상의 표현이 극에 달하여, 마치 나라 망하는 재난이 눈앞에 닥친 듯 장황하게 과장되게 기록하여 역관에게 넘겨주면, 역관은 이것을 사신에게 바친다. 서장관이 이를 정리하여, 듣고 본 중에 가장 믿을 만한 사실이라 하여 별단(정식이 아닌 별지의 예단禮單)에 써서 임금께 아뢴다. 임금께 아뢰는 말씀이란 것이 얼마나 근엄한 일인데, 어찌 함부로 돈만 허비하여 허황되고 맹랑한 말들을 사서 보고하는 자료로 삼는가. 사신이 자주 드나든 지 백 년이 되도록 겨우 이러했을 뿐이다. 가장 염려되는 일은 이 따위 문서가 불행히 유실되어 저들에게 넘어간다면 그 피해는 과연 어떠하겠는가?

이번 열하에 오가는 일로 말한다면 모두 목격한 일이어서 가장 사실적인 기록이지만, 그렇다고 해도 먼저 보내드린 장계狀啓 끝에 붙여 아뢴 한두 가지 사건에는 시대에 맞지 않는 것이 있어서, 압록강을 건너기 전에 줄곧 걱정으로 날을 보내곤 하였다. 내 생각에는 저들의 정세에 대해 허실虛實을 논할 것 없이, 장계 끝에 붙여 아뢰는 글은 모두 언서諺書로 써서 장계가 도착하는 대로 정원政院에서 다시 번역하여 올리는 것이 좋을 듯싶다. 『열하일기』 산장잡기山莊雜記

자금성의 제도와 풍경

황성구문皇城九門

북경성 주위는 40리인데 꼭 바둑판처럼 생겼다. 정남향은 정양正陽이요, 동남은 숭문崇文이요, 서남은 선무宣武요, 정동은 조양朝陽이요, 동북은 동직東直이요, 정서는 부성阜成이요, 서북은 서직西直이요, 북서는 덕승德勝이요, 북동은 정안定安이라 부른다. 성 안에는 자금성紫禁城이 있어서 주위가 17리인데 붉은 단장에 누런 유리 기와를 덮었고, 문에서 서북쪽을 지안地安, 남쪽을 천안天安, 동쪽을 동안東安, 서쪽을 서안西安이라고 부른다. 자금성 안은 곧 궁성으로 정남은 태청문太淸門이요, 제2문은 곧 자금성의 천안문天安門이요, 제3문은 단문端門이요, 제4문은 오문午門이요, 제5문은 태화문太和門이다. 뒤는 건청문乾淸門이요, 건청의 북쪽은 신무神武요, 동쪽은 동화東華요, 서문은 서화西華다. 그리고 9개의 문루門樓는 모두 처마가 3겹이요, 문마다 옹성甕城이 붙어 있으며, 옹성에는 모두 2층 적루敵樓가 있고, 쇠로 싼 관문이 성문과 마주하고 섰고, 좌우에는 편문便門이 함께 있다. 그 정남쪽 1면은 외성外城이 되어 7문이 났으니 제도는 내성 9문과 같다. 정남이 영정永定이요, 남쪽 왼편이 좌안左安이요, 오른편이 우안右安이요, 동쪽이 광거廣渠요, 서쪽이 광녕廣寧이다. 광거의 동쪽 모퉁이 문은 동편東便이요, 광녕의 서쪽 모퉁이 문은 서편西便이라 한다. 지안문 밖에는 고루鼓樓가 있고, 고루의 북편에는 종루鍾樓가 있다. 각루角樓가 6개요, 수문水門이 3개다. 성을 두른 못물은 옥천산玉泉山에서 발원한 것으로, 고량교高梁橋를 지나면서 물이 두 갈래로 흩어져 한 갈래는 성 북쪽을 돌아 동쪽으로 꺾어 남으로 흐르고, 다른 하나는 성의 서쪽을 돌아 남으로 꺾어 동으로 자금성에 들어 태액지太液池가 되었다. 이 물은 9문을 감돌아 9삽회牐滙(수문水門)를 지나서 대통교大通橋에 이르는데, 동서 언덕은 모두 벽돌과 돌로 쌓았다. 9문의 못 도랑에는 모두 큰 돌다리를 놓았다. 외성의 못물은 역시 옥천의 물이 갈라져 서각루西角樓에서 성을 감돌고 남으로 흘러서 또 농으로 꺾어 농각두東角樓까지 이르러 7문을 거쳐 동으로 운하運河로 들어간다. 각기 다리 하나씩이 걸려 있다. 내성이 16개에, 네거리는 24방坊으로 되어 있으되 태정문의 동쪽 방坊 부문敷文이요, 서쪽은 진무振武라 한다. 숭문문 안의 맞은편 방은 취일就日이요, 선무문 안의 맞은편 방은 첨운瞻雲이다. 동대가東大街의 사패루四牌樓는 이인履仁이요, 서대가西大街의 사패루는 행의行義요, 태학太學의 동서로 마주보는 방은 성현成賢이다. 부학府學의 동서로 마주보는 방은 육현育賢이요, 제왕묘帝王廟의 동서로 마주보는 방은 경덕景德이라 한다. 바로 정양문을 나서 10리 밖 남교南郊에는 원구圜邱가 있고, 정안문 밖으로 곧장 10리를 가면 북교北郊가 되어 방택方澤이 있고, 조양문 밖을 줄곧 10리를 나가면 동교가 되어 해가 여기서 뜨고, 부성문 밖으로 줄곧 10리를 나가면 서교西郊인데 달 지는 데가 여기다. 태묘太廟는 대궐의 왼편에 있고, 사직社稷은 대궐의 오른편에 있으며, 육과六科는 단문의 좌우에 있다. 육부六部와 백사百司는 태청문 밖 좌우에 있다. 내가 이미 중국에서 돌아와 지난 곳을 매양 회상할 제 모두가 감감하여 마치 아침놀이 눈을 가리는 듯하고, 침침하기는 마치 넋을 잃은 새벽 꿈결인 양 싶어 남북의 방위를 바꾸기도 하고 명목과 실상이 헝클어지기도 하였다. 『열하일기』 황도기략黃圖紀略

서관

서관西館은 첨운패루瞻雲牌樓 안의 큰 거리 서쪽 백묘白廟의 왼쪽에 있다. 정양문 오른편에 있는 것은 남관南館이라 하니 모두 우리나라의 사관使館이다. 동지사冬至使가 먼저 남관에 들었을 때 별사別使가 뒤미처 오게 되면 이 관에 나누어 든다. 혹자는 이르기를,

"이 집은 죄과로 몰수당한 것이다."라고 한다. 앞 담이 10여 칸인데 벽돌로 모란을 새겨쌓아 알쏭달쏭 물린 무늬가 영롱했다. 정사正使는 정당正堂에 거처하고 가운데 뜰에는 동서 양당이 있어 부사와 서장관이 나누어 거처하고 나는 전당前堂에 거처하였다. 『열하일기』 황도기략黃圖紀略

만수산

태액지를 파서 산을 만든 것이 곧 만수산萬壽山인데 매산煤山이라고도 한다. 산 위에는 3층 전각이 있고 4개 법륜간法輪竿을 세웠으니, 여기가 명나라의 의종 열황제毅宗烈皇帝가 순국한 곳이다. 나는 항주 사람 육가초

陸可樵와 이면상李冕相 등을 오룡정五龍亭에서 만났다. 두 사람이 함께 처음으로 북경에 와서 길을 모르고 헤맨 것은 나와 다를 바 없었다. 그들은 다만 옛 사람의 기록에 의거하여 때때로 이것을 옷주머니 속에서 자주 끄집어내어 보면서 때로는 서로 보고 웃기도 하고, 때로는 둘이 마주보고 깜짝 놀라기도 하였으니, 대체로 그들은 옛날 기록을 뒤적거려 보다가 맞힐 때도 있고 맞지 않을 때도 있고 한즉, 스스로 기뻐하고 또 놀랄 때도 없지 않았던 것이다. 저들은 중국 사람인데도 보고 들은 것이 서로 다르고, 옛 기록은 때로 이와 같이 착오와 거짓이 섞여 있으니 하물며 나 같은 외국인에게는 더욱더 그렇다. 나도 이 때문에 스스로 크게 깨달은 바가 있었다. 우선 나는 처음에는 만세산萬歲山을 만수산으로만 알고 있었다. 대체로 중국 발음으로 만萬은 '완'이고 세歲는 '수秀'와 '쇄灑'의 번절飜切인 '쒜이'로, 만수와 만세는 음과 뜻이 모두 비슷하고 보니 산 하나를 두고 두 개의 이름을 붙인 줄로만 알았던 것이다. 이제 이 사람이 가지고 있는 옛 기록을 상고해 보니 과연 같은 산이 아니었다. 며칠 전에 구경하였던 토원산과 경화도가 바로 만세산이었다. 비유해 보자면 사람이 자리를 마주하고 앉아 얼굴을 보고 이름을 물어 서로를 각각 분간해 내는 것이나 다름없다. 만세산은 금나라 사람들이 송나라의 간악艮嶽을 손수레로 실어 옮겨 만든 것으로, 당시에는 절량석折糧石이라고 불렸다. 원나라 세조世祖는 그 위에 광한전廣寒殿을 두었으니, 명나라 선종宣宗의 어제御製 광한전기廣寒殿記가 바로 이것이다. 고려 공민왕 때에 원나라 태자가 고려 찬성사贊成事 이공수李公遂를 광한전으로 불러 보았다 하였는데 이것이 곧 만세산이다. 또 고려 원종元宗 5년(1264) 9월 왕이 연경으로 와서 10월에 만수산 옥전玉殿에서 황제를 작별했고, 또 신사전申思佺은 만수산 옥전을 두루 구경했다고 하였으나 다만 옥전이라고만 하고 전각 이름은 대지 않았다. 그러나 이미 만수산이라 불렀으니 소위 옥전은 광한전이 아닌 것이 분명하다. 수황정壽皇亭을 구경하고자 했으나 파수꾼이 들여보내지를 않았다. 까닭을 모르겠다. 정자는 지금도 남아 있는지. 어허, 서글픈 일이로구나. 『열하일기』 황도기략黃圖紀略

태화전

태화전太和殿은 명나라 때의 옛 이름으로 황극전皇極殿이다. 3층 지붕에 9층대 뜰이요, 지붕은 누런 유리 기와를 이었다. 월대月臺는 3층이요, 높이는 각각 한 길이다. 매 층마다 백옥으로 난간을 둘렀는데, 모두 용과 봉을 아로새기고 난간 머리에는 이무기 대가리를 새겨 밖으로 향하게 하였다. 축대 위에는 쇠로 만든 학을 세워 훨훨 날아가는 것 같고, 첫 축대 난간 속에는 솥 8개를 벌여 놓고, 둘째 축대에는 난간 모서리를 마주 대하여 솥 2개를 놓았다. 셋째 축대 난간 속에는 난간을 사이에 끼우고 각각 솥 1개를 마주 놓았는데 솥의 높이는 모두 한 길 남짓 되었다. 뜰에는 역시 솥 30여 개를 늘어놓았는데 그 물색의 솜씨가 귀신같이 뛰어나 옛날의 구정九鼎이 혹시 이 곳에 있는 것이 아닌가 하였다. 태청문으로부터 백옥 난간을 연이어 굽이굽이 틀어 태화전까지 닿았다. 또 난간은 태화전을 빙 둘러 중화전中和殿과 보화전保和殿까지 이르는데 모양이 마치 아亞자 같고, 전 앞의 동쪽 전각은 체인體仁이요, 서쪽 전각은 홍의弘義라고 부른다. 축대 높이는 거의 태화전의 섬돌과 같으나 다만 한 층대에 난간이 하나뿐이다. 대체로 태화전은 천자가 정치를 하기 위하여 나가 앉아 있는 곳으로 그리 크거나 높아 보이지 않아 다른 사람들에게 물어보았다. 그들의 의견도 모두 비슷하여 매우 의아스러워하자 수역首譯이 웃으면서,

"이는 다름이 아니외다. 지금까지 거쳐온 수천 리 어간의 성읍과 민가가 그리 장려하고 사찰과 궁관이 그리 사치하니, 보는 안목은 날로 사치스러워지고 마음과 뜻은 점차 넓어져 태화전을 보기 전에 벌써 머릿 속으로는 청양靑陽(주周나라 궁전의 이름)과 옥엽玉葉(주나라 궁전

저물 무렵의 태화전(황제의 공간)

의 이름) 같이 큼직한 명당明堂들을 천자가 있는 곳이라 생각하게 됩니
다. 그러다가 지금 좌우 낭무廊廡(정전正殿 아래로 동서에 붙여 지은
건물)로부터 갑자기 태화전을 보니 막상 그리 색다르게 보이지 않아서
오히려 어리둥절해지는 것일 뿐입니다. 사람에 비한다면 요와 순도
역시 보통 사람과 같으니 만일 좌우에 보필할 신하로서 원元이나 개愷와
같은 여러 대신은 없이 직위를 차지하고 있는 이들이 모두 망나니나
나무꾼 따위뿐이라면 제 아무리 요·순 같은 성인이 있어서 해·달·
별·산·용·꿩·분미粉米·마름·불·범·보·불黻·불市 같은 갖
은 무늬를 수놓은 복장을 하고 영롱한 광채를 휘날리며 겹눈동자를
꿈벅거린들 저 혼자 우뚝 서서 어떻게 그 높고도 넓은 성치를 하겠습니
까. 그러므로 사찰과 궁관은 당唐·우虞 시대의 제후인 악岳·목牧과
비교한다면 충분히 제후諸侯의 조공을 받아 천하를 지닐 수 있어야 합니
다. 또한 백성들이 사는 곳과 가게들은 강康·구衢의 백성들에 비해서
번화해야 합니다. 그래야 비로소 황제가 거처하는 곳을 훌륭하게 할
수 있습니다. 이제 이 세 겹 지붕과 아홉 층대의 뜰과 누런 기와는
일반 백성들로서는 참람히 하지 못할 것들이며, 기타 궁전의 제도도

체인각

모두 태화전을 본뜨지 않은 것이 없으니, 이것은 곧 태화전을 가장 사치스럽게 꾸민 까닭입니다. 그렇지 않다면 태화전 역시 오막살이 초가집이나 다를 것이 무엇 있겠습니까." 라고 한다. 『열하일기』 황도기략黃圖紀略

체인각

내무부內務府 관원이 통관通官과 함께 우리 역관을 데리고 우리나라에서 바치는 자주紫紬와 황저黃紵를 체인각體仁閣에 두었다. 당시 때마침 각로閣老로 있던 이시요李侍堯의 가산을 몰수하고 있었다. 이시요는 운귀총독雲貴總督 해명海明에게 뇌물로 금 2백 냥을 받은 사건 때문에 가산을 몰수당하게 되었다. 중국은 안팎으로 대소와 귀천이 없이 모두 일정한 봉급과 보수가 있지만 지방관에 대해서는 일정한 제도를 만들기 어려웠다. 만일 정한 금액 외에 사사로이 세금을 부과한다든가, 혹 뇌물을 받은 것이 탄로나거나 하면 이를 추궁하여 비록 죄가 털끝밖에 안 된다 하더라도 받은 뇌물과 살림을 모조리 몰수하였다. 다만 관직은 박탈하지 않기 때문에 빈손인 채 직위를 갖고 있어 그 처자는 의지할 곳 없이 떠돌게 된다. 이 법은 대개 명나라의 옛 법인데 더욱 엄격해진 것이다. 내무부 관원이 마주 앉아서 받아들이는데 다른 물건은 없고 모두 부인네들이 입는 초피貂皮 갓옷 2백여 벌이었다. 그 중 한 벌은 매우 길고 털 가장자리가 금으로 용틀임 수가 놓여 있었다. 『열하일기』 황도기략黃圖紀略

문연각

문화전 앞에 있는 전각을 문연각文淵閣이라고 부른다. 여기는 천자가 장서藏書를 하는 곳이다. 명 정통正統 6년(1441)에 송·금·원 때의 모든 책들을 합하여 목록을 만들었는데 모두 4만 3천 2백여 권이라 하였다. 그 뒤에 또 『영락대전永樂大全』 2만 3천 9백 37권을 보태게 되었다 한다. 만일 그 뒤 근세에 와서 간행된 『도서집성圖書集成』과 지금 황제가 수집한 『사고전서四庫全書』를 보탠다면 아마도 서고는 다 차고 밖에다 쌓아두어야 했을 것이다. 문을 채워놓은 상태라 간신히 주렴 틈으로 대강 전각의 웅심함을 들여다보았으나 천자의 풍부한 장서는 하나도 엿보지 못하였으니 매우 한스러운 일이 아닐 수 없겠다. 일찍이 듣건대,

"옛날 우리나라 소현세자가 구왕九王을 따라 이 전각에 묵었다."고 한다. 구왕이란 곧 청淸 초기의 예친왕睿親王 다이곤多爾袞이다. 『열하일기』 황도기략黃圖紀略

무영전

협화문協和門 밖에는 무영전武英殿이 있다. 제도는 문화전과 다름없다.

무영전 건축군

옹화문雍和門과 서화문西華門이 곧장 마주 대하고, 협화문과 동화문東華門
이 서로 마주 대하고 있는데, 무영전 앞에는 무연각武淵閣이 있다. 대체로
전각의 대문과 단장들은 어디서나 서로 마주하여 쌍을 이루지 않은
것이 없었다. 뜰의 척수도 반드시 서로 일치하여 조금도 차이가 없었다.
황강한黃江漢 경원景源의 「배신전陪臣傳」에는,

    "숭정崇禎 갑신년(1644)에 살합렴薩哈廉이 수도에 들어와 명나라 문무
관의 조하朝賀를 무영전에서 받았다."라고 하였는데 이는 잘못 전해진
것이다. 살합렴은 곧 패륵貝勒(황족이라는 뜻의 만주말)인데『시호록諡號
錄』(저자 미상)에 보면,

    "살합렴의 시호는 무의武毅다."라고 되어 있으니, 이 전각에서 문무관

의 조하를 받은 것은 다이곤多爾袞이고 살합렴이 아니다. 갑신 3월에 이자성이 수도 북경을 함락시키자 이 해 5월에 다이곤이 수도에 들어갔으니, 이 때는 명나라가 망한 지 한 달쯤밖에 안 되어 우리나라 하급 관리로서 무영전의 화려한 댓돌을 보는데 박쥐 똥만 남아 있을 뿐이어서 눈물을 흘리며 서로 쳐다보았다고 한다. 이제는 역졸과 마부들이 전각에 미어터지게 들어와서는 마음대로 유람을 하고 있다. 그들은 비록 당시의 광경을 잘 모를 터지만 모두 청인淸人의 붉은 모자와 마제수馬蹄袖를 업신여기지 않는 자가 없었으며 스스로 의복이 남루한 줄 알면서면서도 오히려 비단옷 입은 자들과 함께 버티고 서서 조금도 부끄러워하는 티가 없다. 이로써 우리나라의 소위 존화尊華·양이攘夷의 대의가 하급 노예에게까지 뿌리 깊게 박혀 있으며 양심에서 나온 이념이 모두 같다는 것은 변명할 수 없는 사실일 것이다. 『열하일기』 황도기략黃圖紀略

어구御廐

황실의 말을 먹이는 마방은 전성문前星門 밖에 있다. 동서로 나무 울짱을 세워서 문을 만들었다. 말은 불과 3백여 필밖에 안 되는데 모두 굴레를 벗은 채 제멋대로였다. 마침 대낮이 되어 말먹이꾼들이 울타리를 열고 채찍을 쳐들고 부르는 시늉을 하면서 지휘를 하니 동서 양쪽 마굿간에서 말들이 일제히 나와서 머리를 가지런히 하고 좌우로 갈라섰다. 북쪽 담장 밑에는 큰 우물이 있고, 우물가에는 커다란 돌 구유가 있었다. 사람 둘이 기계를 돌려 물을 길어 계속 구유 안으로 푼다. 말먹이꾼은 채찍을 이용하여 말들을 10마리씩 한 무리로 갈라 순서대로 들어가 물을 마시게 했다. 앞 대열이 일제히 마시고 일제히 물러나오면 이어서 뒷대열이 나가는데 감히 서로 앞서려고 다투는 법도 없이, 들어가는 패는 오른편으로, 나오는 패는 왼편으로 제발로 마굿간으로 들어갔다. 나는,

"도대체 천자의 말은 이것뿐이냐." 하고 물었더니, 말먹이꾼이 웃으면서,

"천자는 만승萬乘이라 일컫는답니다. 서울이나 지방에 살고 있는 웬만한 부잣집도 이만한 수효는 가지고 있는데 하물며 만승천자겠습니까. 창춘원暢春園·원명원圓明園·서산西山 등지의 말까지 합치면 모두 1만 마리는 될 것입니다. 황제의 장원인 남해자南海子에도 역시 천리마가 있답니다. 지금은 천자께서 거둥을 했기 때문에 말들이 모두 준화주遵化州로 가고, 여기 남아 있는 말들은 모두 늙고 병들어 타기 어려운 것들로 단문端門 앞에 의장으로나 설 만한 것들뿐입니다. 나이가 모두 60, 70세씩 됩니다."라고 한다. 그리고 그는 누런 말 한 필을 가리키며,

"이 말은 백세 살이나 먹었습니다." 하며 입술을 열어 보이는데 이빨이 두 개밖에 남아 있지 않아 여물을 못 먹은 지 벌써 30여 년이라고 했다. 낮에는 좋은 막걸리 두 동이를 먹이고 아침저녁에는 엿밥과 보릿가루 두 되를 소주에 섞어주면 구유에 대고 핥아먹곤 하는데 한 달에 3품의 급료를 받는다고 했다. 황제가 때로 어찬을 내리거나 하면 반드시 두 무릎을 꿇고 머리를 조아리는데, 옹정雍正 때는 하루 천 리를 달렸다고 한다. 말의 털빛을 보면 정결하고 윤기가 흘러 그렇게 많이 늙어 보이지 않으나, 다만 눈이 작고 눈곱이 끼고 두 눈동자가 맑고 푸르러서 말갈 사람 같았다. 『열하일기』 황도기략黃圖紀略

조선인의 대청인식

만주족의 흥기에 대해 논하다

고려 고종 18년에 몽골 원수 살리타가 전쟁을 일으켜 침략하였으므로

왕이 삼군을 보내 방어하였다. 그 때 동산역洞山驛에 진을 치고 마침 날이 저물자 삼군이 안장을 풀어놓고 쉬는데, 몽골병 8000명이 느닷없이 들이닥쳤다. 이에 장군 이자성李子晟 등이 죽기로 싸워서 적을 막은 일이 있는데, 바로 이 곳이었다. 재[嶺] 서쪽에는 백마산성白馬山城이 정방형으로 둘러 있다. 병자년(1636, 인조 14) 건노建奴(건주여진)가 쳐들어 왔을 때 이 성의 도원수가 김자점金子點이었는데, 적들이 성 밑을 지나는 것을 보고도 화살 하나 쏘지 않았다. 이자성의 일에 견주어 보면 더욱 통분하지 않겠는가! 『가재연행록』 1712년 11월 9일

만주인을 만나다(1)

금석산은 여느 산들과 조금도 다른 것이 없었다. 시냇가에 장막을 쳐놓고 아침을 먹은 후 일행이 모두 땔나무나 물이 있는 곳에 나아갔으므로 군데군데 모여 있는 모습이 마치 전쟁을 하는 것 같았다. 청나라 사람 셋이 왔는데 바로 어제 지나간 자들이었다. 그 중 한 사람은 말을 몰아 산등성이로 달려왔고 두 사람은 걸어서 천막 앞을 지나왔다. 그들이 역관 있는 곳으로 가서 담배를 달라고 하여 피우는데, 의복과 모자는 다 떨어지고 얼굴은 누추하여 처음 볼 때에는 사람 같지도 않았다. 그들과의 문답은 이유량李惟亮이 했고, 수역首譯인 박동화朴東和는 곁에 있으면서도 단 한 마디도 하지 않았다. 이상한 일이었다. 그들에게 황태자 사건에 대해 물었더니 알지 못한다고 하였다. 소주를 먹어시 보냈다. 『가재연행록』 1712년 11월 27일

만주인을 만나다(2)

오후에 책문이 열리자 수백 명의 청인들이 쏟아져 나오는데 흘끗 보니 놀라웠다. 그들은 대부분 몸이 크고 호화롭게 차려 입고 있어서 처음 보았던 다른 세 오랑캐들과는 비교가 되지 않았다. 『가재연행록』 1712년

명 장수의 절의를 높이 평가하다

당시를 돌이켜보면, 건로틈적建虜闖賊들이 동서에서 우글거릴 때인데, 조대수 무리는 싸움에서 죽을 각오는커녕 기이함과 좋은 경치만을 다투어 좇았으니 '어찌 집을 위하리오何以家爲'라고 한 옛사람과는 다른 자다. 조대수의 증조부는 조진祖鎭, 조부는 조인祖仁이며, 아버지 조승훈祖承訓은 임진년(1592)에 이 제독李提督(명장 이여송)과 함께 우리나라를 구한 자다. 조대락은 조대수와 같이 할아버지의 당형제(6촌 형제)로서 아버지는 조승교祖承教다.

조대수 형제는 3대 장수 가문의 아들로, 함께 웅진雄鎭을 지켰다. 산과 바다에서 오랑캐와 무수히 싸우면서 세운 전공도 적지 않았지만, 끝내는 포로가 되어 가문의 명예를 떨어뜨렸으니 애석한 일이다. 패루 서쪽 거리에 조대수의 집이 있었는데 모두 파괴되고, 다만 집 한 채만 남아 늙은 호인이 살고 있었다.

집 뒤는 모두 채소밭으로 변해 쓸쓸하기 짝이 없다. 중문 곁의 벽돌 담장에는 조각이 아로새겨져 있어 화려했던 당시를 상상할 수 있었다. 언젠가 송옥여宋玉汝의 『정축연행기丁丑燕行記』에서 "문석정文錫亭과 양사창楊嗣昌이 쓴 글씨의 크기가 다리만 하였다."고 표현하였던 그 글씨는 이미 보이지 않았었다. 문 앞에는 또 하나의 패루가 있었는데 극도로 화려하나 허물어졌고, 탑도 거의 무너져 있었다. 호화롭던 집이 이렇듯 오래 가지 못하니, 서글픈 생각이 들었다.

이 곳의 인가나 시가는 심양만큼 번성하지는 못했지만, 성지城池는 더 웅장해 보였다. 명나라 조정이 이미 광녕廣寧을 잃은 뒤 원숭환袁崇煥이 이 성을 지켰는데, 건노建奴가 여러 차례 공격해 왔으나 번번히 패전하자, 나중에는 명나라 조정에 첩자를 보내 모문룡毛文龍이 원숭환을 당으로 몰아 죽게 했으므로, 지금도 지사志士들이 슬퍼한다.

전해오는 말에 "노추老酋가 이 성을 습격할 적에 우리나라 역관이 때마침 이 곳에 도착하여 원숭환 공을 뵈었는데, 그 때 원공은 만권 장서가 쌓인 한 방에 앉아 있었다. 온 성 안이 고요하고 밤은 깊었는데 한 장수가 들어와 무어라고 고하니, 원공이 고개를 끄덕였다. 이윽고 성 밖에서 포성이 하늘을 뒤흔들기에 보니, 호인의 기마가 화염 속에 부서지며 나부끼고, 간혹 성 안으로 떨어지기도 하였다. 적병이 이르자 미리 성 밖에 숨겨 두었던 홍이포紅夷砲를 쏘아대니, 적의 맹장과 정병이 여기서 몰살 당하였다. 이튿날 아침 원 공이 올라가 굽어보며 탄식하기를 '사람을 이토록 많이 죽였으니, 아! 나 또한 죽음을 못 면하겠구나!'라고 하였다. 노추가 겨우 목숨을 건져 수십 기를 데리고 달아나는데, 원 공이 양고기와 술을 보내 위로하기를, '다시는 오지 말라.'고 하니, 그 추장은 분을 못 이겨 피를 토하고 죽었다."고 한다.

또 역관 이유량이 언젠가 늙은 역관에게 들은 이야기라고 하면서, "뱃길로 명나라에 가는 길이었는데, 각화도覺華島에 상륙하여 이 성에 도착하니, 때마침 호병胡兵이 공격해 들어왔다. 이 때 조대수가 필마단기에 창 하나를 잡고 성을 나와 동쪽으로 가는데, 그 용기가 삼국 때의 조자룡趙子龍인들 그보다 더하였겠는가!"라고 하였는데, 이 이야기를 들으면서 털이 곤두섰다고 하였다. 『가재연행록』 1712년 12월 15일

명나라 장수 이성량을 생각하다

또 말하기를,

"영원백의 자손들은 청조로부터 특별 대우를 받아 거의 모두 등용되었고, 부마가 된 자도 있으며, 이정재 역시 방금 지현知縣으로 임명되어 갔다고 합니다."라고 한다.

일찍이 이런 말을 들었다.

"영원백이 광녕을 지키고 있을 당시 누르하치가 그의 노예로 있었다. 그런데 그가 도망을 치자 제장들이 모두 쫓아가 사로잡아올 것을 요청하였다. 그러나 영원백은 이 말을 듣지 않고 고의로 놓아 보냈다. 그런데 누르하치가 변방을 도리어 침략하여 이여백과 싸우게 되었다. 이 때 누르하치는 자신의 군사들에게 이 제독군은 침범하지 말라고 경계하였다. 총병 두송杜松이 혼하混河에서 전사한 것과 관련하여 어떤 이는, '이여백이 몰래 오랑캐와 내통하여, 그들이 매복한 것을 알고는 두송을 속여서 보내 드디어 패하게 만들었기 때문에 뒤에 죄를 받아 죽었다.'고 한다. 천계 연간에 명나라 조정에서 아우 이여정을 이여백 대신 파견하려고 했을 때, 여러 사람들의 의논이 '이성량의 자손은 오랑캐와 더불어 향화정香火情(향을 피우고 맹세한 사이)하였으니 보낼 수 없다.'고 하였다. 건주建州를 칠 때 명나라 군사가 사로四路로 들어갔는데, 동·서·북 3면은 다 패했으나, 이여백의 군만 남쪽으로 들어가 온전히 돌아왔다고 한다."

지금 청나라가 영원백의 자손을 대접하는 양을 볼 때, 이런 이야기들이 헛말은 아닌 것 같다. 이여백은 스스로 그 죄를 알고 목매어 죽고, 이여정은 개원위開元衛를 잃었기 때문에 사형 당하였다고 한다. 『가재연행록』 1713년 1월 3일

명나라를 회상하다

옛날 갑신년에 의종황제毅宗皇帝가 자살한 곳이 만세산의 매산각煤山閣이다. 매산각은 이 안에 있을 것이나 방문은 할 수 없다. 이 곳을 지나니 더욱 구슬픈 감회가 든다. 『가재연행록』 1713년 1월 25일

망한 명나라를 회상하다

환관이 또 나를 인도하여 대문을 나왔다.

남쪽으로 작은 골목을 수백 보쯤 들어가니, 산이 있는데 모두 태호석太湖石이며, 높이는 5~6장 정도 됨직하고 둘레는 100여 보 남짓하였다. 산 앞에 홍예문이 있고, 문 안에는 옛 집터가 있는데, 초석은 갈라지고 섬돌은 끊겼으나 모두 용과 봉이 새겨져 있었다. 북쪽에 작은 동굴이 있는데 높이는 서서 있을 정도고 깊이와 너비는 각기 1장丈 남짓 되었다. 동굴 동쪽에서 수십 보를 가서 다시 홍예문 하나를 지나 오른쪽으로 돌고 좁은 길로 올라가니, 기이한 돌이 숲같이 서 있어 마치 산중을 헤매는 듯하였다. 그 위로 올라가 보니 각이 있는데, 세 개의 기둥에 창호는 없고 난간이 있었다. 여기에 앉으니 내성內城과 궁궐 및 태액지, 오룡정이 모두 내려다보이고, 성중의 인가와 도성의 9문루도 역시 헤아려 볼 수 있었다. 유람객들 가운데 먼저 온 자기 있기에 내가 글자를 써서 산 이름을 물으니, 토아산兔兒山이라고 했다. 이 산은 궁장宮墻 안에 있으며 태액지에서 멀지 않으니 아마도 명나라 때 왕실에서 놀던 곳이 아닌가 한다. 지금은 황폐해졌다. 전각도 모두 퇴락하였는데, 처마를 돌아가며 세운 돌은 그 모습이 천백 가지나 되었다. 대체로 모두 텅 빈 듯 영롱하며 푸른빛을 띠는데, 높은 것은 한 길 남짓하고, 큰 것은 더러 몇 아름씩 되었다. 태호석은 기이한 것은 값이 백금百金을 넘는다는 데 이 산에 모인 것들만 해도 무려 수천이 넘는다. 그것을 수레에 싣고 배로 운반한 비용 역시 적지 않았을 것이니, 송나라 휘종徽宗의 간악艮嶽과 무엇이 다르겠는가? 누구는 멀리 있어도 가져오고, 누구는 가까이 두고도 즐기지 않으니, 그 잘잘못을 알 수 있고 흥성과 쇠퇴의 운수도 슬픈 일이다. 『가재연행록』 1713년 2월 9일

명나라 장수를 생각하다

조대수祖大壽가 금주를 지키고 있을 때 성 공략에 탁월한 능력을 가지고 있던 노奴(후금)도 끝내 함락시킬 수 없었으므로, 송산松山을 함락시

킨 뒤 대락大樂을 보내어 항복을 권유하였다. 그런데 황조(명나라)에서는 원래 금주를 조대수 형제에게 맡기고 침략해 들어오는 오랑캐를 막게 하였다. 그러나 그들이 포위를 당한 채 해를 넘기게 되자 병기가 다하고 식량은 끊겨 조만간 함락 당할 형세에 처하고 말았다. 그런데도 황조에서는 끝내 구원을 하지 않아 드디어 모두 함락되기에 이르렀으니 참으로 슬픈 일이 아닐 수 없다. 군사를 버린 책임이야 마땅히 져야겠지만, 조대수가 항복한 것은 그다지 책망할 일이 못 된다. 식암息菴(김석주金錫胄의 호)은 조대수 형제의 일을 양양襄陽의 여문환呂文煥 사건과 같은 것이라 하였는데, 사실 그렇다.

그러나 여문환은 몽골의 향도嚮導가 되어 끝내 송조宋朝를 전복시켰으나, 조대수가 오랑캐에 붙었다는 이야기는 들어보지 못하였다. 그렇다면 여문환에 비해 그의 죄는 상당한 차이가 있다고 할 것이다. 혹은 말하기를, 조대락祖大樂은 뒤에 영원寧遠으로 도망쳐서 오랑캐와 싸우다 전사하였다고 하니, 사실이 그러하다면 이 또한 이능李陵도 하지 못했던 일이니 참으로 기특한 일이 아니겠는가? 『가재연행록』1713년 2월 28일

명나라 장수를 평가하다

천계 2년 임술 왕화정王化貞이 무신撫臣으로 이 성을 지키고 있을 때, 요양遼陽은 이미 함락되고 오랑캐는 삼분하三盆河를 건너 사령沙嶺을 침범해 들어왔으니, 광녕에서 150리 떨어진 거리였다. 반장叛將인 손득공孫得功이 성 안으로 들어와 질호疾呼하자, 군민이 급히 머리를 깎고 항복하였으며 온 성안 사람들이 다투어 문으로 모여들어 도망하였다. 서장西將 강조간江朝揀이 이 소식을 듣고 급히 왕화정에게로 들어갔더니 안에 누워 있던 왕화정이 바야흐로 일어나 책을 펼쳐보고 있었다. 강조간이 그를 붙들며,

"사태가 급박합니다." 하니, 왕화정은 그제서야 따라나와 보았다.

기르던 말은 이미 반적叛賊들이 훔쳐가 버려, 창졸간에 행장 네 상자를 꾸려 낙타 두 마리에 싣고는 여양閭陽으로 달아났다. 그 때 마침 웅정필熊廷弼이 우둔右屯에서 병사를 이끌고 와서 왕화정에게 이르기를,

"6만 군사가 요동을 무너뜨렸으니 마침내 어찌하겠소?" 하였다.

왕화정이 부끄러워하며 광녕을 지킬 일을 의논하니 웅정필이 말하기를,

"늦었습니다. 그저 100만의 목숨을 보호하여 관關을 들어가서 적에게 도움이 되지 않도록 해야 할 것입니다."라고 하고는 곧 무리를 보호하여 서쪽으로 갔다.

대개 요동과 심양을 잃은 후 왕화정은 싸우기를 주장하였고, 웅정필은 방어를 주장하였다. 왕화정이 패하자 웅정필도 군사를 잃고 땅을 잃은 죄를 받아 마침내 기시棄市를 당하게 되었으니 원통한 일이었다.

강병겸江秉謙이 말하기를,

"조정에서 웅정필을 기용하여 경략經略을 삼고 3방方을 절제하게 하였으면, 3방에서 진격하고 수비하는 것에 대해서는 모두 웅정필이 말을 듣게 해야 한다. 부서를 지휘하여 왕화정이 진격하려 하면 웅정필에게 왕화정을 따라 진격하게 하고 왕화정이 물러나 수비하고자 하면 웅정필은 따라서 물러나 수비하게 해야 한다. 왕화정이 급히 전진하고 급하게 물러나는데, 웅정필은 전진할 때 전진하는 까닭을 알지 못하게 하고 물러날 때 물러나는 까닭을 알지 못하게 하였으니, 이는 왕화정이 설제의 권한을 갖고 있고 경략은 3방을 절제할 권한이 없었던 것이다. 일을 뜻대로 할 때에는 권한을 갖지 못하고 죄를 받을 때는 주인이 있으니 국가의 경략이 어찌 이렇단 말인가?"라고 하였으니, 이 평론은 참으로 때의 병폐를 잘 지적한 것이라 하겠다. 『가재연행록』 1713년 3월 9일

대중국관의 변화

동국[조선]의 예악문물은 비록 소중화로 일컬어지지만, 백리를 열린 들이 없고 천리를 흐르는 강이 없으니, 강토가 좁고 산천이 막혀 중국의 한 고을에도 비할 것이 못 된다. 더군다나 사람들은 이런 곳에서 살고 있으면서 눈을 부릅뜨고 구차하게 영리를 도모하고 거만하게 팔을 걷어 부치면서 사소한 득실을 다툰다.

중국은 천하의 중심이며 교화의 근본이 되는 나라다. 의관제도와 시서문헌이 사해의 기준이 되는 곳이지만 삼대 이후 성왕이 나타나지 않아 풍속은 날로 쇠약해지고 예악은 날로 소멸하였다. 그리하여 변방 오랑캐가 군사의 강대함을 믿고 중국이 어지러운 틈을 타서 쳐들어오 니, 오랑캐의 말이 북경의 물을 마시고, 백성들이 창끝과 화살촉에 걸리고, 국가의 풍속은 어려움에 처하였다. 그리하여 천여 년이 지나지 않아 오랑캐 원나라가 중국을 다스리는 지경에 이르렀으니 신의 나라에 액운이 가득하였다. 그러더니 대명이 일어나 칼을 들어 오랑캐를 소탕 하고 남북양경南北兩京의 천연의 험난한 요새를 차지하고 웅거하면서 예악의관의 옛 제도를 하루아침에 회복하였으니 영토의 넓음과 문치의 높음이 가히 한나라와 당나라보다 낫고 삼대에 비길 만하였다.

이 때에 우리 동국에도 전조인 고려가 쇠하고 어지러움을 이어 청명한 정교와 어질고 후덕한 풍속이 중화제도를 숭상하며, 동이의 오래 묵은 습속을 씻어 성신이 위로 이으시고 명현이 아래로 일어나니 중국이 또한 예의 있는 나라로 여겨 은혜를 베푸는 것이 본국[內服]과 다름없었 다. 중국의 사신과 벼슬아치들이 조선을 자주 오가며 끊이지 않아 서로 바라보고 중국의 시편이 우리나라의 이목을 흔들어대니 슬프다. 사람이 불행하여 이 같은 융성한 때를 만나 중국관리의 엄숙한 차림새를 보지 못하고 천계 이후로는 간신이 조정을 흐리고 천하를 어지럽혀 만여 리 금수산하를 단번에 청나라 오랑캐의 기물로 만들었다. 그리하여 삼대의 남은 백성과 성현이 끼친 자손이 다 머리칼을 자르고 호복을 입어 예악문물을 다시 상고할 만한 곳이 없었다. 이러므로 지사와 호걸이 중국 백성들을 위하여 잠시의 아픔을 참고 마음을 삭일 뿐이었다.

그러나 문물이 비록 변했다 해도 산천은 의구하고 의관은 비록 변했다 해도 인물은 고금에 다름이 없으니 어찌 한 번 몸을 일으켜 천하가 큼을 보고 천하 선비를 만나 천하 일을 의논할 일이 없겠는가. 또 제 비록 야만스러운 오랑캐라 하더라도 중국에 웅거하여 백여 년의 태평을 누리니 그 규모와 기상이 어찌 한 번 볼 만하지 않겠는가? 만일 "오랑캐의 땅은 군자가 밟을 바가 아니요 호복을 한 인물과는 함께 말을 못하리라"고 하다면 이는 편협한 소견이며 인자한 사람의 마음이 아니다.
『담헌연기』 1765년 11월 5일

조선과 중국, 서로에 대한 인식

우리나라 말은 제 몸이 작음과 힘이 약함을 잊고 교만한 마음을 가지고 이기지도 못할 호마胡馬를 굳이 차고자 하였다. 그런데, 호마는 제 힘과 기운이 족히 우리나라 말을 제어할 수 있었는데도 족가足枷(고랑틀, 차꼬)를 하여 겨루지 않으니, 가소롭게 여기는 일이었다. 국량局量(도량)의 대소와 기품의 얕고 깊음을 짐승으로 보아 짐작할 수 있었다. 스스로 생각하여 애달프고 부끄러운 마음을 이기지 못하였다. 『담헌연기』 1765년 12월 27일

만한의 구별과 자국에 대한 비하

한 관원이 나에게 말하기를

"그대 사신의 의관을 보니 옛 제도고, 그대의 나라는 예의 고장입니다."라고 하며 대단히 경탄하는 모습을 보였다. 내가 그 사람이 만족인지 한인인지를 분별하기 위해 성을 물어보니 한인의 성이다. 내가 말하기를,

"노야께서는 필연 한인이십니다"라고 하자 그 사람이 말하기를 "천하가 한가지니 어찌 만한에 다름이 있겠습니까?"라고 하였다. 부사께서 말씀하시기를,

"필연 한군漢軍인가 싶다" 하니 그 사람이 알아듣고 말하기를 "노야께서는 아십니다"라고 하였다.

젊은 관원이 들어왔는데, 나이는 어려보이지만 검은 징자를 붙인 것으로 보아 품급이 높은 것 같았다. 성을 물으니 만주사람이고, 벼슬은 공신功臣의 자손으로 세습하는 품직인가 싶었다. 얼굴이 희고 단아해서 선비같기에 내가 묻기를

"그대의 상이 청수하니 필연 문장이 높을 테지요?"라고 하자, 그 사람이 웃고 말하기를

"활 쏘고 말 달리기를 익히니 문장을 어이 알겠습니까?"라고 하였다.

곁칸에 있던 한 사람이 들어와 나에게 사신의 벼슬을 묻길래 내가 대답하자, 그 사람이 놀라며 말하기를,

"벼슬이 다른데 어찌 한 캉 위에 앉아 분별이 없는 것입니까? 대국(중국)에는 그런 일이 없습니다."라고 하였다. 내가 대답하기를,

"캉이 좁고 본국의 조장(조정의 제도와 의식)이 다르기 때문에 위의를 차리지 못합니다."라고 하였지만, 우리나라의 체모 없음이 도처의 웃음거리가 되니 부끄러웠다.

통관이 여러 차례 들어와 말하기를,

"황제가 출궁할 때는 정관 외에는 나가지 마십시오." 하고 하인들 중에 흰색 옷을 더욱 경계하여 역관들이 무수히 타이르고 경계하였다. 우리나라 사람이 조심성이 전혀 없고 남의 말을 곧이 믿지 않는다는 것을 민망히 여기는 거동이다. 나는 검은색 군복을 입어서 별 문제가 없을 것 같았지만, 오히려 중국의 뜻을 모르니 혹 욕된 일이 있을까 하여 당상역관을 불러 통관에게 이르라고 하였다. 그러자 역관이 말하

기를

"통관에게 미리 일렀으니 염려하지 마십시오."라고 하였다. 『담헌연기』
1766년 1월 1일

대명의리

내가 다시 말하기를

"우리나라가 명조에 잊지 못할 은혜를 입었는데, 형들도 필히 짐작할
수 있을 것입니다."라고 하자 모두가 무슨 일인지 자세히 듣고 싶어하였
다. 내가 말하기를

"만력 연간에 왜적이 우리나라를 침략하여 팔도를 도륙하니 백성은
도탄에 빠지고 사직은 회복의 가망이 없었지요. 그런데 신종황제가
천하의 군사를 움직이고 천하의 재물을 허비하여 7년이 넘은 후에야
비로소 진정되었습니다. 이로부터 지금 2백년 사이에 일국 생민의 생업
을 보전하고 있는 것은 다 신종황제의 은덕입니다. 또 이 일로 말미암아
중국의 병력이 더욱 약화되고 유적이 소란을 일으키는 것을 막지 못하게
되었으니 필경 나라가 망하게 된 것은 이 일로 말미암았을 것입니다.
이러므로 우리나라가 더욱 슬프게 여겨 백여 년이 지나도 잊지 못하는
것입니다."라고 하니, 두 사람이 서로 쳐다보며 또한 대답이 없었다.
『담헌연기』 1766년 2월 12일

한인사대부 등과 청조에 대한 생각을 논하다

엄생이 말하기를, "본조가 나라를 얻은 것은 매우 정대합니다. 도적을
멸하고 대의를 펴서 명조의 수치를 씻고, 중국에 주인이 없는 상황에서
자연스레 천위天位를 얻은 것이지 천하를 도모해서가 아닙니다."라고
하였다.

말을 마치고 나를 보며 희미하게 웃는 것을 보니, 내 소견을 시험하는

기색이었다.

내가 웃으면서 말하기를,

"천하를 도모하지 않았다는 말은 믿지 않지만, 다만 산해관을 들어온 후 대의를 내세우는데 이름이 바르고 말이 순하니 누가 감히 제어하겠습니까?"라고 하니 엄생이 말하기를,

"강남에 '보내는 예물을 어찌 받지 않으리오'라는 말이 있는데, 이는 대명이 천하를 보전치 못하여 속절없이 본조로 돌려보낸 것을 이르는 것입니다."라고 하였다.

내가 말하기를,

"오삼계가 보낸 예물이지요." 하니, 다 크게 웃었다. 『담헌연기』 1766년 2월 12일

대명의리와 대청관

육생(육비陸飛)이 명나라 말년에 동국이 전쟁에 휩싸였는데 그 대강을 듣고 싶다고 하였다. 내가 말하기를

"우리나라가 명나라의 망극한 은혜를 입고 지성으로 섬기는 것은 다른 외국에 비할 바가 아닙니다. 대명 말년에 수만 군사를 일으켜 중국의 장수 양호·유정 등이 건주여진의 지역에 들어갔다가 군사가 패하니 별장 김응하가 홀로 힘들게 싸워 죽음에 이르렀지만 항복하지 않았습니다. 대명이 응하의 죽음을 듣고 요동백으로 증직(죽은 뒤에 품계와 벼슬을 추증하던 일)하여 충절을 포장하니 이로부터 양국의 갈등이 더욱 깊어졌지요. 정묘 연간에 십여만 군사가 동으로 압록강을 건너니 우리나라 병력이 이미 미약하여 막지 못하고 마침내 형제의 언약을 맺어 보전의 묘책으로 삼았습니다. 이 때 강개한 의론이 오히려 대명을 저버린 것을 부끄럽게 여기더니 병자 연간에 이르러 청조의 높은 칭호를 청한 후 사신이 본국(조선)에 이르러 한가지로 복종할

뜻을 전하자 우리나라 선비들이 글을 올려 사신의 목을 베어 대명으로 보낼 것을 청하였습니다. 사신이 그 기미를 알고 크게 놀라 도망하여 돌아가 두어 달이 지나니 수십만 군사가 풍우 같은 빠르기로 왕경성 아래에 이르렀고, 겨우 40여 일을 지키다가 결국 항복할 수밖에 없었습니다. 이 때 조정의 맑은 의론과 초야의 강개한 말은 대명에 대한 배반을 더욱 지극한 아픔으로 삼았습니다.

대명을 위하여 시종 절개를 지킨 사람이 여럿 있는데 그 중 홍익한·윤집·오달제 세 사람은 세상에서 3학사로 일컬어지며 그 사적이 더욱 두드러졌습니다. 심양에 붙잡혀 있으면서도 마침내 뜻을 굽히지 아니하고 죽음으로 절개를 지키니 이는 천고에 드문 일이고 중국 사람도 한 번은 들었음직한 사적이지요. 다만 청조가 매우 의심스러워할 것을 염려하여 지금껏 이름을 전하지 못하였습니다. 그 후에 개주에서 싸움을 하자 우리나라가 또한 그 가운데 참여하였으니, 이 때 포수 이사룡은 천한 군사로 오히려 분함을 이기지 못해 총을 놓고 철환을 넣지 아니하여 마침내 죄를 입고 죽음에 이르렀지만 시종 마음은 변치 아니하였습니다. 우리나라가 비록 힘이 약하고 군사가 적어 은혜를 갚지 못하였으나 이처럼 두어 사람의 의기에 힘입어 길이 전해질 것입니다. 오늘날 형들을 만나 기휘(꺼리어 피함)를 피하지 아니하고 이야기가 여기에 이른 것은 서로 깊이 마음을 허함을 믿고 동국의 본심을 밝혀 중국의 뜻있는 사람으로 하여금 감동 받기를 바라는 것입니다."라고 하니, 세 사람 모두 기색이 무연하여 서로 바라보며 탄식할 따름이었다.

내가 그 종이를 즉시 찢는데, 반생이 3학사의 성명을 가려내어 깊이 행장에 감추었다.

내가 구왕(예친왕)의 일과 용골대와 마부대의 사적에 대해 물으니 모두 알지 못하고 말하기를, "남방은 북경에서 동떨어져 있어 국초의 사적에 대해서는 전혀 알지 못합니다."라고 하는데 대개 진실로 모르는

호병도胡兵圖

것이고 기휘하는 것이 아니었다. 이 때 주고받은 대화가 많았지만 종이
를 찢어서 자취를 없애버렸으니 날이 오래되어 다 기록하지 못하였다.

『담헌연기』 1766년 2월 26일

청의 입관시 상황에 대해 논하다

명 천계天啓(희종熹宗의 연호) 원년 3월, 청인淸人이 이미 심양을 빼앗고
또 군사를 옮겨 요양으로 향하였다. 이 때 경략經略 원응태袁應泰가 세
길로 군사를 내어 무순撫順을 회복하려던 차에, 청인이 이미 심양을
떨어뜨리고 요양으로 향한다는 말을 듣고, 드디어 태자하太子河의 물을
끌어다 해자에 채우고는 군사를 성 위로 올려 빙 둘러서서 지키게
하였다.

청인이 심양을 함락한 지 닷새 만에 요양성 밑에 이르렀다. 누르하치는 이른바 청 태조다. 그가 스스로 좌익左翼의 군사를 이끌고 먼저 이르니, 명나라의 총병總兵 이회신李懷信 등이 군사 5만을 거느리고 성에서 5리 떨어진 곳에 나와 진을 쳤다. 누르하치가 좌익 군대에 속한 사기四旗(만주군 편성의 단위)로 왼편을 쳤다. 청 태종이라는 자는 우리나라에서 이른바 칸汗이라고 부르니, 이름은 홍타이지였다. 그가 날랜 군사를 이끌고 싸우기를 청했으나 누르하치가 허락하지 않다가, 홍타이지가 굳이 가서 홍기紅旗 두 개를 세워 두고 성 옆에 군사를 매복시켜 형세를 살피게 하였다. 누르하치가 정황기正黃旗 · 양황기鑲黃旗를 보내 홍타이지를 도와서 명나라 군영의 왼편을 치게 하였다. 또 사기四旗 군사가 뒤이어 이르니 명나라 병사가 크게 어지러운지라, 홍타이지는 승리를 얻고 60리를 추격하여 안산鞍山에 이르렀다. 이 싸움에 명군이 요양의 서문으로 나와, 앞서 청인이 성 곁에 세워두었던 두 홍기紅旗를 뽑으니, 복병이 일어나 이를 맞아쳤다. 명군이 다시 성으로 도망하여 들어가느라 저희들끼리 서로 밟고 밟혔다. 총병 하세현賀世賢과 부장副將 척금戚金 등이 모두 전사하였다.

이튿날 아침, 누르하치가 버일러貝勒(만주족의 벼슬이름)의 왼편 사기 군사를 동원하여 성 서쪽의 수문水門을 파서 호수의 물을 빼고, 또 오른편 사기 군사로 하여금 성 동쪽의 진수구進水口를 막게 하고, 스스로 우익右翼 군대를 성 밑에 늘어놓으며 흙을 넣고 돌을 날라서 물길을 막았다.

명군이 보병과 기병 3만을 거느리고 동문東門을 나와서 청군과 마주하여 진을 벌이고 버티었다. 청군이 바야흐로 다리를 빼앗으려 할 즈음, 마침 수구가 막혀서 물이 거의 마를 지경이었다. 명군은 힘써 싸웠으나, 청병 홍갑紅甲 2백 명과 백기白旗 1천 명이 내달아 죽은 명군이 해자에 그득하였다. 청군이 무정문武靖門 다리를 빼앗고 양쪽으로 나누어 지키는 명군을 치니, 명군이 성 위에서 끊임없이 화포火砲를 터뜨렸다. 청군이 용감히 여기에 맞서 서성西城 한 쪽을 빼앗고 민중들을 베니, 성 안이 요란하였다. 이 날 밤 성 안에 있는 명군이 횃불을 들고 싸울 때, 우유요牛維曜 등이 성을 넘어 달아났다.

이튿날 아침에 명군이 다시 방패를 들어 힘써 싸웠으나, 청의 군사가 역시 성을 타고 올랐다. 경략 원응태는 성 북쪽 진원루鎭遠樓에 올라서 싸움을 독촉하다 성이 함락되는 것을 보고 누樓에 불을 놓아서 타죽고, 분수도分守道 하정괴何廷魁는 처자와 함께 우물에 빠져 죽고, 감군도監軍道 최유수崔儒秀는 목매어 죽고, 총병摠兵 주만량朱萬良, 부장 양중선梁仲善과 참장參將 왕치王豸·방승훈房承勳과 유격遊擊 이상의李尙義·장승무張繩武와 도사都司 서국전徐國全·왕종성王宗盛과 수비守備 이정간李廷幹 등은 모두 전사하였다.

어사御史 장전張銓은 청군에게 사로잡혔으나 굴복하지 않아 누르하치에게 죽음을 당함으로써 순국의 뜻을 이루었다. 장전을 아꼈던 홍타이지는 그를 살리기 위해 여러 차례 타일러 보았으나 마침내 '뜻'을 빼앗을 수 없었으므로, 부득이 목매어 죽이고 장사를 치러주었다.

'청나라' 황제(고종高宗)가 작년에 전운시全韻詩(어제전운시御製全韻詩)를 지어 이 성이 함락된 사실의 시말을 상세히 적고 말하기를, "명의 신하로서 항복하지 않은 자에게 우리 선황제께옵서는 오히려 은혜를 베풀었는데, 그 때 연경에 있는 명의 군신君臣들은 전혀 아랑곳하지 않았다. 공과 사를 밝히지 않았으니, 이러고서야 어찌 망하지 아니하겠는가."라고 하였다. 명사明史를 상고하건대,

"웅정필이 광녕을 구출하지 않았을 때에 삼사三司 왕기王紀·추원표鄒元標·주응추周應秋 등이 정필을 탄핵하기를, 정필의 재식과 기백은 일세를 흘겨볼 만하여 지난해에 요양을 지켜서 요양이 보존되었고 요양을 떠나니 요양이 망했습니다. 그럼에도 그 교만하고 괴팍한 성격은 고칠

길이 없어서 오늘 한 소疏를 올리고 다음 날 한 방榜을 걸었으니, 그는 양호楊鎬에 비하면 도망친 죄 한 가지를 더해야 하고 원응태처럼 죽지도 못하였으니, 만일 왕화정王化貞을 죽이고 정필은 살려둔다면 죄는 같은데 벌은 다르게 될 것입니다."라고 하였다. 이제 당시의 토벽土壁이 예와 같이 둘러 있고 벽돌 흔적이 오히려 새로워, 그 때 삼사가 탄핵한 글을 다시 외워보니, 그의 사람됨을 가히 짐작할 수 있겠다. 아아, 슬프다. 명의 말운을 당하여 인재를 쓰고 버림이 거꾸로 되고, 공과 죄가 밝지 못하여, 웅정필·원숭환의 죽음을 보건대 가히 스스로 그 장성을 허물어뜨렸다 하겠으니, 어찌 후세의 비웃음을 받지 않으리오. 『열하일기』 1780년 7월 8일

이용후생에 입각한 청조에 대한 생각

대개 천하를 위하여 일하는 자는 진실로 인민에게 이롭고 나라에 도움이 될 일이라면, 그 법이 비록 이적에게서 나온 것일지라도 이를 거두어서 본받으려 하는데, 삼대 이후의 성제聖帝·명왕明王과 한·당· 송·명 등 여러 나라의 고유한 옛것이니 당연히 계승한 것이다. 성인이 『춘추』를 지으실 때 물론 중화를 높이고 오랑캐를 물리쳤으나, 그렇다고 이적이 중화를 어지럽히는 것을 분하게 여겨 중화의 숭배할 만한 진실마저 물리신다는 이야기는 듣지 못하였다.

그러므로 이제 사람들이 진실로 이적을 물리치려면 중화의 법을 고소리 배워서 먼저 우리나라의 유치한 문화를 열어 밭갈기, 누에치기, 그릇굽기, 풀무질 등으로부터 공업·상업 등에 이르기까지 배우지 않음이 없고, 남이 열을 하면 우리는 백을 하여 먼저 우리 백성들을 이롭게 한 다음, 그들로 하여금 회초리를 마련해 두었다가 저들의 굳은 갑옷과 날카로운 무기를 매질할 수 있도록 한 뒤에야 중국에는 아무런 장관이 없더라고 이를 수 있겠다.

그러나 나 같은 사람은 하류 선비지만 이제 한 마디 한다면,

"그들의 장관은 기와 조각에도 있고 똥부스러기에도 있다."고 하련다. 대개 저 깨어진 기와 조각은 천하에 버리는 물건이지만, 민간에서 담을 쌓을 때 담 높이가 어깨까지 올 경우, 다시 이를 둘씩 둘씩 포개어 물결무늬를 만든다든지, 혹은 넷을 모아 둥근 고리처럼 만든다든지, 또는 넷을 등지워서 옛 노전魯錢 형상을 만들면 구멍난 곳이 영롱하고 안팎이 서로 은은하게 드러나서 저절로 좋은 무늬가 만들어진다. 이는 곧 깨어진 기와쪽을 버리지 아니하여 천하의 무늬가 만들어졌다 할 것이다.

또 집마다 뜰 앞에 벽돌을 깔지 못할 것 같으면 여러 빛깔의 유리 기와 조각과 시냇가의 둥근 조약돌을 주워다가 꽃 · 나무 · 새 · 짐승 모양으로 깔아서 비가 올 때 수렁이 되는 것을 막으니, 이는 곧 부서진 자갈돌을 버리지 않고 천하의 도안과 그림을 만드는 것이다. 똥은 지극히 더러운 것이지만, 밭에 뿌리기 위해 황금처럼 아껴 길에 내다버리지 않고, 말똥을 줍는 자가 삼태기를 들고 말 뒤를 따라다닌다.

또 이를 주워 모으되 네모반듯하게 쌓고, 혹은 여덟모 혹은 여섯모로 만들거나 누각이나 돈대 모양으로도 만드니, 이는 곧 똥무더기를 보고 모든 규모가 벌써 세워졌음을 짐작할 수 있겠다. 그러므로 나는 이렇게 말하겠다.

"저 기와 조각이나 똥무더기가 모두 장관이니, 성지城地 · 궁실宮室 · 누대樓臺 · 시포市舗 · 사관寺觀 · 목축牧畜이라든지, 저 광막한 들판이라든지, 변환하는 연수煙樹라든지 하는 그런 것들만이 장관은 아닐 것이다." 『열하일기』 1780년 7월 15일

청조에 대한 생각
이제 청나라가 천하의 주인이 된 지 겨우 4대째건만 그들은 문무를

모두 갖추고 오랫동안 길이 누렸으며, 승평昇平을 노래한 지 백년 동안 세상이 별 일 없으니, 이는 한漢·당唐 때에도 보지 못한 일이었다. 이처럼 편안히 터를 닦고 모든 건설하는 뜻을 볼 때 이 또한 하느님이 배치한 명리命吏(제왕을 일컬음)가 아닐 수 없겠다. 『열하일기』 1780년 7월 28일

명의 임진왜란 전비

만력 임진년(1592)에 천자 신종神宗이 군사를 크게 내어 동쪽으로 우리나라의 난리를 구했는데, 이 당시 내부內府의 은을 허비한 것이 8백만 냥이라 한다. 『열하일기』 동란섭필銅蘭涉筆

화이관

화이관(1)

청인은 풍채는 좋으나 문치文致가 적다. 문치가 적기 때문에 순실淳實한 자가 많다. 한인은 이와 정반대며, 남방 사람은 더욱 경박하고 교활한데 그렇다고 다 그런 것은 아니다. 청인이 중국에 들어온 지도 오래되었으며, 황제 역시 문文을 숭상했기 때문에 그런 풍속은 많이 사라졌다. 『가재연행록』 산천풍속초록

한족 아이에게 의복에 관해 질문하다

한 아이가 꽤 잘 생겼기에 앞으로 다가서서 물어보니, 한족 아이라 했다. 글씨를 써서 나이를 물으니 열여덟이라고 답하였다. 성명을 물으니, 고승高陞이라고 했다.

내가 묻기를,

"글을 읽었느냐?" 하니,

"이미 사서四書를 읽었으며, 외울 수 있습니다." 하였다. 내가 말하기를,

"너는 글을 읽어 수재秀才가 되려고 하느냐?" 하니, 답하기를,

"제가 글을 읽는 것은 글자를 알고자 하는 데 불과합니다." 하였다. 내가 말하기를,

"너의 스승은 누구냐?" 하니, 포암包闇이라고 답하기에 어디에 사느냐고 물었다.

"예, 이 곳 사람인데, 마침 광녕廣寧에 가고 없습니다." 하였다. 부모가 있느냐고 물으니, 모두 있다고 하였고, 형제가 있느냐고 물으니 없다고 대답하였다.

"너는 우리의 의관을 좋아하느냐?"고 물었더니, 좋아하지 않는다고 하였다.

"이 마을에도 수재가 있느냐?"고 하니, 생원 왕천작王天爵이 있다고 하여 한 번 청해 오는 것이 어떻겠느냐고 하자, 승낙하였다. 붓 한 자루를 주어서 보냈다.

드디어 신지순申之淳을 보내 방문하게 하였더니, 그런 사람이 과연 있었다. 문 위에 '세공 생원 왕천작歲貢生員王天爵'이라고 써 붙여놓았다고 하는데, 마침 밤이 깊어 만나보지는 못하였다고 하며, 고승도 오지 않았다. 『가재연행록』 12월 10일 산천풍속초록

한인에게 의복에 관해 질문하다

한인 왕오王五의 집에 들어가 아침을 먹었다. 주인은 나이가 50쯤 되어 보였는데, 요동에서 이 곳으로 이사를 왔다고 하였다. 또 "요동은 곧 당신네들이 거주하던 곳입니다."라고 하였다. 큰 돌 위에 벗어놓은

건륭제기에 편찬된 도서에 묘사된 조선인의 모습(『황청청공도권 皇淸職貢圖卷』)

나의 표범 갖옷을 보더니, 즉시 집어서 입어보고는 "참 좋다."고 하였다. 내가,

"당신은 우리나라의 갓과 옷을 어떻게 생각합니까?" 하고 물었더니, 좋다고 하면서 모자를 벗고 자기 머리를 가리키는 모양이 할 말이 있는 듯하였다. 신지순을 시켜 물어보라고 하니, 자기 아버시노 선에 망건을 쓰고 갓을 썼노라고 하였다. 처음에는 만주인이라고 자칭하였는데 우리가 캐묻자 비로소 사실대로 말하기에, 어찌해서 앞뒤 말이 다르냐고 물었다.

"선대는 비록 한인이었지만 지금은 이미 황제에게 속한 바가 되었으니, 어찌 만주인이 아니겠습니까?"라고 답하고, 이어서 자기는 지금 팔고산八高山 군병에 속해 있다고 하였다. 『가재연행록』 1712년 12월 11일

의복에 대해 호인 아이에게 질문하다

찰원의 방이 좁아서 나는 촌가로 나가 갔는데, 마침 서장관이 사처에 있어서 들렀다. 호인 아이 하나가 앞에 있는데 얼굴이 귀여웠다. 서장관의 말이, 그 아이는 주인집 아이로 글자를 알기에 불러왔으나, 머리에 쓴 것이 싫어서 보낸다는 것이다. 내가 귀마개를 벗어서 아이의 머리에 얹어주고 집안 사람들에게 보여주게 하였더니, 아이는 웃으면서 들어갔다가 조금 후에 나왔다. 내가 묻기를,

"너의 부모가 보고 어떻다고 하시더냐?" 하니, 좋다고 하더라는 대답이었다. 그 아이를 데리고 숙소로 돌아와,

"너의 조상의 의관제도는 어떠했느냐?"고 물었더니,

"저는 늦게 태어났기 때문에 모릅니다."고 하였다.

"네가 보기에 나의 의관은 어떠하냐? 꽤 우습지?" 하고 물으니,

"어찌 감히 웃겠습니까?" 하였다. 내가 사실대로 말해도 괜찮다고 하였더니,

"의관이란 바로 예禮이거늘, 어찌 웃겠습니까?" 하였다.

"너의 선대에 벼슬한 분이 있느냐?"고 물으니,

"저희는 빈천한 사람입니다."라고 답하였다. 또 성은 무엇이고 이름은 누구며 나이는 얼마냐고 물었더니,

"천성賤姓은 장張이요, 이름은 기모奇謨며, 나이는 15세입니다."라고 하였다.

"부모는 다 계시며 형제는 몇이냐?"

"부모가 다 계시고 형제는 셋입니다."

"몇 권의 책을 읽었느냐?"

"책은 갖추 읽었습니다."

"너의 선생은 성명이 어찌 되느냐?"

"진선振先입니다."

"머리를 깎는 것이 네 뜻엔 즐거우냐? 왜 우리처럼 머리를 기르지 않느냐?"

"머리를 깎는 것은 풍속이며, 깎지 않음은 예입니다."『가재연행록』1712년 12월 12일

호인 아이에게 화이의 구분에 대해 질문하다

"이 마을에도 달자韃子가 있느냐."

"없습니다."

"너희들은 달자와 친교를 맺느냐?"

"이적夷狄의 사람이 어찌 우리 중국과 어울려 친교를 맺겠습니까?"

"우리 고려 역시 동이東夷인데, 네가 우리를 볼 때 역시 달자와 한가지로 보느냐?"

"귀국은 상등인上等人이요 달자는 하류인인데, 어찌 한가지겠습니까?"

"너는 중국과 이적이 다르다는 것을 누구에게서 듣고 알았느냐?"

"공자의 말씀에 '우리는 오랑캐의 풍속이 될 뻔하였다'라고 씌여 있습니다."

"달자들도 머리를 깎고 너희들도 머리를 깎는데, 무엇으로써 중국과 이적을 구분하느냐?"

"우리는 머리를 깎지만 예가 있고, 달자는 머리도 깎고 예노 없습니다."고 하였다.

나는 "말이 이치에 맞도다. 네 나이 아직 어린데도 능히 이적과 중국을 구분할 줄 아니, 귀하기도 하고 서글프기도 하구나. 고려는 비록 동이로 불리고 있지만, 의관 문물이 모두 중국을 모방하여 소중화라는 칭호를 갖고 있다. 지금의 이 문답이 누설되면 좋지 않으니 비밀로 해야 할 것이다."라고 하였다.

내가 말한 달자란 청인을 지목한 것이었는데 기모는 몽골로 오인하였기 때문에 답변이 그와 같았다. 우리가 문답을 나눌 적에 웬 소년 하나가 옆에서 듣고 있다가 머리를 깎는다는 말이 나오자 놀라 탄식해 마지 않았다. 기모에게 어떤 사람이냐고 물으니, 집주인이라고 하였다. 무슨 일을 하는 사람이냐고 하니, 토지나 집을 매매하는 사람이라고 하였다. 조금 뒤에 들으니, 그는 갑군이었다. 사실대로 말하지 않은 기모의 의도를 알 만하였다. 『가재연행록』 1712년 12월 12일

민가의 집주인에게 조선의 의복에 대해 질문하다

이 곳은 무령현撫寧縣 소속으로 참이 설치되지 않았으므로 찰원이 없어서 길 왼편 인가에 들었는데 주인이 호인으로 사나워서 고생을 많이했다. 저녁을 먹고 비장들의 숙소에 들렀더니, 집이 깨끗하고 집주인은 한인으로서 사람됨이 무던하기에 내가 물었다.

"성씨가 어떻게 됩니까?"

"영榮입니다."

"휘諱(이름)가 무엇입니까?"

"종琮입니다."

"연세가 어떻게 되었습니까?"

"60입니다."

"자제가 몇입니까?"

"하나입니다."

"자제의 나이는 얼마입니까?"

"스물다섯 살입니다."

"이름이 무엇입니까?"

"잠箴입니다."

"이 곳에서 몇 해나 사셨습니까?"

"11대 조상 적부터 살았습니다."

"조상 중에 벼슬한 분이 계십니까?"

"천호千戶를 지냈을 뿐입니다."

"천호 벼슬은 몇 대 조께서 하셨으며 어느 왕조입니까?"

"만력 초기입니다."

"우리들의 의관이 대국과 다른데, 해괴하지 않습니까?"

"노야들의 의관을 매우 좋아합니다. 우리도 명나라 때는 의관이 그와 같았었지요."

"그렇다면 공들의 지금 의관은 옛 제도가 아닙니까?"

"우리들의 지금 의관은 바로 만주 것입니다." 『가재연행록』 1712년 12월 12일

양국의 과거科擧에 대해 이야기하며 의복에 대해 묻다

저녁에 한 수재가 찾아왔다. 내가 방으로 맞아들여 성명을 물으니,

"천성賤姓(겸칭)은 강康이요, 이름은 전田이며 자는 혜창惠蒼입니다." 라고 했다. 나의 성을 묻기에,

"천성賤姓은 김입니다."하니, 이어 묻기를,

"당신은 이 곳에 와서 무엇을 하십니까?" 하였다. 내가,

"귀국의 사람과 풍물을 봅니다." 하고 답하니, 이번에는,

"글을 가져온 것이 있으며 보여주시오." 하였다. 내가,

"무슨 글이오?" 하고 물으니,

"과문[考的文字 과거 보는 문장]이오." 하였다. 내가,

"내 비록 몇 자 알고는 있지만 젊었을 때부터 과문은 공부하지 않았고 고문古文도 없으며, 다만 시시한 시 한두 편이 있는데, 보자고 한다면 써드리겠습니다." 하니, 그는,

"그 곳에서는 시로 시험을 치릅니까?" 하고 물었다.

"우리나라에서 생원은 경서의 뜻을 가지고 고시考試하고, 진사는 시부詩賦로써 고시하는데, 합격한 자를 일러 소과小科라 합니다. 또 책策·논論·표表로써 선비를 뽑는데 대과大科라 이르며, 이를 급제출신及第出身이라고 합니다. 또 경서를 배송背誦(안 보고 욈)하는데, 사서와 삼경을 통한 자에게도 급제출신을 내립니다." 하니, 그는 다시 말하기를,

"이 곳에서는 팔고八股(문체의 하나) 문장으로써 시사하며, 2장場에서는 책·논으로써 하고, 3장에서는 표表·판判으로써 합니다."라고 하였다. 내가,

"초장은 어떻습니까?" 하고 물으니, 그는,

"3편의 사서四書 문장과 4편의 시 문장입니다."라고 대답하였다. 내가 다시,

"이 곳의 무과武科로 인재를 뽑는 것은 어떻습니까?" 하고 물으니, 그는

"초장에서는 보전步箭(지상에서 활을 쏨)과 마전馬箭이며, 후장에서는 무론武論·책론策論 각 한 편입니다."라고 대답했다. 내가,

"무과에도 동생법童生法이 있습니까?"하고 물으니, 그는

"마찬가지입니다."라고 대답하였다. 내가 묻기를,

"몇 년마다 과거를 보이며, 한 번에 뽑는 수는 얼마입니까?" 하니, 그는 대답하기를,

"3년에 한 번 보이며, 거자擧子와 동생童生은 3년에 두 번입니다. 거인擧人은 120명이며, 동생은 현縣의 크기에 따라 다릅니다. 큰 현은 15명, 작은 현은 8명 내지 12명입니다."하였다.

내가 전복을 나눠 주니,

"귀한 물건을 주시니 매우 감사합니다."라고 하였다.

"대국의 문과 무과법은 한결같이 명나라의 것을 계승하여 변함이 없습니까?"

"변한 것이 없습니다. 우리나라에서는 5경이라 하여, 곧 『서경』·『시경』·『예경』·『주역』·『춘추』가 있는데, 귀국은 몇 가지 경서가 있습니까?" 하고 반문했다. 내가 대답하기를

"모두 있습니다." 하고, 이어 말하기를,

"설령 우리나라의 인물과 문장을 본다고 해도 동이東夷에 무슨 볼 만한 문물이 있겠습니까? 입고 있는 의관을 봐도 대국과 모양이 다르니, 아마도 웃음거리가 될 것입니다."라고 하였더니,

"마음 속으로는 귀국의 의관을 좋아하지만 나는 지금의 제도를 따르고 있습니다. 귀국은 필묵이 아주 좋다는데, 혹 주실 수 있습니까?" 했다. 조금 기다리면 주겠노라고 한 뒤, 선흥을 시켜 행록行籠(들고다니도록 만든 책상자)을 가져오게 하여 필묵 하나씩을 주었다. 『가재연행록』

1712년 12월 24일

과객과 호인

"이 성은 어느 때 쌓은 것입니까?"

"옛 성은 요순 시절부터 있었습니다. 순의 아들을 계薊에 봉했지요."

"이 성이 안녹산安祿山이 거주하던 곳입니까?"

"과객過客이었을 뿐이지요."

"과객인데 어찌 사당을 세워 온 고을이 제사를 지냅니까?"

"그 사당은 낭랑娘娘의 행궁行宮입니다."

"낭랑이란 어떤 신神입니까?"

"태산泰山의 신이지요. 안녹산은 본래 서쪽 호인胡人이지, 우리 계성薊城 사람이 아닙니다."

"대국은 전부터 과객이 많았지요?" 이 말은 호족 황제를 가리켜 한 말이었는데, 그는 알아채지 못했다. 내가 묻기를,

"계주薊州는 전국시대에 연燕의 도읍이었습니까?"

"아닙니다. 소안문관小鴈門關(관關의 이름, 일명 서형관西陘關)입니다."

"그대는 '호胡'자를 휘하지 아니합니까?"

"황상皇上께서 늘 고북古北에 가시기 때문에 사람들은 달자라고 칭합니다. 호인이란 말을 휘하지 아니합니다."『가재연행록』1712년 12월 12일

청국의 관복 설명과 조선관복에 대한 생각하다

호인들이 평상시에 입는 옷은 모두 검은색으로 귀천의 구별이 없으나, 이 날은 모두 관띠를 착용하였다. 관띠에는 피견被肩, 접수接袖, 마척흉馬踢胸 등의 명칭이 있고, 머리에 쓰는 모자와 대판帶版, 좌석座席, 보복補服은 각각 품급에 따라 다르다. 대개 모자는 홍석紅石이 박힌 것을 귀히 여기고, 다음은 남석藍石, 다음은 소람석小藍石, 다음은 수정, 다음은 아무것도 박지 않은 것이 하급이다. 대판은 옥을 귀하게 여기고, 다음은 기화금起花金, 다음은 소금素金, 다음으로 양각羊角이 하급에 속한다. 좌석은 머리와 발톱이 달린 호피虎皮를 귀하게 여기고, 다음은 머리와 발톱이 없는 호피, 다음은 이리狼, 다음은 너구리獾, 다음은 담비貂, 다음은 야양野羊, 다음은 포狍, 다음으로 백전白氈이 하급이다. 여름이면 3품 이상은 홍전紅氈에 앉고, 4품 이하는 모두 백전白氈에 앉는다고 한다.

보복補服은 문관은 날짐승, 무관은 길짐승인데, 모두 명나라 제도를 따랐다. 안에 입는 옷은 길이가 복사뼈에 이르고 소매는 좁고 옷깃이 넓으며, 겉옷은 길이가 허리에 이르고 두 소매는 팔꿈치에 이르니, 접수接袖라고 한다. 비단 폭을 둥글게 말아서 목을 파고 어깨를 덮으며 앞뒤로 옷깃을 덮었으니, 피견被肩이라 한다. 피견과 안팎의 옷은 모두 검은색인데 네 마리의 구렁이[蟒]가 수놓인 것을 귀하게 여긴다. 보복은 밖에 입고 속대束帶는 안에 둘렀는데, 문무 4품 이상이라야 구슬 몇 개를 박는 것을 허락한다.

마척흉馬踢胸, 마척뇌馬踢腦 제도는 자세히 알 수 없다. 이러한 복색은

중국제도는 아니나 귀천과 품급이 또한 분명해서 문란함이 없다.

우리나라는 스스로 관대지국冠帶之國이라고 하나, 귀천과 품급의 분별이 겨우 띠와 관자貫子에 불과하며, 보복에 이르러서는 일찍이 문무 귀천의 구분을 두지 않았다. 부사副使도 백씨와 같이 선학仙鶴을 써서, 그 무늬가 문란하니, 가소롭다. 『가재연행록』 1713년 1월 1일

이원영에게 의복에 대해 묻다

이원영은 서대犀帶를 빌어 자기 허리에 둘러보기도 하며, 또 호연건浩然巾을 보자고 하여 건네주니, 곧 자기 모자 대신 덮어쓰고는 둘러보면서 스스로 웃는다. 내가 묻기를,

"우리들의 의관은 그대가 보기에 어떠하오, 우습지 않소?" 하니, 답하기를,

"우습지 않습니다. 이것이 정말 의관입니다." 하였다. 갈 때에 붓으로 자신의 말을 지웠다. 『가재연행록』 1713년 1월 22일

화이관에 근거한 인상파악

병부상서와 시랑侍郎 2인이 동쪽 월랑 계단 위에 와 앉았다. 상서는 벽을 지고 앉고 시랑은 좌우에 앉았는데, 상서는 청인으로 몸이 작고 눈에 정채가 있는데 행동거지는 경솔하였고, 오른쪽에 앉은 시랑은 한인이었는데 용모와 거동이 단연 뛰어나고 가만히 앉아 있는데 위엄이 있었으며 가벼이 주위를 둘러보지 않았다. 왼쪽에 앉은 시랑은 용모가 보통인데, 청인이라고 하였다. 또 한 관리가 지나가는데 몸은 크고 얼굴은 검으며 자못 웅장하였다. 물으니 공부상서로 청인이었다. 누런 옷을 입은 관인이 들어왔는데 몸집은 크기가 거의 열 뼘[十圍]은 되고 거동이 남달랐다. 물으니 몽골 왕으로 황제의 사위가 되는 자라 한다.

이 곳은 천하 사람들이 모두 모였는데 모습이 각각 다르다. 설령

한인과 청인, 몽골인과 해적, 라마승 및 우리나라 사람들이 똑같은 복색을 하고 있어도 결코 서로 혼동되지 않을 것이다. 다만 청인과 한인은 더러 분별할 수가 없었다. 『가재연행록』 1713년 2월 6일

만주인에 대한 인상

조화가 또 문장을 지은 초안을 꺼내보였는데, 악비岳飛를 대신하여 진회秦檜에게 군사를 되돌리지 말라는 편지였다. 글이 별로 정교한 것이 못 될 뿐 아니라 말도 매우 격하였으며, 그 가운데는 역逆이나 노虜와 같은 문자도 있었다. 이 곳에서는 호胡나 노虜자를 꺼리기 때문에 책 속에서도 모두 없애 버리는데, 이 글에서는 역과 노라는 글자 외에도 이러한 문자를 별로 꺼리지 않아 이상히 여겼다. 조화에게 묻기를,

"만인滿人입니까? 한인입니까?" 하니, 만주인이라고 대답했다. 조화 가 그 글을 수정하기를 청하였으나, 나는,

"천만의 말씀입니다. 갖고 가서 동국東國의 문인들에게 보이겠습니다." 하고 소매에 집어넣었다. 조화의 모습은 시커멓고 비쩍 마른데다 얽었고, 한쪽 눈마저 찌그러져 외모로 보면 그가 문인임을 알지 못하겠다. 『가재연행록』 1713년 2월 13일

조선의복을 황제도 보다

주인집 아들이 내가 쓰고 있는 갓의 값을 물어보기에 내가 "무슨 생각으로 물어보느냐?"고 하니 대답하기를,

"가격이 얼마나 가는지 몰라서 물어보았을 뿐, 별 뜻은 없습니다." 하였다. 내가 말하기를,

"네가 이 갓을 달라고 하면 주겠다." 하며, 쓰던 갓을 벗어 그에게 주었다. 그는 자기 모자를 벗고 갓을 썼는데, 사람들이 모두 크게 웃어대 니 이윽고 갓을 벗고 두 손으로 다시 돌려주었다.

내가 글로 써서 말하기를,

"우리의 관복은 황제께서도 전에 가져다 구경하신 일이 있다."고 하였다. 이 이야기는 지난해 소재疎齋(이이명李頤命의 호) 재상이 연경에 들어갔을 때, 사모紗帽, 품대品帶, 단령團領 깃을 둥글게 만든 공복公服 등을 황제가 모두 가지고 들어갔다가 며칠 지나서 돌려준 일이 있었던 데서 나온 것이다. 사람들이 그 말을 듣더니 모두 '아 그렇군요.' 하면서 한동안 감탄을 했다. 『가재연행록』 1713년 2월 22일

화이관(2)

조금 있으려니 남쪽 온돌방에 있던 노승老僧이 찾아왔다. 소년이 일어나 맞으며 온돌방에 앉게 하였다. 나이를 물어보니, 74세라고 대답한다. 소년이 글로 쓰기를,

"이 스님은 가볍게 대할 수가 없습니다. 일찍이 3품 벼슬을 지내신 분입니다." 한다. 나는 묻기를,

"어찌하여 공문空門(불문)에 몸을 의탁하고 계십니까?" 하니, 대답하기를,

"벼슬에서 물러난 뒤 몸은 늙고 의지할 데가 없어서 이 곳에 와 의탁하고 지냅니다."라고 하였다. 그는 한인으로서 뜻을 가진 사람이라는 생각이 들었으니, 일찍 알아보지 못해 같은 것을 말로 물어볼 수 없는 것이 한스러웠다. 『가재연행록』 1713년 2월 24일

화이관을 근거로 한 호인에 대한 인상

나는 호인 첨詹가에게 일러 말하기를,

"절이 가까워졌으니 우리들만으로도 갈 수 있을 것입니다. 당신은 더 고생할 것 없이 이 곳에서 쉬는 것이 좋겠습니다. 우리는 산 위에서 자고 내일 아침 내려오도록 하겠습니다." 하니 그 호인이 대답하기를,

"나도 명산을 구경하고 싶습니다. 이 곳까지 와서 어찌 홀로 떨어지겠습니까?" 하고 마침내 따라왔다. 그 호인은 빠른 말을 타고 앞장을 섰고, 길을 잃을 때마다 달려가 알아가지고 왔다. 몇 리를 가는 동안 계속 나는 듯 왔다갔다 하면서 온종일 뛰어다니기를 조금도 게을리하지 않았다. 그렇게 충직한 마음은 쉽지 않으리라는 생각이 들었다. 그도 명산을 구경하고 싶어하고 있으니 그 뜻이 더욱 속되지 않아 오랑캐의 무리로 볼 수가 없었다. 『가재연행록』 1713년 3월 1일

진시황, 만리장성의 축성을 생각하다

대개 신하가 임금을 섬김은 아녀자가 지아비를 섬김과 다름이 없다. 의義로써 합하여 골육을 친히 모시고 하나를 지켜 죽어도 고치지 않으니, 이러므로 군신君臣과 부처夫妻를 부자夫子와 나란히 삼강三綱이라 이르는 것이다. 문천상은 나라가 어지러운 때를 당하여 평생 강개慷慨한 마음으로 몸을 버리고 나라를 지킬 뜻을 품었기에, 이 곳에 이르러 강씨의 정절을 생각하고 천고千古에 성명을 흠모하여 이 글을 지어 쓴 것이다.

그 글의 의사를 풀어 말하면, 진시황이 천자의 높은 자리에 웅거하고 천하의 풍요로움을 누려 번화와 부귀를 평생 여러 욕망[耳目之慾]의 목적으로 삼아, 만세에 더러운 이름을 남기고 몸이 죽어도 선한 사적을 남기지 못하였으니, 이것이 '진황안재재秦皇安在哉'라는 것이다.

자손을 위하여 만세를 보전하고자 장성長城을 수축하여 오랑캐를 막았으나, 주검을 찾지 못한 채 나라가 망하고 자손이 끊어졌으니 부질없는 역사役事로 백성을 힘들게 한 것은 성을 쌓은 것이 아니라 원망을 쌓은 것이었다. 이것이 '만리장성축원萬里長城築怨'이라는 것이다.

강씨는 한낱 여자로 벌레 같은 하잘것없는 몸이고, 평생 괴로운 운수를 만나 한없는 설움을 품고 젊은 나이에 규방의 즐거움을 버리고 그 백골은 변방의 진토塵土에 버려졌다. 그러나 높은 절의와 아름다운

강녀전설이 서린 만리장성

이름이 만세를 흐르고 후세에 비치니 일신의 혈육은 비록 사라졌으나, 작은 외로운 마음이 지금까지 사람의 마음을 움직이게 뒤흔드니, 이것을 '강녀불사야姜女不死也'라 이른다. 『담헌연기』 1765년 12월 19일

공자 후손에 대한 대우

교의에 앉아 먹는데 한 사람이 쫓아 들어와 음식을 사먹는다. 그 성을 물으니 산동사람 송가라고 했다. 내기 묻기를 "산동은 옛 제·노 두 나라 땅인데 어느 지방인가?"라고 하자 송가가 말하기를 노나라 지방이라고 하였다. 내가 말하기를, "그렇다면 공부자孔夫子가 사셨던 곳에서 얼마나 되는가?"라고 하니 송가가 말하기를 "90리입니다."라고 하였다. 내가 다시 그 곳에는 공자의 자손이 몇 집이나 되느냐고 묻자, 송가가 말하기를 극히 번성하여 천 집이 넘는다고 하였다. 또 내가 조정에 벼슬하는 사람도 있느냐고 묻자 대대로 세습하는 벼슬도 있고, 그 밖에 벼슬하는 사람이 여럿 있다고 답하였다. 내가 북경에 머물고

있는 사람도 있느냐고 물으니 송가가 또한 여럿이라고 하였다. 내가
말하기를 "우리는 비록 외국사람이나 나라의 풍속이 공자를 매우 존숭
하여 그 자손을 한 번 만나보고 싶은데, 나를 위하여 한 명 만나게
해줄 수 있겠는가"라고 하자, 송가가 제 머리를 가리키며 말하기를
"다 이 모양이니 볼 게 무에 있겠습니까?"라고 한다. 대개 머리를 깎아
오랑캐 제도를 따랐음을 이르는 것이다. 그 말을 들으니 마음이 극히
슬프고 비참해졌고, 그 사람의 말이 또한 속되지 않았다. 『담헌연기』 1766년
1월 4일

중화의식

반생이 말하기를

"옛사람이 '신하는 밖으로 사귐이 없다' 하였으니, 다시 만남을 도모
하기 어렵습니다."라고 하였다.

내가 말하기를,

"이 말은 서로 적국 사람을 이르는 것입니다. 우리나라가 비록 중국과
다르나 해마다 조공을 통하는데, 어찌 피차의 꺼리고 미워하는 것을
의논하겠습니까?" 하니, 반생이 크게 기뻐하며 말하기를,

"황제가 천하로써 한집을 삼는데 어찌 중외中外에 구분이 있을 것이
며, 하물며 조선은 예의의 지방이라 모든 나라의 으뜸이 되는데 속된
생각으로 어찌 뒷일을 염려하겠습니까? 멀리 떨어져 있지만 서로 마음
을 알아 사랑하고 생각하는 것이 계속될 것이니, 다른 때에 혹 벼슬을
얻어 동방의 사신을 받드는 일이 있으면 마땅히 나아가 뵙기를 청할
것입니다. 마음 가운데에 두고 잊지 않겠습니다."라고 하였다. 『담헌연기』
1766년 2월 3일

의복과 머리모양을 이야기하다

반생이 우리나라 조복제도에 대해 묻기에 대강 대답해 주니, 엄생이 면류관 제도와 금관 모양을 종이에 그려서 물었다. 내가 대답하고 말하기를,

"내가 중국 창시唱市 놀이를 구경하니 창대帽帶의 모양이 옛 위의를 숭상하는 것 같았습니다. 늘 보았을 것이니 우리나라 제도를 대강 짐작할 수 있을 것입니다." 하니 반생이 창시를 구경하였는가 싶어 무슨 볼 만한 곳이 있었느냐고 물었다.

내가 말하기를 창시는 부질없는 재물을 허비하고 무례하고 거만한 희롱이 많으나 그윽이 취할 것이 있다고 하니, 반생이 무슨 일을 취하느냐고 물었다. 내가 웃고 대답하지 않자 반생이 말하기를,

"다시 한관漢官의 위의를 보고 취하는 것이겠지요."라고 하였다.

내가 웃고 말하기를,

"내가 중국을 구경해 보니 지방의 넓음과 풍물의 번성함이 과연 천하의 훌륭한 구경거리고 사람의 마음을 넓힐 것이지만, 오직 머리칼을 베는 법만은 차마 보지 못할 것입니다. 우리는 바다 가운데 조그만 나라로 우물에 앉아 하늘을 보는 격이니 그 모습이 고요하고 쓸쓸합니다. 다만 여전히 머리칼을 보전하여 부모의 유체를 헐지 아니하니, 이러한 일로 마음을 위로하며 다행으로 여기는 것입니다." 하니 두 사람이 서로 쳐다보며 대답이 없었다.

내가 말하기를, "나와 그대 사이에 정분이 없다면 어찌 삼히 이린 말을 하겠습니까." 하니 두 사람이 다 고개를 끄덕였다.

엄생이 말하기를, "아침에는 반드시 머리를 빗습니까?" 하기에 내가 말하기를, "나야 날마다 머리를 빗지만 다른 사람을 그렇지 못합니다"라고 하였다. 『담헌연기』 1766년 2월 4일

의복과 두발

내가 말하기를

"중국의 의관은 변한 지 이미 백년이 넘어 지금 천하에는 오직 우리 동방만이 오히려 옛 제도를 지키고 있습니다. 중국에 들어와서 무식한 부류들이 우리를 보고 웃지 않는 이가 없으니, 이렇게 근본을 망각하는 것이 어찌 가련하지 않겠습니까? 관대 입고 사모 쓴 거동을 보고는 배우 같다 하고, 머리칼을 보고는 계집 같다 하고, 소매 너른 옷을 보면 중 같다고 하니 풍습을 보는 시각이 변하여 옛일을 생각지 못해서입니다."라고 하였다. 엄생이 말하기를 의복의 모양은 실로 중에 가까우니, 무지한 소견을 어찌 책망하겠느냐고 했다. 『담헌연기』 1766년 2월 17일

화이관을 근거로 의복을 이야기하다

반생이 또 말하기를, "어제 성 안에 이르러 마침내 우리의 의관제도에 대해 들었는데, 태종 문황제太宗文皇帝 때 신하인 달해達海와 고이전庫爾纏이 의복은 한인漢人의 제도를 따르자고 건의하니, 태종께서 이르기를 '짐이 그대들의 간언을 받아들이지 않는 것이 아니라 그 필요성을 생각해 보아야 한다. 만일 한인들의 풍습을 본받아 옷을 널찍하게 만들고 소매를 크게 만들면 장차 남이 고기를 베어주기를 기다린 뒤에 먹겠다는 것인가? 만일 용맹스러운 적장을 만난다면 장차 어떻게 막아내겠다는 것인가?' 사람들이 만주인을 칭찬하기를 '서 있으면 동요되지 않고 싸움에 나가면 머리를 돌이키지 않아 천하에 무적이라고 하는데 만약에 한漢의 풍습을 본받으면 모든 일이 곧 게을러져서 말타기와 활쏘기를 잊을 것이고, 순후하고 질박한 기풍은 적어질 것이니 자손들은 마땅히 삼가 경계해야 할지니라.'고 하였습니다. 이에 우리는 한인의 의복제도를 본받지 않았던 것입니다."

내가 친근하지 않은 말투로 두 사람의 생각이 어떠하냐고 물으니, 반생이 말하기를, 이것은 오로지 나라의 오랫동안 계속된 생각이니

할 말이 없다고 하였다.

내가 말하기를, "삼대三代와 한당漢唐이 큰 옷과 너른 소매로 각각 수백천년을 누릴 수 있었던 것은 다만 덕이 두텁고 넓어서였을 것입니다. 어찌 그것이 의복제도 때문이겠습니까? 하물며 '아침에 도를 들으면 저녁에 죽어도 좋다'고 한 것은 성인의 말이 아닙니까?"라고 하니, 반생이 종이를 갑자기 찢은 후 말하기를, 그 말을 들으니 진실로 마음이 슬프다고 하였다. 『담헌연기』 1766년 2월 26일

의복에 대해 논하다

내가 "그대는 우리의 의관을 보고 어떻게 느끼느냐?" 하고 물으니 등생이 말하기를 "그대의 의관이 진짜 의관이고 명나라의 복색입니다. 우리 선조의 화상畵像을 보니 그대의 의관과 거의 비슷하므로 어찌 반갑지 않겠습니까?" 하였다. 내가 다시 묻기를, "그대들의 머리 깎는 법은 어떻습니까?" 하니, 등생이 어려서부터 이미 풍속에 익숙해져 불편함을 느끼지 못한다고 하였다. 내가 몸과 털을 상하게 해서는 안 된다는 것이 성현의 가르침이 아니냐고 물으니, 등생이 어찌 이런 말을 하느냐고 하였다. 『담헌연기』 1766년 3월 2일

명 연호사용을 논하다

무엇 때문에 '후삼경자後三庚子'라는 말을 이 글 첫 머리에 썼을까. 행정行程과 음陰·청晴을 적으면서 해를 표준 삼고 그것에 따라 달수와 날짜를 밝힌 것이다. 무엇 때문에 '후'라는 말을 썼을까. 숭정崇禎 기원의 뒤를 말함이다. 무엇 때문에 '삼경자'라 하였을까. 숭정 기원 뒤 세 돌을 맞이한 경자년을 가리킨다. 그렇다면 무엇 때문에 '숭정'을 바로 쓰지 않은 것일까. 장차 강을 건너려니 이를 잠깐 피한 것이다. 무엇 때문에 이를 피했을까. 강을 건너면 곧 청인淸人들이 살고 있기 때문이

다. 천하가 모두 청의 연호를 쓰고 감히 숭정을 일컫지 못함이다. 그렇다면 어째서 우리는 그대로 '숭정'을 쓰고 있을까. 황명皇明은 중화인데 우리나라가 애초에 승인을 받은 상국인 까닭이다. 숭정 17년에 의종 열황제毅宗烈皇帝가 나라를 위하여 죽고 명나라가 망한 지 벌써 1백 30여 년이 지났거늘 어째서 지금까지 숭정이라는 연호를 쓰고 있을까. 청이 들어와 중국을 차지한 뒤 선왕先王의 제도가 변해서 오랑캐가 되었으되 우리 동녘 수천 리는 강을 경계로 나라를 이룩하여 홀로 선왕의 제도를 지켰으니, 이는 명나라 황실이 아직도 압록강 동쪽에 존재하는 것을 말함이다. 우리의 힘이 비록 저 오랑캐를 몰아내고 중원을 숙청하여, 선왕의 옛 것을 회복시키지는 못할지라도 사람마다 모두 숭정의 연호라도 높여 중국을 보존하였던 것이다. 『열하일기』 1780년 6월 24일

화이관으로 북경을 논하다

이제 조양문에 들어서자, 곧 저 요·순의 이른바 유정·유일의 마음씨가 이러하고, 하우씨의 홍수 다스림이 이러하고, 주공의 정전이 이러하고, 공자의 학문이 이러하고, 관중의 이재理財가 이러하였음이 눈에 선하였다. 걸·주가 옥과 구슬로 궁궐을 세운 것도 이런 방법에 지나지 않고, 몽염이 산을 허물어서 골을 메운 것도 이런 방법에 지나지 않으며, 진시황이 곧은 길을 닦은 것도 이런 방법에 지나지 않고, 상앙이 제도를 통일시킨 것도 이런 방법에 지나지 않음을 깨달았다. 어째서 그런가 하면, 성인이 일찍이 율律·도度·양量·형衡 등을 하나로 통일시켜 둥근 것은 그림쇠에 맞도록, 모난 것은 곡척曲尺에 맞도록 하고, 곧은 것은 먹줄에 맞추었기에, 천하에 퍼지자 천하가 이를 좇고, 걸·주에게 주어도 걸·주 역시 받아들이지 않을 수 없었다. 또한 성인이 일찍이 높은 언덕에 넘실거리는 홍수를 다스릴 때, 그 분삽畚鍤의 번거로움과 부착斧鑿의 날카로움과, 기술자의 교묘함과 역부의 많음이, 어찌 산을

헐고 골을 메워 만리의 장성을 쌓음에 그칠 것이며, 성인이 일찍이 천하의 밭이란 밭에는 죄다 금을 그어 정전제도를 만들면서 그 밭 두덕과 도랑 사이에는 수레 몇 채가 달릴 수 있도록 마련하였으니, 그 곧고 바름이 어찌 천 리의 한길을 닦음만 못할 것이며, 성인이 일찍이 그 문인門人의 물음에 답하여 나라를 다스리는 법을 말씀하셨으나, 이는 다만 말로만 하였을 뿐 몸소 행한 것은 아니었다. 그러나 후세 임금들은 그 학문이 성인보다 나은 것이 아니었지만, 이를 행할 수 있었다. 이는 어찌 중화의 민족만이 그러하리오. 이적夷狄 출신으로서 중원의 임금이 된 자 가운데, 도道를 물려받아 행하지 않는 이가 없었다. 또 의식이 넉넉한 뒤에라야 예절을 지킬 수 있다 하였으니, 후세 임금들 가운데 나라를 튼튼히 하고 군사를 굳세게 하고자 한 자리면, 치라리 각박하고 인정머리 없다는 소리는 듣더라도, 사리를 추구했다는 말을 듣지는 않는다. 또 그 심술의 위험·미묘한 때를 논하고 혹은 그 사업을 공사公私 사이에서 분간해 본다면, 저들에게 곧 이른바 정일精一의 방법을 알렸다 고는 할 수 없겠으나, 그 공리功利의 효과에서는 비록 그 방법이 이적에서 나왔다 하더라도, 여러 가지 좋은 점을 모아서 행하는 데서는 역시 정일을 본받지 않음이 없었던 것이다. 그러므로, 내가 앞서 이른바 재지와 역량이 하늘과 땅을 움직일 수 있다고 한 것은 오늘날의 중국을 이룩한 것이며, 21대 3천여 년 동안의 모든 제도를 이에서 가히 상고할 수 있음을 의미하는 것이다. 『열하일기』 1780년 8월 1일

화이관(3)

아침식사가 끝난 뒤에 후당後堂으로 들어갔다. 왕 거인王擧人 민호民皞 가 나와 맞는다. 왕 거인의 호는 혹정鵠汀이며, 산동도사山東都司 학성郝成 과 한 구들에 거처한다. 성成의 자는 지정志亭이요, 호는 장성長城이라 한다. 혹정이 우리나라 과거제도를 물으면서, "어떠한 문자로 무슨

글을 지어 바치는지요?" 하기에, 그 대략을 약간 일러주었다. 그가 또 혼인에 대한 예식을 묻기에 "관冠·혼婚·상喪·제祭는 모두 주자의 가례를 따릅니다." 하였더니, 혹정은 "가례는 주부자朱夫子가 완성하지 못한 책이므로, 중국에서도 반드시 이것만을 좇지는 않습니다." 하고, 또 "귀국의 아름다운 점 몇 가지를 들려주시면 고맙겠습니다." 하기에, 나는 "우리나라가 비록 바다 한쪽 구석에 자리잡고 있으나, 역시 네 가지 좋은 점이 있답니다. 온 나라 풍속이 유교를 숭상함이 첫째요, 땅에 황하처럼 큰 수해 걱정이 없음이 둘째요, 고기와 소금을 다른 나라에서 빌리지 않음이 셋째요, 여자가 두 지아비를 섬기지 아니함이 넷째로 좋은 일입니다." 하였다. 지정志亭이 혹정을 돌아보며 서로 무어라 중얼중얼하더니, 이윽고 혹정이 "진실로 좋은 나라구려." 하였다.

『열하일기』 1780년 8월 10일

중국여인의 전족

혹정은 또,

"귀국의 부인도 역시 전족을 합니까?" 하고 묻기에, 나는,

"아닙니다. 중국 여자들의 활 굽정이처럼 생긴 신은 차마 볼 수 없더군요. 뒤뚱거리며 땅을 딛고 가는 모습이, 마치 보리씨를 뿌리는 것처럼 왼쪽으로 흔들고 오른쪽으로 기우뚱거려, 바람도 없는데 절로 쓰러지곤 하니 이게 무슨 꼴입니까." 하였더니, 혹정은,

"이로 인하여 도륙을 당한 것은 가히 세운世運을 짐작할 수 있으리이다. 전조前朝인 명대에는 그 죄가 부모에게 미쳤고, 본조에서도 이에 대한 금령이 몹시 엄격하나, 끝끝내 이를 막을 수 없음은 대개 남자는 따르지만 여자는 따르지 않기 때문입니다."라고 한다. 내가 "모양이 흉하고 걸음이 불편한데, 왜 하필이면 그걸 합니까." 하였더니, 혹정은,

"만주 계집들과 한가지로 보일까봐 그런 게죠." 하고는 곧 붓으로

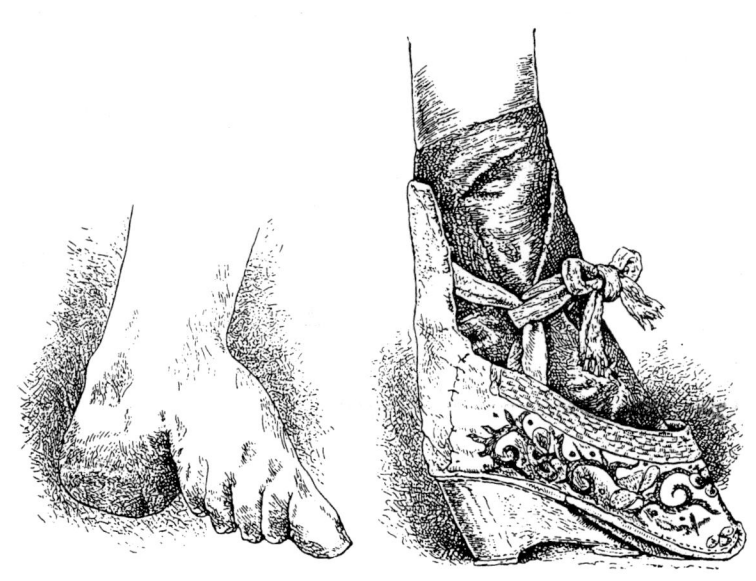

중국여인의 전족 모습

지워버리고 그는 또 이어서,

"죽어도 고치지 않는답니다."라고 한다. 나는,

"삼하·통주 사이에서, 늙은 거지 여인이 머리에 가득 꽃을 꽂고 발을 싸맨 채 말을 따라오면서 구걸하는데, 마치 오리가 배불리 먹은 것처럼 뒤뚱뒤뚱 넘어질 듯하니, 보기에는 도리어 만주 여자보다도 흉하더군요." 『열하일기』 1780년 8월 10일

경색된 학문관을 비판하다

천하 사대부의 사상을 누를 방법이 없는 만큼 고식적으로나마 주자의 학문을 높여서, 허랑한 선비들의 마음을 크게 위안시킨다면, 그들 가운데 호걸은 노여워하겠지만 감히 말은 할 수 없을 것이며, 그 중 야비하고 아유하는 자는 시체時諦를 따라서 개인적인 이익을 꾀할 것이다. 그리하

여 한편으로는 부지불식중에 중국 선비의 사상을 약화시키고, 한편으로는 그들에게 문화인의 대우를 받게 하되, 저 진秦의 갱유坑儒 같은 행위를 하지 않고도 그들 선비로 하여금 문자 교정 사무에 골몰하게 하고, 진의 분서焚書 같은 정책을 취하지 않고서도 그들의 서적은 실제로 취진국聚珍局에서 흩어지게 된 셈이다. 건륭은 『사고전서四庫全書』의 책판을 가리켜 취진판聚珍板이라 하였다. 아아, 슬프도다. 곧, 이른바 구서購書의 재앙이 분서에 비해 심하다. 『열하일기』심세편審勢編

의관을 통해 본 화이관

우리가 조선 사람임을 모르는 바 아니면서도 우리의 도포와 갓을 보고는 걸승乞僧과 비슷하다고 조롱한다. 대체로 중국의 여자와 승려와 도류道流들은 옛날 제도를 그대로 따르는데, 우리나라의 의관은 모두 신라의 옛 제도를 답습한 것이 많고, 신라는 처음에 중국제도를 본떴다. 그러나 시대의 풍속이 불교를 숭상하므로, 민간에서는 중국 승려의 옷을 많이 본떠 1천여 년이 지난 지금까지 변할 줄 모르고, 도리어 중국 승려가 우리나라 의관을 본떴다고 했으니, 어찌 그렇겠는가.

중의 갓은, 등나무 실로 짠 것은 그 모양이 우리나라 초립草笠과 같고, 종려나무 실로 짠 것은 우리나라의 주립朱笠과 같다. 등나무 갓에는 종려나무 실로 무늬를 놓고, 종려나무 갓에는 등나무 실로 무늬를 놓는다. 몽골 사람들도 역시 여름철에 갓을 쓰는데, 가죽으로 만들어 도금을 하고 그 위에 구름무늬를 그린 것이 많다. 우리나라 풍속에는 겨울에도 갓을 쓰고 눈 속에서도 부채를 드니 다른 나라 사람들로부터 비웃음을 사고 있는 것이다. 『열하일기』동란섭필銅蘭涉筆

청국인의 대조선인식

청국인들의 조선인에 대한 호칭

길을 걷고 있는 호녀胡女 8, 9인을 만났다. 원건元建이 묻기를, "어디로 갑니까?" 하니, 그 가운데 한 여인이 답하기를, "고려인을 보러 갑니다." 하며, 농담을 한다. 『가재연행록』 1712년 12월 5일

조선인에 대한 호칭(1)

남문을 통해 나오니 부사와 서장관이 모두 뒤따라왔다. 망해정望海亭을 보기 위해서였다. 남문 밖은 인가가 잇달았으며 사관寺觀 또한 많았다. 길 옆에 밭들이 많았는데, 모두 채소밭이고 벌써 씨앗을 심은 밭도 있었다. 채전 사이 사이에 흙무더기가 총총하였는데 모두 분묘였다. 마을 아이들 10여 명이 '고려!'라고 외치면서 오기에, 선흥善興을 시켜 앞에 내달아 고함을 치며 두 손을 벌려 붙잡는 시늉을 하게 하였더니, 모두들 기겁을 하고 달아났다. 『가재연행록』 1712년 12월 8일

김창업에 대해 청국인이 관심을 보이다

군관과 역관들이 모두 관대冠帶를 갖추었는데, 나의 복색이 종들과 구별은 없으나 표범 가죽옷을 입은데다 하인까지 거느리고 있어서 호인들 가운데 눈여겨보는 사가 많았다. 이에 마침내 표범 가죽 옷을 벗고 하인을 물리친 후 하인배들과 섞여서 두루 구경을 하였다. 묻는 자가 있으면 '방자幇子'라고 답했다. 방자는 이 곳 사람들이 종을 부르는 말이다. 호인 하나가 김덕삼金德三의 손바닥에 글씨를 써서, 세 사신의 나이와 벼슬을 묻고 또 나에 대해서까지 물었다. 내가 김덕삼에게 눈짓을 보내니, 모른다고 대답했다. 여러 차례 물었지만 덕삼이 모른다고 해서 물음을 막았다. 덕삼이 그의 벼슬을 물어보니, 소관小官이라고 대답했다.

『가재연행록』 1713년 1월 1일

조선인에 대한 호칭(2)

관문을 나서서 큰길을 따라가니 동쪽 길옆에서 호인 아이들이 손가락질을 하면서 다투어 고함치기를 '고려 사람 지나간다.'라고 하였다. 옥하교玉河橋에서 수백 보 북쪽으로 들어가니, 길 사이 사이에 가게 문이 있고 가끔 높은 문도 있었는데, 아마도 대관의 집인 듯했다. 『가재연행록』 1713년 1월 8일

조선인에 대한 호칭(3)

서남쪽 모퉁이에 묘당이 하나 있어서 들어가 보았다. 앞뒤로 작은 집들이 겹겹이 들어서 있는데 대부분 비었거나 폐가였으며, 정전문도 잠겨 있었다. 원건이 우연히 한 집에 들어가니 도사가 있었다. 일찍이 우리나라 사람을 본 적이 없어서 원건을 보고는, '어디 사람이냐?'고 물으므로, '고려사람'이라고 답하니, 곧 차와 음식을 대접한다고 했다. 『가재연행록』 1713년 1월 19일

조선에 대한 인식

홍이가가 말하기를,

"세상에 계신 부처[世上佛]가 누군가 하면 지금 황제가 바로 그분이십니다." 하고는 웃으며 하는 말이,

"청국과 조선은 처음에는 동등한 나라였으나 청국은 명수가 통해서 황제의 나라가 되었습니다." 한다. 『가재연행록』 1713년 1월 25일

황제가 조선왕과 그 자손에 대해 묻다

통관이 다시 황지皇늘로써 묻기를,

"듣건대, 국왕이 어질고 현명하며 백성들을 사랑하고, 나라를 잘 다스린다 하여 사신들이 왕래할 적에 자연히 소문이 자자하니, 짐이 이에 매우 기쁘다." 하였다. 사신이 감히 대답하지 못하고 다만 엎드려 듣고 있을 뿐이었다. 김사걸이 재차 말을 하며 반드시 그 대답을 듣고자 하므로 사신이 대답하기를,

"국왕께서는 한마음으로 큰 나라를 섬겨서 일찍이 조금도 해이함이 없었습니다. 황상폐하의 은혜로우신 뜻이 이토록 융숭하오니, 황공하고 감격한 마음 뭐라 말씀드려야 할지 모르겠습니다." 하였다. 또 묻기를,

"국왕은 즉위한 지 지금 몇 년이나 되었는고?" 하니, 대답하기를,

"40년입니나."라고 하였다. 또 묻기를,

"국왕의 조상들 가운데도 임금 노릇을 이렇게 오래 한 이가 있었는가?" 하니, 대답하기를,

"소경왕昭敬王(선조대왕)이 40년 동안 왕위에 있었습니다." 하였다. 또 묻기를,

"소경왕은 국왕에게 몇 대 위인가?" 하니 대답하기를,

"5대 위입니다."하였다. 또 묻기를,

"국왕의 춘추는 얼마나 되었는고?" 하니 대답하기를,

"53세입니다."라고 하였다. 또 묻기를,

"국왕은 세자 외에 아들이 몇 명인가?" 하니 대답하기를,

"왕자가 둘 있습니다." 하였다. 또 묻기를,

"세자의 나이는 몇이며, 왕자들의 나이는 또한 몇인가?" 하니, 사신이 모두 대답하였다. 또 묻기를,

"사신의 나이는 몇이며 조정에서 벼슬한 지는 몇 년이나 되었는고?" 하니, 사신이 각각 연세와 벼슬한 햇수를 말하였다. 통관이 소경왕의 휘諱를 묻기에 사신이 대답하기를,

"군부君父의 이름을 입 밖으로 내어 말할 수는 없다. 황제께서 반드시 알고 싶어하신다면 바깥에 나가서 적어 올리겠다." 하였다. 인하여 그것을 묻는 의도를 물으니, 예부관이 황제가 물을 것을 고려하여 알고 싶어한다고 하였다. 『가재연행록』 1713년 2월 6일

조선인 마부가 웃옷 벗은 것을 비웃다

그 때 마부 한 사람이 날씨가 더워 웃옷을 벗어던지고 알몸으로 걸어가니, 보는 사람마다 모두 손가락질을 하며 웃었다. 이 곳 사람들은 길을 갈 때 옷을 벗고 가는 것을 해괴한 일로 여기고 있는 것 같았다. 『가재연행록』 1713년 2월 15일

조선 피로인의 영향

대릉하大陵河에 이르니, 노상에서 감동甘同 새우젓 같은 젓갈류를 파는 사람이 갈 때보다 훨씬 많다. 중국에는 일찍이 이런 물건이 있다는 말을 들은 적이 없는데 유독 이 곳에서만은 많고 흔하니 그 방법은 필시 우리나라 피로인被虜人들이 전해준 듯하다. 『가재연행록』 1713년 2월 29일

청국인의 조선사행에 대한 인식

황성이 점점 가까워오자 수레와 말과 거리가 점점 번화하고, 가벼운 가죽옷에 살찐 말을 탄 호방하고 사나운 인상을 한 사람들이 말을 천천히 몰고 가면서 우리 일행을 구경하고 서로 가리키며 웃고 말을 하였다. 우리나라 사람이 말을 타고 뒤를 싸매는 거동을 보면서 모두 크게 웃고 조롱하였다. 대개 오랑캐 의복은 모두 뒤를 터서 자락을 걷어 단추를 끼웠으니 안장에 앉아도 뒤를 쌀 것이 없고 말을 탈 때에도 손수 고삐를 끌고 평지 위에서 대수롭지 않게 올라탔으므로 고삐와 등자를 붙드는 법이 없다. 그러다 보니 우리나라 사람의 똑똑하고 날래

지 못함을 비웃은 것이다.

일행 가운데 두어 명 키 작은 역관이 있는데 대련大輦(큰수레)과 큰 주머니에 행장을 두껍게 넣었다. 말을 탈 때면 마부의 등을 딛고 천천히 기어올랐는데 그 모양이 매우 우스워 오랑캐의 조롱과 업신여김을 받아도 마땅하였다. 『담헌연기』 1765년 12월 27일

양국에 대한 인식

짐승의 성장을 보아도 우리나라 말은 제 몸이 작음과 힘이 약한 것을 생각지 않고 뽐내고자 하는 마음만을 가지고 감당치도 못할 호마를 굳이 차려고 한다. 그러나, 호마는 제 힘과 기운이 족히 우리나라 말을 제이할 수 있음에도 불구하고 고랑틀과 차꼬[足枷]를 하여 겨루지 않으니, 가소롭게 여기는 것이었다. 도량[局量]의 대소와 기품의 얕고 깊음을 짐승으로 보아서도 짐작할 수 있었다. 스스로 생각하여 애달프고 부끄러운 마음을 이기지 못하였다. 『담헌연기』 1765년 12월 27일

청국인의 대조선관

반생(반정균)이 또 말하기를,

"조선은 본래 기자箕子의 나라이므로 성인이 끼친 풍속이 있으니, 그대의 식견이 높아 마땅히 평범한 문인에 비할 바 아닙니다."라고 하였다. 『담헌연기』 1766년 2월 3일

중국인의 조선사행에 대한 인식

조 주부趙主簿 명회明會와 함께 말을 나란히 타고 가면서, "무령의 풍속이 좋지 못하군." 하였더니, 조는 "무령 사람들은 조선 사람을 귀찮은 손님으로 친답니다. 서학년은 성품이 본래 손님을 좋아하는 편이어서 처음으로 백하白下 윤공尹公을 만나 흉금을 터놓고 친절히 대접

하며, 그가 간직해온 서화를 내보였는데, 그 뒤 무령현 서 진사徐進士의 이름이 우리나라에 오르내리게 되어 해마다 사행이 오면 반드시 들르는 것이 하나의 관례가 되었습니다. 그러나 실상 그 고을에는 서씨의 집보다 나은 집들도 많고 또 손님을 좋아하는 주인도 학년보다 못하지 않습니다. 그런데 공교롭게도 윤 공이 먼저 학년을 만나게 되었고, 그가 가진 것이 우리나라의 재상이라도 당할 수 없는 것을 보고는 입에 침이 마르도록 칭찬하여 그 뒤부터 역관들이 으레 서씨의 집을 찾게 된 것은 역시 다른 집을 귀찮게 하지 않으려는 것입니다. 우리 사행은 반드시 하인 수십 명을 거느리고 다니는 까닭에 비록 몇 길이나 되는 문호門戶라도 드나들 때에는 반드시 소리를 갖추어 알렸습니다. 또 한 군데 몰려서 당堂에 오르면 물러나 기다릴 줄 모르는 것은 대청이 없어서입니다. 학년의 집에서도 그 접대가 차츰 전과 같지 못한데, 이는 그가 죽은 뒤 아들들이 조선 손님을 아주 귀찮게 여겨서입니다. 그래서 우리 사행이 올 무렵이 되면 좋은 그릇은 골라서 챙겨두고 지질하고 너저분한 것들만 벌여 놓아 겨우 이 때까지의 전례만 지킬 뿐이랍니다. 그 옆집에서 피하고 숨는 것도 역시 학년의 집처럼 될까봐 두려워하기 때문일 것입니다.”라고 하자 서로 한바탕 크게 웃었다.

『열하일기』 1780년 7월25일

중국인의 조선인식(1)

『명시종明詩綜』에는 나의 5대조인 금양군錦陽君의 대동관제벽大同館題壁의 한 절로서,

한나라 홍가* 연간에 일어난 고구려	高句麗起漢鴻嘉
쓸쓸한 옛 궁터가 풀숲에 가리웠네	宮殿遺墟草樹遮
슬프다 을지문덕 그이가 죽은 뒤에	惆悵乙支文德死

나라가 망한 것 후정화 탓 아니라네   國亡非爲後庭花

(*홍가 : 성제成帝의 연호)

가 실려 있다. 고구려의 흥기는 홍가연간이 아니라 한漢 원제元帝 건소建昭 2년(기원전 37)의 일이다. 성제 홍가 3년이라면 백제의 태조인 고온조高溫祚가 직산에 왕도를 정한 때인데, 이것을 선조께서 생각지 못한 것이다. 유식한兪式韓의 『구당록毬堂錄』에서는 『일지록日知錄』을 인용하여 조선역사의 자료로서 『서경書經』 대전大傳을 고증하고, 이 시에 기록된 홍가에 대한 그릇된 내용을 분석하였는데, 고거考據와 변증을 잘한다는 말을 듣는 중국 선비들이 대체로 이러하였다. 『열하일기』 피서록避暑錄

중국인의 조선인식(2)

중국의 인사들이 나와 처음 만날 때면 반드시 먼저 항해의 노정과 어느 곳에 상륙하였는가를 묻는다. 이에 대해 내가 줄곧 육로를 따라 요동에서 산해관을 들어와 연경에 닿았다고 답하면 혹여 믿지 않는 이가 있어서, "바다에 건너와 선적에 올랐더니渡海登仙籍"라는 글귀를 외워 고증을 삼는다. 이는 우리나라가 저 먼 바다 밖에 있는 유구琉球나 구라파 같은 나라로 알고 있었다. 중국 인사들도 때로는 우둔스럽기가 이와 같았다. 『열하일기』 피서록避暑錄

중국기록에 나타난 조선에 대한 인식

주이준朱彝尊이 쓴 『일하구문日下舊聞』에는 저자 미상의 『동국사략東國史略』과 정인지鄭麟趾 등이 쓴 『고려사』 열전의 말을 실었는데, 그 글에,

"고려 세자가 원나라에 들어가 원 황제를 편전에서 만날 때, 황제가 무슨 글을 읽느냐고 물으니, '세자는 선비 정가신鄭可臣(고려 때의 정치가, 자는 헌지獻之)과 민지閔漬(고려 때의 문학가, 자는 용연龍涎)가 따라

왔으며 시위侍衛하는 여가를 틈타 그들에게 『효경』과 『논어』를 질문합니다.'라고 하였다. 이에 원나라 황제가 기뻐하며 세자에게 명하여 그들과 함께 들어오게 하고 자리를 주고서, '본국의 세대世代가 서로 전해온 순서와 치란治亂의 자취와 풍속의 아름다움을 말하라'고 하며 조금도 지루해하지 않고 들었다. 그 뒤 공경에게 명하여 교지交趾(월남)을 치고자 할 때 그 두 사람을 불러 함께 의론하니, 그들의 진술이 뜻에 맞기에 정가신에게는 한림학사의 직위를 주고, 민지에게는 직학사直學士의 직위를 주었다."라고 하였다. 열전에서는 또 다음과 같이 말하였다.

"원나라 황제가 세자를 자단전紫檀殿으로 불러서 보는데, 가신이 그 뒤를 따랐다. 원나라 황제가 앉으라 하고 말하기를, '갓을 벗기되 수재秀才는 머리를 묶을 필요가 없으니 마땅히 건巾을 써야 될 것이야.'라고 하였다. 그리고 어안御案 앞에 어떤 물건이 있는데, 둥글면서도 조금 뾰족하고 빛은 깨끗하며, 높이는 한 자 다섯 치고, 그 안은 술이 댓 말쯤이 들어갈 만했다. 이는 마하발국摩訶鉢國(미상)에서 바친 낙타의 알이라고 한다. 원나라 황제가 이것을 세자에게 구경시켜 주면서 이내 세자와 종신從臣들에게 술을 내리고 가신으로 하여금 시를 읊게 하였다.

『열하일기』 피서록避暑錄

조선인의 자국인식

조선인질들의 거처였던 곳을 돌아보다

성에 들어가서 수백 보를 걸어 동쪽의 작은 골목으로 들어가니, 밀원密院이 있었다. 동서로 행랑채가 있는데 뜰은 좁고 나지막하였다. 역관들의 말을 들어보니, 통관 김사걸金四傑의 어머니가 이 집에 살면서 항상

말하기를,

"이 집은 정축년(1637, 인조 15) 이후로 조선의 볼모들이 거처하였으며, 세자관世子館은 지금의 아문이다."라고 했다는 것이다. 증조부 김상헌金尙憲이 구류되었던 곳은 북관北館인데 지금은 아는 자가 없다. 『가재연행록』 1712년 12월 6일

조선인질들의 행로에서 참담함을 느끼다

동북변으로 산맥이 둘렀는데, 1리 밖의 산 뒤가 바로 금주위錦州衛며, 이 곳에서 14리 거리라고 한다. 남쪽에도 산이 있었는데 좀 멀었다. 언젠가 『심양일기瀋陽日記』를 보았는데,

"신사년(1641, 인조 19) 8월 15일 세자와 대군(소현세자)이 심양을 떠난 지 6일 만에 가로누운 한 언덕에 도착하여 금주성을 바라보니, 호행인護行人이 말하기를, '명나라 장수 조대수祖大壽가 이 성을 굳게 지키고 성 밖에 대포를 많이 묻어 놓으니, 청인이 감히 접근하지 못하고 성 5리 밖에 협성夾城을 쌓고 에워싼 지 이미 1년이 지났으며, 유임柳琳은 그 동쪽 모퉁이에 있습니다.'라고 하였다.

세자와 대군이 협성을 지나 두 냇물을 건너니, 청인이 몽골병과 함께 산장에 진을 치고 10여 리나 늘어서 있었다. 진 앞을 지나 송산松山을 바라보면서 7리 가까이 산을 타고 남쪽으로 내려와 한진汗陣(청의 진영)에 이르렀다. 청인은 언덕 위에서 송산을 향해 대포를 쏘고 성 안에서도 이에 맞서 대포를 쏘는데, 그 소리가 천둥이 치는 듯하였다. 거위 알 만한 크기의 대포알이 세자의 임시 장막에 여러 번 떨어졌으므로 흙담을 쌓아 대포알을 막았다. 그러다가 임시 장막을 송산의 서쪽 10리쯤으로 옮기니, 성과 거리가 좀 멀어져서 대포알이 미치지 않았다. 칸汗이 진을 옮겼기 때문에 세자도 따라서 옮겼다."라고 기록되어 있었다. 『가재연행록』 1712년 12월 6일

옛 영토 요동을 생각하다

어제 관음각으로 가던 도중에 승려가 하인에게 하는 말이,

"산 아래 옛 묘가 하나 있는데, 고려왕이 묻혀 있다고 전해집니다."라고 하였다. 이야기가 이상스러워서 지금 수행 스님에게 물어보니, 그가 제자를 시켜 글로 답을 쓰기를,

"그 묘는 여기에서 멀지 않습니다. 20리쯤 가면 석비石碑와 분묘墳墓가 나타납니다."라고 하였다. 내가 또 묻기를,

"어제 들은 말은 지금의 말과 좀 달랐습니다. 거기에는 집이 있고 온 동네에 모두 석곽石槨이 있는데, 고려인의 두골이 석곽 안에 들어 있다고 했습니다. 그게 무슨 말입니까?" 하니, 스님이 글을 써서 다음과 같이 말하였다.

"제자가 어렸을 때 사부께서 성 서쪽 이도구二到溝에 가면 성에서 10리쯤 떨어진 곳에 고려왕의 무덤이 있는데, 달자들이 무덤을 부수고 몇 길씩 깊이 파 놓았기 때문에 관틀[棺材]은 물에 잠기고 곽槨만 드러나 있으며 벽돌로 쌓아서 내부[室]를 만들었다고 했습니다. 어떤 사람이 들어가 보니 비석이 있는데 고려왕의 무덤이라고 적혀 있어서 그런 전설이 나오게 되었답니다."라고 하였다. 요동이 일찍이 우리나라에 속해 있었다는 사실이야 알고 있었지만, 이 지역은 요동에서도 멀리 떨어져 있는데 어찌 고려왕 묘가 여기에 있는지 알 수가 없었다. 일찍이 우사 상국雩沙相國 이세백李世白의 일기를 본 적이 있는데, 광녕성廣寧城 북쪽에 기자정箕子井, 기자묘箕子廟가 있다는 말이 있었다. 아마도 그 이야기가 지금 들은 내용과 똑같은 것이 아닌가 한다. 그렇다고 해도 기자의 유적이 어떻게 해서 이 곳에 있을 수 있는 것일까. 끝내 알 수 없는 일이다. 우선 기록해 두고 아는 사람을 기다리는 수밖에 없겠다.

수행秀行이 스스로 말하기를,

"소승은 개주盖州 사람으로 요동은 본래 귀국의 땅이었습니다. 개주는

또한 요동에 있으니 저 역시 당신과 마찬가지로 고려인입니다."라고
하였다. 『가재연행록』 1713년 3월 2일

조선문화에 대한 자긍

평양은 옛 기자箕子의 도읍이다. 은나라가 망한 후 기자가 주나라의
신하가 되지 않고, 무왕이 그 뜻을 굽히지 않아서 동으로 조선에 봉하였
으니 기자가 옛 백성 2천여 명을 데리고 예악문물을 갖추어 평양에
도읍을 정했다. 여덟 가지 조목을 선포하여 풍속이 크게 변하였고 제도
와 문물이 성하고 빛나 실로 우리 동방 풍교風敎의 근본이 되었다. 이런
이유로 이 곳은 강산이 수려하고 풍경이 빼어날 뿐만 아니라 기이한
고적이 나라 안에서도 으뜸이니 보지 않을 수 없다. 『단헌연기』 1765년
11월 12일

평양의 을지문덕 사당

서문으로 나가 1, 2리를 가서 충무사忠武祠에 이르니, 고구려 장수
을지문덕乙支文德의 사당이다. 수나라 양제煬帝 때 천하의 병력을 동원하
여 수백만 군사로써 친히 고구려를 치니, 이 때의 고구려 정승이 을지문
덕이었다. 그는 수천 군사를 거느리고 살수薩水에서 수나라 군사를 맞아
두이 차례 싸워 크게 물리치니, 수나라 군사는 겨우 천여 명만 살아서
돌아갔다. 이로써 고구려는 망하지 않았는데, 평양은 그 도읍한 땅이나.
이러므로 후세인이 그를 기려서 사당을 세웠다. 『담헌연기』 1765년 11월 12일

조선에 대한 자긍

내가 말하기를,
"항주는 풍속이 어떤지요?" 하고 물으니 반생이 말하기를,
"빼어난 백성이 많고 글읽는 소리가 서로 들리나, 사치를 숭상하고

순박한 풍속이 적습니다."라고 하였다. 엄생이 말하기를,

"그대를 보니 조선 풍속이 극진히 옛사람과 같이 순박한 것을 알겠습니다."라고 하기에 내가 말하였다.

"조선은 산천이 험하고 땅이 좁으며 풍속이 좁아서 크게 자랑할 만한 것이 없습니다. 다만 시서와 예의를 숭상하여 오로지 중국을 모방하기 때문에 예로부터 중국 사람이 소중화라고 불렀습니다." 『담헌연기』 1766년 2월 3일

강역관(1)

애랄하愛剌河의 너비는 우리나라 임진강과 비슷하다. 여기에서 곧 구련성九連城으로 향하였는데, 우거진 숲은 푸른 장막을 둘렀고 군데군데 호랑이를 잡는 그물이 쳐져 있었다. 가는 곳마다 의주의 창군鎗軍(창을 주 무기로 하는 병사)이 나무를 찍는 소리가 온 들판을 울린다. 홀로 높은 언덕에 올라 사면을 바라보니, 산은 곱고 물은 맑은데 판국이 툭 트이고, 나무는 하늘에 닿을 듯하다. 그 속에는 은은하게 큰 부락들이 자리잡고 있으며 개와 닭 울음소리가 귀에 들릴 듯하며, 땅이 기름져 개간에도 알맞을 것 같다. 패강浿江 서쪽과 압록강 동편에는 이와 비교할 만한 곳이 없으니, 의당 이 곳에 거진巨鎭이나 웅부雄府가 설치될 만도 한데 너나없이 이곳을 버려두어 아직까지 공터로 남아 있다. 어떤 이는 이르기를, "고구려 때에 이 곳에 도읍을 한 일이 있었다."고 하는데, 이른바 국내성國內城을 말한다. 명나라 때에 진강부鎭江府를 두었다가 청나라가 요동을 함락시키자 진강 사람들이 머리 깎기를 싫어하여 어떤 이들은 모문룡毛文龍에게 가고 또 어떤 이들은 우리나라로도 귀화하였다. 그 뒤 우리나라로 온 사람들은 모조리 청의 요구에 따라 되돌아갔고, 모문룡에게 간 많은 사람들은 유해劉海(명나라를 저버린 장수)의 난리 때 죽었다. 이렇게 하여 공터로 변한 지 이미 백여 년, 쓸쓸하게도

산 높고 물 맑은 것만 눈에 띌 따름이다. 『열하일기』 1780년 6월 24일

역사의식

"강세작康世爵의 조부 임霖이 양호楊鎬를 따라 우리나라를 구원하다가
평산平山 싸움에서 죽고, 그 아버지 국태國泰는 청주통판淸州通判이라는
벼슬을 하다가 만력 정사년丁巳年에 죄를 지어 요양으로 귀양 오게 되었
다. 그 때 세작의 나이 열여덟으로 아버지를 따라 요양에 와 있었다.
그 이듬해 청나라가 무순撫順을 함락시키자 유격장군游擊將軍 이영방李永
芳이 항복하매, 경략經略 양호가 여러 장수를 나누어 파견하는데 총병摠兵
두송杜松은 개원開原으로, 왕상건王尙乾은 무순으로, 이여백李如栢은 청하
淸河로 각각 나오고, 도독都督 유정劉綎은 모령毛嶺으로 나왔다. 국태 부자
는 유정의 진중에 있었는데, 청의 복병이 산골짜기에서 물러나오자,
명의 군사가 앞뒤로 연락이 끊겨 유정은 스스로 불에 타 죽고 국태
역시 화살을 맞아 쓰러졌다.

세작이 해가 저문 뒤 아버지의 시신을 찾아내어 산골에 묻고 돌을
모아 표시를 해두었다. 이 때 조선의 도원수都元帥 강홍립姜弘立과 부원수
副元帥 김경서金景瑞가 산 위에 진을 쳤고, 조선의 좌ㆍ우 영장營將은 산
아래 진을 쳤다. 세작은 원수元帥의 진에 몸을 던졌다. 그 이튿날 청병淸兵
이 조선의 좌영을 쳐서 한 사람도 남기지 않으니, 산 위에 있던 군사들이
이 모습을 바라보고는 모두 무서움에 떨었다. 마침내 홍립은 싸우지도
않고 항복하였다. 청병이 홍립의 군사를 두어 겹씩 에워싸고 도망쳐온
명병明兵을 샅샅이 찾아내어 묶어서 모조리 목을 베어 죽였다. 이 때
세작도 붙들려 묶인 채로 바위 아래 앉아 있었는데 그를 맡은 자가
그만 잊고 놓아둔 채 가버렸다. 이에 세작이 조선 군사에게 눈짓을
하여 묶인 것을 풀어달라고 애걸했으나, 누구 할 것 없이 서로 기웃기웃
보기만 하고 손 하나 까딱하지 않았다. 세작이 할 수 없어 스스로 등을

돌 모서리에 비벼서 줄을 끊고 일어나 죽은 조선군사의 옷으로 바꿔입고 조선병사 속에 들어가 죽음을 면했다. 그리고 요양으로 돌아갔더니, 웅정필熊廷弼이 요양을 지킬 때, 세작을 불러 아버지의 원수를 갚으라고 하였다. 이 해에 청이 잇달아 개원과 철령을 함락하니 정필이 파면되고 설국용薛國用이 대신 요양을 지키게 되었다. 세작이 곧 설국용의 군중에 머물러 있었는데 심양마저 함락되니, 세작은 낮에는 숨고 밤에는 걸어서 봉황성에 닿았다. 그리고 광녕廣寧 사람 유광한劉光漢과 함께 요양의 패잔병들을 모아 그 곳을 지켰다. 그러나 얼마 안 되어 광한은 전사하고 세작도 십여 군데 상처를 입었다. 스스로 생각하기를, 고향길은 이미 끊어졌으니 차라리 동쪽 조선으로 가는 것이 저 치발薙髮을 하고 야만스러운 되놈들을 피하는 것이 낫겠다 생각하고, 드디어 싸움터를 탈출하여 금석산 속에 숨었다. 먹을 것이 없어서 양가죽으로 만든 옷을 불에 구워서 나뭇잎에 싸먹고 두어 달 동안 목숨을 부지하였다. 그리고 압록강을 건너 관서의 여러 고을을 돌아다니다 마침내 회령까지 굴러 들어가, 조선 여자와 결혼하여 아들 둘을 낳고 나이 팔십을 넘겨서 죽었다. 그 자손이 퍼져서 백여 명이나 되었는데 모두 한 집에서 살림하고 있다." 『열하일기』 1780년 6월 25일

강역관(2)

당 태종이 천하의 군사를 일으켰는데 이 작은 성 하나를 함락시키지 못하고 황망히 군사를 돌이켰다는 이야기는 의심되는 바가 있는데, 김부식은 다만 옛 글에 그의 이름이 전하지 않은 것을 애석히 여겼다. 대체로 김부식이 『삼국사기』를 지을 때 다만 중국의 사서에서 한 번 골라 베끼고는 모든 사실을 그대로 인정하고, 또 유공권柳公權의 소설을 인용하여 당 태종이 포위당한 사실을 입증까지 하였다. 그러나 『당서唐書』와 사마광司馬光의 『통감』에는 이러한 내용이 기록되어 있지 않으니,

아마 중국의 수치라 하여 꺼린 것이 아닌가 싶다. 그러나 우리 본토에서 예로부터 전해 내려오던 사실은 단 한 마디도 감히 쓰지 못했으니, 그 사실이 미더운 것이건 아니건 간에 다 누락시키고 말았던 것이다. 나는,

"당 태종이 과연 안시성에서 눈을 잃었는지 아닌지 확인할 길이 없으나, 대체로 이 성을 '안시'라고 함은 잘못이라고 한다. 『당서』에 보면, 안시성은 평양에서 거리가 5백 리요, 봉황성은 또한 왕검성王儉城이라 한다 하였고, 「지지地志」에서는 봉황성을 평양이라고 하기도 한다 하였으니, 이는 무엇으로 이름을 정한 것인지 모르겠다. 또, 「지지」에, 옛날 안시성은 개평현蓋平縣의 동북 70리에 있다 하였으니, 대체로 개평현에서 동으로 수암하秀巖河까지 3백 리, 수암하에서 다시 동으로 2백 리를 가면 봉황성이다. 만일 이 성을 옛 평양이라고 한다면, 『당서』에서 말한 5백 리라는 지적과 서로 부합된다."고 생각한다.

그런데 우리나라 선비들은 단지 지금의 평양만 알고 있어서 기자가 평양에 도읍을 했다고 하면 이를 믿고, 평양에 정전井田이 있다 하면 이를 믿으며, 평양에 기자묘箕子墓가 있다 하면 이를 믿고 있으니, 만일 봉황성이 곧 평양이라고 한다면 크게 놀랄 것이다. 더구나 요동에 또 하나의 평양이 있었다고 하면, 이는 해괴한 말이라고 하면서 나무랄 것이다. 그들은 아직 요동이 본시 조선의 땅이며, 숙신肅愼·예穢·맥貊 등 동이의 여러 나라가 모두 위만衛滿조선에 예속되어 있었음을 알지 못하며, 오라烏剌·영고탑寧古塔·후춘後春 등지가 본래 고구려의 옛 땅임을 알지 못하는 것이다. 아아, 후세 선비들이 이러한 경계를 밝히지 않고 함부로 한4군을 모두 압록강 이남으로 몰아넣어서, 억지로 사실을 끌어다 구구히 분배하고 다시 패수浿水를 그 속에서 찾아, 혹은 압록강을 '패수'라 하고, 혹은 청천강을 '패수'라 하며, 혹은 대동강을 '패수'라고 한다. 이리하여 조선의 강토는 싸우지도 않고 저절로 줄어들어 버렸다.

이는 무슨 까닭일까. 평양을 한 곳으로 못 박아 놓은 후 패수 위치를 앞으로 나가게도 하고 뒤로 물러나게도 한 것은 그때 그때의 사정에 따른 것이다. 나는 일찍이 한4군의 땅이 요동에만 있는 것이 아니라 마땅히 여진 땅에까지 들어간 것이라고 보았다. 『한서』 지리지에 보면 현도나 낙랑은 있어도 진번眞蕃과 임둔臨屯은 보이지 않는다. 대체로 한漢 소제昭帝 시원始元 5년에 4군을 합쳐서 2부府로 하고, 원봉元鳳 원년에 다시 2부를 2군郡으로 고쳤다. 현도의 세 고을 가운데 고구려현高句麗縣이 있고, 낙랑 스물다섯 고을 가운데 조선현朝鮮縣이 있었으며, 요동 열여덟 고을 가운데 안시현安市縣이 있었다. 다만 진번은 장안에서 7천 리, 임둔은 장안에서 6천 1백 리 거리에 있다. 이는 김윤金崙(조선 세조 때의 학자)의 이른바, "우리나라 안에서 이 고을들은 찾을 수 없으니, 분명히 지금 영고탑 등지에 있었을 것이다."라고 한 말이 옳을 것이다. 이로써 본다면 진번과 임둔은 한말에 바로 부여扶餘 · 읍루挹婁 · 옥저沃沮에 들어간 것이니, 부여가 다섯이고 옥저가 넷이던 것이 혹 변하여 물길勿吉이 되고, 혹 변하여 말갈이 되고, 혹 변하여 발해가 되고, 혹 변하여 여진이 된 것이다. 발해의 무왕武王 대무예大武藝가 일본의 성무왕聖武王에게 보낸 글월 가운데, "고구려의 옛 터를 회복하고, 부여의 끼친 풍속을 물려받았다."고 하였으니, 이로써 미루어 보건대 한4군의 절반은 요동, 절반은 여진에 걸쳐 있어서 서로 연결되어 있었으니 이것들이 본래 우리의 범위 안에 있었음은 더욱 명확한 일이다.

그런데 한나라 이후로, 중국에서 말하는 패수가 어디인지 일정하지 않고, 또 우리나라 선비들은 반드시 지금의 평양을 가지고 표준을 삼아 여기저기서 패수의 자리를 찾는다. 이는 옛날 중국 사람들이 요동 이쪽의 강은 죄다 '패수'라고 하였기 때문이며, 그 거리가 서로 맞지 않으니 사실이 어긋나게 된 것이다. 그러므로 옛 조선과 고구려의 경계를 알려면, 먼저 여진을 우리 국경 안으로 포함시키고, 다음으로 패수를 요동에서 찾아야 할 것이다. 이렇게 해서 패수가 일정해진 연후에야 강역이 밝혀질 것이고, 강역이 밝혀진 후에야 고금의 사실과도 부합될 것이다. 그런즉 봉황성이 틀림없는 평양인가 하고 묻는다면, 이 곳이 만일 기씨箕氏·위씨衛氏·고씨高氏 등이 도읍한 곳이라고 한다면 역시 하나의 평양이라고 답할 수 있을 것이다. 『당서』 배구전裴矩傳에, "고려는 본시 고죽국孤竹國인데, 주나라가 이에 기자를 봉하였더니, 한나라 때 이르러 4군으로 나누었다."고 하였으니, 이른바 이 고죽국이란 지금의 영평부永平府에 있으며, 또 광녕현廣寧縣에 기자묘가 있어서 우관鄠冠(은殷의 갓 이름)을 쓴 소상塑像을 앉혔는데, 명 가정嘉靖(세종世宗의 연호) 때의 병화兵火로 불탔다고 하며, 광녕현을 어떤 이들은 '평양'이라 부르고, 『금사金史』와 『문헌통고文獻通考』에서는 "광녕·함평咸平은 모두 기자의 봉지封地다."라고 하였다. 이로써 미루어 보건대 영평永平과 광녕 사이가 하나의 평양일 것이다. 또 『요사遼史』에,

"발해 현덕부顯德府는 본래 조선의 땅으로 기자를 봉한 평양성平壤城이었다. 이것을 요나라가 쳐서 '동경東京'이라고 고쳤으니 이는 곧 지금의 요양현遼陽縣이다."라고 하였으니, 이로 미루어 보건대 요양현 역시 또 하나의 평양일 것이다. 나는, "기씨箕氏가 애초에 영평과 광녕 사이에 있다가 나중에 연燕나라 장군 진개秦開에게 쫓겨 땅 2천 리를 잃고 차츰 동쪽으로 옮아가니, 이는 마치 중국의 진晉·송宋이 남으로 옮겨간 것과 같다. 그렇게 옮겨가면서 머무는 곳마다 평양이라고 하였으니, 지금 우리 대동강 기슭에 있는 평양도 그 중 하나일 것이다."라고 생각한다.

『열하일기』 1780년 6월 28일

자국에 대한 인식

사람들 중에 왕민호王民皥라는 하는 거인擧人이 한 명 있었다. 그가 "조선의 땅은 얼마나 넓습니까."라고 물었다. 나는,

"옛 기록에는 5천 리로 되어 있지만, 단군조선은 당요唐堯와 같은 시기였고, 기자조선은 주 무왕周武王 희발姬發 때 봉한 나라였으며, 위만조선은 진秦나라 때 연나라 백성들을 이끌고 피란을 왔기에 모두들 부분적으로 한 쪽만 점유하였으니, 5천 리가 다 차지 못하였을 것입니다. 전前 왕조 때 고구려 · 백제 · 신라 등을 합쳐 고려가 되었으니, 동서가 천 리요 남북이 3천 리였습니다. 중국의 역사책 가운데 조선의 민물民物과 풍속을 적은 것이 실제와 달라서, 모두 기자 · 위만 때의 조선이고 오늘의 조선은 아닙니다. 그리고 역사를 쓴 이는 대체로 외국의 일은 간략히 기록하고 한갓 옛 기록만 좇을 따름인데, 그 고장의 풍속과 나라의 습속이란 제각기 시대에 따라 다른 법입니다. 우리나라로 말하면, 오로지 유교를 숭상하여 예악과 문물이 모두 중화를 본받았으므로, 예로부터 '소중화'로 불렸으며, 나라의 규모라든가 사대부의 행신 · 범절은 완전히 조송趙宋과 다름 없습니다." 『열하일기』 1780년 8월 9일

고구려고高句麗攷

고려高麗는 애초에 고구리高句驪에서 나온 이름으로, 구句자와 마馬변을 생략한 것이다. 만일 산과 물이 곱다고 풀이하여 '고려'라고 읽는다면 이는 천자문에 있는 금생려수金生麗水의 려麗자가 될 것이니 이는 거성去聲에 속한다. 그런데 중국 사람들은 이를 평성平聲인 '리麗'로 발음한다. 수 · 당나라 때도 고구리는 모두 '고리'라고 불렀으니 '고리'라는 이름은 그 유래가 벌써 오래되었다. 이무관李懋官은 일찍이,

"'고구리'라는 말은 『한서』 지리지에 처음 등장하며, 그들의 조상은 금와金蛙다. 우리나라 말로 와蛙는 개구리皆句麗라 하고 또는 왕마구리王摩句麗라고 한다. 옛 사람들이 몹시 질박해서 곧 임금 이름으로써 나라 이름을 삼고 성을 그 위에 덧씌워 '고구리'가 되었던 것이다."라고 하였으니, 이는 비록 일시의 조롱하는 말에 지나지 않는 것 같지만 제법

이치에 맞는 말이다. 외국의 방언이 대체로 소리는 있으나 글자가 없는 것이 많으므로 중국 사람들은 그 소리를 한자로 옮기면서 예를 들면, 은銀을 몽골蒙古이라 하고, 아름다운 금을 애신각라愛新覺羅라 하며, 장사壯士를 예락하曳落河라고 부르는 것이다. 『열하일기』 피서록避暑錄

북방 강역인식

허항종許亢宗의 『행정록行程錄』에,

"동주同州로부터 40리를 가서 숙주肅州에 이르러 동쪽을 바라보면 큰 산이 보이는데, 금나라 사람들이 이것을 신라산新羅山이라 부른다. 이 산중에는 인삼과 백부자白附子 같은 약재가 많이 나는데, 이 산이 고구려와 접경해 있다."라고 하였는데, 이것은 허튼 소리다. 동주와 숙주가 어디에 있는지 모르지만, 금나라 사람들이 '신라산'이라고 부른 곳이 어찌 고구려와 접경이 될 수 있겠는가. 남북의 위치가 뒤바뀐 셈이다. 『열하일기』 동란섭필銅蘭涉筆

청국 안의 피로인 자손

조선 피로인의 후손(1)

찰원 안에 한 노파가 와서 말하기를, 자기의 부모는 우리나라 사람이 며 정축년에 포로가 되어 이 곳에 온 뒤 자신을 낳았는데, 지금 나이는 69세라고 하였다. 어머니는 본래 서울 장의동藏義洞에 살았고 아버지는 광주산성廣州山城 사람이며, 남편은 영안도永安道 태생인데 오래 전에 죽고, 지금은 손녀 하나를 의지하며 사는데, 우리나라 식으로 김치와 장을 만들어 팔아 살아간다고 하였다.

우리나라 말을 하는 것만 해도 귀한데 '장의동'이라는 세 글자가 더욱 신기해서 약과와 종이, 부채를 주었다. 이 여인은 이전의 사행 때도 자주 나타났었다. 고종형 우사 이상공霽沙李相公 이세백李世白과 송 판서松 判書의 『일기』에 모두 언급되어 있다. 저녁밥엔 동치미가 나왔는데 우리나라의 것과 맛이 꼭 같았다. 이 노파한테 산 것이다. 『가재연행록』 1712년 12월 15일

통관

통관들이 비록 우리 말을 하나 발음이 정확하지 않고, 말의 뜻이 서로 어긋나 우습다. 마치 어린아이들이 처음 배우는 말과 흡사하다. 내가 홍이가에게 묻기를,

"처음에 어떻게 우리나라 말을 배웠소?" 하니, 홍이가가 말하기를,

"부모가 모두 조선 사람인데, 나에게 조선말을 가르치기 위하여 노비도 다 조선 사람을 사다 썼고, 집안에서는 청국 말이나 한어漢語도 사용하지 못하게 하였기 때문에 자연히 배우게 되었습니다. 부모가 돌아가시고 차츰 말을 잊어버리게 되었는데, 나의 자녀들은 비록 가르친다 해도 끝내 말은 하지 못할 것입니다. 우리가 죽은 뒤에는 양국의 통화할 길이 막힐 것 같습니다." 『가재연행록』 1713년 1월 25일

조선사람의 자손인 청국 통역관 홍이가의 집을 방문하다

한 호인이 곁에 있었는데, 홍이가가 말하기를,

"이 사람도 조선사람의 자손입니다."라고 한다. 대개 통관들은 모두 조선사람의 자손이기 때문에, 포로로 잡혀온 사람들의 자손들과 더욱 친하게 왕래하고 사돈도 맺는다고 한다. 인정이 근본을 잊지 못함을 볼 수 있다. 주인집 여인들이 우리나라 춤을 보고 싶어한다는 말을 듣고, 역졸들에게 춤을 추어 보게 하였다. 한 사람은 탁자를 두드리고

두 사람이 마주 보고 춤을 추니, 뭇 여인들이 계단에 나와 구경하며 돈을 준다. 『가재연행록』 1713년 1월 26일

조선 피로인의 후손(2)

길에서 두 호인을 만났는데 그 가운데 한 사람은 요동 북문 밖에서 만난 사람으로, 황령자黃嶺子에 집이 있는데 유중승劉仲升과 이웃하여 살고 있다고 하였다. 같은 길로 함께 가면서 말하기를, '유중승의 선조는 조선사람이다.'라고 하였다. 『가재연행록』 1713년 3월 9일

조선 피로인의 후손(3)

문이선文二先의 아내도 그 집에 있었는데, 한어를 할 줄 아는 우리나라 사람을 만나보고 싶다고 해서 원역 몇 사람이 들어가 이야기를 주고받은 후 나왔다. 문이선의 아버지 이름은 김본金本인데, 우리나라 사람으로서 포로로 잡혀와 통관通官이 되었다. 죽음에 임박하여 그의 아들에게 부탁하여 말하기를,

"나는 조선사람이다. 봉성은 조선에서 가까운 곳이니, 내가 죽거든 반드시 봉성에다 장사를 지내다오."라고 하였다. 그의 아들이 그 말을 좇아 이 곳에다 장례를 치렀다. 문이선은 비록 북경에서 통관을 하고 있으나, 가족들이 아직도 이 곳에 있기 때문에 늘 왕래하고 있다고 하였다. 『가재연행록』 1713년 3월 12일

고려보의 조선 피로인

고려보에 이르니, 집들이 모두 이엉을 이어서 몹시 쓸쓸하고 검소해 보인다. 묻지 않아도 고려보임을 알겠다. 앞서 정축년丁丑年(1637년 병자호란 다음 해)에 붙잡혀온 사람들이 자연스레 한 마을을 이루어 살고 있다. 관동 천여 리에 물논이라고는 없는데, 다만 이 곳에서만은 물벼를

심고 있고, 떡이나 엿 같은 물건을 보니 본국의 풍속을 많이 간직하고 있다. 옛날에는 사신이 오면 하인들이 사 먹는 주식에 대해 값을 받지 않는 일이 있었고, 여인들도 내외하지 않고, 고국 이야기를 들으면 눈물바람을 하는 이도 많았다. 그러다보니 이를 기회를 하인들이 마구 잡이로 주식을 억지로 달라고 하여 먹는 일이 많을뿐더러, 따로 그릇이며 의복 등을 요구하는 일까지 있었으며, 또 주인이 본국의 옛 정을 생각해서 엄하게 지키지 않을 때는 그 틈을 타서 도적질을 하였다. 이에 우리나라 사람들을 꺼려하게 되어 사행이 지날 때마다 주식을 감추고 팔지 않았으며, 간곡히 청해야 비로소 팔았지만 값을 비싸게 부르기도 하고 혹은 값을 먼저 받곤 한다. 그럴수록 하인들은 백방으로 속여서 그 분풀이를 하였다. 그리하여 서로 상극이 되어 마치 원수보듯 하게 되니 이 곳을 지나칠 때면 반드시 일제히 한 목소리로, "너희 놈들은 조선사람의 자손도 아니야. 너희 할아비가 지나가시는데 어찌 나와서 절도 하지 않느냐."며 욕짓거리를 하면, 이 곳 사람들도 역시 욕설을 퍼붓는다. 그러므로 우리나라 사람들은 도리어 이 곳 풍속이 극도로 나쁘다고 하니 참으로 한심한 일이었다. 『열하일기』 1780년 7월 28일

Ⅱ. 경 제

사행무역

사행들의 은화 검열-팔포법

저녁에 서장관을 보러 갔더니 부윤과 함께 일행의 전대와 갈무리를 검열하고 있었다. 각자가 가진 은화의 수량을 기록한 뒤 그것을 봉하여 도장을 찍은 후에 돌려주었다. 이는 팔포법八包法에 의거하여 사적으로 참람하게 갖는 것을 막기 위한 것인데, 너무 엉성해서 형식적인 것을 벗어나지 못하였다. 『가재연행록』 1712년 11월 24일

청국의 면화무역

채문柵門은 초가로 지어져 풀을 덮었으며, 문 안에는 성장城將의 처소, 주식점酒食店, 민가를 합쳐 모두 10여 호 되는데 역시 모두 풀로 지붕을 이었다. 몇 리 바깥에서 책문 안을 바라보니 산처럼 쌓인 흰 물건이 있었는데, 바로 씨를 뺀 면화였다. 그것은 먼저 사행을 갔던 이들이 사 놓은 것인데, 그 수량이 무려 수십만 근에 달하여 웅장하였다. 『가재연행록』 1712년 11월 28일

난두

난두欄頭(물품조달 상인)는 봉성, 요동 등지에서 수레품을 파는 자들인데 세력이 있어 우리나라의 이권을 독점하고 있다. 『가재연행록』 1712년 11월 28일

난두와 관동민이 이익을 다투다, 난두와 역관이 결탁하다

"난두와 관동민關東民이 모두 이利를 잃는 바람에 나 역시 망했소."라고 하였다.

"관동민이 일찍이 황제께 고장告狀한 일을 심양에 내려 보내 지금

난두와 소송을 벌이고 있다는데, 누가 승소할 것 같습니까?" 하고 물었더니, 대답하기를,

"수일 전에 형부관刑部官 3인이 북경에서 심양으로 왔으나, 피차의 승부는 아직 알 수 없습니다."라고 하였다.

자세히 물어보려 했는데, 마침 난두 두어 명이 들어오자, 그 사람은 곧 나가서 다시 들어오지 않았다. 봉성에서부터 따라온 5, 6명의 난두는 어느 곳에나 끼어들어 행중의 기색을 살피곤 하였으며, 역관들 가운데는 그들의 첩자가 있어서 우리들이 나눈 이야기가 모두 누설된다고 하니 통탄스럽다. 행중에는 14명의 난두가 있다는 말이 있는데, 그중 두 사람은 우리 역관으로서 저들과 몰래 내통하는 자를 가리킨다.
『가재연행록』 1712년 12월 3일

난두와 수역의 농간, 말몰이꾼의 작폐

역관들이 와서 말하기를,

"난두의 송사는 7, 8할이 위태롭습니다."라고 하여, 일행 가운데 은銀을 선불한 자는 모두 근심하는 빛을 보였는데, 수역首譯만이 근심을 하지 않았다. 책문에 들어서면서부터 난두들은 품삯을 미리 줄 것을 요구하였다. 역배들을 환대하면서 아침저녁으로 간청하였는데, 그것으로 심양의 판관들에게 뇌물을 쓰기 위해서인 듯하였다. 행중의 여론이 모두,

"근래 와서 우리가 매매에서 이익을 보지 못하는 것은 오로지 난두 탓이다. 난두가 송사에서 지는 것이 우리에게는 큰 다행이다. 오히려 힘을 합쳐서 그들을 배제하지는 못할지언정 어찌 은자를 지급하여 그들의 기세를 도울 수 있겠는가? 또 그들의 기색이 전날과는 딴판이니, 기세가 이미 꺾인 것을 알 수 있다. 만약 은을 주었다가 승소하지 못한다면 그 은은 추심推尋할 수 없다. 그러니 일단 기다렸다가 심양에 이르거든

형편을 보아서 처리함이 가장 안전할 것이다."라고 하였다.

이 일의 이해는 삼척동자라도 다 알 만한 것인데도, 유독 수역만이 미리 줄 것을 강력하게 주장하고 다 주라고 일행을 위협하였다. 이에 대해 오직 이유량李惟亮, 최태상崔台祥, 장원익張遠翼, 홍만운洪萬運 4인만이 이의를 제기하고 나머지는 굴복하여 건네주었으니 원통한 일이다. 뒤에 들으니, 그 액수가 모두 만여 냥이나 되었다고 한다.

이에 앞서, 수역이 도중에 사신에게 말하기를,

"근래 쇄마구인刷馬驅人이 심양에 도착하면 금하는 물건들을 많이 사기 때문에 문제가 생깁니다. 이러한 폐단을 미리 막으려면, 지금 단련사團練使를 엄중히 단속해서 오래 심양에 머무르지 못하게 하고 사행이 떠나기 전에 먼저 떠나게 하는 것이 좋습니다."라고 하였는데, 이 날도 역시 같은 말을 하기에 세 사신은 단련사에게 분부하여 사행이 떠나는 그 날로 즉시 돌아가라고 말했다. 아마도 의주의 쇄마구인들이 난두의 행위를 매우 미워하여 사행이 떠난 뒤 형부관刑部官에게 난두의 파면을 일제히 호소하기로 약속하였는데, 난두가 낌새를 채고 수역을 시켜 남몰래 방해하는 계략을 쓴 듯하였다.

일행들이 그 계교를 알고 모두 격분하여 말하기를,

"단련사 일행이 가진 은화도 많으며 의주에 돌아가면 으레 세금을 바친다. 또 전부터 2, 3일 남아 있는 것은 관례다. 또 금지하는 물품을 사고 안 사는 것은 날짜의 다소에 있는 것이 아니니, 기간을 녹속해서 보낼 필요가 없다."고 하였다. 백씨가 이 말을 듣고 드디어 단련사에게 다시 분부하기를, 사행이 떠난 하루 뒤에 바로 돌아가게 하라고 하였다. 단련사는 청성첨사淸城僉使 장익문張益文이었다. 물건을 안고 들어오는 호인들이 한없이 많았다. 세폐목歲幣木을 헤아려 보았더니 24필이 비었다. 아마도 쇄마구인이 훔친 듯한데, 전부터 이런 일이 많았다고 한다.

『가재연행록』 1712년 12월 6일

수역이 전하는 난두와 수역의 농간과 쇄마구인의 작폐

밤에 수역首譯이 들어와 말하기를,

"심양 소식을 들어보니, 단련사는 19일 떠났으나 쇄마구인이 금하는 물건을 많이 샀기 때문에 책문을 나올 때 반드시 문제가 생길 것입니다. 그렇게 되면 행차도 매우 문제가 될 것입니다."라고 하였다. 아마도 이는 난두의 말일 것이며, 수역이 와서 사행에게 고하는 까닭은 우리를 동요시키려 하는 것이었으니, 그 상황이 놀라웠다. 이유량李惟亮이 말하기를,

"쇄마구인이 설사 잘못을 저질렀다 한들, 행차가 떠난 뒤에 일어날 일입니다. 무슨 누累가 미칠 염려가 있겠습니까?" 하니, 박동화朴東和가 옆에 있다가 화를 내면서 이유량을 돌아보며 말하기를,

"어찌 알지도 못하는 말을 지껄이는가?" 하였다. 이유량이 다시 말하지 못하기에 내가 박동화에게 말하기를,

"그대의 말대로라면 이 일이 어떻게 될 것 같은가? 이 일로 사신의 직분이 바뀐단 말인가? 이번 원역員譯들 가운데에도 청나라 말을 산 자가 또 있었는데, 말은 금물이 아닌가? 어찌하여 그대는 이것은 언급하지 않으면서 유독 쇄마구인의 일만을 염려하는가?" 하고 따졌다. 내가 이 말을 한 것은 박동화의 종과 조카사위가 이번에 심양에 도착하자 모두 말을 사서 단련사 편에 보냈기 때문이다. 이에 박동화가 기가 꺾여 어물어물 나가 버렸다.

단련사가 심양을 떠난 지 겨우 3일이 되었는데, 그 소식이 520리 길을 오다니, 귀신처럼 빠르다고 할 만하다. 그 뒤에 봉성에서 쇄마구인이 샛길로 몰래 빠져나갔다는 사실이 의주에 급히 알려졌으므로 단련사가 잡혀가 죄를 받았고, 부윤도 파직되어 바뀌었다. 이는 아마 난두가 성장城將을 사주해서 꾸민 일일 것이다. 『가재연행록』 1712년 12월 13일

조선사행과 무역을 하는 상인 정세태

정세태는 북경의 장사치로, 우리나라에서 사들이는 비단은 모두 그의 손에서 나오고, 그 대가는 은자 10만 냥을 훨씬 넘는다. 그 아비 때부터 이 장사로 살림을 일으켜 정세태에 이르러 더욱 부자가 되었고, 혼인도 벼슬하는 집들과 많이 하여 자못 권세가 있다. 비단 이외에 무릇 얻기 어려운 물건들을 정세태에게 말하면 구하지 못하는 것이 없다. 그 집은 옥하교 큰길 남쪽에 있는데, 조선과의 매매를 위해 옥하관 문 곁에 묘당을 짓고 주야로 분향을 하는데, 그 향이 마치 구불구불한 노끈 같아서 한쪽 끝을 태우면 일주야를 계속해 탄다 한다. 『가재연행록』 1713년 1월 7일

수역의 작폐와 농간, 난두 등과의 유착

하루는 수역이 사신에게 고하기를,

"심양 난두의 일은 이미 판결이 났습니다. 난두가 승리하여 송사한 장두狀頭는 귀양을 갔습니다."라고 하였다. 그래서 처음에는 그렇게 알고 있었는데, 뒤에 들어보니 모두 허무맹랑한 말이었다. 이것은 일행이 모두 난두를 없애려고 하였기 때문에 예부에 보고할까 염려하여 그 길을 막은 것이다.

난두 가운데 우두머리인 고천록高天祿은 요동에서 북경까지 따라와 매일 관청을 들락거렸다. 통관도 역시 뇌물을 많이 받아 정성껏 그를 대접하였으며, 수역은 사행의 모든 것을 고천록에게 이야기하니, 역관들이 이 때문에 그를 두려워하여 감히 입을 열지 못하였다. 군관 등도 나에게 와서 말했다가 그 말이 바로 수역의 귀에 들어갈까 하여 일체 입을 다무니, 그 권세를 알 만하다.

역관으로서 한어를 못하는 자가 한두 명 있으며, 조금 잘하는 자라도 해도 중국 사람들과 대화하는 양을 보면 열 마디에 두세 마디는 분명하

지가 않다. 그래서 이쪽에서 말하는 바를 저쪽에서 알아듣지 못하고 저쪽에서 말하는 바를 이쪽에서 역시 못 알아들으니, 보기에 갑갑하다. 양국의 사정은 다만 통관과 역관에게만 의지하여 소통하고 있는데, 역관은 이 모양이고, 통관 역시 우리 말을 잘하지 못한다. 언어라는 것이 다 갖추어 말을 해도 오히려 알아듣기 어려운 법인데, 지금 몇 마디 말로 골라서 하고 있으니, 곡절이 번거로운 일에 이르면 피차간에 마음이 통할 리가 있겠는가? 이 때문에 무슨 일이 생기면 이치를 따져가 며 논쟁을 하는 것이 아니라 크고 작은 일을 막론하고 오직 뇌물을 주는 데만 힘쓰니, 어찌 한심하지 않겠는가!

일찍이 들으니, 중국 사람들은 욕심이 많은데 근래에는 기강이 없어 져 모든 일을 뇌물로 해결한다고 하였다. 이번에 와서 보니, 과연 그렇지 는 않았다. 이 나라 사람들은 마음이 밝고 도량이 크며 잘못된 일은 비록 아주 매끄러운 말로 꾸미더라도 믿지 않으며, 옳은 일에 대해서는 비록 처음에는 오인을 하더라도 이치로 따지면 바로 의혹을 푼다. 이번 일만 하더라도 처음에는 다만 문서만 보고 오인을 하였으나, 장원익의 말을 듣고는 곧 의혹을 풀어 조금도 의심치 않으니, 이러한 일은 우리나 라 사람들이 미치지 못할 바다. 낭중 황숙완黃叔琬은 한인인데, 인물이 지극히 준수하다. 이 사람이 먼저 장원익의 말이 옳다면서 시랑과 다른 낭중들에게 설명을 하였다고 한다. 저녁식사 후 여러 군관들과 더불어 서정에 나가 말을 훈련시키는 것을 보았다. 말 40필이 꼬리를 물고 성큼성큼 걷는데, 팔도의 역자들이 각기 그 독특한 말 부리는 소리를 낸다. 몽골 사람들이 담에 올라와서 보고는 재미있다는 모습니다. 이 날 날씨는 온화하고 봄기운이 많았다. 『가재연행록』 1713년 1월 17일

역관들, 장사에만 골몰하다

오후에 서장관을 보러 갔다. 유봉산도 와서 이야기하였다.

이 날 예부에서 수역과 상통사를 불러서,

"지난해 사은사謝恩使의 방물에는 황색 저포苧布가 50필 남았는데, 지금 이 이준자문移準咨文에 30필로 적혀 있는 것은 무슨 까닭인가?"하고 물었다. 그 뜻은 사실을 조사하는 데 있었기 때문에 탈을 잡는 것과는 달랐는데, 수역이 시말을 몰라 대답을 하지 못했다. 또 몇 년 전에 진주 방물문서陳奏方物文書와 이번 사은 방물문서謝恩方物文書를 꺼내어 보이면서 말하기를,

"사은 방물의 수량이 어찌 앞뒤가 다른가?" 하자, 수역은 또 그 연고를 몰라 갑자기 변명하여 대답하기를,

"사은은 다 같지만 일의 경중에 따라 방물이 많거나 적어집니다."라고 했다. 사신이 이 말을 듣고 승문원 서원 강우문을 불러 물으니,

"진주 방물과 사은 방물은 수효가 본래 서로 같지 않기 때문에 예전부터 등록이 이와 같았습니다."라고 하였다. 이에 수역이 비로소 잘못 대답했다는 것을 알고, 강우문과 함께 예부로 갔으나, 여러 관리들이 이미 흩어져 미처 이야기를 하지 못하고 돌아왔다.

이 나라의 규칙은 문서를 모두 만주어로 번역한 뒤 황제에게 상주하는데, 사은 방물 문서는 문제가 있어 지금까지 번역하지 못했다고 한다. 또 역관이 말을 잘못하여 하루면 해결할 수 있는 일을 이틀을 소비하고도 해결하지 못하여 날짜가 점점 늦어지니, 정말 한심스러운 일이라 하겠다.

역관들이 해마다 들락거리나 그들은 자기 장삿속을 차리는 것 외에는 아는 바가 없다. 이번에 온 수역도 한어漢語는 전혀 할 줄 모르고, 문자에도 밝지 못해 일이 생기면 복잡해진다. 의주에서 태자의 방물을 덜어 내놓고 왔는데도 여기에 이르러 보니, 채화석彩花石 25장, 저포苧布 20필을 정수 이외에 더 가져왔다. 이 한 가지를 보더라도 그 나머지를 알 수 있겠다. 『가재연행록』 1713년 1월 20일

조선의 포목과 표피

이원영이, "귀국의 포목을 1필 사려고 합니다."라고 하길래,

"가져온 것이 없습니다."라고 답하고는 '어디에 쓰려고 하느냐?'고 물으니,

"수건을 만들면 매우 좋습니다. 우리나라에서 가장 좋아하는 물건입니다."라고 하였다.

또 말하기를,

"이렇게 좋은 표범 가죽도 팝니까?" 하니, 나는, '표범 가죽은 청과 조선에서 금물이니, 가져오지 못했다.'고 하였다. 또 내가 착용한 이엄耳掩을 보고는 가죽이냐고 물어서 여우 가죽이라고 대답했다. 사실은 개 가죽이었으나 이 곳 사람들이 개 가죽을 매우 천하게 여기므로 속여서 대답한 것이다. 『가재연행록』 1713년 1월 22일

청 상인과 통관이 유착하다

이 날 통관 김사걸이 들어와 모든 호인 장사치들을 쫓아내게 한 다음, 차 통관次通官에게 문을 지키게 하였다. 역관들이 그 까닭을 물으니, 김사걸이 말하기를,

"어제 통관이 예부에 갔는데, 예부에서 창춘원에서 활 쏜 이야기를 듣더니 드디어 통관에게 경계하기를, '황제께서 조선을 대접함이 이와 같이 특이하시니, 잡인들을 숙소 안으로 출입하게 하다가 만약 도둑이라도 맞는 일이 생긴다면 필경 죄를 물을 것이니 마땅히 엄하게 경계해야 한다.'라고 했기 때문에 이와 같이 하오."라고 하였다. 그러나 이것은 말이 되지 않는다. 혹자는 말하기를, '정세태가 자기 물건의 값이 비싸서 우리나라 사람들이 잡상인들에게 물건을 많이 사게 되니, 통관들에게 뇌물을 주어 그들의 장삿길을 막으려 한 것이다.'라고 하였는데, 이 말이 좀 그럴 듯하다. 이 같이 하기를 또한 며칠 하다가 중단하였다.

청 상인 정세태

정세태가 김덕삼을 만나려고 들어왔다. 나이는 40쯤 되어 보이는데, 까맣게 말라서 풍채가 전연 없으니, 만금의 재산을 가진 부자처럼 보이지 않았다. 내 나이를 묻기에 글로 써서 보여주었다. 정세태의 집은 옥하교 길 곁에 있는데, 일찍이 보니, 그 문에 기둥을 세우고 적기를 '흠봉성지 정정절녀 모씨지려欽奉聖旨旌貞節女某氏之閭'라고 하였다. 내가 정녀貞女는 당신과 어떤 사이냐고 물으니, 조모라고 대답했다. 『가재연행록』 1713년 1월 29일

사행 수행원들이 농간을 부리다

최덕중이 우연히 들어와 말하기를,

"어제 김중화와 같이 말 꼴을 받았는데, 상방 서자上房書者가 관례상 그 일을 맡았습니다. 효석孝石이 호인에게 뇌물을 받고 가벼운 것을 무겁게 쳤는데, 차통관 김원후金元厚가 그것을 발견하고 우리에게 말하기를, '조선사람들이 이와 같이 간사한 짓을 하면서 번번이 말 꼴이 부족한 것을 우리의 허물로 돌리는 것은 어찌된 까닭인가?' 하므로, 우리들은 서로 돌아보고 아무말도 못했습니다. 말 1필에 지급되는 꼴이 7근인데 보통 5근씩 받았으니 앞뒤에 줄인 것을 계산하면 거의 수만 근에 달합니다. 김원후가 꼴 공급자에게 그 숫자를 다 채우게 하였습니다. 이것으로 보면 일반적으로 숙소 안에서 간사한 짓을 하는 것은 모두 우리나라 사람들임을 알 수 있습니다." 하고, 또 말하기를,

"주방의 찬물은 모두 건량 마두乾糧馬頭가 사오는데, 그 값을 배로 치니, 손실이 많습니다. 비록 일일이 엄격히 살피고 있으나 속는 일이 상당히 많습니다. 또 값을 놓고 흥정할 때에 이들은 말하기를 '상방에서

사온 것들도 모두 이와 같다.' 하며 이를 끌어다 증거를 삼으니, 이 또한 난처합니다."라고 하였는데, 그 속이 들여다보인다.

상방의 건량 마두는 이름이 대직大直인데, 용천의 역노다. 뇌물로 역관들에게 아부하여 연거푸 이 일을 맡아, 드디어 일을 안다고 이름이 났으나 위인이 음흉하고 욕심이 많다.

이들이 하는 짓은 자세히 알 수가 없다. 그러나 동팔참東八站에 있을 때 대직이 승두선 하나로 꿩 한 마리와 바꾸었는데, 원건은 딴 부채 하나를 꿩 두 마리와 바꾸었다. 여행을 하는 중에 백씨가 멧돼지 고기가 생각난다고 하자, 대직이 처음에는 희귀해서 얻기 어렵다 하더니, 며칠 이 지난 뒤 집돼지 고기를 바치고는 멧돼지 고기라고 하였다. 대개 멧돼지 고기의 값이 집돼지 고기보다 값이 갑절이나 되기 때문이다. 내가 꾸짖기를,

"구하지 못했으면 못한 것이지, 스스로 이르기를 멧돼지니, 집돼지니 하느냐?"고 하니, 그는 구분하지 못해서 그랬다고 했다. 계당주桂糖酒를 별도로 가지고 온 것이 있었는데, 여기 와서 물으니 어디 있는지 모른다 한다. 백청白淸도 갖고 온 것이 몇 말이나 되는데, 오늘까지 수십 일 동안 물에 타서 마시려 하나 역시 다 떨어졌다고 한다. 그 전후에 쓴 숫자를 계산해 보면 서너 되에 불과하다. 이 몇 가지 일로 미루어 보아도 다른 것을 모두 알 수 있다. 『가재연행록』 1713년 1월 30일

목극등이 회령개시의 폐단을 전하다

오랄총관烏喇摠管 목극등穆克登이 나와서 사신 보기를 청하였다. 사신 이 나아가 읍하니, 목극등이 통관을 통해 말을 전하기를,

"백두산 건은 잘 해결되었으니, 다시 가서 보지 않아도 지계地界를 걱정할 필요는 없습니다. 표標를 세우는 것도 또한 급히 서두를 필요가 없습니다. 다만 한기에는 서서히 해서 백성들을 상하지 않게 해야 합니

다."라고 하였다. 말을 끝내고 바로 갔다. 조금 있다가 또 수역을 불러 말하기를,

"내가 북도北道를 왕래할 때에 들으니, 회령개시會寧開市에서 영고탑寧 古塔 사람이 조선사람의 물건을 억지로 사는 일이 있다고 하기에 돌아와 황제께 상주하니, 황제께서 말씀하시기를 '짐도 일찍이 그런 말을 들었 는데 마땅히 경계시켜야 할 것이다.'라고 하였습니다. 사신과 마주 볼 때에 이 말을 미처 못했으니, 이 말을 고하여 주시오."라고 하였다.
『가재연행록』 1713년 2월 6일

조선쌀의 방납

저녁에 역관이 쌀을 납입하고 돌아와 통관의 말을 전하기를,

"조선 쌀은 오직 임금에게만 올리는데 그것으로 1년을 지탱합니다" 라고 하였으니, 얼마나 귀히 여기는가를 알 수 있다. 또, '쌀의 품종이 근래에 점차 나빠졌다.'고 하였는데, 아마 이것은 선천宣川, 곽산郭山의 쌀로서 1석의 값이 3석 값에 해당되기 때문에, 근래에는 적객謫客이 방납防納해서 이와 같이 되었다는 것이다. 『가재연행록』 1713년 2월 9일

역관들의 북경 사행무역

저녁 때에 고시방告示榜이 나왔는데 사신에게 보인 뒤에 붙였다. 고시 방은 매매를 허락하는 내용이었다. 이 날부터 사행 중의 사람들이 더욱 바쁜 기색을 보였다. 남쪽 물건이 귀했으므로 일행이 모두 잡물雜物을 샀다. 잡물은 실이나 천과는 달라서 정해진 값이 없으므로 한 물건을 사려고 서로 다투다 보니 1냥짜리가 10냥까지 올라갔다. 그리하여 사는 물건을 서로 속이고 감추기까지 하였는데 역관들도 그 수치스러움을 말하였다. 대개 이전에는 이런 일이 없었다고 한다. 역관들은 자기 것을 매매하는 일 외에 사대부집에서 별도로 부탁받는 것을 가장 민망스

럽게 여겼는데, 그 값은 종이, 부채, 붓, 먹 따위가 많아 이 때문에
손해를 보는 것이 매우 많았다고 한다. 『가재연행록』 1713년 2월 10일

황제의 상사를 정리하다

상사賞賜는 동지冬至, 정조正朝, 성절聖節, 사은謝恩 등 각기 정해진 수가
있으나 합계하면, 국왕에게는 은 1,000냥, 채단 25필, 준마駿馬 4필에
영롱안점玲瓏鞍黏을 모두 갖추었다. 상사와 부사에게는 각기 은 200냥,
대단大緞 12표리表裡, 황견黃絹 8필, 안구마鞍具馬 2필, 서장관에게는 은
180냥, 대단 8표리, 황견 5필, 대통관 3인에게는 각기 은 130냥, 대단
4표리, 또 1필, 황견 5필, 압물관押物官 24명에게는 각기 은 70냥, 소단小緞
4표리, 또 1필, 청삼승靑三升 10필, 종인 30명에게는 각 은 23냥을 주었다.
압물관 24명이 받은 상사는 정수 외로 들어온 자들에게 고루 나누어
주었는데 각기 은 53냥 5전, 소단 4필, 노주주潞州紬 2필, 청삼승 8필이었
다. 나는 은 15냥, 소단 1필을 강우양康遇陽에게 주고, 원건과 선흥 등에게
는 합하여 은 10냥, 삼승 2필, 마부 업립業立과 귀동에게는 각기 은
5냥, 귀동에게는 삼승 2필, 업립에게는 삼승 1필을 주고, 갑군 왕사에게
는 은 1냥 5전, 상통사에게는 주가紬價 1냥 2전, 소단 1필, 노주주 1필,
김창엽에게는 소단 1필을 주고, 어의御醫에게도 노주주 1필을 주고,
만상 군관 임충국任忠國에게는 삼승 1필, 효석孝石에게는 올 때에 그
말을 3일간 빌린 수를 주었다. 은 1냥을 1998문文과 바꾸어 돌아가는
길에 구걸하는 자들에게 줄 것으로 하고, 김창엽에게 9전, 마패麻貝의
노奴에게 6전을 주었으며, 동교동내東郊洞內 하인들에게 나누어 주려고
또 모자[笠] 50개와 띠[帶子] 100개를 사고, 나머지 몇 냥은 선흥에게
주어 도중에 쓸 비용으로 하되, 안 쓰게 되면 그가 갖도록 하였다.
『가재연행록』 1713년 2월 13일

사기 당하다

주방에서 쓴 반찬 및 나무 값이 은 100여 냥이 넘어 건량乾糧이 가진 여비가 부족하다고 한다. 김창엽이 자신이 상사 받은 것으로 충당하려고 하니 이 때문에 무척 초조해지게 되었다 한다. 대직에게 사기를 당한 손해가 지금에야 비로소 발각된 것이다. 『가재연행록』 1713년 2월 14일

역관들, 안약으로 많은 이문을 남기다

절에 있는 승려가 안약을 팔았는데 이것을 역관들이 많이 샀다. 약은 작은 분말인데, 거위의 깃털 구멍에 청룡뇌기靑龍腦氣를 넣은 것으로 매우 비쌌다. 들으니 이 승려는 그 약으로 많은 이득을 남겨 재산을 모았다고 한다. 『가재연행록』 1713년 2월 17일

역관들의 무역-녹용과 사향

강을 지나 반리쯤 가서 금주 서문西門에 도착했다. 성 밖 시장에는 몽골 수레가 빽빽하게 길을 메우고 있었다. 김덕삼과 최수창·신지순 두 역관이 녹용과 사향을 사기 위해 잠시 머물기를 청했다. 그리하여 말에서 내려 노상에 앉아 있노라니 구경하는 사람들이 빙 에워싼다. 종자從者들은 모두 점방으로 들어가 국수와 빵을 사서 요기를 하고 있었다. 한동안 앉아 있다가 성 안으로 들어왔다. 성 안의 시장은 더욱 번성했고, 100여 보쯤 걸어가니 길 북쪽으로 시장 안에 작은 문 하나가 있었다. 관음사觀音寺였다. 『가재연행록』 1713년 2월 28일

형식적인 수행 인마 점검

북경에서 일행의 인마人馬를 점검할 때에 정해진 수 이외에 들어온 말이 18필이나 되었으니 모두 불문에 붙였다. 여기에 도착하여 서장관이 또 인마를 점검하였는데 형식[文具]에 지나지 않는데도 일행이 모두

불평을 하였으니, 우습고도 해괴한 일이었다. 『가재연행록』 1713년 3월 9일
나빴다. 『가재연행록』 1713년 3월 9일

난두와 관동민의 송사, 난두와 작당한 수역의 작폐

김창엽金昌曄과 홍만운洪萬運이 지난밤 맞은편 방에서 잤는데, 아침에 함께 찰원으로 들어와 백씨를 배알하면서 함께 말하기를,

"밤에 호인 주인에게 크게 곤욕을 당했습니다."라고 하였다.

내가 그 이유를 물었더니, 대답하기를,

"호인 주인은 난두와 송사를 벌이고 있는 사람이었습니다. 그는 송사가 해결되지 않은 허물을 우리나라 사람에게 돌리면서 말하기를, '난두가 곧 떨어져 나갈 것인데, 당신 나라 사람들이 난두에게 많은 돈을 주어 송관訟官에게 뇌물을 준 것입니다. 일이 지연되는 것은 모두 그 은자銀子의 힘입니다. 당신들은 난두와 무슨 관계가 있어 일을 이렇게 만들었습니까? 그 은자를 심양을 지난 뒤에 주었더라면 송사는 이미 끝났을 것입니다.'라고 하기에, 우리가 대답하기를, '우리가 북경에서 들으니, 〈그 송사는 난두가 이미 이겼으며, 관동민關東民인 장두狀頭는 죄를 받아 멀리 유배되었다.〉라고 하였는데, 지금 해결되지 않았다고 하니 어찌된 일이오?' 하였습니다. 그 사람이 말하기를, '어디에 그런 일이 있습니까? 우리 편 장두의 성명은 왕삼평王三平인데 현재 봉성鳳城에 있습니다. 이 사람의 나이는 30세가 못 되었으니 지식이 있고 담도 큰 사람입니다.' 하고 또 말하기를, '심양의 송관이 뇌물을 받은 후 난두를 폐할 수 없다고 황제께 상주를 했습니다. 황제는 그것을 의심스러워하여 상주한 것을 비준하지 않고 다시 육부과도六部科道를 시켜 재심의하여 처리하게 했습니다.'라고 하고, 또 말하기를, '당신네 나라 사람이 만약 한 번만 입을 열었더라면 난두는 오래 전에 쫓겨났을 겁니다. 설령 그럴 수 없었다 하더라도 어찌 그들에게 은자를 주어 도와주었습니

까? 우리들이 마차를 부릴 때는 다만 척隻으로 값을 논할 뿐이니, 무게가 200근이 되더라도 그 값은 은자 8, 9냥에 불과합니다. 지금 난두는 마차 1척에 100근 무게의 짐을 한도로 해서 매 척당 몇 냥을 더 받고 우리들은 들어가는 짐에 대해서는 품값을 달라고 한 일이 없었는데, 난두는 비록 들어가는 짐이라도 모두 척당으로 계산하여 품값을 받습니다. 또 우리는 마차를 부리는 외에 모든 매매행위에 대해 조금도 간섭을 하지 않지만, 난두는 관외關外에서의 모든 매매에 대해 간섭을 행하니, 당신네들의 이익은 모두 그들에게로 돌아가게 됩니다. 이런 일은 알지도 못한 채 당신들은 우리를 도와주지 않고 오히려 난두를 도와주고 있으니, 그것이 무슨 심보들이란 말이오?' 하면서 거듭거듭 말하였는데, 그 말하는 품이 분개하는 것이었습니다."라고 하였다. 이것으로 보면 수역이 전한 말은 결국 황당한 거짓말이었다. 『가재연행록』 1713년 3월 10일

조선사행과 무역하는 상인

이윽고 한 사람이 들어오는데 의복이 단정하고 인물이 준수하였다. 조선과 매매하는 장사치였다. 방균邦均(삼하三河와 계주薊州 사이의 지역) 땅에 살고 성이 항가項哥며 예전 건량관과 친할 뿐 아니라, 건량관이 나라 무역을 해서 가져오는 은이 많은 까닭에 들어와서 반기니 행동이 매우 친절하였다. 『담헌일기』 1765년 12월 20일

사행 숙소에 상인이 많이 드나들다

일행이 다 문을 나와서 숙소로 돌아오니, 처음 들어오는 것이라서 문을 열자 밖에 있던 사람이 마음대로 들어왔다. 매매하는 장사치들이 흥정을 하고자 하여 각 방을 무수히 출입하고, 내 방에도 여러 명이 들어와 성을 묻고 '노야'라고 일컬으며 매우 친절히 구는 사람이 많으니 우스웠다. 장사치 하나가 들어와 건량관과 더불어 이야기를 하기에

물으니, 성은 오가吳家고 대통관大通官(통역 당상관) 오림포吳林哺의 아우이자 길을 함께 오던 통관 쌍림雙林의 아저씨였다. 건량관이 말하기를, "이 사람은 조선말을 더러 알고 있으며 사람이 아주 허물이 없으니 그리 알고 말들 하십시오."라고 했다. 그래서 나가서 우리 말로 성과 나이를 물어보니 비록 분명하지는 않지만 알아듣게는 이야기하였다. 북경 통관은 다 조선의 피를 가진 사람의 자손을 시켰다. 오림포의 집안은 근본 성이 고가高家지만 자손이 만주의 제도를 따라 칭호를 삼았다. 이러므로 이번 길에 고가 역관이 하나 있었는데, 길에서 만나 함께 온 쌍림이 제 동생이라 하여 극히 친절히 대접하니, 그 역관이 아주 부끄러워하고 다른 역관은 다 조롱하여 보채니 우스웠다.

내가 오가에게 일러 말하기를,

"그대는 근본이 우리와 한가지니 우리를 만나 반드시 배로 반가웠을 것이다."라고 하자, 오가가 말하기를,

"나는 조선사람을 보면 아비를 본 듯 합니다."라고 하였다.

내가 말하기를,

"몸은 대국大國 사람이 되었으니 체면이 높아 우리와는 비교가 되지 않을 것이다."라고 하자, 오가가 머리를 가리키며 말하기를,

"이리 되었으니 서럽습니다."라고 하였다. 『담헌일기』 1765년 12월 28일

역관들의 무역으로 문제가 발생하다-역관들의 빚

이 날도 금문門禁이 오히려 엄하여 사람이 출입하지 못하니 여러 하인들이 민망한 사연을 고하므로 계부께서 당상역관을 불러 아문에 일러 이르기를, 바삐 내보내 물건 값을 결정하라고 하였다. 상사께서 정가鄭家의 은銀 사건으로 당상역관들을 불러 공문(呈文)을 짓고 제독에게 고하여 찾게 하라 하셨지만, 역관들이 이미 탕감蕩減을 허락한 까닭에 다시 언약을 배반하기 어려웠다. 뿐만 아니라 우리나라 사람의 부채가

만금을 넘었으므로 만일 보고를 하게 되면 장가가 죽을 죄를 지은 것이 되어 불쌍할 뿐 아니라 정가가 그 죄를 받게 되면 반드시 우리나라 사람의 부채에 대해서도 고하게 될 터니 우리나라 사람들 가운데 국률國律을 입을 이가 또한 수십 명은 넘을 것이다. 그러므로 서로 불화의 원인이 되기에 감히 거행치 못하노라 했다. 『담헌일기』 1766년 2월 20일

사행 수행원들이 무역 흥정을 하다

이 날 밤에 또한 문 안에 머물고, 아침에 나와 장사치의 흥정을 재촉하였다. 그런데 전부터 책문 장사치들은. 서장관이 길을 재촉한다는 것을 알고 있었던 까닭에 일부러 물건 값을 결정하지 않고 여러 날을 지체하였다. 이러므로 혹 지나치게 재촉하면 더욱 지체하여 의주 상인에게는 상당한 낭패가 될 것이었다. 이로 인하여 또한 인정없이 재촉을 하지 못하니 긴 날에 하는 일 없이 시간을 보내는 것이 아주 어려웠다. 『담헌일기』 1766년 4월 9일

사행 무역의 폐단–책문의 수세收稅

책문에 7일을 묵으니 만리 행역의 괴로움보다 심하였고, 책문을 나와 상부사 일행을 보내고 나흘을 묵으니 그 울적한 마음은 문 안의 7일 고행보다 더하였다.

12일에 이르러 흥정을 거의 마쳤으므로 일행이 출발하려고 힐 때, 한편의 의주 삯꾼을 불러 장사치에게 사가는 물건을 실으라 하니, 이 짐을 내가는 데 삯이 후하여 의주 사람에게 큰 이익이 되므로 여러 사람이 일시에 몰려들어 짐을 다투는 바람에 극히 혼잡하였다. 사람들을 멀리 물리치고 차례로 이름을 불러 나누어 맡기니 정돈은 되었으나 그 중간의 폐를 다 막지는 못하였다. 책문 안에 여러 서반과 갑군이 앉아서 나오는 물화를 낱낱이 기록하니, 이는 세관의 수세를 위함이다.

변경 장수들의 농간을 부리다-팔포법

사행이 갈 때에는 으레 정관正官에게 팔포를 내린다. 정관은 비장·역관까지 모두 서른 명이고, 팔포란 이전에 나라에서 정관에게 인삼을 몇 근씩 준 것을 말한다. 지금은 이것을 나라에서 주지 않고 제각기 은을 갖고 가게 하되, 단지 그 포의 수를 제한하여 당상관은 3천 냥, 당하관은 2천 냥으로 하였는데, 이것을 지니고 북경에 가서 여러 가지 물건들로 바꾸어 이문을 남기게 한 것이다. 가난해서 스스로 갖고 갈 수 없다면, 포의 권리를 팔기도 하는데 송도·평양·안주安州 등의 장사치들이 이것을 사서 대신 은을 넣어 간다. 그러나 이들은 직접 북경에 들어갈 수 없게 되어 있으므로, 이 포의 권리를 의주 장사치들에게 넘겨주어 물건으로 바꿔오는 것이다. 한韓이나 안安 같은 장사치들은 해마다 북경을 제 집 뜰처럼 드나드는데, 저쪽 장사치들과 서로 뜻이 맞아 물건 값의 결정은 모두 그들의 손아귀에 달려 있었다. 우리나라에서 중국의 물건 값이 날로 오르는 것은 실로 이 무리들 때문인데, 온 나라가 이러한 사정을 제대로 이해하지 못하고 역관들만 나무란다. 그러나 역관들도 이들 장사치에게 권리를 빼앗겨 어쩔 도리가 없다. 다른 곳의 장사치들도 이것이 의주 장사치들의 농락인 줄 왜 모르겠는가마는, 제 눈으로 직접 본 것이 아니므로 골은 낼 수는 있으나 무어라 말은 못하는 것이다. 상황이 이렇게 된 지 이미 오래되었다. 요즘 의주 장사치들이 잠시 은신한 채 나타나지 않는 것도 역시 흥정술의 하나다.

통관들의 치부致富

아침 일찍이 변군과 함께 먼저 길을 떠났다. 대종이 멀리 한 군데

큰 장원을 가리키면서, "저것은 통관通官 서종맹徐宗孟의 집입니다. 황성
皇城에는 저것보다 더 큰 건물이 있었답니다. 종맹은 본래 탐관으로서
불법적인 행위를 많이 저지르고 조선사람의 고혈을 빨아서 큰 부자가
되었는데, 늘그막에 예부에서 이 사실을 알게 되어, 황성에 있던 집은
몰수당하고, 이것만 그대로 남아 있답니다."라고 하고, 또 한 군데를
가리키며 "저것은 쌍림雙林의 집이고, 그 맞은편 대문은 문통관文通官의
집입니다."라고 한다. 대종은 말솜씨가 아주 날카롭고 능숙하여, 마치
오래 익혀둔 글을 외우는 듯하였다. 그는 선천宣川에 살고 있던 사람인
데, 벌써 예닐곱 번이나 북경을 드나들었다 한다. 『열하일기』 1766년 6월 28일

조선사행이 끼치는 경제적 효과

"주인의 살림살이는 좀 넉넉한가." 하고 물으니, 그는,

"1년 동안 줄곧 부지런히 일해도 기한을 면하지 못한답니다. 만일
귀국의 행차가 없다면, 생계가 아주 막막할 형편입니다."라고 한다.
『열하일기』 1766년 7월 2일

호행통관에게 주는 돈

사행이 갈 때마다 사무를 맡은 역관이 공비公費로 은 4천 냥을 가져가
서 5백 냥은 호행장경護行章京에게 주고, 7백 냥은 호행통관護行通官에게
주어 차 삯과 여관비에 쓰도록 하게 되어 있으나, 실상은 한 푼도 쓰는
일 없이 상사와 부사의 주방廚房에서 돌려가며 두 사람을 먹인다. 쌍림은
그 사람됨이 교활하고 조선말을 잘한다고 한다.

앞서 소황기보小黃旗堡에서 점심을 먹을 때 여러 비장·역관 들과
둘러앉아 한담을 나누는데, 쌍림이 밖에서 들어왔다. 여러 사람이 모두
반겨 맞았다. 쌍림이 부사의 비장 이성제李聖濟와 다정하게 이야기를
나누고 또 내원에게 말을 붙였다. 이 두 사람은 두 번째 길이어서 구면이

기 때문이다. 내원이 쌍림더러, "내, 영감께 섭섭한 일이 있소." 하니, 쌍림이 웃으면서, "무슨 섭섭한 일이오니까." 한다.

내원은, "상사또上使道께서는 비록 작은 나라의 사신이라 할지라도 우리나라에서는 정1품 내대신이므로 황제께서도 각별히 예법으로 대우하시는 바입니다. 영감은 대국 사람이지만 조선의 통관이니 우리 사또에게는 마땅히 체면을 지켜야 하니, 두 사또께서 말을 갈아타실 때마다 길가에서 가마를 멈출 때는 영감들도 마땅히 수레를 멈추고 기다려야 할 것입니다. 그런데 그렇게 하지 않고 번번이 수레를 그냥 몰아서 지나치면서도 전혀 거리낌이 없으니 이 무슨 도리입니까? 이래서 장경章京까지 영감을 본받으니 더욱 한심한 일이오." 하니, 쌍림은, "그것은 당신이 모르고 하는 말이오. 대국의 체모는 당신네 나라와 전혀 다르오. 대국에서 칙사가 가면 당신네 나라의 의정대신議政大臣(내각의 세 대신)이 우리와 평등하게 대접하여 말도 서로 공경하는 법인데, 이제 당신이 새로이 체모를 지어내어 나더러 회피하란 말이오?" 하고 발끈 성을 냈다.

조 역관 학동學東이 내원에게 눈짓을 하여 더는 다투지 말라 하였으나, 내원은 한층 소리를 높여 "그럼, 영감의 종놈은 어느 존전이라고 손에 매를 낀 채 의기양양하게 지나간단 말이오. 그건 해괴한 일 아니오? 이제 다시 그리하는 걸 보면 내 곤장을 내릴 테니 영감은 이상하게 여기지 마시오." 하니, 쌍림은 "그것은 아직 못 보았소. 만일 내 눈에 띄기만 하면 단매로 다스리겠소."라고 한다. 그는 조선말을 잘한다지만 분명하지가 못하고, 다급하면 도로 북경 말을 쓰곤 한다. 공연히 7백 냥 돈을 허비하니 실로 아까운 일이라 아니할 수 없겠다. 『열하일기』 1766년 7월 17일

모자 교역

우리나라에서 쓰는 털모자는 모두 이 곳에서 만든 것이다. 공장은 모두 셋인데, 한 집이 적어도 30~40간은 되며 거기서 일하는 공인은 모두 백 명이 넘는다. 의주 상인들이 수없이 와서 모자를 예약해 놓고, 돌아갈 때 싣고 간다. 모자 만드는 법은 매우 쉬워서 양털만 있으면 나라도 만들 수 있을 것 같다. 우리나라에서는 양을 치지 않으므로 백성이 해를 지나도 고기 맛을 모른다. 전국의 남녀가 수백 만을 헤아리는데 그들은 털모자 하나씩을 써야 겨울을 날 수 있다. 해마다 동지·황력黃曆·재자賫資 등의 사행에 가지고 가는 은이 줄잡아도 10만 냥은 될 터인데, 10년을 계산하면 무려 백만 냥이다.

모자는 사람마다 겨울 석 달 동안만 쓰다가 봄이 되어 헤지면 버리고 마니, 천년을 가도 헐지 않는 은을 가지고 한겨울 쓰고 내버리는 모자와 바꾸고, 산에서 캐내는 유한한 은을 한 번 가면 다시 돌아오지 못할 땅에 갖다 버리니, 이 얼마나 생각이 깊지 못한 일일까. 모자 만드는 기술자들은 모두 웃통을 벗고 그 손놀림이 바람처럼 날쌔다. 우리나라에서 갖고 온 은화가 이 곳에서 반은 사라지는 터므로 공장 주인이 각기 단골 손님을 정하여 의주 장사치가 오면 반드시 크게 주식酒食을 베풀어 대접한다는 것이다. 『열하일기』 1766년 7월 22일

도시발달

봉성 전방의 번성함

성 위에 올라서 보니 성의 둘레는 5, 6리인데 모두 무너지고 성 안의 인가는 겨우 40, 50호였으며, 아문이란 것도 그 속에 있다. 십 수칸 되는 기와집도 있었는데 곧 관창官倉이었으며, 지붕엔 구멍을 내고 작은

집을 만들어 그 위를 덮었으니 천창天窓이라는 것이었다. 봉성은 들이 상당히 넓고 앞에 봉황산이 있어서 경치가 아주 좋으니, 이 곳이 변방의 도회지가 된 것은 실로 까닭이 있다. 그러나 봉성은 우리나라와 장사하는 전방塵房에 의존하여 살고 있었다. 근년에 신설되었음에도 이렇듯 번성하니, 피차의 매매가 얼마나 넓어지는가를 보여준다. 『가재연행록』1712년 11월 29일

요동의 번화함에 놀라다

앞문으로 나오니, 길은 거마들로 붐비고 양 옆으로 늘어선 가게에는 깃발과 물목을 게시한 것이 서로 비치고 백화百貨가 산적해 있다. 모두 처음 보는 것들로 좌우로 두리번거리느라 응접應接할 겨를이 없었다. 우리나라로 치면 흡사 촌사람이 종로 거리에 처음 온 듯하였다. 여기서 부터는 심양, 통주, 북경의 정양문正陽門 외에 지극히 번화하다는 곳도 이 곳과 별로 다를 것이 없으며 다만 대소의 차이가 있을 뿐이다. 『가재연행록』1712년 12월 4일

심양성 안의 여러 공장과 시장을 살피다

또 각종 공장이 있으니, 나무 켜는 곳, 수레 만드는 곳, 관 짜는 곳, 의자와 탁자 만드는 곳, 철기鐵器와 석기錫器 만드는 곳, 쌀 찧는 곳, 옷 만드는 곳, 목화 타는 곳 등 온갖 것이 있는데, 기계가 어찌나 편리한지 한 사람 일하는 분량이 우리나라의 열 사람 몫은 되었다. 동문으로 나왔다. 동문의 제도는 남문과 같은데 옹성에 문이 하나 있었으며, 두 문 사이에 잡화들이 진열되어 있었다. 성 밖에도 점방들이 있었다.

성에서 수십 보 떨어진 곳에 해자[壕]가 있는데, 너비 10여 발, 깊이는 한 길쯤 된다고 한다. 이 때는 물이 줄어든 때인데도 물 깊이가 수척이나

되었다. 해자 밖에는 인가가 즐비하였는데, 큰 집들은 대개 사관寺觀이었다. 성 동북쪽 모퉁이에 누각이 있었는데, 제도는 문루門樓와 같았으니, 곧 용루甬樓였다. 성을 따라 북쪽으로 가니 북문도 동문 제도와 같았다. 성 밖에도 역시 인가가 많았다.

김중화金仲和가 뒤쫓아와서 함께 성으로 들어가는데 '탕탕' 하는 소리가 동쪽 점방으로부터 메아리쳐 들려오기에 물어보니, 솜 타는 소리라고 한다. 이윽고 말에서 내려 들어가 보았다. 한 사람이 서서 솜을 타는데, 활의 길이가 4~5척이나 되며, 줄을 활 허리에 묶어 들보에 달아 놓고 왼손으로는 그것을 잡고 오른손으로 작은 방망이를 들고 활줄을 치니, 목화가 타지면서 온 방 안에 눈송이가 날리는 듯하였다. 잠시 옆에 서 있는데도 옷과 모자가 모두 하얗게 되었다. 하루에 타는 솜의 양을 물었더니, 많이 타면 100여 근에 이른다고 하였다. 활줄은 양羊의 창자로 만들어서 끊어지지 않으며, 거기에 쇠고리를 꿰어서 이리저리 왔다갔다 움직이도록 하였다. 이는 활줄에 솜이 엉겨붙지 못하게 하기 위함이었다.

타철打鐵 놋그릇 등을 두드려 만드는 것은 기계가 우리나라와 같으면서 조금 다르니, 화로 모양은 우리나라의 동로洞爐와 같지만 높이가 더 높고, 집게[鉗]와 추錘를 잡은 자는 서 있고 불은 석탄을 썼다. 목장木匠에 쓰인 기계 역시 우리나라와 같은데 다만 자귀 자루가 곧다.

시장에는 '금은정金銀錠'이 제일 많았는데, 상장喪葬에 쓰이며 종이로 만들었으니, 종이돈[紙錢]의 일종이다. 또 남여[籃] 같은 그릇이 있는데, 장지를 바르고 그림이 그려져 있다. 사용처를 물었더니, 들보에 매달고 어린아이를 담아 흔들면 울지 않는다고 하였다.

다시 한 점포를 지나다가 시렁 위에 쌓여 있는 것이 책처럼 보여서 물어보니, 종이라고 한다. 이 시장의 많은 물건들은 북경의 것과 조금도 다를 바 없지만 다만 서책이 없다고 한다. 『가재연행록』 1712년 12월 7일

가는 길의 풍경과 세시 공물의 왕래

심양을 지난 이후 도중에 거마車馬들이 많이 보였는데, 서쪽으로 가는 거마가 더욱 많았다. 노루, 사슴, 돼지, 목물木物 등을 실은 수레들은 거의가 영고탑 오랄烏喇 요녕성遼寧省 부근 지방에서 세시歲時 공물을 바치기 위해 서울로 향하는 것이며, 서쪽에서 오는 수레는 거의 차, 누룩, 베, 명주를 싣고 있었다. 빈 수레도 있었는데, 요동과 심양의 상인들이 관내에서 돌아오는 것이었다. 한 호인이 말을 타고 앞장서고 따르는 호인[從胡] 5, 6인이 서너 필의 말을 끌고 가기에 물었더니, 심양의 병부시랑이 조참朝參에 참석하기 위하여 북경으로 가는 중이라고 하였다. 『가재연행록』 1712년 12월 8일

북경 마시와 저자의 번성함

동안문東安門 어귀를 지나 북쪽으로 가다가 조금 동쪽으로 꺾어져 가니, 마시馬市였다. 여기를 지나면 곧 사패루가四牌樓街다. 차준걸에게 쇄마구인들과 팔리포로 가서 물을 길어오라 하고, 나는 갑군과 함께 북로로 갔다. 점방이 지극히 번성하여 가지가지 기이한 물건들이 많아 이루 다 적을 수 없었다. 『가재연행록』 1713년 1월 10일

길에서 떨어진 돈을 줍는 자

큰길 위에 가끔 티끌을 모아 날리는 자가 보인다. 그 연고를 물으니, 갑군이 말하기를,

"이 길은 거마가 폭주하기 때문에 가끔 돈을 떨어뜨리는 자들이 있습니다. 그래서 가난한 자들이 체질을 하여 이 돈을 찾아냅니다."라고 한다. 하루에 소득이 얼마나 되느냐고 물으니, 많지는 않다고 한다. 이 곳 사람들의 생활이 어렵고 부지런한 것을 알 수 있다. 『가재연행록』 1713년 1월 19일

북경 시장의 비단점

이윽고 동쪽 옹성을 나와 대로를 따라 남쪽으로 수백 보 가서 한 점방에 들어가니 비단 파는 점포였다. 집에 기둥이 셋인데 넓고 깨끗하게 정돈되어 있었다. 처마에 걸린 사등紗燈 6, 7개에는 모두 인물과 산수가 그려져 있는데 지극히 정교한 남방의 물건이었다. 안채로 들어가니, 높은 누각이 있고, 누각 앞에는 유리등 한 쌍이 걸려 있는데 크기가 동이만 하다. 안팎채의 기둥과 서까래는 간혹 조각을 새기고 금을 칠하기도 하였다. 점방제도는 가는 곳마다 모두 이러했다. 점방을 보는 사람은 행동거지가 조용하여 시정배의 기질이 보이지 않는다. 우리를 보고 읍하고 의자에 앉으라 하면서 차를 대접하는데, 차 맛도 깨끗했다. 좌중에 한 호인이 우리나라 말을 능숙하게 하였다. 신지순을 시켜서 물으니, 지난해 목극등을 따라 우리나라에 와서 배운 것이라고 한다. 강변의 읍명 및 군관, 사령 등의 이름과 호칭을 능숙하게 이야기한다. 이 곳에 이르러 홀연 우리나라 말을 들으니 놀랍고도 기쁘다. 『가재연행록』 1713년 1월 19일

귀 후비는 일을 하는 자

식후에 우양遇陽이 귀 후비는 사람을 불러왔기에 나도 역시 후벼 보았다. 아무리 깊이 들어 있어도 능히 꺼내는데 아프지 않게 하며, 갖고 온 도구를 보니 예닐곱 가지는 된다. 보통 귀이개 외에 침과 같으면서 끝을 구부린 것은 긁어내는 것이요, 족집게처럼 생긴 것은 집어내는 것이요, 그 나머지는 모두 형용하기는 어려우나 비와 비슷하게 생긴 것은 뿔로 자루를 만들었고, 가는 털로 그 끝을 콩알 만하게 싼 물건은 뿔자루인데, 귀지를 파낸 뒤 귓구멍에 넣어 닦아내는 도구다. 한 사람의 귀지를 파내는 데 값이 5문文이다. 귀파는 이는 사람의 머리도 깎아주고 남의 발도 씻어주며, 남의 손톱, 발톱도 깎아주는데, 궤 속에 갖가지

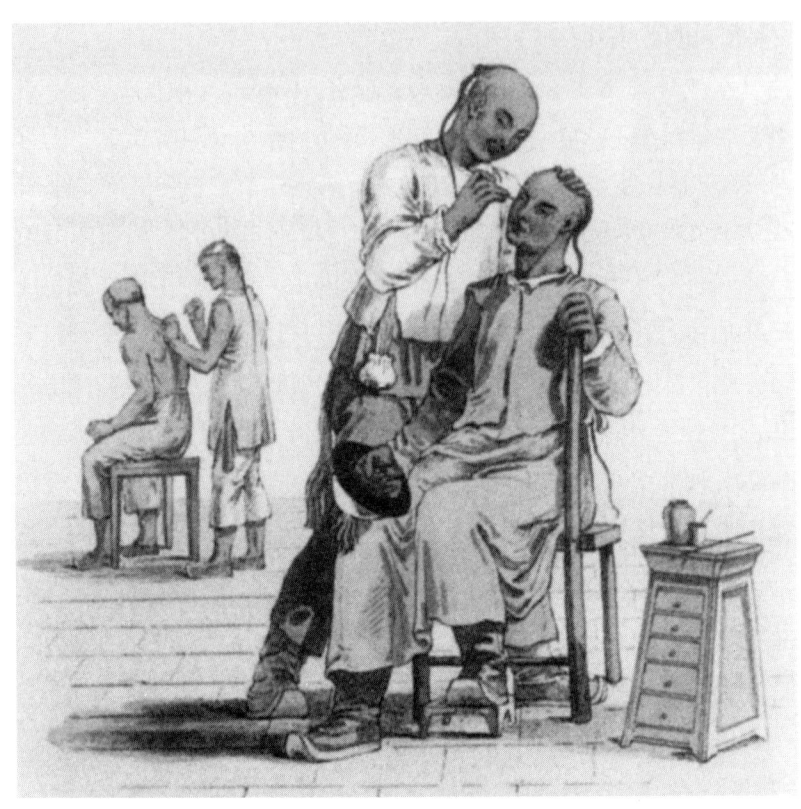

귀 후비는 일을 하는 사람

기구를 넣어가지고 다니다가 요청에 곧 응한다. 그는 땅에 궤를 놓아 사람을 앉히고 그 위에서 몸을 굽혀 일을 하는데, 조금도 부끄러워하는 빛이 없었다. 직업 중에는 가장 천한 것이다. 『가재연행록』 1713년 1월 21일

초상화를 그리는 자

화사畵師 왕훈王勛은 일찍이 민閔 참판의 초상을 그린 자다. 이 날 수역이 데리고 와서 백씨의 초상을 그리게 하였는데, 날이 저물어 마치지 못한 채 돌아갔다. 화법은 나연羅延보다 조금 나으나, 나이 이미

북경의 이발하는 모습

64세요 눈이 어둡고 손도 떨어 그림이 제대로 되지 않으나 돈은 천은天銀 (품질 좋은 은, 십성은十成銀) 16냥을 요구하고 시작할 때 먼저 한 냥을 달라고 하였다.

예부에서 다시 수역을 부르기에 강우문이 또 따라가서 하나하나 따져 가며 대답하니, 드디어 무사하게 되었다. 강우문이 없었더라면 많은 은자를 허비하였을 것이다. 『가재연행록』 1713년 1월 21일

초상화를 그리는 자의 솜씨

저녁을 먹은 뒤 서쪽 마당을 한가롭게 거닐고 있으려니, 여러 비장과 김덕삼이 와서 이야기를 하다가 헤어졌다. 화사畫師 왕훈이 또 들어왔는 데, 초본을 끝내고 채색한 초상이 전연 닮지 않았다. 스스로 집에 돌아가 딴 초본을 다시 꺼내서 손질하겠다고 하였으나, 솜씨를 보니 능하지 못한 것 같다. 정세태의 말을 들으니, 초상 그리는 자는 많은데 솜씨에 따라 값의 많고 적음이 정해진다고 한다. 만약 80냥만 준다면 아주

근사하게 그릴 것이라고 하였다. 왕훈은 어떠냐고 물으니 겨우 10냥짜리에 불과하다 하였다. 『가재연행록』 1713년 1월 22일

북경의 숭문문 밖 시장

숭문문 밖에서 매월 4, 14, 24일 세 차례에 걸쳐서 시장이 열리는데 원근의 진기한 물건들이 모이기 때문에 한 번 가서 볼 만하다고 한다. 그래서 이 날 아침을 일찍 먹고 갑군 왕사와 물 긷는 사람을 데리고 나가니, 원건, 선흥, 귀동과 마부 업립業立이 모두 따라나섰다. 『가재연행록』 1713년 1월 24일

도자기 점방과 몽골과의 교역, 그리고 몽골인 촌락

나는 먼저 출발하여 동문 밖을 나와 몇 리를 와서 한 초가집으로 들어갔다. 온돌방을 빌려 앉아 있노라니, 몇 사람이 바야흐로 흙을 구워 그릇을 만들고 있었다. 그 곳은 도자기를 만드는 도방[陶店]이었다. 또 짚을 사서 말을 먹이고 있는데, 잠시 후 여러 사람이 모두 나귀를 사가지고 도착하여 함께 떠났다. 길 옆으로는 이따금 촌락이 있는데 남녀들이 많이 나와 구경을 했다. 마을과 들에는 방목하는 말들이 무척 많았다.

8, 9리를 걸어가는데, 길 우측에 있는 대파수大陂水는 길이가 수백 보나 되고, 여러 호인들이 그물을 던졌다가 강 언덕으로 방금 끌어올리고 있었다. 50여 호의 마을 앞에는 큰 배나무가 몇 그루 서 있어서 말에서 내려 그 나무 아래 앉아 그물 끌어올리는 것을 구경하였다. 마을의 남녀들이 조금씩 모여드는데 그 모습을 보니 몽골족이었다. 금주성錦州城 서북쪽으로 10리 정도에 대산帶山이 있고, 그 밖은 모두 몽골 지방으로 50~60리 정도의 가까운 거리다. 몽골에서 북경으로 가려는 사람은 모두 이 길을 이용해야 하기 때문에 도로를 오가는

사람은 거의 반 이상이 몽골인이었다. 녹용과 사향이 많은 것은 이 때문이었다.

이 마을 사람들은 몽골의 별도 종족인데 황제의 명령으로 이 곳에 살게 되어 저절로 촌락을 이루게 되었다고 한다. 『가재연행록』 1713년 1월 28일

북경의 상업발달

대개 북경은 사람이 번성하여 상인을 상당히 숭상한다. 우리나라와의 매매는 이익이 많기 때문에 몇 년 전까지도 불과 5, 6명이 담당하던 것이 해마다 번성하여 요사이는 30여 명이 와서 단골을 정하고 앞다투어 미리 은을 얻고자 하였다. 그러므로 앞참 다음에 머무를 곳에 마중을 나와 온갖 음식으로 대접을 하는 것이 매우 친절하여 삼양부터는 거의 참참이 왔는데, 북경 사람도 이익을 내어 생활하기가 어려운가 싶었다. 『담헌연기』 1765년 12월 20일

길에서 떨어진 돈을 줍는 자

길 가운데 티끌을 까불어 무언가를 줍는 사람이 많은데, 이것은 더러운 돈잎을 얻기 위해서였다. 『가재연행록』에서 이 말을 보았는데, 과연 거짓이 아니었다. 사람의 생계가 어려운 줄은 알겠지만, 조그만 재물도 헛되이 버리는 법이 없으니 대국의 주도면밀하고 찬찬한 풍속이 또한 소중하였다. 『담헌연기』 1766년 1월 4일

책문 주막의 풍경

책문 안의 인가는 20~30호에 지나지 않으나 모두 웅장하고 깊고 높고 시원스럽게 넓고 환하다. 짙은 버드나무 그늘 속에 푸른 주기酒旗가 공중에 솟아 나부낀다. 변군과 함께 들어가니 조선 사람들이 그 속에

그득하다. 맨 종아리며, 때 낀 살에 걸상을 가로 타고 앉아 떠들던 그들은 우리를 보고 모두 피해서 밖으로 빠져버린다. 『열하일기』 1780년 6월 27일

심양에서 봉성까지 시사市肆 풍경

이번 천여 리 길에 지나온 시포市舖는 봉성·요동·성경·신민둔·소흑산·광녕 등지였는데, 그 크고 작음과, 사치하고 검소함에 구별이 있고 그 중 성경이 가장 화려한 편이었다. 그 곳은 모두 비단 창에 수를 놓은 무늬가 있고, 길을 사이에 두고 늘어선 술집들이 더욱 오색찬란하였다. 다만 처마 밖에 불쑥 내민 아롱진 난간이 여름장마를 겪고도 단청빛이 퇴색하지 않은 것이 이상했다. 봉성은 동쪽 변두리에 있는 다시 더 발전하지 못할 궁벽한 곳이지만, 그의 의자·탁자·주렴·휘장·담요 등의 모든 도구와 꽃과 풀까지 모두 우리로서는 처음 본 것들이었다. 뿐만 아니라 그 문패며 간판들이 서로 사치와 화려함을 다툰다. 이 겉치장을 위해 낭비한 것도 천금에 그치지 않는데, 이렇게 아니하면 장사가 잘 안 될뿐더러 재신財神이 도와주지 않는다고 한다. 그들이 모신 재신은 흔히들 관공關公의 소상이었으며, 탁상에 향불을 피우고 아침저녁으로 머리를 조아리며 절하는 품이 가묘家廟보다 더하다. 이로 미루어 보면 산해관 안의 습속을 가히 예측할 수 있겠다.

길을 가면서 물건을 파는 장사치들은 혹은 큰소리로 싸구려를 부르기도 하려니와, 푸른 천을 파는 장수는 손에 든 작은 북을 흔들고, 머리 깎는 이는 양철판을 두드리고, 기름장수는 바릿대를 친다. 또 더러는 쇠징·대비치개·목탁 따위를 갖고 다니는 자도 있다. 그들이 거리를 돌며 두드리는 소리가 쉬지 않으니 집 안에서 작은 아이들이 달려나와 이를 부른다. 그들이 큰 소리로 외치지 않아도 두드리는 소리만 들으면 파는 물건을 알게 마련이다. 『열하일기』 1780년 7월 15일

시장경제

봉성 시장

찰원의 대문 앞은 쌀, 콩, 땔감, 음식을 파는 호인들로 붐볐는데, 소주를 파는 자가 더욱 많았다. 대문 안에 들어오는 상인은 모두가 갑군과 친하거나 아니면 뇌물을 준 자들이었다. 갑군이 경비를 엄하게 하는 까닭이었다. 건자포에서 부채 하나와 바꾼 두 마리의 꿩을 여러 비장들과 함께 구워 먹었는데 맛이 매우 좋았다. 『가재연행록』 1712년 11월 29일

숙박료

또 배추김치를 내와서 아침 반찬을 차렸으므로 드디어 백지 2속束, 담뱃대 1개를 주어서 방값을 치렀다. 『가재연행록』 1712년 11월 29일

인삼을 잠채한 사람을 북경으로 압송하다

도중에 호인 18인이 두 사람씩 철삿줄로 목이 묶인 채 걸어가고 말을 탄 세 호인이 그들을 압송하는 것을 보았다. 물어보니, 그들은 몰래 인삼을 캔 자들로 영고탑에서 붙잡혀 북경으로 압송되는 중이라고 하였다. 어떤 죄에 해당하느냐고 물었더니, 유배流配에 그칠 뿐이라고 한다. 『가재연행록』 1712년 12월 9일

소흑산 지방경제의 어려움을 보다

소흑산小黑山에 이르자 해가 넘어가려 하므로 찰원에 들었다. 찰원은 집이 큼직하고 깨끗하며 방이나 새로 깐 자리가 마음에 들었으나, 하나 밖에 없는 우물이 찰원에서 멀리 떨어져 있어 물값이 너무 비싸 일행이 안타까워하였다. 메추라기와 토끼를 파는 자가 제일 많았으며, 10여

세 난 아이들이 한 손에는 사기 종지를 들고 다른 한 손에는 소주가
든 작은 백철병[錫甁]을 들고 들어오는 것이 무수히 많았다. 밤이 되어
문이 닫혔는데도 나가지 않고 밤새워 외쳐대며 파느라고 무척이나 소리
를 질렀지만, 판 것을 물어보면 그리 많은 것도 아니었다. 이로 보아
이 곳 사람들의 생계가 얼마나 어려운지를 알 수 있었다. 『가재연행록』
1712년 12월 10일

시장에서 국수를 사다먹다

시장에서 파는 국수가 좋다고 하기에 주방을 시켜 사오게 하였더니,
가늘고 길게 이어진 것이다. 이 곳 국수는 모두 밀가루로 만들며 그
맛이 메밀국수보다 훨씬 좋았다. 『가재연행록』 1712년 12월 12일

수질이 나빠 물을 사서 마시다

천단天壇 물을 길어온 지 이미 나흘째인데, 딴 물에 비하면 이 물이
낫기는 하지만 역시 매우 나빠 오늘부터 다시 조양문 밖 팔리포八里鋪
근처의 물을 길어왔다. 천단 물에 비해 조금 나은 듯하지만 죽을 끓여도
안 된다. 이 곳의 물은 우리나라의 저자 가운데 가장 짠 물과 같이
짠데, 짠맛은 오래 마시면 점점 나아지나, 가장 고약한 것은 짠맛 가운데
단맛이 있어서 마실 수가 없었다. 세수를 하면 얼굴이 터지고 손에
거스러미가 일어나며, 수건으로 문질러 3, 4일이 지나면 수지水枝 같은
것이 이는데, 그건 무슨 까닭인지 모르겠다. 정양문 밖 40리쯤에 좋은
물이 있어 연동蓮洞 이상공李相公이 왔을 때 늘 이 물을 마셨는데, 비싼
돈을 주어야 겨우 얻을 수 있었다 한다. 『가재연행록』 1713년 1월 3일

물을 사서 마시다

천단문에서 남쪽으로 수백 보쯤 가니, 길 옆에 우물 두 개가 있는데,

물이 매우 많아서 통을 가지고 온 사람들이 노새나 편담扁擔(천평칭天平秤, 멜대)을 갖고 줄지어 늘어서 있다. 도르래를 사용하여 물을 긷는데, 우물 곁의 작은 집에서 지키는 자가 한 통에 3전씩을 받는다. 그러나 우리나라 사람들에게는 돈을 받지 않았는데, 여러 번 길러 와서는 부채를 사례로 주었다고 한다. 선흥은 쇄마구인과 함께 남아서 물을 긷게 하고 이윽고 영정문永定門을 나섰다. 이것은 외성 남쪽 중앙문이다. 우물에서 여기까지는 1리 남짓 되는데, 좌우에 인가가 상접해 있고 중간에 묘당이 있다. 성 바깥에도 인가와 저자가 있으나 많지는 않다. 『가재연행록』 1713년 1월 19일

담배 매매

서직문에 이르렀는데 아직 열리지 않아 말에서 내려 길 옆에 앉았다. 문 안에는 수레와 말이 붐비고 등불과 촛불이 휘황한데 모두 창춘원으로 가는 관원들이었다. 작은 점포 하나가 등을 걸어놓고 일찍 가게를 열었는데, 매매하는 것을 보니 빈랑檳榔 1개를 네 쪽으로 갈라놓고 담배를 작은 봉투에 나누어 넣고 탁자 위에 늘어놓았다. 사는 자들은 돈을 탁자에 놓고 값에 따라 가져갔다. 전후에 와서 사는 자들이 많았지만 모두 한결같았다. 주인이 보지 않아도 가져가는 자들이 없으니 풍속이 정말 가상하다. 『가새연행록』 1713년 2월 6일

목화의 수확과 가격

묵은 집에는 목화를 탄 것과 나뭇가지에 말아놓은 것이 궤짝 위에 쌓여 있었는데, 모두 반 근을 한 뭉치로 하여 아주 가지런하게 놓여 있었다. 솜 트는 활[彈弓]과 물레[紡車], 씨아[攪車]도 모두 갖추어져 있다. 베틀[績車] 모양은 우리나라 것과 꼭 같으나 조금 크며, 씨아 모양은 한 사람이 발로 밟아 돌리는 것으로 하루에 100근의 목화씨를 뽑아낼

수 있다고 한다. 주인의 아들은 나이가 14~15세쯤으로 그것을 잘 돌리는데, 귀동은 돌리지를 못하였다. 일에 숙달이 되고 안 되고의 차이가 이렇게 큰 것이다. 내가 물었다.

"목화 값은 얼마나 합니까?"

"씨를 뽑은 솜 100근이 은자 2냥 4, 5전에 지나지 않습니다."

"그 목화는 사오는 것인가요?"

"심은 것입니다." 하루갈이[一日耕] 밭에서 따는 양을 물어보았더니 1천 수백 근 또는 2000근이라 한다. 『가재연행록』 1713년 2월 29일

숙박료

책문에서는 말 부리는 삯이 큰 이익이 되는 까닭에 말을 세우지 않는 집이 거의 없어 읍리만 헤아려도 천 필에 가까울 것이라 하였다. 역관들이 이 곳에 이르러 다 사주인私主人을 정하였으니 전후 10여 일을 묵는 비용으로 50냥을 넘게 주는 이가 많고, 통인通人들이 역관에게 정하여 가면 여남은 냥의 돈을 얻어먹는 것이다. 『담헌연기』 1765년 11월 29일

전당포(1)

한 점포 앞을 지나는데 한쪽에 금으로 '당當'자를 쓴 패牌가 걸려 있었다. 그 곁줄에는 '유군기부당惟軍器不當'(군기만은 전당잡지 않는다는 뜻)이라는 다섯 글자가 씌어 있으니, 이것은 전당포다. 『열하일기』 1780년 6월 28일

전당포(2)

전당포에서 잠깐 쉬려는데, 주인이 중간방으로 맞아들여 더운 차 한 잔을 권한다. 집안에는 진귀한 물건들이 진열되어 있었다. 시렁의 높이는 들보에 닿고, 그 위에는 전당잡은 물건을 차례로 얹어 놓았다.

모두 옷이다. 보자기에 싼 채 종이쪽을 붙여서 물건 임자의 성명·별호別號·상표相標·거주居住 등을 적고는 다시 "모년·모월·모일에 무슨 물건을 무슨 자호 붙은 전당포에 친히 건네주었다."라고 썼다. 이자는 10분의 2를 넘는 법이 없고, 기한을 넘기고 한 달이 지나면 물건을 팔아버릴 수 있다. 『열하일기』 1780년 6월 28일

심양의 상인

전사가田仕可의 자는 대경代耕 또는 보정輔廷이고, 호는 포관抱關이며, 무종無終 사람이다. 자기 말로, 전주田疇의 후손이며 집은 산해관에 있는데, 태원太原 사람 양등楊登과 함께 이 곳에 점포를 냈다고 한다. 『열하일기』 1780년 7월 11일

심양의 비단상인

"온형과 수환과는 종모從母 형제 사이지만 나와는 아무런 관계가 없소이다. 우리 세 사람이 배에다 서촉西蜀 비단을 싣고 병신년 청 건륭 41년 2월에 촉을 떠나, 삼협三峽을 거쳐 오중吳中 강소성 오현吳縣에 넘겨버리고 장삿길을 좇아 구외口外로 나와 이 곳에 점포를 낸 지도 벌써 3년이랍니다." 『열하일기』 1780년 7월 11일

심양상인의 조선상인에 대한 인식

(심양상인 배관裵寬이 말하길) "이 곳은 말이 도회지지 중국에선 한 구석이므로, 모든 거래는 몽골이나 영고탑, 선창 등지를 상대로 삼고 있을 뿐 아니라 변방 풍습이 몹시 무뎌서 색다른 것을 못 알아보니, 여러 가지 신비스런 빛깔이나 고아한 그릇이 이 곳에서 나오는 경우는 드물다. 하물며 은殷의 그릇이나 주周의 솥 같은 것이야 거의 볼 수가 없다. 귀국에서는 골동을 다루는 방식이 이 곳과 달라서, 전에 장사하던

이들을 보니 비록 차와 약재 같은 것도 상품은 가리지 않고 다만 값이 싼 것만을 따지더군요. 그러고서야 어찌 진짜와 가짜를 논할 수 있겠습니까. 비단 그뿐만 아니라 모든 기물이 무거우면 운반하기 어려우니 대개 변문邊門에서 사가지고 돌아가더군요. 그러므로 북경 장사패들이 미리 내지內地에서 쓰지 못할 물건들을 변문으로 넘겨보내 서로 속여서 이익을 취한답니다. 이제 선생께서는 구하시는 것이 변변치 못한 선비는 아니고, 또 우연히 이 타향에서 서로 만나 불과 몇 마디 말만 나눠보고 벌써 지기의 벗이 되었으니, 비록 정성을 다하여 물건을 드리진 못할망정 어찌 잠깐이라도 저버릴 수 있사오리까." 『열하일기』 1780년 7월 11일

속아서 비싼 값에 참외를 사다

1. 그는 애초에 눈물을 흘려 가련한 빛을 보인 다음, 부지런히 참외 아홉 개를 팔고서 1백 문 가까운 비싼 값을 내라고 떼를 쓰니 심히 통탄할 일이다. 그보다도 우리나라 하정배들이 길에서 못되게 구는 것이 더욱 한심했다.

2. 나는 그제서야 속은 것을 깨닫고, 참외 사던 일을 생각하니 분하기 짝이 없다. 대체 그 벼락 눈물은 어디서 솟았을까. 시대의 말이, "그놈은 바로 한인일 겁니다. 만인은 실로 그렇게 요악한 짓을 하지 않습니다." 『열하일기』 1780년 7월 13일

이도정 은적사에 시주한 의주상인

이도정은 마을이 꽤 번화롭다. 은적사는 굉장한 절인데 많이 헐었다. 비碑에는 조선사람 시주施主 성명들이 새겨졌는데, 모두 의주 상인의 것 같다. 이 곳에서 처음으로 의무려산醫巫閭山이 보이는데, 멀리 서북을 가로지른 것이 마치 푸른 장막을 드리운 것 같고, 뫼 봉우리가 오히려 보일락말락 한다. 혼하渾河를 건넌 뒤로 다섯 번 강을 건넜는데 모두

배를 타고 건넜다. 연대는 이 곳으로부터 시작된다. 오리마다 대臺가 하나씩 있는데, 원경圓徑이 10여 장이요, 높이가 대여섯 발이며, 쌓은 제도가 성과 다름이 없고, 그 위엔 총구멍을 뚫고 여장女墻성 위에 또 쌓은 담장을 둘렀다. 척남궁戚南宮 계광繼光이 만들었다는 팔백망八百望이 곧 이것이다. 『열하일기』1780년 7월 13일

물가

청년이 일어나 나가더니 조금 뒤에 그 비를 무릅쓰고 손에 능금 한 바구니, 달걀 지진 것 한 쟁반, 수란水卵 한 자배기를 들고 왔다. 자배기는 둘레가 칠위七圍나 되고, 두께는 한 치, 높이는 서너 치인데 푸른 유리를 올리고 두 볼엔 도철饕餮 무늬를 새겼으며, 입에는 큰 고리를 물렸는데 세숫대야로 쓰기에 알맞을 것 같으나 무거워서 멀리 가져갈 수는 없게 생겼다.

값을 물으니 1초鈔라 한다. 1초는 1백 63푼이니 은銀으로 치면 겨우 서 돈에 지나지 않는다. 상삼象三의 말이,

"이게, 북경에선 두 돈밖에 되지 않으나 몹시 무거워서 운반이 어렵습니다. 우리나라로 가져가면 희귀한 보배가 될 줄 뻔히 알면서도 어찌할 수가 없습니다." 한다. 『열하일기』 1780년 7월 21일

하루 선물饍物을 은과 교환하다

해 뜬 뒤에 비로소 관문館門을 연다. 나는 곧 시대·장복과 함께 관을 떠나 첨운패루瞻雲牌樓 밑까지 걸어와서 태평차 하나를 세냈는데, 나귀 한 마리가 끌고 간다. 아까 주방廚房에서 하룻동안 쓸 것을 주기에, 시대를 시켜 돈으로 바꾸어 차에 실으니, 은銀 두 냥이 돈 2천 2백 닢이었다. 『열하일기』 1780년 8월 3일

잠채된 조선금朝鮮金 중국 유통

내가 요양 거리에서 잠시 쉴 때, 모두들 다투어,

"황금, 갖고 오셨지요." 하고 묻기에, 내가

"금은 토산土産이 아니오." 하였더니, 그들이 모두 비웃는다. 심양·
산해관·영평·통주를 지나칠 때에도 모두들 금을 묻지 않는 자가
없었다. 내가 번번이 처음같이 대답하면, 그들은 문득 제 모자 꼭대기를
가리키면서,

"이게, 조선 금이라오."라고 한다. 연암燕巖에 있는 우리 집이 송도에
가까워서 가끔 그 곳을 드나들었는데, 송도는 곧 연상燕商(북경을 드나드
는 장사치)을 기르는 곳이었으므로, 해마다 칠팔 월에서부터 시월까지
사이에 금값이 폭등하여 한 푼쭝에 엽전으로 마흔다섯 닢, 또는 쉰
닢씩 한다. 우리나라에서는 금이 쓸 데가 별로 없으며, 문무文武 2품
이상의 금관자나 금띠를 보더라도 늘 만드는 것이 아니요, 흔히들 서로
빌려쓰고, 또 시집가는 색시의 가락지나 머리꽂이도 그리 많지 않을
것인즉, 금은 천하기가 흙이나 다름없을 것인데, 이리 귀히 여기는
것은 어인 까닭일까.

내가 압록강을 건너기 전에, 박천博川 땅에 이르러 말을 길 옆에 세우고
버드나무 밑에서 땀을 닦을 때, 남부여대男負女戴하고 가는 사람들이
떼를 지었는데, 모두 8~9세 되는 사내와 계집아이들을 데리고 마치
흉년에 유리하며 가는 것 같기에 이상히 여겨서 물은즉,

"성천成川 금광으로 가는 것이옵니다."라고 한다. 기계를 보니, 나무
바가지 하나, 포대 하나, 끌 하나뿐인데, 끌로 파내어 포대에 담으며
바가지로 이는 것이다. 온종일 흙 한 포대만 일면 별로 애쓰지 않아도
먹을 수 있으며, 조그만 계집아이들은 더욱 잘 팔 뿐만 아니라 눈도
밝아서 금을 잘 얻곤 한다. 나는 그들에게,

"하루 종일 일하면 금을 얼마나 얻는 것이오?" 하였더니, 그들은,

"그건 재수에 달렸지요. 혹은 하루에 여남은 알을 얻는 일도 있고, 재수 없으면 서너 알에 그치며, 재수가 트이면 삽시에 부자가 된답니다." 한다.

"그럼, 그 알이 어떻게 생겼던고." 하였더니,

"거의 피 낱알 만합지요."라고 한다. 이는 농사짓기보다 이익이 나으니, 한 사람이 하루에 얻는 금이 적어도 예닐곱 푼쭝은 되어서, 이것을 돈으로 바꾸면 두세 냥이나 된다. 그래서 농사꾼들 태반이 농장을 떠나 여기에 모여들 뿐 아니라, 사방의 건달패와 놈팽이들이 달려와 저절로 부락을 이루어 무려 십여만 명이 들끓고, 쌀이나 기타 여러 가지 물건이 모여들어, 술과 밥이며 떡과 엿 같은 것을 파는 장사들이 산골에 가득 차 있다 한다. 나는 알지 못하겠노라. 그 금이 어디로 가며, 캐낸 금이 많은데도 값이 더욱 오르는 것은 무슨 까닭일까. 이제 이 기와에 물들인 것이 우리나라 금인지 아닌지 어찌 알 수 있으랴. 청초의 세폐歲幣에서 제일 먼저 금을 면제시킨 것은 토산이 아니었기 때문이다. 이제 만일 간상배가 법을 어기고 가만히 이를 팔다가, 혹시 이것이 청나라 조정에 알려진다면, 비단 사단이 생길 염려가 있을 뿐 아니라, 황제가 이미 황금으로 지붕을 칠하였으니 우리나라에 금광을 열지 않을 줄 누가 알겠는가. 『열하일기』 1780년 8월 11일

중국의 내외무역

고려 때는 송의 장삿배들이 해마다 자주 예성강에 닿았으며, 백화百貨가 몰려들었다. 고려왕이 예절을 차려서 대우했으므로, 당시에 서적들은 훌륭히 갖추어졌고, 중국의 기물器物로서 안 들어온 것이 없었다. 오늘날 우리나라는 뱃길로 중국 남방과 통상을 하지 못하므로 문헌에는 더구나 캄캄하며, 삼왕三王의 일을 몰랐던 것도 모두 이 때문이다. 그러나 일본은 강남과 통하므로, 명 말년에 고기古器와 서화와 서적과 약료가

나가사키 지방에 폭주輻輳하여, 지금의 겸가당兼葭堂 주인 목씨木氏(홍공弘恭)의 자는 세숙世肅인데, 3만 권의 책을 가지고 중국의 명사와도 많은 교제를 하고 있다고 한다. 『열하일기』 1780년 동란섭필銅蘭涉筆

중국의 물가

건륭 연간에는 휘주徽州의 지방관이 각 단에 먹판각으로 본을 떠서 정교하게 새김을 하였다. 먹은 모두 네 갑인데, 한 갑에 먹 열두 개씩을 넣어 값이 은 1백 30냥이 된다고 한다. 건륭 35년(1771)에 값이 이렇다고 했는데, 병신년(1776)에는 값이 떨어져 80냥이 되었다고 한다. 이번에 나는 몸소 유리창에 와서 두 갑을 찾아내었는데 사람의 솜씨로 만든 것 같지 않았다. 내가 서문포徐文圃 황璜에게 값을 물었더니, 그는 대답하기를,

"먹은 절품이 아니요, 또 차서로 보아 먹 두 자루가 빠졌으므로, 오랫동안 팔리지 않았지만, 그대로 값은 60냥에서 떨어지지는 않는다." 라고 하였다. 『열하일기』 1780년 동란섭필銅蘭涉筆

Ⅲ. 사회와 문화

戲顯樓口古
臺 座大北

생활풍속

북경의 위생상태

북경의 성 안 후미진 거리에는 가끔 깊은 구덩이 있다. 이 곳은 똥을 버리는 곳으로, 가득 차면 밭으로 실어낸다. 소변 그릇은 모양이 오리 같으며, 그 주둥이는 주전자같이 생겼다. 우리나라 사람이 처음 보면 간혹 술그릇인 줄 알고 마시는 데 쓰기도 하는데, 호인胡人 역시 우리나라 요강을 얻으면 밥그릇으로 쓴다고 하니, 참으로 좋은 대조다. 『가재연행록』 산천 풍속 총록

청 관원의 행차시 규범과 탈 것

관원이 행차할 때 말 탄 병사 하나가 좌석을 가지고 앞서 가는데, 이것은 좌석으로써 그 품급의 고하를 구별한 때문이리라. 대소인원大小 人員이 황태자를 만나면 모두 말에서 내리는데, 각로 이하는 그렇게 하지 않는다. 벼슬이 높은 자는 모두 교자를 타지만 청인은 탈 수가 없다. 『가재연행록』 산천 풍속 총록

중국 남녀의 일상생활

한족 여인은 분을 바르지만, 호녀胡女(청나라 여인)는 바르지 않는다. 선에 듣기로 한족 어인은 남편이 있으면 아무리 늙었어도 모두 화장을 하고 꽃을 꽂는다고 하였는데, 지금 보니 다 그렇지는 않았다. 관외關外 의 여인 중에는 미인이 많았다.

남녀의 복장은 사치한 이나 검소한 이를 막론하고 모두 검은빛을 숭상하는데, 한족 여인은 그렇지 않아 푸르고 붉은 바지를 입은 자가 많았다.

또 부자로 사치한 자 외에는 다 굵은 베를 쓰며, 북경도 마찬가지였다.

여자의 옷은 매우 가난한 자 외에는 모두 비단을 입으며, 시골도 마찬가지였다.

남녀귀천을 막론하고 혜鞋(가죽신)나 화靴(목이 긴 신)를 신는다. 비록 말몰이꾼이라도 다 혜를 신는데, 그 혜는 베나 비단으로 만들어졌고 가죽으로 된 것이나 삼신[麻鞋], 짚신[藁鞋] 따위는 없다. 봉성과 심양 사이에선 간혹 가죽신[皮革襪]을 신는데 이것은 바로 우리나라에서 다로기[月吾只]라고 부르는 것이다. 호녀는 전각纏脚을 하지 않으나 간혹 화靴를 신는 수는 있다.

어린아이는 두세 살 먹은 애라도 다로기나 혜나 화를 신으며, 맨다리를 드러내지 않는다. 그들이 옷을 입고 띠를 매는 것도 어른과 별다를 것이 없다.

한족 여인은 사람을 피하고 청족 여인은 사람을 피하지 않는다. 여자는 비단옷을 입고 분을 바르고 꽃을 머리에 꽂는데, 그 남편은 다 떨어진 옷을 입고 얼굴마저 누추하여 얼핏 종으로 보인다.

힘든 일은 모두 남자가 맡는다. 수레를 몰고 밭을 갈고 나무를 지는 일 외에도 물 운반, 쌀 찧기, 씨뿌리기에서부터 심지어 베를 짜고 바느질 하는 일까지 모두 남자가 한다. 여자는 드물게 문 밖에 나오며, 하는 일은 신바닥을 꿰매는 일에 불과하다. 시골 여자는 간혹 곡식을 까불거나 밥 짓는 일 등을 직접 하기도 하는데, 시장이나 가게에 오가는 여자들은 결코 볼 수가 없다. 『가재연행록』산천 풍속 총록

중국의 상제와 장묘

상례의 복제는 한결같이 『주자가례』를 따라서 굵은 흰 베로 만든다. 부모상에는 빈례殯禮를 하기 전에는 물이나 음료수도 먹지 않다가 빈례를 치르면 평소처럼 술과 고기를 먹는다. 혹 한인漢人은 3년제를 쓰고, 청인은 역월제易月制를 쓴다고도 한다. 청인은 모두 화장火葬을 하며

한인은 화장을 하지 않는데, 근래 와서는 한인도 화장을 한다고 한다. 비록 화장을 하더라도 관에 넣어 태운 뒤에 뼈를 거두어 그릇에 담아 묻고 흙을 모아 작은 봉분을 만든다.

성읍이나 촌락이 번화한 곳의 들판에는 노출된 관棺이 많다. 어떤 것은 바깥에 벽돌을 쌓고 석회로 발랐으며, 어떤 것은 다만 돌무더기로 그 위를 눌러 멋대로 썩게 한 것도 있다. 이것은 가난해서 묻힐 땅이 없거나 아니면 객지에서 죽어 귀장하지 못한 자들인데, 결국은 저절로 사그라진다고 한다. 『가재연행록』 산천 풍속 총록

담배를 피우는 습관

남배[南草]는 남녀노소 할 것 없이 다 피운다. 손님을 접대할 때 차와 함께 내오므로 '연다煙茶'라고도 한다. 그런데 그 담배는 잘게 썰고 바싹 말려서 습기라곤 없으므로, 깜빡하는 사이에 다 타버리는데도 거듭 피우지 않고 한 대로 그친다. 또 하루 종일 피우는 경우, 많아야 너댓 대다. 『가재연행록』 산천 풍속 총록

매장하지 못한 관들을 보고 놀라다

절문 앞에 새로 만든 관 두 개가 땅 위에 놓여 있는데 그 만듦새를 보니, 앞은 낮고 뒤가 높아 작은 배[舟] 같았으며, 높이가 3~4척, 길이가 한 길이었다. 아래에 발등[足趺]을 만들어 아로새기고 채색을 히였으며, 머리에 구멍 하나를 뚫어 통풍이 되게 하였다. 이런 관을 보고 깜짝 놀랐는데, 길 옆에도 3~4개의 관이 노출된 채 방치되어 있었다. 태반이 부패한 것을 그냥 돌덩이로 눌러 놓은 것이라 더욱 놀랍고 처참하였다. 성곽 근처에 이런 것들이 곳곳에 있어서 그 까닭을 물었더니, 그것은 다 가난해서 묻을 땅이 없거나, 아니면 객사한 자의 관으로서 미처 반장返葬을 하지 못한 것들이라고 하였다. 『가재연행록』 1712년 11월 29일

메밀 빻는 기계

이 집에서 노새 두 마리로 메밀을 빻는데, 밀가루를 만드는 기구를 보니 기계가 편리하고 기묘하여 잠깐 사이에 두어 곡斛은 뺄 수 있었다. 『가재연행록』 1712년 12월 10일

낙타를 처음 보다

우가대于家垈, 구점리舊店里, 이대자二臺子, 달자점㺚子店, 대구가大舊家, 신점新店을 지나 신광녕新廣寧에 도착하였다. 길에서 처음 낙타를 보았다. 키가 한 길에 몸뚱이는 수척하고 머리는 작으며, 목은 가늘면서 아래 부분이 굽어 있고, 걸음은 폭이 일정하지 않았다. 머리는 양과 비슷한데, 발은 소와 같으며 작은 엷은 발굽이 털 속에 있다. 등에는 두 개의 육봉肉峯이 두드러져 천연 안장을 이루었는데, 앞에 있는 봉우리는 털이 마치 말의 갈기처럼 드리워져 있다. 이 육봉은 살이 찌면 딱딱하게 솟아나고, 마르면 물렁물렁하여 줄어들기 때문에, 호인들은 항상 소금을 먹인다. 소금을 먹이면 살이 찌기 때문이다. 코를 뚫어서 끈을 꿰어 부리며, 못 쓰게 되면 다시 구멍을 뚫는다. 힘이 세서 말 세 필에 싣는 짐을 감당하며 걸음은 느린 듯하면서도 빨라 말이 따르지 못한다. 이 짐승은 사막에서 나는데 군대가 행진할 때에 무거운 짐을 싣는 데 이보다 편리한 것이 없기 때문에 몽골에서 소중하게 기른다. 값은 비싼 것이 은 170, 180냥에 이른다고 한다. 또 낯선 사람이 가까이 가면 코로 누런 물을 뿜어내므로, 그 고약한 악취 때문에 접근할 수가 없다고 한다. 『가재연행록』 1712년 12월 10일

시장에서 국수를 사다 먹다

시장에서 파는 국수가 좋다고 하기에 주방을 시켜 사오게 하였더니, 가늘고 길게 이어진 것이다. 이 곳 국수는 모두 밀가루로 만들며 그

중국의 벽돌 만들기

맛이 메밀국수보다 훨씬 좋았다. 『가재연행록』1712년 12월 12일

분료를 만드는 풍속

길 위에서 똥 줍는 사람을 처음 보았다. 어깨에 두 개의 광우리를 메거나 아니면 삼태기를 끌고 말 뒤를 쫓아다니면서 똥만 작은 삽으로 떠서 넣었다. 뿐만 아니라 길가에 있는 마른 풀뿌리까지 흙이 붙은 채로 캐서 똥과 함께 쌓는데 이렇게 여러 층을 쌓아두면 모두 다 썩어서 거름이 된다. 무슨 일이든 힘들고 부지런하면 이렇게 되는 모양이다.
『가재연행록』1712년 12월 19일

중국 베틀

호인 주인이 베를 짜는데 보니, 북[梭] 모양이 납작하면서도 뾰족하였으며 베틀의 구조가 우리나라 것과는 달라, 편리하고 힘이 덜 들게 만들어졌다. 『가재연행록』 1712년 12월 20일

벽돌을 굽는 가마

계주는 바로 지금의 북경이다. 이로 보면 호타하[滹沱河]는 북경의 남쪽에 있으며, 북쪽에 있지 않다. 생각건대, 세상 사람들은 오늘의 계주를 옛날의 계주로 잘못 생각하여 이 강을 광무가 건넜던 곳으로 여기는 것이다. 이 강에서 삼하현[三河縣]까지의 5리 길이 모두 언덕으로 비탈이며, 길 옆에는 벽돌가마[甎窯]가 있고 굽지 않은 벽돌과 수수깡이 산더미처럼 쌓여 있다. 물어보니 삼하성[三河城]을 수리하느라고 관에서 구워내는 것이라고 했다. 가마의 맨드리는 위아래가 모두 각이 졌는데, 한 면이 두어 발쯤 되고 높이도 같았다. 앞면에 아궁이가 나 있는데 사람이 서서 드나들 수 있으며 가마 하나에 쌓이는 수는 줄잡아도 수만 장은 되었다. 『가재연행록』 1712년 12월 25일

후덕한 풍속

아침에 수역이 와서 말하기를,

"역졸 한 사람이 팔리포에서 뒤처졌는데 지금껏 오지 않아, 아문에 이야기하여 갑군을 풀어 찾아오도록 하였습니다. 그러나 어제 날씨가 몹시 추웠고 또 그 사람은 처음 길이라 말도 통하지 않는데, 만약 인가를 찾지 못했다면 동사했을 염려도 없지 않습니다."라고 하였는데, 조금 후에 갑군이 데리고 돌아왔다. 물어보니 날이 추워서 한 점방에 들어갔더니 따스한 온돌방에 재워주고 밥도 주더라고 하였다. 이 곳의 풍속이 후한 것을 알 만하였다. 『가재연행록』 1712년 12월 28일

중국의 장례 풍속

길가에 한 집이 있는데 담 안에 대나무를 대여섯 개 세워 놓고, 끝에 지등과 지기紙旗를 달고 대문 안에는 명정을 세웠다. 대의 길이는 3장 남짓하고, 명정의 크기는 겨우 두어 폭쯤 되는데, 가운데는 부㭌가 붙어 있었다. 부와 대는 모두 붉은 칠을 했는데, 부는 새기고 금을 입혔으며, 명정은 온 폭 주단을 썼다. 명정의 길이는 땅에 닿고 글자는 금으로 썼으며, 또 문 밖에 점옥이 있었다. 원건이 말하기를,

"이 집은 바로 상가입니다. 이 곳 사람은 병들어 죽음을 맞게 되면, 바로 점옥으로 옮겨놓고 승려들을 맞이하여 둘러세우고 숨이 끊어질 때까지 불경을 암송하는데, 발인할 때도 역시 이와 같이 합니다. 깃발과 등들은 발인發翿에 쓰이는 도구입니다."라고 하였다. 『가재연행록』 1713년 1월 10일

중국의 대보름 풍속, 황제의 대보름 연회에 몽골왕 참석하다

일찍이 들으니, 중국의 상원上元 정월 보름 등불이 아주 많다고 하던데, 담 밖의 인가를 살펴보니 등불 달린 곳이 없었다. 어떤 사람은 말하기를,

"우리나라의 등은 모두 집안에 걸어놓아서 바깥에서는 보이지 않고, 각색의 화포를 집집마다 모두 쏘는데 이것도 등이라고 한다. 인물, 금수, 초목 등 여러 가지 물건이 불꽃에 따라 보양을 이루는데, 그 값이 많은 것은 수백 금이나 가고, 황제가 감상하는 것은 값이 천금이나 한다."고 하였다.

담 안에서 바라볼 때 화염이 공중으로 곧바로 올라가는데, 마치 신기전神機箭 같으니, 이것은 곧 화포였다. 밤이 깊은데도 북과 노래, 거마 소리, 지포 소리가 어제와 같은데, 나가서 볼 길이 없으니 사람을 매우 울적하게 만든다. 황제는 창춘원에서 여러 왕들과 연회를 베풀고 등을

구경하는데, 몽괄용도 역시 참가했다고 하였다. 『가재연행록』 1713년 1월 15일

귀 후비는 일을 하는 자

식후에 우양遇陽이 귀 후비는 사람을 불러왔기에 나도 역시 후벼
보았다. 아무리 깊이 들어 있어도 능히 꺼내는데 아프지 않게 하며,
갖고 온 도구를 보니 예닐곱 가지는 된다. 보통 귀이개 외에 침 모양으로
생겼으면서 끝이 구부러진 것은 긁어내는 것이요, 족집게처럼 생긴
것은 집어내는 것이요, 그 나머지는 모두 형용하기는 어려우나 비와
비슷하게 생긴 것은 뿔로 자루를 만들었고, 가는 털로 그 끝을 콩알만
하게 싼 물건은 뿔자루인데, 귀지를 파낸 뒤 귓구멍에 넣어 닦아내는
도구다. 한 사람의 귀지를 파내는 데 값이 5문文이다. 귀파는 이는 사람
의 머리도 깎아주고 남의 발도 씻어주며, 남의 손톱, 발톱도 깎아주는데,
궤 속에 갖가지 기구를 넣어가지고 다니다가 요청에 곧 응한다. 그는
땅에 궤를 놓아 사람을 앉히고 그 위에서 몸을 굽혀 일을 하는데, 조금도
부끄러워하는 빛이 없었다. 직업 중에는 가장 천한 것이다. 『가재연행록』
1713년 1월 21일

초상화를 그리는 자

화사畫師 왕훈王勛은 일찍이 민 참판閔參判의 초상을 그린 자다. 이
날 수역이 데리고 와서 백씨의 화상을 그리게 하였으나, 날이 저물어
마치지 못하고 갔다. 화법은 나연羅延보다 조금 나으나, 나이 이미 64세
요, 눈이 어둡고 손도 떨어 그림이 제대로 되지 않으나 돈은 천은天銀(품
질 좋은 은, 십성은十成銀) 16냥을 요구하고 시작할 때 먼저 한 냥을
달라고 한다.

예부에서 다시 수역을 부르기에 강우문이 또 따라가서 하나하나 따져
가며 대답하니, 드디어 무사하게 되었다. 강우문이 없었더라면 많은

은자를 허비하였을 것이다. 『가재연행록』 1713년 1월 21일

조선과 중국의 노비관

계속해서 나에게 말하기를,

"조선인은 노복들을 전혀 돌보지 않습니까?" 하기에, 내가

"그게 무슨 말이오?" 하자, 홍이가는,

"이 곳은 음식의 좋고 나쁨과 의복의 모양새에 노예와 주인의 구분이 없으며, 심지어는 그 주인이 말을 타면 종도 역시 말을 타는데, 조선에서는 이런 적이 있습니까?" 하기에, 내가 답하기를,

"조선의 종은 이 곳과는 다른 점이 있소. 대개 기자箕子께서 법령을 만드실 때 남의 재산을 도적질한 자는 대대로 그 집의 종이 되게 하였는데, 지금의 종들은 선조들이 일찍이 남의 재산을 도적질하던 자들이니, 어찌 그 주인과 같을 수 있겠소?" 하니, 홍이가도 자못 그렇게 여겼다.

『가재연행록』 1713년 1월 25일

통행금지

박득인이 말하기를,

"옥하관 문이 이미 잠겼으니 들어갈 수가 없습니다."라고 하며, 우리를 인도하여 자기 집으로 간다. 거리에는 딱딱이를 치면서 야경을 도는 자들이 있다. 지나가는 골목 어귀에는 문들이 모두 삼서서 지키는 자들을 불러 열게 하고 지나갔다. 『가재연행록』 1713년 1월 25일

토끼사냥에 매를 데리고 가다

돌아오는 길을 찾는데 팔뚝에 매를 얹고 가는 두 사람을 만났다. 나아가 보니, 노상에서 보던 송골松鶻인데 다만 가죽푸대로 머리를 감쌌다. 가는 곳을 물으니, '토끼 잡으러 남해南海로 간다.'고 한다. '왜 개를

끌고 가지 않느냐?'고 물으니, 원래 개를 끌고는 천단에 갈 수 없다고
하였다. 『가재연행록』 1713년 2월 1일

중국인의 손님 맞는 예법

조금 후 이원영이 왔기에 이윽고 대청으로 나왔다. 나를 의자에 앉히
고 앞에 탁자 하나를 놓고는 이원영이 탁자 한쪽 머리에 앉는데, 그의
의도는 나와 마주보고 앉지 않으려는 것이다. 내가 여러 번 청한 뒤에
비로소 의자를 옮겨 마주보고 앉는다. 이 곳에서 손님을 대접하는 예의
는 손님과 주인이 보통 한 탁자를 놓고 서로 마주앉는 것이나, 존귀한
손님에 대해서는 마주앉지 않고 탁자 모서리에 앉으니, 이를 타횡打橫이
라 한다. 『가재연행록』 1713년 2월 3일

황궁 담 안에서 장례 모습을 보다

만세산萬歲山 앞에 이르러 상여를 만났는데 규모는 우리나라의 옥교屋
轎와 같으나 더 크고, 장帳과 만幔이 모두 흑색이다. 상주喪主가 울면서
앞서 걸어가고, 상여 앞뒤로 서너 명의 여인이 함께 수레를 탔는데,
그 가운데 한 여인이 눈물을 흘리며 담배를 피우고 있는 것이 우스웠다.
궁정의 담 안에서 상여를 본다는 것도 이상한 일이었다. 『가재연행록』 1713년
2월 9일

전족

40세쯤 되어 보이는 호인 여자 한 명이 동쪽 문에서 나오기에 원건을
시켜 담장 안에 있는 전각을 구경하자고 했더니 허락을 하지 않았다.
또 호녀 3명과 한족 여인 1명이 동쪽 문에서 나오더니 북쪽 문으로
들어가 버린다. 한족 여인은 발이 뾰족하고 작다. 이른바 세 치[三寸]밖에
안 되는 금련金蓮과 그림 속에서나 보았던 궁혜弓鞋(부녀의 전족에 쓰는

가죽신)의 실물을 여기에서 비로소 처음 보고 알았다. 『가재연행록』 1713년
2월 15일

중국인들이 개가죽 용품을 싫어하다

찰원察院에 이르러 후문으로 들어서니, 문 밖에는 섬돌[砌]을 쌓아
수십 계단을 이루고 있었다. 성 안은 지세가 고르지 않아 인가들은
대부분 구릉지대에 웅거하고 있었다. 들어간 집은 갈 때 부사가 묵던
곳이었다.

동쪽과 서쪽으로 두 개의 온돌방이 있는데, 백씨伯氏가 동쪽 방에
들어가자 10여 인이 창 밖으로 오더니 내가 쓰고 있는 이엄耳掩이 무슨
가죽이냐고 묻는다. 나는 여우 가죽이라고 대답했으나 사실은 개 가죽
이었다. 앞에서도 물어보는 사람이 많았으나 모두 여우 가죽이라고
대답하니, 아무도 그것을 구별해 내는 사람이 없었는데, 오직 이 사람들
만이 그것을 알아보았다. 대개 이 곳 사람들은 개가죽으로 만든 옷을
입은 사람을 미워하고 천시했기 때문에 원건의 무리들은 그것을 숨겼던
것이나, 이제 여기서 마침내 정체가 드러나게 되었으니 모양이 우습게
되었다. 『가재연행록』 1713년 2월 16일

영평부의 사원과 장례 모습

영평부永平府에 도착하였다. 성 밖에 큰 묘당이 있는데, 길 왼편 전각에
는 '사대용왕四大龍王'이라고 써붙인 금갑金甲을 입힌 소상塑像이 있었고,
우두귀牛頭鬼(머리가 소머리같이 생긴 괴물 모양의 신상神像) 역시 금갑
을 입혀 용왕과 나란히 탁자 위에 앉혀 놓았다. 그리고 '평랑왕平浪王'이라
고 써붙였는데, 어떤 신인지 알 수가 없다. 대개 성지城址가 청룡하靑龍河
에 부딪혀서 서북쪽 귀퉁이가 거의 다 허물어졌으므로, 이 곳에 용왕묘
를 건립하여 그 보호 유지를 기원한 듯하다.

용왕묘 동쪽에 있는 전각에는 관제의 소상을 모시고 있는데, 갖춘 의물儀物들이 모두 지극히 화려하다. 그것은 모두 강희 연간에 건립된 것들이다. 묘당 문 옆에 큰 비[豐碑]가 많은데, 모두 거사비去思碑다.

성城 남쪽으로 1리쯤에 불쑥 솟은 산두덩이 위에 큰 묘당廟堂이 있었다. 붉은 지붕과 붉은 담을 둘러친 규모가 웅장하고 화려하기에 물어보니, 관음을 모시는 절이라 하였다. 성문에 흰 옷과 흰 수건을 쓴 두 사람이 길 위에서 지옥紙屋을 태우며 엎드려 곡을 하다가 절하고 일어나는데 그 곡성이 매우 슬프게 들렸다. 선흥이 말하기를, 지옥은 초상初喪 때 사용하는 물건으로 장례를 마치고 나면 불살라 버린다고 한다. 『가재연행록』 1713년 2월 21일

호녀의 모습

그 여자들 사이에 12세쯤 된 호인 소녀가 있었다. 얼굴이 예쁘고 복스럽게 생겼는데 입술이나 얼굴에는 화장을 하지 않았다. 연푸른 빛깔의 비단옷을 입고 머리에는 꽃비녀를 꽂았으며 귀고리를 달고 있었다. 손에는 백석호白錫壺(흰 주석으로 만든 병)를 들고 있는데 매우 정교하게 만들어진 찻그릇[茶器]이었다. 조그만 잔에 조금씩 자주 차를 따라 마시면서 함께 온 사람들을 바라보고 있는데, 그녀의 행동거지로 보아 천한 사람 같지는 않았다. 『가재연행록』 1713년 2월 21일

악비를 주인공으로 하는 경극을 보다

극장은 크기가 세로 3발[丈], 너비 2발丈 남짓한데 위는 갈대로 덮었으며, 높이는 땅에서 6, 7척쯤 되었다. 밑에는 시렁[棚]을 만들어 판자를 깔았는데, 절반으로 나누어 앞은 무대[軒]를 만들고 뒷부분은 방을 만들었다. 그 방 3면을 갈짚으로 둘러쳐 벽을 만들고, 방과 무대 사이를 휘장으로 막아 놓았다. 배우들은 모두 10여 명으로서 등장하는 사람만

저자의 경극 공연 모습

무대에 있고 나머지는 모두 방에 있다가 자기가 맡은 배역을 해야 할 때 방에서 나오곤 하였다.

옷을 갈아입을 때도 다시 방으로 들어갔다. 연극에 필요한 물건은 모두 그 방에 갖추어 놓았다. 등장 인물이 번번이 한 장면을 바꿀 때가 되면 그 때마다 문득 창곡唱曲 소리를 내는데, 방에 있는 사람들이 모두 그 소리를 받아 화답을 하고 거문고, 피리 등을 아울러 함께 연주하였다. 그 소리는 매우 청아하여 들을 만하였으나, 부르는 가곡의 가사는 의미를 알아들을 수 없어 별 맛이 없었다.

대개 배우들이 부르는 사곡辭曲은 이 곳 사람들도 그 뜻을 잘 알아듣지 못한다. 통관 오옥계吳玉桂도 왔기에 내가 묻기를,

"저 배우들의 말을 당신은 알아들을 수 있소?" 하니 오옥계도 모른다고 말했다. 아마도 그 대사가 모두 단구어短句語 아니면 잡미어雜謎語이기 때문일 것이다. 배우들은 모두 남방에서 온 사람들로 아무리 멀어도 어느 곳이든 가지 않는 곳이 없다고 한다. 대개 주州, 부府, 촌村, 진鎭, 시市, 방坊 할 것 없이 번화한 곳이면 모두 극장이 있으며, 극장이 없는 곳이면 임시로 갈대집을 만들어 공연을 한다. 길게 할 때는 10여 일을 계속하고 짧게 할 때는 며칠만 하고 다른 지방으로 간다고 하였다. 구경 오는 남녀들이 물결을 이루어, 혹은 수십 리 밖에서도 구경을 하러 온다. 관람자들은 모두 돈이나 재물을 내는데, 수월치 않은 값이다. 그런데, 그 연극공연은 모두 역사나 소설 이야기로서 선악을 주제로 하여 보는 사람에게 권선징악의 마음을 갖게 한다.

그리고 옛날의 관복제도나 중국의 풍속들은 볼 만한 것이 많다. 지금 한인漢人의 후예가 오히려 중화의 제도를 흠모하고 부러워하는 것은 연극으로 말미암는 것이 아니겠는가? 그런 점에서 보면 배우도 없어서는 안 될 존재다.

역관의 말을 들어보니, 북경의 배우들은 정양문 사람으로, 큰 거리에 무대를 설치하고 이 달 13일부터 연극을 시작했다는데, 그들이 입은 복색은 더욱 화려하다고 했다. 『가재연행록』 1713년 2월 21일

여인의 모습

밤에 나이 젊은 여자가 찾아왔기에 물어보니, 지난날 만난 늙은 노파의 손녀라 하였다. 머리를 들게 하고 보니 좌우로 땋은 편발編髮이 우리나라에서 하는 모양과 같고 이마 위에 서려 올리고 비녀와 머리침들을 가로 세로로 꽂아 흐트러지지 않게 하였다. 또, 사륜篩輪 대나무로 또아리처럼 둥글게 엮은 듯한 백포소투白布小套(흰 천으로 머리에 얹도록 둥그렇게 만든 것)를 머리에 얹고 있었다. 까닭을 물어보니 고랑姑娘의 상喪을 입었다고 한다. '고랑'이란 어머니를 말한다. 소녀의 머리는 호인의 방식을 따른 것이고 발은 전족을 하였는데, 이는 만滿·한漢 풍습을 혼합한 것이었다. 『가재연행록』1713년 2월 26일

중국의 상례喪禮

종자에게 물었더니, 상가喪家는 묘당 동쪽에 있다고 하였다. 부사와 군관 중에 가 보고 온 사람이 있었는데, 다음과 같이 이야기하였다.

"대문 밖에 갈자리를 둘러쳐서 집을 짓고, 집 안에 불상 및 십왕도상十王圖像을 모셔 놓았는데 중들이 북을 울리고 종을 치고 불경을 외면서 부처님 앞에서 절을 올리고 있었습니다. 한쪽에는 관을 놓았는데 금빛과 은빛이 나는 지정紙錠(종이뭉치)들이 그 위에 겹겹이 쌓여 있고 관 머리에는 영위靈位를 놓았는데, 어른아이 할 것 없이 남녀 모두 관의 오른쪽에 시서 곡을 하였고 혹은 웃으면서 말을 지껄이는 사람들도 있었습니다. 모두 머리에는 하얀 두건을 쓰고 몸에는 흰 베옷을 입고 있었습니다. 삼베를 가닥 내어 머리를 동여매고 허리는 흰 끈으로 묶었는데, 발까지 길게 늘어져 있었습니다. 온 마을 사람들이 다투어 가며 돈, 곡물, 떡 등을 들고 와서 영위 앞에 놓고는 머리를 조아렸다가 일어나 읍揖을 하곤 했습니다. 상주는 곡을 하며 머리를 조아리면서 조객이 오면 포건布巾을 주었고 손님은 그 포건을 받아 쓰고는 머리를 조아렸다가 나가곤 했는데 그렇게 하는 사람이 서로 꼬리를 물었습니

청나라의 혼인풍속

다. 또 어떤 사람이 영위가 있는 왼쪽에 앉아서 조객 및 부조[賻物]들을
받아 기록하고 있었습니다." 하였다. 『가재연행록』 1713년 3월 1일

중국의 세시풍속

계부를 모시고 숙소를 향하여 문을 나서니, 한 가게가 있어서 모시고
들어가 온갖 물건을 구경하였다. 가게 안에는 지포딱총라고 하는 것이
무수히 쌓여 있었다. 그것은 종이를 두껍게 말아서 그 속에 화약을
넣어 소리 나게 한 것으로 세시歲時가 되면 집집마다 이것을 터뜨리면서
귀신을 쫓는다고 하였다. 『담헌연기』 1765년 12월 7일

혼인풍속-동성동본

그 여자의 성을 물으니 장가라 하기에 내가 말하기를 "아까 남편의
성을 물으니 장가라 했는데, 아주머니도 성이 장가라 한다. 동성끼리도
혼인이 가능한 것인가?" 하니 그 여자가 "성이 같아도 친척이 아니라면

혼인할 수 있습니다. 조선은 성만 같아도 혼인하지 못합니까?" 하고 물었다. 내가 답하기를, "성이 이미 같다면 당초 한 근본이 아닌 줄 누가 알 수 있겠는가? 그래서 우리는 동성이면 혼인을 하지 않는다." 하고는 청심환 하나를 내주니 그 여자가 손으로 받으려 하였다. 내가 머리를 흔들며 그리 하지 말라 하고는 땅에 놓아두고 집어가라 하였다. 이에 즉시 집어들어 제 아들의 손에 쥐어주고는 감사하다면서 나갔다.

『담헌연기』 1765년 12월 7일

정녀묘

중전소中前所에서 수십 리를 가서 남쪽 작은 길로 들어가 망부석 정녀묘貞女廟에 이르렀다. 망부석은 '지아비를 기다리는 돌'이라는 뜻이고, 정녀묘는 '정렬貞烈한 여자의 묘당'이라는 뜻이다. 『담헌연기』 1765년 12월 19일

사회풍습

한 사람이 수레 위에서 조그만 소고를 쳤는데 그 모양이 우리나라의 동냥하는 거사 탁발승의 소고와 같아서 물어보았더니 북경 아이들이 가지고 노는 것이라 하였다. 붙인 것은 가죽이 아니라 우리나라의 장지(두껍고 질긴 종이)라고 하였다. 『김가재일기』를 상고하면 이 날 분원墳園에 다니는 여자가 많다고 하였는데 길에서 흔히 볼 수 없었으니 그 사이 풍속이 변했는가 싶었다. 여자 여럿이서 소복을 입고 혹 수레에서 내려 음식가게 뒤로 늘어 앉았다. 모두가 머리에 흰 수건 같은 것을 두르고 뒤로 맺음을 했는데 이는 상복을 입은 여자의 제도였다. 사내는 가게에 들어가 음식을 사먹지만, 여자는 들어가는 일이 없었다. 혹 음식을 가져다가 뒤에서 여자를 먹여주었는데, 여자가 가게에 들어가지 않음은 또한 좋은 풍속이었다. 『담헌연기』 1765년 12월 27일

북경에서는 흰 옷 금지

이 날로부터는 군복을 벗고 누비 중치막中致莫(벼슬을 하지 않은 선비가 입는 옷)에 혁대를 차고 머리에 흰 모자를 썼는데, 이 곳은 상복을 입은 자 외에는 흰 모자와 흰 옷을 입은 사람이 없었다. 우리나라에 대해 모르는 사람은 혹 들어와 수상하게 여겼으니, 대개 북경에 들어가는 사람은 흰 옷을 금한다 하였다. 『담헌연기』 1766년 1월 2일

희자의 폐단을 지적하다

문을 나와 두어 골목을 돌아 한 집에 이르자 안에서 풍류소리가 진동하였는데, 바야흐로 놀음을 베푸는 것이다. 큰 문 안에 대여섯 사람이 교의에 앉아 있고, 앞에 놓인 긴 탁자에는 돈과 셈판 주판과 발기책(사람이나 물건의 이름을 적은 책)을 놓았다. 모두 의복이 선명하고 인물이 준수하니, 희자戲子의 주인이었다. 대개 희자라고 하는 것은 우리나라의 산대놀음과 같다. 소설 중에서 옛날 좋은 사적을 모방하여 거짓 의관으로 거짓 사람의 모양을 각각 만들어 그 거동을 하니 그 사적을 아는 이라면 짐짓 그 거동을 보는 듯하였다. 이러므로 극진히 사람의 이목을 잡아끌어 중국에 이러한 희롱이 생긴 지 오래되었고, 명나라 때 아주 성행하였다. 여염에서만이 아니라 궁중이 마을 관청에 베풀어 주야로 익혀 천자의 놀음으로 삼았다. 그 때 여러 명신들이 간하였지만 종시 없애지 못하였으니 사람을 혹하게 하는 줄을 알 것이다.

또 전에 들으니, 이 오랑캐가 처음으로 중국을 통일할 때의 왕인 누르하치는 황제 청 태종의 아버지고 천하의 영웅이었다. 제 손으로 천하를 평정하였지만, 황제의 자리에는 오르지 않고 애초에 물러가려 하였다. 그 때 국왕이 천하의 유명한 배우들을 다 모아 수일 동안 크게 놀게 하고 수십 척의 배에 사람과 기물을 실어 거짓으로 놀러 가노라

하였다. 그러고는 밤에 물 가운데로 들어가 사람들을 시켜 가만히 여러 배에 구멍을 뚫어 일시에 사람과 기물이 다 물에 잠기게 하였다. 이것은 백성의 부질없는 소비를 금하고 황제의 어지러운 놀음을 막고자 한 일이라 하였다. 그럼에도 끝내 없어지지 않고 근간에는 더욱 성하여 황제가 놀음을 자주 베푼다고 하였다. 『담헌연기』 1766년 1월 4일

한인사대부와 양국의 의관 예법을 이야기하다

이 때 나는 머리에 갓을 쓰고 누빈 중치막(벼슬하지 않는 선비가 입는 소매가 긴 웃옷)을 입고 있었는데, 반생이 말하기를,

"그대의 관복이 조선 선비의 복색입니까? 그 제도가 극히 고아高雅하니 짐짓 옛 의관입니다."라고 하였다.

내가 말하기를,

"이것은 선비 복색이며 모두 대명의 제도를 모방한 것입니다."라고 하고 중국에서 절하는 법을 물으니, 반생이 말하기를

"천자에게 조회하는 예와 성묘聖廟에 제사하는 예는 아홉 번 고두叩頭하고, 부모에게는 여덟 번 절하며 평범한 명성을 지녔으면 네 번 절합니다."라고 하였다.

청나라의 큰 선비를 물으니, 반생이 말하기를,

"청헌공 육농기는 성묘에 배향配享하고, 그 밖에 문정공 탕빈과 승상 이광지와 위상추는 다 도학이 높고 큰 이름이 있는 사람입니다."라고 하였다. 혼례에 절하는 법을 물으니, 반생이 말하기를

"한인은 사배四拜하는 예가 있는데, 부부가 서로 절하는 것이 아니고 한가지로 천지와 조상에게 절하는 것입니다. 먼저 사당에 뵌 후 시부모에게 여덟 번 절하는 예를 행하고서 비로소 부부가 서로 절하는데 각각 두 번에 그치니 이것은 항주의 풍속입니다."라고 하였다.

내가 말하기를 천지에 절하는 것은 주자의 예문이 아니라고 하자,

엄생이 말하기를, 이것은 다 시속時俗의 예문이고 주자가례를 지키는 집은 적다고 하였다. 또 전통혼례 때 신랑이 신부 집에 기러기를 가지고 가서 상 위에 놓고 절하는 예문은 혼례의 큰 절차지만, 항주에서는 홀로 이 예를 폐하니 우습다고 하였다. 또 희롱하여 말하기를, 친영親迎하는 신랑이 신부를 맞아 데려오는 육례의 마지막을 하지 않고 마침내 아내를 얻는다고 하였다.

내가 말하기를,

"혼인 때에 신랑이 신부의 집으로 먼저 갑니까?" 하니 반생이 말하기를, "신랑 집에서 먼저 귀중품을 실어 옮기기 위한 교자 모양의 기구와 명첩을 갖추어 보내 신부를 맞이하고 신랑이 친히 가는 일은 없습니다." 라고 하였다.

내가 말하기를,

"상가喪家에서 풍류를 베푸는 법이 매우 괴이합니다. 서림 선생의 집에서도 또한 이러합니까?" 하니, 반생이 말하기를,

"옛 예문을 폐한 지 오래여서 괴이한 풍속이 서로 전하고 간혹 고례를 강론하는 이도 있으나 그리 많지는 않습니다. 서림 선생은 홀로 이 풍속을 따르지 않을 뿐 아니라 상사喪事를 거행할 때 술과 냄새 나는 풀은 먹지 않으며, 손님을 맞지 않고, 시문도 짓지 않을뿐더러 금슬琴瑟도 잡지 않으니, 상복제도와 상제의 예문이 세상과 더불어 같지 않습니다. 본조에서 상사 예문을 반포한 법령이 없기 때문에 선생의 평상시 의관은 비록 본조의 제도를 좇으나 상복에 이르러서는 홀로 대명제도를 좇아 시속의 비웃음을 돌아보지 않습니다."라고 하였다. 『담헌연기』 1766년 2월 4일

한인사대부들과 여성의 시 짓기에 대해 논하다

반생이 말하기를,

"동방의 부인들로서 시를 잘 짓는 이가 있습니까?" 하여서 내가 말하기를,

"우리나라의 부인은 오직 언문으로 편지를 전할 뿐이고, 어렸을 때부터 부모가 일찍이 글을 가르치지 않습니다. 이러므로 글을 할 줄 아는 부인이 적을 뿐만 아니라 시구를 지어 음영시를 읊는 것을 숭상한다는 것은 더욱 부인으로서 마땅한 일이 아닙니다. 그러므로 지을 줄 아는 이가 있다 해도 세상이 들더라도 유식한 사람은 기특하게 여기지 않습니다."라고 하였다.

반생이 말하기를,

"중국에도 시를 지을 줄 아는 부인이 극히 적습니다. 혹 있으면 사람들이 우러러 보고 상서로운 별과 상서로운 구름처럼 여깁니다."라고 하였다. 내가 그 말을 듣고 웃었더니, 엄생도 또한 웃으면서 말하기를, "반형의 부인이 시를 짓기 때문에 이런 말을 하는 것입니다. 부인이 시를 잘 짓는 것이 어찌 좋은 일이겠습니까?" 하니 이 때 반생의 낮빛이 변하며 엄생을 향해 여러 말을 하였다. 아마도 경솔하게 발설을 하였다고 꾸짖는 모양이었다. 엄생이 대답하지 않고 나를 향하여 『시전』 두어 구를 외우며 말하기를, "그름도 없으며, 옳음도 없고 오직 술과 음식을 의논하여 부모에게 허물을 끼치지 말라." 하기에 내개 말하기를 "『시전』에 이른 말은 짐짓 부인이 본받을 일입니다."라고 하였다.

반생이 말하기를 "그렇다면, 관저關雎와 살남葛覃(문옹 후비의 수신제가에 관한 내용을 담고 있으며 갈담에는 부덕에 대한 내용이 두드러진다)은 성녀聖女가 지은 글이 아닙니까?"라고 하였다.

내가 말하기를,

"성녀의 덕이 있으면 좋겠지만, 성녀의 덕이 없으면 혹 방탕한 데로 흐를 것이며 이것은 엄형의 의론이 맞습니다. 반형은 군자의 좋은 짝이고 금슬이 좋으니 즐겁겠지만, 상서로운 별과 상서로운 구름에 비하는

것은 어찌 과하다 하지 않겠습니까?" 하니, 반생이 말하기를,

"동국 경번당 허난설헌은 허봉의 누이로, 시를 잘하므로 그 이름이 중국에 전하고 그 글은 중국의 시집에 올라 만세에 썩지 않을 것이니 어찌 다행이라 하지 않겠습니까?"라고 하였다. 내가 말하기를, "덕행으로 이름을 전하지 못하고, 약간의 시로 이름이 썩지 아니한들 무에 다행스러움이 있겠습니까? 또 이 부인이 시율은 매우 높지만 덕행이 그 시에 미치지 못하는 까닭에 그 남편 김성립의 재주와 얼굴이 뛰어나지 못함을 글로 지어 말하기를, '인간 세상에서 김성립을 이별하고 지하에서 두목지杜牧之를 좇으리라' 하였으니, 이는 시율의 재주로 부인의 정당한 도리를 지키지 못한 것입니다. 어찌 경계해야 하지 않겠습니까?"라고 하였다.

반생이 말하기를,

"이 또한 인정이 괴이치 않은 것입니다. 가인이 재주를 만나지 못하니, 어찌 원망할 마음이 없겠습니까?" 하기에, 내가 말하기를,

"형의 말은 아주 옳지 않습니다. 사람이 만나고 만나지 못함에는 각각 운명이 있습니다. 가난한 선비의 아내와 약한 나라의 신하는 몸이 괴롭고 세상에 뜻을 펴지 못하니, 제 명을 생각지 않고 다른 뜻을 품어 삼강三綱의 중함을 잊는다면 어찌 천하의 큰 죄악이 되지 않겠습니까?"라고 하였다. 『담헌연기』 1766년 2월 8일

양국의 의관과 전족에 대해 논하다

내가 뒤이어 "오늘은 조용히 서로 만나, 떠날 날이 멀지 않으니 서로 거리낌 없이 흉금을 터놓음이 어떠합니까?"라고 하니 두 사람이 다 좋다고 하기에 내가 말하였다. "중국은 사방의 중국이고 그대는 우리의 겨레붙이[宗人]인데 그대의 머리 모습을 보니 어찌 마음이 언짢아지지 않겠습니까?"

두 사람이 서로 쳐다보며 대답을 하지 않는데, 엄생은 매우 낙심한 기색이고 반생은 희롱하여 말하기를 "머리털을 깎는 데 매우 묘한 것이 있으니, 빗으로 빗어 상투를 트는 번거로움이 없고 가려움 때문에 긁는 괴로움도 없으니 머리를 동여맨 사람들은 이 재미를 모르는 고로 이런 말이 하는도다."라고 하였다.

내가 희롱하여 말하기를 "머리털은 부모에게 받은 것이니 감히 상하게 하지 말라고 하였는데, 이 제도로 본다면 이러한 말을 한 증자曾子는 가장 일을 모르는 사람이로다."라고 하니 다 크게 웃었다. 반생이 증자는 진실한 일을 모르는 사람이라면서 웃기를 그치지 않았다.

엄생이 절강에 우스운 말이 있는데, 머리를 깎아주는 가게에 현판을 붙이고 '성세락사盛世樂事'라는 네 글자를 썼단다. 이는 '성한 세상의 즐거운 일'이라는 뜻이라고 했다. 내가 웃으면서 반형의 의론이 과연 근본이 있다고 하니 다 웃었다. 내가 또 말하기를,

"이 네 글자를 보니 머리 깎는 것을 원통하게 여기며 나라의 제도를 조롱하는 뜻을 감추지 못하는군요. 남방 사람이 진짜 담이 크고 두려움이 없다는 말이 있어요."라고 하니 두 사람이 다 웃었다. 내가 망건은 비록 대명의 제도지만 실로 좋지 않다 하니 엄생이 무슨 이유냐고 물었다. 내가 말하기를, 말의 꼬리로 머리를 덮으니 관과 신발이 거꾸로 놓인 것이 아니겠느냐고 하자 엄생이 말하기를 그러면 어찌 버리지 않느냐고 했다. 내가 말하기를, 습관이 되어서 고치시 못할 뿐 아니라 대명제도를 차마 잊지 못해서라고 했다.

내가 또한 중국여인의 전족은 어느 시대에 시작되었느냐고 물으니 반생이 말하기를, 이는 분명한 분석은 없으나 전하여 이르기를 남당시대의 이소랑이 비로소 숭상했다고 하였다. 내가 말하기를

"이 제도는 또한 심히 좋지 않은데, 내 일찍이 말하기를 말총으로 머리를 동여매며 수건으로 발을 자르는 것은 중국의 쇠한 운수를 먼저

보이는 것입니다."라고 하였다. 『담헌연기』 1766년 2월 12일

양국의 혼인과 개가에 대해 논하다

내가 묻기를,

"중국의 사대부로서 주자가례朱子家禮를 준행하는 집이 있습니까?"라고 하니 반생이 말하기를, 휘주徽州 사람은 다 가례를 존숭하고 그 밖에도 있다고 하였다. 내가 말하기를, 상가에서 풍류를 쓰는 것이 가장 괴이한 풍속이라고 하니, 반생이 말하기를

"근본은 죽은 사람을 즐기게 함이지만, 필경 이로써 손님을 대접하므로, 사람의 집이 상사를 만나 이 법을 쓰지 아니하면 세상이 불효라고 일컬으니 어찌 괴이치 않겠습니까?"라고 하였다.

내가 또한 내외종 형제 사이에 서로 혼인하는 법이 있느냐고 물으니 엄생이 말하기를 나라 법령이 이것을 엄히 금하여 대청율문大淸律文에 태벌笞罰의 죄목을 분명히 실었으나, 사람들이 이로써 그르다고 하여 허물치 않는다고 하였다. 내가 두 형의 집에 또한 내외종간 혼인이 있느냐고 물으니 대답하기를, 다 없노라고 했다. 내가 말하기를 중국소설을 보니 이로 인연하여 가도家道를 어지럽히는 것이 많아 끝내 이 법을 없애는 것이 낫다고 하니, 반생이 말하기를, 비록 이 법을 없애더라도 위반하는 것을 금지하기는 어렵다고 하였다. 내가 중국은 부인의 개가改嫁를 잘못으로 여기지 않느냐고 물으니 반생이 말하기를, "사대부의 집은 개가하는 일이 없지만 가난하고 자식이 없으면 개가를 허물치 못할 것입니다. 송나라 때 지조가 곧은 선비[貞士]의 집에도 개가한 계집이 있었습니다."라고 하였다.

내가 말하기를, "이것은 예로부터 흔히 있는 일입니다. 다만 극진한 도리로 논한다면 한 지아비를 섬기는 것이 부인의 올바른 도리가 아니겠습니까?"라고 하니 반생은 가난하여 돌아갈 곳이 없고, 그 사람이 지조

가 없으면 분명히 절개를 지키지 못해서 부끄러울 것이니 차라리 개가를 허락하는 것이 낫다고 했다. 내가 말하기를, 이 일은 금할 일이 아니고 또 권할 일도 아니니 다만 당한 사람의 뜻에 따르는 것이 좋겠다고 했다. 반생은 금하는 법령이 없어도 세상의 이름을 취하여 억지로 지키는 사람이 적지 않다고 했다. 엄생이 말하기를,

"내 마음으로 사람의 마음을 헤아리니 그 진정을 어찌 알겠는가?"라고 했다. 반생이 웃으며 말하기를, "동방에도 혼인을 미처 하지 못하고 지아비가 죽었는데 끝내 절개를 지키는 여자가 있습니까?"라고 하기에, 내가 이미 폐백을 드린 후에는 언약을 한 것이므로 감히 개가하지 못한다고 했다.

반생이 밀하기를,

"이것은 인정과 의리상 정당한 일이 아닙니다. 옛사람이 혼인 후에 사당에 인사도 드리지 못하고 죽으면 돌아가 부모의 집에 묻히게 하였으니, 며느리의 도리를 하지 못했다 해서 그러는 것이지요, 그런데 혼인도 하지 못한 채 지아비가 죽고 절개를 지키는 이는 옛사람이 결혼하지 않은 남녀가 사통하는 것에 비하였으니, 비록 평범한 여자의 일도 아니고 어진 사람의 도를 지나친 것입니다."라고 하였다. 엄생이 말하기를,

"이 일은 고례古禮에 없는 예입니다. 그러므로 혼인 전에 수절하는 여자는 나아가 정문旌門(열녀 등을 표창하기 위해 세우는 붉은 문)을 허락지 아니하였으니, 사람에게 권할 일이 아니라는 뜻이시요. 혹 그린 일이 있으면 관원이 나라에 올려 약간의 포상이 있었는데, 다리를 자르는 효자와 같은 것입니다."라고 하였다.

반생이 조선에도 개가를 하지 않으면 정문하는 법이 있느냐고 하기에, 내가 우리나라는 개가를 않는 것이 부녀의 예삿일이어서 정표旌表를 더하지 않는다고 대답했다. 반생은 개가하는 법이 없으면 도리에 어긋난 행동을 하는 폐단이 없느냐고 물었다. 내가 말하기를, 우리나라는

예법이 극히 엄하여 이런 일이 흔치 않고 만일 드러나게 되면 몸을 보전치 못할 뿐 아니라 그 부형과 족속이 다 세상에서 버림을 받는다고 하였다. 반생은 그것은 너무 과하다 하고 부형에게 무슨 죄가 있느냐고 했다. 나는 변방에 치우친 나라의 제도라 편벽됨이 없지 않지만, 또한 해롭지 아니하다고 했다. 『담헌연기』 1766년 2월 12일

양국의 교육

엄생이 말하기를, 족히 대국 예교의 엄함을 볼 수 있다 하고, 또한 묻기를 동방의 아이들에게 첫 번째로 무슨 글을 읽히느냐고 하였다. 내가 말하기를, 첫 번째는 『천자千字』를 읽히고, 다음으로 『사략史略』과 『소학』을 가르치며 다음으로 경서에 이르는데, 『예기』와 『춘추』는 읽는 사람이 적다고 했다.

엄생이 말하기를, "『사략』은 이 곳에서는 『감략鑑略』이라 일컬으며 아이들에게 읽힙니다. 소학은 가장 좋은 글이니, 소학 외편에는 비록 아이들이 행할 일이 적지만, 옛사람의 좋은 말과 착한 행실을 어렸을 때 들으면 자연 쉽게 잊히지 아니할 것입니다. 또 사람이 먼저 식견을 넓힐 것인데, 혹 남보다 뛰어나게 총명한 아이들이 이런 사적을 보면, 충분히 감동하여 본받을 뜻이 있으면 평생토록 유익하게 쓸 것입니다. 이러므로 옛 사람이 아이들을 가르쳐 날마다 옛일을 기록하게 한 것이니 성경과 현전賢傳이 비록 좋다 한들 아이들이 어찌 갑작스럽게 알아보겠습니까?"라고 하였다.

내가 말하기를,

"우리나라 선현 가운데 평생 『소학』을 읽어 스스로 소학동자라 일컫는 사람이 있는데 그 독실한 뜻은 매우 좋지만, 경서를 읽은 것만은 못하지요."라고 하니 엄생이 말하기를, "이미 『예기』를 읽은 이가 적으면 아이들이 본받을 내용을 무엇으로 알게 할 것입니까?"라고 했다.

내가 말하기를, "소학은 유類로 모은 글이라서 종시 경서의 깊은 취미에 미치지 못하므로 아이들이 읽는 것은 괜찮지만, 다만 평생 숭상하여 경서로 나아가지 않는다면 어찌 크게 이룰 학문이라 일컬을 수 있겠습니까?"라고 하였다. 『담헌연기』 1766년 2월 12일

중국의 소방 풍속

식전에 부방副房의 주방에 불이 나서 소리를 지르니, 숙소 안이 놀라서 다 파랗게 질렸다. 이 때 돌아갈 날이 얼마 남지 않아서 일행이 흥정한 물건을 반 넘게 짐에 동여넣었으니, 이 때문에 더욱 놀라서 동요하였다. 동쪽 중문을 나가보니 아문의 여러 갑군이 당황하여 들어오고 오림포와 서종현이 들어와 놀란 미음을 진정치 못하니 이상하였다. 마침 밤이 아니고 우물도 멀지 않았으므로 즉시 불을 잡아 집 위까지 불길이 번지지는 않았으나, 곁캉에 쌓아둔 짐들은 물에 많이 젖어버렸다. 불을 잡을 때 물을 끼얹었으며 혹 집 위로 올라가 기와를 걷는 이는 다 우리나라 하졸이고, 여러 갑군들은 다 놀라서 왔다갔다만 할 뿐 하나도 도와주는 이가 없었다. 내가 이를 이상하게 여겨 인심을 책망하였더니, 한 늙은 역관이 그 책망을 듣고 이르기를,

"이 곳 사람들은 화재를 매우 무서워합니다. 불이 나면 감히 잡을 생각도 못하고, 근처의 멀쩡한 집을 헐어 저절로 꺼지기만을 기다리니, 북경은 불을 매우 조심하고 한 번 일어나면 쉽사리 삽시 못합니다. 몇 년 전 유리창에 불이 나서 수백 호가 불타고 천만 냥의 재물이 재로 변했는데, 원인은 조그만 불을 잡지 못해서 그 지경에 이른 것입니다. 오늘 일도 우리의 이런 풍속 때문이고, 인심이 사나워서가 아닙니다."라고 하였다. 내가 웃으며 말하기를,

"만일 그렇다면 싸움을 할 때 불을 사용하여 공격할 모책을 강구하면 제어키 어렵지 않겠군요." 하니 역관이 웃으며 말하였다.

"몇 년 전 정양문 문루 위에 불이 났습니다. 이 때 우리나라 사람들 가운데 구경하는 이가 많았는데도 방법을 생각지 못하더니, 여러 사람이 손수레[手車] 두엇을 날라다 놓고 무수히 물을 길어 그 수레로 물을 올리니 수백 장 문루 위에 비가 오는 듯하였습니다. 그리하여 잠깐 사이에 불이 꺼졌는데, 이 일을 보면 화공을 두려워하지도 않는 것입니다." 『담헌연기』 1766년 2월 12일

중국의 사회풍속

청의 제4대 황제인 강희제가 농사를 매우 소중히 여겨서, 그 법에 말하기를, 마소가 남의 곡식을 밟으면 갑절로 물어주어야 하고, 함부로 마소를 놓아둔 자는 곤장 60대를 치며, 양이나 돼지가 밭에 들어간 것을 밭 임자가 보면 곧 그 짐승을 잡아가더라도 주인이 감히 주인인 체하지 못한다. 그러나 다만 수레가 다니는 자유는 막지 못한다. 그리하여, 길이 수렁이 되면 밭이랑 사이로도 수레를 끌고 들어가기 쉬우므로, 밭 임자는 항상 길을 잘 닦아서 밭을 지키기에 힘쓴다. 『열하일기』 1780년 7월 2일

심양 형부에서 심리審理를 구경하다

형부刑部(지금의 재판소) 앞을 지나니 아문이 활짝 열렸다. 문 앞에는 나무를 서로 어긋나게 맞춰 난간을 만들고 아무나 함부로 드나들지 못하게 하였다. 나는 스스로 외국사람임을 믿어 거리낄 것이 없을뿐더러, 여러 아문 가운데 오직 이 문만 열렸으므로 관부官府의 제도를 속속들이 봐둘 기회라고 생각하고 문 안으로 들어섰다. 아무도 막는 이가 없었다.

한 관인이 대 위의 걸상에 걸터앉아 있고 그 뒤에는 한 사람이 손에 지필을 든 채 모시고 서 있었다. 뜰 아래에는 한 죄인이 꿇어앉고,

그 좌우에 사령 한 쌍이 대곤장을 짚고 서 있었다. 그러나 분부나 거행 같은 여러 가지 호통은 없고, 관인이 죄인을 마주보면서 순순히 말을 따졌다. 한참 만에 큰 소리로 "치라!"고 하니, 사령이 손에 들고 있던 곤장을 던지고는 죄인 앞으로 달려가 손바닥으로 따귀를 네다섯 번 때리고 다시 원래의 자리로 돌아가 곤장을 들었다. 다스리는 법이 아무리 간단하기로 이런 따귀 때리는 형벌은 예전에 들어보지 못했다. 『열하일기』 1780년 7월 10일

성경의 통행금지

때는 벌써 달이 지고 밤은 깊었는데 문 밖에는 인기척이 끊이지 않는다. 내가 "성경에는 순라巡邏(야경꾼)가 없습니까." 하고 물었더니, 전생(전사가田仕可)은

"예, 있습니다." 한다. 나는 또,

"그럼, 길에 행인이 끊이지 않는 것은 어인 까닭입니까?" 한즉, 전생은

"다들 긴히 볼 일이 있는 게죠." 한다. 나는,

"아무리 볼 일이 있어도 어찌 밤중에 나다닐 수 있겠습니까." 한즉, 전생은

"왜, 못 다닌답니까. 초롱 없는 사람이야 못 다니겠지만, 거리마다 파수보는 데가 있어서 갑군이 지키고, 창과 곤봉으로 나쁜 놈을 적발하여 낮과 밤의 구별이 없으니, 어찌 밤이라고 다니지 못하오리까." 한다. 나는,

"밤도 깊고 졸리니 초롱을 들고 사관으로 돌아가는 것이 어떨까요." 하니, 배와 전이 함께,

"아니어요, 그렇지 않아요. 반드시 파수꾼에게 검문을 당할 것입니다. 어찌 이 깊고 깊은 밤에 혼자 쏘다니냐고 하며 오가면서 들르는 처소까

지 대라고 할 것인즉, 몹시 귀찮아질 것입니다. 선생이 졸리신다면 누추한 곳이나마 이 곳에서 잠시 눈을 붙이시죠." 하자, 목춘穆春이 곧 일어나서 탑榻 위의 털방석을 말끔히 털고는 나를 위해 누울 자리를 마련하는 것이었다. 나는,

"이젠 졸음도 확 달아났습니다. 그저 나 때문에 여러분이 하룻밤 잠을 잃으실까 두려울 뿐입니다." 하니 여럿이,

"아니오, 조금도 졸리진 않습니다. 이토록 고귀하신 손님을 모시고 하룻밤 아름다운 이야기로 지새우는 건 참으로 평생을 가도 얻기 어려운 좋은 인연이 아닐까 합니다. 이렇게 세월을 보낸다면 하룻밤이 아니라 석 달 넘게 촛불을 돋우어 밤을 지샌들 무슨 싫증이 나리까." 하고, 모두들 흥이 올라 다시 술을 데우고 안주를 가져오게 하였다. 『열하일기』 1780년 7월 11일

사류士類에 대해 묻다

나는, "중국의 백성들은 제각기 네 갈래로 갈린 분업에 종사하고 있는 있는 만큼 거기엔 귀천의 차별아 없고, 따라서 혼인이라든지 또는 벼슬을 하는 것에서도 아무 장애가 없겠지요?" 하자, 동야는, "우리나라에선 벼슬아치들은 장사치나 장인바치와의 혼인을 금하며 관기官紀를 깨끗이 하고, 아울러 도道를 높이고 이利를 낮게 보며, 근본을 숭상하여 지엽적인 것을 누르려 합니다. 우리네는 모두 대대로 장사를 해온 집안이므로 사대부 집안과는 혼인을 하지 못하고, 돈과 쌀을 바쳐 차함借啣으로 생원 자리는 얻을 수 있다 하더라도, 이 역시 향공鄕貢을 거쳐 거인擧人이 되지는 못한답니다."라고 하니, 비생은,

"그러나 그건 다만 고향에서만이지 타관에서는 반드시 그렇지도 않습니다." 하고 덧붙여 설명한다.

나는,

"일단 제생諸生 생원이 되기만 하면 선비로 행세할 수가 있습니까?"
하고 물었더니, 이는

"그렇습니다. 제생도 늠생廩生(국가의 급비생給費生)·감생監生·공생
貢生 등의 여러 명목이 있는데 이들은 모두 생원 가운데서 뽑혀 오르기
때문에 한 번 생원이 되면 구족九族에 빛이 나, 그 대신 이웃들이
해를 입습니다. 왜냐하면 관권官權을 잡고 시골에서 무단을 저지르는
것이 곧 생원님네의 전문적인 기술입니다. 소위 사류士類도 대체로 세
층이 있으니, 상등은 버슬아치가 되어 관록을 먹는 것이요, 중등은
학관學館을 열어 생도를 모집하는 것이요, 하등은 남에게 창피를 무릅쓰
고 빌붙어서 꾸러 다니는 축들입니다. 소위 속담에서 말하는 이른바
남에게 빌붙어 사니 체면이 서시 잃는다는 것인데, 살 길이 막막하여
남에게 빌붙지 않을 수 없으니, 추위와 더위를 가리지 않고 줄곧 쏘다니
면서 사람을 만나면 말을 할까 말까 주저하다 그 야비한 성격이 먼저
나타납니다. 한때의 높은 뜻을 지닌 말에만 힘쓰던 선비가 세상에서
미움을 받는 대상이 된다는 것은 뜻밖의 일입니다. 남에게 구하는 것은
나에게 스스로 구함만 같지 못하다는 속담이 있는데, 장사를 하면 절로
이런 지경에는 이르진 않습니다."『열하일기』1780년 7월 11일

상례

길에서 날마다 상여를 만났는데, 그 제도가 한결같지 않고 매우 거추
장스러워 보였다. 상여는 거의 방 두 칸짜리만 하고 오색비단으로 휘장
을 치고, 거기다 구름·꿩·참새 같은 여러 가지 그림을 그렸으며,
당마루 턱에는 혹은 은실을 땋아 늘어뜨렸다. 양쪽 대채의 길이는 거의
일곱여덟 발은 되는데, 붉은 칠을 하고 누런 구리를 올려 금빛으로
꾸몄다. 횡강목橫杠木은 앞뒤로 각기 다섯씩인데 길이는 역시 서너 발이
나 되고 그 위로 짧은 막대기를 걸쳐서 양쪽을 어깨에 메도록 되어

있다. 상여꾼은 적어도 수백 명에 이르고, 명정銘旌은 모두 붉은 비단에 금자金字로 썼다. 명정대는 세 길이나 되는데 검은 칠을 하고 금빛 나는 용을 그려넣었다. 깃대 밑에는 발을 달고, 거기에 역시 막대기 두 개를 가로 놓아서 반드시 아홉 사람이 멘다. 붉은 일산 한 쌍, 푸른 일산 한 쌍, 검은 일산 한 쌍, 드리우는 깃발, 대여섯 쌍이 뒤를 따르고 그 다음으로 저·퉁소·북·나팔 등 악대가 서고, 승려와 도사들이 각기 구색을 차리고 불경과 주문을 외면서 뒤를 따른다. 중국의 모든 일은 간편을 위주로 하여 하나도 헛됨이 없는데 이 상여만은 알 수 없는 일이다. 이는 물론 본받을 것이 못 된다. 『열하일기』 1780년 7월 15일

진자점의 기생

진자점榛子店에 이르렀다. 이 곳은 본래 기생이 많기로 이름난 곳이다. 강희황제가 일찍이 천하의 창기를 엄금하여 양자강·판교板橋 같은 곳의 창루娼樓·기관妓館 들이 모두 쑥대밭이 되었는데, 다만 이 곳만이 남아 있었다. (이 곳은) 양한養閒이라 이름 붙였는데, 사람들이 자색도 약간 있고 풍악도 좀 할 줄 안다. 『열하일기』 1780년 7월 27일

식인 풍속

지난해 관중(중국 섬서성 지방)이 크게 가물었을 때 사람들끼리 서로 잡아먹는 것이 몇 만 명이요, 그에 앞서 산동에 홍수가 났을 적에도 사람들끼리 서로 잡아먹는 것이 역시 몇 만 명이었다. 그러나 서로 잡아먹는 것이 많기로는 어찌 저 춘추전국시대만 하였으랴. 『열하일기』 1780년 7월 28일

중국여인의 전족

그는 또,

"귀국의 부녀자들도 역시 발을 묶습니까?" 하고 묻기에, 나는,

"아뇨, 중국 여자들의 활 굽정이처럼 생긴 신은 차마 볼 수 없더군요. 뒤뚱거리며 땅을 딛고 가는 모양이, 마치 보리씨를 뿌리는 것처럼 왼쪽으로 흔들리고 오른쪽으로 기우뚱거려, 바람도 없는데 절로 쓰러지곤 하니 이게 무슨 꼴입니까!" 하였더니, 혹정은,

"이로 인하여 도륙을 당하였던 것은 가히 세운世運을 짐작케 할 수 있으리이다. 이전 왕조인 명대明代에는 그 죄가 부모에게 미쳤고, 본조에 와서도 이에 대한 금령이 몹시 엄격한데도 불구하고 끝끝내 이를 막을 수 없는 것은 대개 남자는 따르지만 여자가 따르지 않기 때문입니다."라고 한다. 나는,

"모양도 흉하고 걸음도 불편한데, 왜 하필이면 그런 것을 합니까." 하였더니, 혹정은,

"만주 계집들과 한가지로 보일까봐 그런 게죠." 하고는 곧 붓으로 지워버리고 그는 또 이어서,

"죽어도 고치지 않는답니다." 한다. 나는,

"삼하·통주 사이에서, 늙은 거지 여인이 머리에 가득 꽃을 꽂고 발을 싸맨 채 말을 따라오면서 구걸을 하는데, 마치 오리가 배불리 먹은 것처럼 뒤뚱뒤뚱 넘어질 듯하니, 내 보기에 도리어 만주 여자보다도 흉하더군요." 『열하일기』 1780년 8월 10일

인문 지리

북경까지의 기후

강을 건너 북경까지의 땅은 모두 모래다. 요동 들판에 들어서면서부

터 오가는 거마가 더욱 많아지는데 모래는 더욱 가늘어져 조금만 바람이 불어도 안개처럼 흩날려서 뒷사람은 앞사람이 보이지 않는다. 관내關內는 더욱 심하여 바람이 없는 날에도 수레바퀴에서 모래가 재처럼 날리니, 옷과 얼굴에 붙으면 금방 모습이 변하여 동행하는 이도 거의 알아볼 수 없게 된다. 머리나 수염에 붙으면 털어도 떨어지지를 않고 입 속에 들어가면 버석버석 소리가 나며, 겹겹이 싼 농이나 병 속까지 뚫고 들어가니 괴이한 일이다. 시가나 인가에선 닭꼬리로 만든 비로 물건들을 쉴새없이 털고 있는데, 그렇게 하지 않으면 순식간에 모래가 한 치나 쌓이게 되어서다. 북경성의 큰 거리는 물을 뿌려 적신다. 『가재연행록』
산천 풍속 총록

책문에서 봉성으로 가는 길의 풍경

책문에서 봉성까지는 30리인데, 도중에 인가는 한둘이고 밭은 매우 적으며 이따금 우거진 풀밭에는 소와 말이 방목되고 있는 것이 눈에 띄었다. 『가재연행록』 1712년 11월 28일

봉성의 번성함을 보다

도중에 삯수레[雇車]들이 앞뒤로 길을 메워 가끔 통행이 막히곤 할 때 피하라고 해도 듣지 않는다. 이 곳의 인심이 극도로 나빠진 것은 아마도 우리나라 사람들을 많이 겪어본 때문인 듯하다. 봉성에 이르니, 집들과 시가가 상당히 번성하고 처음 보는 것도 많아서 눈이 현란하였다. 『가재연행록』 1712년 11월 28일

봉성의 풍경

성 위에 올라서 보니 성의 둘레는 5~6리인데 모두 무너지고 성 안의 인가는 겨우 40~50호였으며, 아문이란 것도 그 속에 있다. 십

수칸 되는 기와집도 있었는데 곧 관창官倉이었으며, 지붕엔 구멍을 내고 작은 집을 만들어 그 위를 덮었으니 천창天窓이라는 것이었다. 봉성은 들이 상당히 넓고 앞에 봉황산이 있어서 경치가 썩 좋으니, 이 곳이 변방의 도회지가 된 것은 실로 까닭이 있다. 그러나 봉성은 우리나라와 장사하는 전방廛房에 의존하여 살고 있었다. 근년에 신설되었음에도 이렇듯 번성하니, 피차의 매매가 얼마나 넓은가를 보여준다. 『가재연행록』 1712년 11월 29일

첨수참의 성 풍경

성은 동서 길이가 100여 보며, 남북도 같다. 성은 거의 다 허물어지고 홀로 남문만이 남아 있었다. 인가는 성 안팎을 합하여 대략 수십백 호인데 큰 집들이 많았다. 이 곳부터 목화밭이 보이기 시작했다. 『가재연행록』 1712년 12월 1일

요동성 주변 풍경

앞문으로 나오니, 길은 거마들로 붐비고 양 옆으로 늘어선 가게에는 깃발과 물목을 늘어놓은 것이 보였고, 백화百貨가 산적해 있었다. 모두 처음 보는 것들이어서 좌우로 두리번거리느라 응접할 겨를이 없었다. 우리나라로 치면 흡사 촌사람이 종로거리에 처음 온 듯하였다. 여기서 부터는 심양, 통주, 북경의 정양문正陽門 이외에 지극히 번화하다는 곳도 이 곳과 별 다를 것이 없으며 다만 대소의 차이가 있을 뿐이다. 『가재연행록』 1712년 12월 4일

여정 중에 만난 풍경

요동부터는 점포가 줄지어 있고 거마의 왕래가 차츰 많아지며, 집들 은 바둑판처럼 들어서 있고 길은 종횡으로 나 있다. 아득히 보이는

숲은 모두 버드나무라고 한다. 방목하는 소와 나귀가 곳곳에 떼지어 있고 옥수숫대가 밭두렁에 무수히 쌓여 있는데, 이를 실어나르는 수레들이 줄을 잇는다. 심양으로 실어다 땔감으로 판다고 한다.

농작물은 오곡이 모두 있는데, 그 중에서 옥수수가 가장 많고 가끔 밭벼도 있었다. 지질은 모래와 흙이 반반인데 부드럽고 기름져서 수확이 많을 것으로 생각되었다. 도중에 수레를 탄 여인과 활을 멘 갑군甲軍을 많이 만났다. 『가재연행록』 1712년 12월 6일

심양성 안과 주변의 풍경

토성에 들어가서 2리쯤 가니 내성內城이 나왔다. 성의 높이는 네 길이 넘고 웅장한 문루가 높다랗게 하늘로 솟아 있어 수십 리 밖에서도 보인다. 성문 밖에 옹성甕城이 있고, 옹성 좌우에 문이 있는데 문을 보니 철판[扁鐵]을 입혔다. 문 밖의 해자 위로 돌다리가 놓여 있다. 이 다리를 건너서 중문을 두 번 지나야 비로소 성 안으로 들어갈 수 있다. 토성에 들어서니, 점방들이 시가 좌우로 즐비하여 성 안은 요동보다 10배나 번성하였다. 『가재연행록』 1712년 12월 6일

심양의 구조와 시가 풍경

식후에 유봉산柳鳳山과 함께 말을 타고 대로에 나가 시가를 구경하였다. 북쪽으로 100여 보를 가니, 동쪽 일대에 4~5개의 대문이 있고 준마들이 매어져 있었으니, 아문衙門이었다. 문 밖에는 모두 담을 치고 길을 막았으니 조벽照壁이라는 것이다. 다시 수백 보를 가니, 3층 누각이 있는데 제도가 장엄하고 화려하였다. 그 밑으로 4개의 홍예문虹霓門이 십자 모양으로 열려 있는데, 사람들은 모두 북문으로 드나들었다. 대개 심양성은 4면이 각각 2리쯤 되고, 면마다 2개의 문이 있어 모두 8문이다. 이 8문으로 통하는 길은 우물 정井자 모양을 하고 있으며 성 안을

종횡으로 관통하는데, 남문과 북문으로 통하는 두 길과 상동上東, 상서上西로 통하는 두 길이 교차되는 곳에 다 열십十자 누각이 있다. 이 곳은 우리나라의 종로거리처럼 사람들이 폭주하고 시가가 번성하였다. 처음엔 서쪽으로 100여 보를 갔다가 돌아왔고, 다시 북쪽으로 100여 보를 갔다가 돌아왔다. 나중에 상동문上東門을 향해 갔더니 좌우로 늘어선 가게에 온갖 물건들이 100여 보를 뻗쳐 눈부시게 쌓여 있었으며, 사슴, 노루, 토끼 들이 수없이 매달려 있었다. 『가재연행록』 1712년 12월 7일

심양의 풍경과 원당을 둘러보다

서문을 지은 제도는 동문이나 북문과 같았다. 내성에서 토성까지는 2리쯤 되었으며 시장이나 집들은 성 안과 다름없이 번성하였다. 길의 북쪽으로 무늬를 아로새긴 큰 기와집들이 가끔 보였는데, 모두 사찰이나 도관道觀이었다. 토성 밖에도 민가는 계속 있었고, 길 왼쪽으로 측백나무나 백양나무 울타리가 많이 보였는데 모두 대갓집 묘지였다.

이렇게 몇 리를 가면 멀리 높다란 담장이 대로 북쪽에 있었는데 황기와로 이은 전각을 보니 원당願堂이었다. 문 앞에 패루牌樓가 셋이 있는데, 극히 웅장하고 화려하였다. 동쪽의 각문으로 들어가니 정전은 문이 잠겨 있는데 섬돌 아래 좌우에 사면으로 2층 누각이 있고 사다리가 놓여 있어 올라갈 수 있었으나, 역시 잠겨 있었다. 뜰을 중심으로 동쪽과 서쪽으로 지극히 큰 비석이 둘 있다. 동쪽 비석에 "연화정토실승사蓮華淨土實勝寺, 숭덕崇德 3년(무인년, 1638, 인조 16)에 세우다.……"라고 적혀 있고, 후면에는 청나라 글로 되어 있었다. 서쪽 비석은 앞뒤가 모두 청나라 글로 적혀 있어서 해독할 수가 없었다. 『가재연행록』 1712년 12월 8일

가는 도중의 풍경과 인심

(주류하周流河에서) 1리쯤 더 가니 주점이 있고, 길 옆으로 작은 3칸짜

리 집이 있는데, 지붕이 평평하고 풀이나 기와를 이지 않고 다만 두어 자 두께의 흙을 발랐을 따름이다. 처음 보니 몹시 이상하였다. 여기서 교자와 말을 교체하였는데, 승려 두 사람이 문 앞에 걸상을 내놓고 우리에게 앉기를 권유하였다. 그러고는 집안으로 초청하여 나물 한 접시와 따끈한 차를 내왔는데, 값은 말하지 않았다. 벽에는 관제의 소상塑像을 모셨는데, 탁자 위에는 먼지가 수북하고 집 안에는 솥 하나 부엌 하나가 고작이었다. 살림이 이토록 가난하면서도 손님 접대가 이러하니 이상한 일이었다.

대개 심양 이후로는 인심이 순후한 편이었는데, 이는 우리나라 사람들을 많이 겪어보지 않은 때문일 것이다. 『가재연행록』 1712년 12월 9일

연대소흑산

여기서부터 구릉이 연이어 서북으로 뻗은 높고 낮은 산들을 바라보니 먼 것은 100여 리, 가까운 것은 수십 리였다. 토자정土子井을 지나 15리를 가니, 연대煙臺가 비로소 나타나는데 모난 것도 있고 둥근 것도 있었다.

모난 것은 한 면이 3장 남짓이었고, 둥근 것은 둘레가 19아름, 높이가 5장 이상이다. 벽돌에 회灰를 섞어서 쌓았는데, 사방 둘레는 깎은 듯 가파르며 위로부터 3분의 2쯤에 앞뒤로 문을 냈는데 사람 하나가 겨우 드나들 수 있게 되어 있었다. 아마도 오르내릴 때 구름다리를 쓰는 모양이었다. 대臺 위에는 또 한 층의 대가 있었는데, 높이가 반 길쯤 되는 장령將領이 앉는 곳이었다.

이 상대上臺와 하대에는 각각 살받이가 있고 살받이에는 대포 구멍과 화살 구멍을 뚫어 놓았다. 대 바깥에는 성을 둘러 해자를 판 자국이 있었는데 모두 메워졌다.

이러한 연대가 여기서부터 산해관까지 가까우면 5리, 멀면 10리 거리로 바둑알 놓이듯 줄을 이었으므로 그 수를 이루 셀 수가 없었다. 대

하나에 사람 100명이 지키는데, 변경邊警이 있으면 포를 쏘고 적이 침입하면 성을 같이 지킨다.

세상에 전하기를, "척계광戚繼光(명나라의 병략가)이 만든 것인데, 천하의 재력이 이 곳에서 소진되었다."고 하는데, 결국 오랑캐를 막는 데는 아무런 보탬도 되지 못했다. 그런데 청병이 연대를 공격할 때 많이 죽었기 때문에 이것을 헐어 버렸는데 너무 튼튼하여 다 헐지 못하였다고 한다. 『가재연행록』 1712년 12월 10일

중국 건물의 사치스러움과 성안 풍경

(영원위寧遠衛) 서문의 안쪽 왼편에 단청한 누각이 있는데, 정丁자 모양으로 지어졌다. 역졸의 말로는 '희자옥戲子屋 극장'이라고 한다. 여기서부터 시가가 번화하고 가는 곳마다 이런 집이 많았는데 반드시 사찰과 도관의 문 앞이었다. 아로새긴 마루기와와 단청한 기둥이 거리를 환하게 비추니, 중국의 사치스런 풍속을 여기서도 볼 수 있었다. 『가재연행록』 1712년 12월 16일

사하소의 거리풍경

사하소沙河所에 이르니, 일명 중전소中前所라고도 했다. 성은 많이 퇴락하였고 성 남쪽에 중성重城이 하나 있었는데 이른바 나성羅城으로서, 벽돌은 한 조각도 없고 흙으로만 쌓았다. 내성內城의 남북이 300보, 나성이 100여 보로 도합 400여 보인데, 점방은 나성 안에 있었다. 멀리 내성을 바라보니 서쪽 가에 집 하나가 우뚝 솟아 있고 앞에는 기가 세워져 있는데 무슨 집인지 알 수 없었다. 아침을 먹고 길을 떠나 건구대乾溝臺를 지나 연대하煙臺河에 이르니, 사하만 하였으나 물이 말랐으며, 인가는 수십 호에 불과했으나 묘당은 도리어 크고 화려하였다. 묘당 앞에는 희자옥戲子屋과 반척점半尺店이 있었다. 마을은 썰렁하였으나 언

덕 위에 망해점望海店이 있어 바다를 바라보므로 시야가 탁 틔었다. 점방은 줄을 이어 300여 보에 뻗쳤고 기방旗榜 점방의 간판도 사치스러 웠으며 묘당 또한 크고 화려하였다. 『가재연행록』 1712년 12월 16일

거리풍경

(나성羅城) 문 안에 들어가니 거마들이 길을 메워 간신히 빠져나가는 데, 길 옆에 성장이 앉아 있어서 말에서 내려 지나갔다. 두 여인이 함께 수레에 탔는데 보니 옷이 문 밖에서 만났던 자와 꼭 같았으며, 얼굴에 면사를 드리운 자는 얼굴이 아름다워서 일행의 눈길을 끌었다. 바깥문에서 안문까지의 수백 보 거리에는 인가가 즐비했다. 큰 돌다리 를 건너니, 바로 내호內濠인데 물이 깊고 넓었다. 호수 언덕 위에 집 한 채가 있는데 깨끗이 단장하여 절벽에 서 있는 모양이 깔끔해 보였다.

남문을 통해 나오니 부사와 서장관이 모두 뒤따라왔다. 망해정을 보기 위해서였다. 남문 밖은 인가가 잇달았으며 사관寺觀 또한 많았다. 길 옆에 밭들이 많았는데, 모두 채소밭이며 벌써 씨앗을 심은 밭도 있었다. 채전 사이 사이로 흙무더기가 총총하였는데 다 분묘였다. 마을 아이들 10여 명이 '고려!'라고 외치며 오기에, 선흥善興을 시켜 앞에 내달아 고함을 치며 두 손을 벌려 붙잡는 시늉을 하게 하였더니, 모두들 기겁을 하고 달아났다. 『가재연행록』 1712년 12월 18일

산해관의 풍경(1)

관문이 열리는 때를 기다렸다가 떠나니 해가 벌써 솟았다. 서문을 나오니 서문에도 역시 문루가 있고 옹성이 있으며, 옹성 밖에 이중으로 해자가 있고 해자마다 큰 돌다리가 있었다. 길 좌우로 인가와 시가가 극히 빽빽히 들어서 있었다. 2리쯤 가서 또 하나의 문을 나오니 옹성은 있는데 문루는 없고 해자는 있었으니, 곧 외성이었다. 성 밖엔 인가가

잇달아 있고 1리쯤 떨어져서 묘원廟院과 사관寺觀이 셀 수도 없이 많았다. 성에서 몇 리 떨어진 곳에 석하石河라는 큰 내가 있는데, 크기는 거의 양하羊河만 하였으며 오삼계가 반적 이자성李自成을 격파한 곳이다. 『가재연행록』 1712년 12월 19일

풍원현 풍경과 고려보

동틀녘에 출발하여 서문으로 나오니, 길 왼편에 숲이 있고 숲 속에는 흙담으로 둘러싸인 정자가 있었으니, 인가의 분묘였다. 2리를 더 가니 조가장趙家莊이 나오고 또 1리를 가니 장가장蔣家莊이었다. 늙은 버드나무가 많고 채소밭에는 모두 씨앗을 심었으며 밭 경계가 반듯하여 마치 먹줄을 놓은 것 같았다. 날이 새기 시작했는데 마을 사람들은 아직 일어나지 않았으며 길 옆의 작은 사당에는 그 때까지 등불이 반짝였다. 어하교漁河橋를 건넜는데 일명 환향하還香河라고 한다. 물은 거의 혼하混河만 하였고 흐름이 빨라 얼음이 얼지 않았다. 노가장盧家莊을 지날 때 시간이 아직 이른데 길에는 벌써 똥을 줍는 자가 있었다. 고려보高麗堡에 오니, 마을 앞에 논이 수십 묘畝 있었다. 압록강을 건너온 뒤 처음 본 것이다. 전하는 말에, 옛날 우리나라 사람이 이 곳에 살았기 때문에 마을 이름을 고려라고 하였으며, 논도 그들이 만든 것이라 한다. 그러나 어느 때였는지는 모르겠다. 『가재연행록』 1712년 12월 23일

옥전현의 풍경

옥전현玉田縣 동문 밖에는 인가가 거의 3리쯤 뻗쳐 있었다. 현의 북변으로 단청을 한 큰 집이 있는데 '향약소鄕約所'란 방榜을 달았다. 찰원에 드니 새로 수리를 했는데 규모가 굉장하였다. 전당은 '회유당懷柔堂'이라 편액하였으며 전당 뒤에도 당이 있는데, 앞뒤의 당이 모두 좌우 행랑채를 갖고 있었다. 『가재연행록』 1712년 12월 23일

삼하현의 거리풍경

남문을 나오니 허물어진 곳을 보수하는 중이었다. 해자를 지나니 인가가 수백 보에 잇달아 있고 길가의 점방에 불이 켜져 있는 곳도 있었다. 수많은 수레들이 길을 꽉 메우고 있었는데, 이는 북경이 가깝고 세시歲時의 일로 왕래하는 자가 더욱 많기 때문일 것이다. 조촌점棗村店과 백부도점白浮圖店을 지나는 도중에, 몽골인이 장막과 잡물을 9필의 낙타에 싣고 북경 쪽으로 가는 것을 보았다. 하점에 이르니 동서 길이가 300여 보며, 양 어귀에 문을 세웠는데 안팎으로 인가가 매우 성했다.

이 날은 허일虛日(아무일도 없는 날)이라 사람도 붐비고 물품도 흔했다. 쌀, 채소, 과일, 고기, 잡화 들이 길 위에 진열되어 있었다. 채소는 생강, 후추, 파, 배추, 호나복胡蘿葍이 가장 많았다. 호나복은 우리나라에서 이른바 당근이라고 부르는 것인데, 빛깔이 붉어서 당근(홍나복紅蘿葍)과 잘 구별이 되지 않았으며, 과일은 배가 제일 많았다. 내가 부채로 먼지를 가리니, 온 시장 사람들이 다 웃었다. 겨울에 부채를 쓰는 것이 해괴해 보였던 모양이다. 아침을 먹고 유하둔柳河屯을 지나다가, 낙타를 몰고 가는 몽골인을 만났다. 낙타 세 필이 앞장을 서고 장막을 드리운 교자 수레가 뒤따라 지나가고 세 여자가 말을 타고 뒤따랐다. 누가 말하기를, 수레 안에 있는 자는 몽골 왕의 아내고 말을 타고 가는 사람은 그 여종이라고 했다. 수레의 바퀴나 바퀴살은 우리나라의 것과 방식은 같되 좀 경박했으며, 교자 수레도 우리나라의 옥교屋轎와 같은데, 장막은 검은 무명베로 만들었다.

마기핍馬起乏, 연교포烟郊鋪에 이르니, 시장의 점포가 번성했다. 삼가장三家莊을 지났는데, 혹은 사고점師姑店이라고도 했다. 들 복판에 버드나무 숲이 매우 많고 숲 속에는 분묘가 있는데, 담에 비석이 서 있고 경치도 좋은 것을 보니, 벼슬한 자의 분묘 같았다. 『가재연행록』 1712년 12월 26일

통주성으로 가는 도중의 거리풍경

등가장鄧家莊, 습가장習家莊을 지나니, 벌써 통주성通州城 밖의 인가가 바라다보였다. 백하白河에 이르러 넓이가 100여 보 되는 강을 얼음 위로 건넜다. 강기슭을 따라 강의 중간에 이르니 크고 작은 배들이 무수히 정박해 있어, 상하 10여 리에 돛과 삿대가 빽빽하였다. 가까운 기슭에 있는 배 1척에 올라가 보았더니 길이는 8~9발인데 판자로 지붕을 만들었으며 양쪽으로 창문과 난간을 만들었다. 집은 8~9칸으로 칸을 판자로 막아서 방을 만들어 2층으로 하였는데, 아래층은 상당히 깊어 사다리를 통해 오르내리게 하였다. 우리 일행을 이웃 배에서 많이 나와 구경하였는데, 부인도 가끔 있는 것을 보면 아마도 전 가족이 모두 배에서 사는 듯했다. 전에 듣기로는, 남방의 상선들이 이 곳에 오는데, 배 안의 기물들이 정하고 화려하며 서화書畵와 꽃, 대나무까지 있다고 하였는데, 지금 보니 그렇지 않았다. 원건의 말로는, 남방의 선박은 이미 모두 돌아갔고 이 배들은 이 곳의 상선인 듯하다고 하였다. 배의 고물[船尾]에 돛을 단 것은 우리나라와 같았다.

백하白河의 근원은 새외塞外에서 나와 밀운密雲을 지나 남으로 흘러 우란산牛欄山에 이르러 조하潮河와 합류하고, 통주에 이르면 직고直沽로 흘러 들어간다. 일명 백수하白遂河로 불리는 이 강은 성을 안고 돌아 흐르며 성 밖의 인가가 모두 강물에 인접해 있기 때문에 바라보면 한 폭의 그림 같다. 강기슭에서 동문까지의 1리 길은 성 안밖 모두 돌로 포장되어 있고, 저자의 가게가 즐비하고 거마가 붐비는 것이 대략 심양과 비슷하지만 그보다 훨씬 아름다웠다. 『가재연행록』 1712년 12월 26일

통주성에서 북경으로 가는 도중의 풍경

(통주) 서문을 나왔다. 문은 이중문이며 성 밖에 또 성이 있어 두 성 사이가 3~4리인데 인가와 저자가 즐비했다. 외성에도 이중문이

있으며 해자가 매우 깊었다. 팔리교에 오니 다리가 웅장하고 아름다웠다. 길이는 40여 보, 너비는 수레 4~5대가 지나갈 수 있을 정도고 높이는 배가 사방으로 통할 만하였다. 이는 백하에서 북경으로 조운漕運하는 뱃길이다. 다리 이름은 '영통永通'으로, 전통 12년(1447, 세종 29)에 세우고 좨주(성균관 소속의 정3품) 이시면李時勉이 비의 기록을 찬했다. 좌우의 난간이 극히 정교하며 사치스러웠고, 인가는 여기까지도 끊어지지 않았다. 이 다리에 1리쯤 못 미쳐 큰 절이 하나 길 왼편에 있었는데 장엄하며 화려하였다. 양가관楊家關에 오니 연도에 버드나무가 숲을 이룬 곳이 많고 분묘가 자주 있었는데, 간혹 담을 에둘러 쌓은 것도 있었다. 『가재연행록』 1712년 12월 27일

북경에 대한 첫 소감

북경 풍속에서는 26, 27일에 무덤을 찾는 것이 전례인데, 오늘은 마침 바람이 많이 불어서 오는 자가 많지 않았지만, 전에는 거마가 길을 메웠다고 한다. 대왕장大王莊, 태평장太平莊, 홍문紅門, 십리보를 지나 팔리장에 이르렀다. 이 곳은 북경에서 8리 떨어져 있는데, 전에는 사행들이 아침을 먹던 곳이다. 오늘은 바람이 몹시 불어 먼지가 날려 눈을 뜰 수 없었으며 지나는 곳마다 인가는 모두 문을 닫고 있었다. 이 곳에서 한 집을 정하여 들었는데, 호인 주인은 어떤 귀가貴家의 무덤지기로 위인이 매우 불량한데다 권세를 믿고 교만하였다. 습성이 본래부터 그렇다고 했다. 의복을 보니 그렇게 화려하지 않았지만 실내에 있는 상과 탁자들이 모두 사치스러웠다. 『가재연행록』 1712년 12월 27일

북경 조양문

(동악묘東嶽廟) 1리쯤 가서 조양문朝陽門에 들어갔다. 조양문은 바로 북경성의 동문이다. 문루는 3중 처마로 되어 있고 모두 푸른 기와를

이었다. 옹성甕城 위에도 문루가 있고 2중 처마에 푸른 기와인데, 사방은 난간을 만들지 않고 벽돌로 담을 쌓았으며, 가운데 포 쏘는 구명을 뚫어 놓았다. 이는 폐내루蔽內樓로, 적루敵樓를 말한다. 전에 듣기로는, 사행이 성문에 도착하면 늘 거마에 막혀서 한나절이 지나야 비로소 들어갈 수 있었다고 하는데, 이번에는 그렇지 않았다. 이것은 공물을 헌납하는 장사 및 세시歲時 따위로 입경하는 자들이 26일 전에 모두 들어갔기 때문인 듯하다.

성 안의 큰길은 넓이가 겨우 70~80보로, 우리나라의 종가鐘街와 비교하면 3분의 1쯤 더 넓다. 좌우의 시사市肆 역시 별로 화려하지 않았다. 성문에 들어가 3리쯤 가니, 네거리가 있고 동서남북에 모두 패루가 있었으니 곧 사패루四牌樓다. 패루 옆에는 '이인가履仁街'라고 씌어 있었다. 동패루로 들어갔다가 남패루로 나와서 2~3리쯤 가니 성문이 바라보였으니, 바로 '숭문문崇文門'으로서 도성의 동남문이다. 『가재연행록』 1712년 12월 27일

북경 옥하관

옥하관은 3면이 모두 높은 담이며 남쪽이 큰길이긴 하지만 인가가 가로막고 있으므로 머리를 들어 성 안을 보아도 아무것도 볼 수 없으며 오가는 거미 소리만 들릴 뿐이었다. 동쪽 담 밖에 한 작은 묘당이 있고 그 안에 장대를 세우고 홍등을 달는데, 이 날부터 불을 붙여 2월까지 달아 두었다. 원역들이 모두 들어와서 과세 문안過歲問安을 드리고 나가니, 마음이 더 스산해졌다. 이 날부터 일행에게 식량, 반찬, 땔감, 꼴 등이 매일 차등 있게 지급되었다. 상사와 부사는 같고, 다음은 서장관, 다음은 대통관 3인 수역 1인과 상통사 각각 1인이며, 다음이 압물 통관押物通官 24인으로, 이른바 정관 30원員과 종인從人 30원에게도 모두 지급되었다. 이 밖의 인마에게도 사람 수대로 식량과 반찬이 모두 나왔는데,

하루에 사람이 쌀 1되, 말은 콩 4되와 꼴 2뭇이었다. 식량과 찬은 5일마다 한 번씩 대통관이 받아오면, 건량 군관과 역관이 수역과 함께 받아 나누었고, 하인배 인마의 요料는 만상 군관이 차지하여 나눠주었다. 이 곳 양기量器는 우리나라 것보다 배나 크기 때문에 우리나라의 되로 돌리고, 그 나머지를 한두 사람이 나눠 갖는 것이 전례가 되었는데, 터무니없는 처사였다. 이번에는 받은 대로 모두 주니 하인배들이 모두 좋아하였다. 『가재연행록』 1712년 12월 29일

북경동장안문의 거리풍경

문 밖은 인마와 교자로 가득 찼고, 문 안은 초롱을 들고 왕래하는 자들이 이루 헤아릴 수 없이 많았다. 내가 말에서 내려 선흥을 따라 100여 보를 들어가니, 길이 꺾이어 북쪽으로 다섯 돌다리가 나란히 섰고, 다리 남쪽 좌우에 돌기둥이 섰는데, 이것이 경천주擎天柱다. 밤이 깊어 만듦새는 알 수 없으나, 높이가 4장丈은 됨직하다. 『가재연행록』 1713년 1월 1일

태화전

오문을 훤하게 열어 놓아 태화문太和門이 바로 보이고, 태화전太和殿 앞 기둥도 은은하게 보였다. 태화전은 바로 황극전皇極殿이다. 백관이 들어가고 고취수鼓吹手, 갑군, 칼 찬 자들이 다시 어로御路를 끼고 배열해 섰다. 갑군이 다시 사람들을 몰아내므로 나도 서문을 나왔다. 『가재연행록』 1713년 1월 1일

자금성 안의 모습

천안문 안에도 경천주擎天柱가 한 쌍 있었는데, 돌은 우리나라 충주석 忠州石과 같으나 빛깔이 순백으로 옥과 같았다. 상하에 용이 서린 조각을

오늘날의 자금성을 공중에서 내려다본 모습

하였는데 기교가 매우 뛰어났다. 다리 좌우에 한 쌍의 돌사자를 세웠는데 마치 살아 있는 듯하였다. 다리 아래 물은 고요하고 검은빛이 나는데, 깊이는 알 수 없으나 배를 띄워 통주通州에까지 이를 수 있다고 한다.

갑신년(1644, 인조 22)에 이자성李自成이 서장안문西長安門으로 들어와 승천문承天門에 이르러 좌우를 둘러보다 편액을 가리키며 말하기를, "내가 천天자를 쏘아서 천하를 얻을 것인지 점쳐 보겠다." 하고 쏘았는데 천자 아래를 맞추고는 아연실색했다. 그 재상인 우금성牛金星이 말하기를,

"천자 아래를 맞추었으니, 곧 나누어 가질 징조입니다." 하니, 이자성이 활을 놓고 기뻐하였다고 한다. 승천문은 천안문의 옛 이름이다.

두 마리의 코끼리가 각각 황옥거黃屋車를 끌고 승천문으로부터 나가 동장안문을 향하였고, 또 다른 두 대의 수레는 모두 여섯 마리의 말에 멍에를 씌우고 여러 사람이 그 끈을 당겨서야 겨우 코끼리 있는 곳까지 가니, 코끼리의 힘이 얼마나 센지 알겠다.

조금 있다가 세 사신이 비로소 나왔고, 백씨는 경천주 아래에서 조금 쉬었다. 내가 조정의 의식을 편비編裨 비장들에게 물으니, 다음과 같이 말하였다.

"우액문을 거쳐 들어가니 가운데가 캄캄하였고, 서쪽으로 들어가 북쪽으로 꺾어져 나왔는데, 문 안에는 5개의 다리가 있고, 좌우 월랑에 는 각각 문이 있는데, 서쪽은 '협화協和', 동쪽은 '옹화雍和'라 하였습니다. 다리를 건너니 또 문이 있어 '정도貞度'라 하는데, 이것은 태화문太和門의 서쪽 협문이고, 문 안은 바로 태화전입니다. 뜰 남쪽 끝에 곡병曲柄과 황량산黃涼傘 한 쌍이 마주 서 있으며, 계단 위에는 황개黃蓋 3쌍을 세우고, 계단 아래는 금안장을 얹은 말 6필을 세워 두었으며, 다음에 홍흑개紅黑蓋 를 세우고, 그 다음으로 각색 초롱을 늘어세웠다. 다음에 황기, 홍기, 흑기, 백기 80개를 세웠는데, 더러는 금실로 용을 짜고, 더러는 일월성신 日月星辰을 그렸으며, 더러는 문門자를 썼는데, 모두 붉은 깃대에 용을 그렸고, 그 다음은 금추金椎, 금월金鉞 따위를 세웠습니다. 북소리가 나자 편鞭을 세 번 울렸는데, 이른바 필驆(임금의 행차를 알림)이었습니다. 그 소리가 궁정에 진동하고 황제가 보탑에 오른다고 전하니, 동반과 서반이 전내에서 다 꿇어앉고, 뜰에 서 있던 여러 왕들이 계단에 올라가 셨습니다. 조금 있다가 홍려鴻臚(임금 앞에서 말을 전하는 관리)가 한 마디를 지르니, 동반과 서반이 모두 꿇어앉고, 전 위에서 한 사람이 큰 소리로 글을 읽으니, 바로 하표賀表를 아뢰는 것이었습니다. 읽기를 마치니, 음악이 태화문 누상에서 진동하는데, 그 소리가 우리나라 노래 와 거의 비슷하나 음절이 조금 촉박하였습니다. 동반과 서반이 홍려의 창에 따라 삼배구고두三拜九叩頭를 하는데, 일어나고 엎드림이 질서정연 하여 조금도 어긋남이 없었습니다. 예를 마치고 의장儀仗을 바깥으로 물리자, 통관이 비로소 우리 일행을 인도하여 서정西庭의 8품 풋말 앞에 세워 예를 행하고 물러가게 하였습니다. 황제의 행차를 알리는 소리가 또 세 번 울리자, 황제가 전으로 들어갔는데, 매우 깊어서 황제의 출입을 볼 수가 없었습니다."

앞서 들으니, 조참례朝參禮 후에는 관례로 다례茶禮와 연례宴禮를 행한다고 하였다. 계사년(1653, 효종 4), 계축년(1673, 현종 14) 두 해의 선군先君 일기에는 다례와 연례에 참가하였다는 말씀이 있고, 계축년에는 예부상서가 선군을 인도하여 태화전 내에 앉게 하고 술을 내렸다 하였는데, 이것은 정말 특별한 경우겠지만, 연례는 전례로 행하던 일인데 근년에는 폐지되었다. 전에는 태화전 앞의 12향로에 침향沈香을 태웠으나 지금은 또 이러한 일이 없으니, 생각건대, 황제가 검소한 것을 숭상하고 비용을 아끼기 위해서인 것 같다. 『가재연행록』 1713년 1월 1일

수질이 좋지 않아 물을 사서 마시다

천단天壇 물을 길어온 지 이미 나흘째인데, 다른 물에 비하면 낫다고는 하지만 역시 수질이 매우 나빠서 오늘부터 다시 조양문 밖 팔리포八里鋪 근처의 물을 길어 왔다. 천단 물에 비해 조금 나은 듯하나 죽을 끓여도 안 된다. 이 곳의 물은 그 짜기가 우리나라 저자 가운데 가장 짠물과 같은데, 짠 맛이야 오래 마시면 점점 나아지기는 하지만 가장 고약한 것은 짠맛 가운데 단맛이 있어서 마실 수가 없다. 세수를 하면 얼굴이 터지고 손에 서스리미가 일어나며, 수건으로 문질러 3~4일이 지나면 수지水枝 같은 것이 이는데, 무슨 까닭인지 모르겠다. 정양문 밖 40리쯤에 좋은 물이 있어 연동蓮洞 이 상공李相公이 왔을 때 늘 이 물을 마셨는데, 비싼 돈을 주어야 겨우 얻을 수 있었다 한다. 『가재연행록』 1713년 1월 3일

조선사행들이 음식고생을 하다

주방의 반찬은 심양 이전에는 먹을 만하더니 그 뒤로 점차 나빠졌고, 북경에 들어온 이후에는 먹을 것이 하나도 없다. 들여오는 찬물이 오래

되어 맛이 변한데다 주방에서 음식 만드는 자들을 타이르지 않았더니 점점 게을러져서 그렇게 된 것 같다. 밥은 물맛이 나쁜데다 잡미가 섞여 있어서 더욱 나쁘다. 대개 건량미乾糧米는 모두 선천宣川, 곽산郭山, 가산嘉山의 쌀이다. 그러나 주방에서 일하는 자들이 그들과 친한 역관과 역졸의 밥도 함께 짓는데, 그 쌀이 모두 이 나라에서 나는 산도미山稻米다. 이 때문에 밥맛이 좋지 못해도 금할 도리가 없다. 나는 아침과 점심에 매번 율무 한 그릇씩과 육포 한두 줄기를 먹고, 출입할 때는 소주 반잔으로 요기를 하였다. 도중에도 계속 율무를 먹고 간혹 죽을 먹기도 했으나, 하루에 먹은 것이라야 겨우 쌀 몇 홉에 불과하였고, 다녀오는 사이에 먹은 것까지 통틀어 계산해도 3~4말에 불과하였다.

내가 먹는 반찬은 백씨보다 적고, 접시 수효는 항상 나오는 건어와 젓갈 외에 어육이 서너 그릇 되지만, 나는 젓가락을 댈 것이 없어 모두 귀동 등이 먹었다. 혹 조금 나은 것이 있으면 늘 걷어서 이유량李惟亮에게 보냈는데, 그가 늙고 병들었기 때문이다. 김덕삼, 김창엽에게도 때로 군관들의 찬거리를 보냈는데, 볼품이 없었다. 유봉산은 더 견딜 수가 없어 오기만 하면 건복乾鰒, 포육 등의 물건을 찾아 먹고 갔다. 짠 김치 한 항아리를 무, 동과冬瓜, 오이를 섞어 절여서 가져왔는데, 오늘 꺼내어 먹어 보니 비록 별 맛은 없으나 비위가 곧 가라앉았다. 여러 비장들에게 나누어주니, 좋다고 하지 않는 사람이 없다. 주방에서 뱅어를 사서 국을 끓였는데, 생긴 것은 우리나라에서 나는 것과 같고 맛도 좋아 이 곳 생선 중에는 최고였다. 『가재연행록』 1713년 1월 4일

북정 우물

저녁을 먹은 뒤 한가로이 걸어 북정에 가서 우물을 보니 깊이가 3장 남짓하였다. 대개 돌에 구멍을 뚫어서 겨우 두레박이 드나들 정도였는데, 아마도 사람이 빠지는 것을 막기 위해서인 듯하며 이 곳 우물은

모두 그리하였다. 두레박은 버들로 짜서 삼태기처럼 만들었는데, 물도 새지 않고 가벼우면서 깨지지 않으니 좋았다. 물맛은 매우 나빴다. 하류배들이 모두 이 우물물을 먹는데 어떻게 마시는지 알지 못하겠다. 수원水源은 매우 많아 행중의 사람과 말이 모두 마셔도 부족함이 없다고 한다. 『가재연행록』 1713년 1월 5일

북경의 거리모습

동편 문으로 들어오니, 문 안에 큰 돌다리가 있다. 다리 밑으로 물이 쏟아져 흐르는 소리가 매우 장쾌하다. 만든 제도를 보려고 다리 밑으로 들어가 보니, 수심이 깊어 알 수가 없다. 물은 서쪽에서 흘러오는데, 바로 내성內城의 해자다. 해자 속에 왕왕 돌방죽을 두었고, 물을 모아 여닫을 수 있도록 하였으니, 이것은 얕은 물에 배를 띄우는 법으로서 '갑문閘門 배를 통행시키는 수문'이다. 배가 그 아래에 이르면 물을 터서 배가 올라오게 하고, 배가 올라오면 바로 닫는다. 이런 방법을 쓰면 배가 도달하지 않을 곳이 없으니, 통주 배가 내외 해자에 두루 통할 수 있는 이유는 이 때문이다. 조금 전 지나온 다리 밑도 갑문을 설치했던 곳이다. 성과 해자 사이에 길을 넓게 만들어 수십 보나 되며, 남안南岸에 는 모두 인가가 즐비하다.

3리 남짓 가서 숭문문崇文門에 닿았다. 문의 제도는 조양문朝陽門과 같고, 해자에 큰 돌다리가 있다. 좌우에 있는 저자는 매우 홍성하고, 거마車馬가 문에 가득하여 겨우 들어갔다. 일찍이 들으니 우 소부于少傅 (명나라 말기의 충신인 우겸于謙)의 묘廟가 숭문문 동쪽 1리쯤에 있다고 하므로 방문하려 하였으나, 갑군이 날이 저물었다며 난색을 표하므로 실행하지 못했다. 『가재연행록』 1713년 1월 8일

이국 과일의 맛을 보다

수역이 또 회회국回回國 참외 한 개를 얻어서 바쳤다. 껍질이 모두 완전하고, 희한하게 달고 산뜻하여, 앞서 먹던 것보다 맛이 상당히 좋았다. 백씨가 병환 때문에 날것이나 찬것을 먹을 수 없으므로, 모두 내 방에 갖다주어 식후에 문득 썰어 먹어 보니, 아주 시원하고 상쾌하였다. 조금만 먹어도 속이 서늘해지는 것을 느꼈다.

최수창崔壽昌이 생 여지荔枝(중국 남방에서 생산되는 살이 희고 맛이 단 과일) 5개를 얻어 백씨에게 드렸는데, 부사와 서장관이 마침 와서 각각 1개씩 나누어 갖고 나에게도 하나를 보냈다. 그것을 보니, 껍질은 반쯤 말랐으나 아직 붉은색이 있고, 안은 희기가 옥 같은 것이 씨를 몇 겹이나 둘러싸고 있었다. 껍질과 살 사이에 물이 가득 찼는데 단맛이 꿀과 같았다. 껍질을 깨뜨릴 때 입을 대어야만 물을 흘려버리지 않는다. 생각해 보니, 싱싱할 때는 껍질 안에 살이 가득찼을 것이나, 딴 지 오래되다 보니 물러서 물이 된 것 같다. 여지의 살을 씹으니, 연하지만 소리가 나고, 살의 단맛은 물만 못하고 조금 깔깔한 맛도 있었다. 일찍이 듣건대, 여지는 7월에 익는데, 따서 하루만 지나면 향내가 변하고, 이틀이 지나면 빛깔이 변하고, 사흘이 되면 그 맛이 변한다고 하였다. 이것은 가지에서 딴 지 이미 오래되었음에도 맛이 이와 같으니, 만약 나무에서 금방 딴 것을 먹는다면 그 맛이 얼마나 대단하겠는가? 지금 맛으로 말하더라도 다른 과실과는 견줄 수가 없으며, 씹는 것 외에 껍질의 향내도 좋은데, 단물이 스며들었기 때문일 것이다. 그 출처를 물으니, 바로 정세태鄭世泰가 보내온 것으로, 남방에서 황제에게 진상하기 위해 어제 들여온 것을 바로 얻어서 보낸 것이라 한다. 최수창이 나에게 별도로 두 개를 보냈기에, 김중화, 유봉산, 김창엽, 김덕삼 네 사람을 불러 1개씩 주고 나누어 먹게 하니, 모두 기이하다 했다. 『가재연행록』
1713년 1월 17일

북경의 저자거리

북경의 거리 풍경

　옥하관에서 서쪽으로 1리를 가서 대청문大淸門에 도달하니, 문 앞에
동, 서, 남으로 각각 100여 보씩 한정하여 붉은 칠을 한 나무를 둘러세워
울타리를 만들고, 삼면에 각기 문이 있는데 잠겨 있다. 울타리에서
남쪽으로 수십 보를 가면, 정양문이다. 문의 모양은 조양문과 같으나,
옹성에 문이 3개 있다. 중문은 황제가 출입하는 곳으로 잠겨 있었고,
동문과 서문만 열어두어 왕래하게 하였다. 우리들은 서문으로 나왔다.
저잣거리는 통주보다 배는 번화하고, 온갖 물건으로 가득한데 이루

다 기록할 수 없다. 『가재연행록』 1713년 1월 19일

북경의 저자 풍경

큰길 좌우에는 많은 갈래길이 종횡으로 상통하며, 거리에는 거마가 길을 메워 뚫고 지나가기 힘들었다. 쇄마구인刷馬驅人이 통을 말에 싣고 따라가던 중 한눈을 팔다 말을 붙들지 않은 바람에 말발굽이 점포에 닿아 떡들이 모두 흩어졌다. 그런데 가게 주인은 그릇만 거두어 담고 한 마디 불평도 하지 않아 사람을 부끄럽고 탄복하게 만들었다. 말몰이꾼을 매질하려 하자, 온 시장 사람들이 만류하였다. 『가재연행록』 1713년 1월 19일

수질 좋은 물을 찾아 나서다

천단문에서 남쪽으로 수백 보쯤 가니, 길 옆에 우물이 두 개 있는데, 수량이 풍부해서 통을 들고 나온 사람들이 노새나 편담扁擔 천평칭天平秤, 멜대를 갖고 줄을 지어 늘어섰다. 도르래를 이용해서 물을 긷는데, 우물 곁의 작은 집에서 지키는 자가 한 통에 3전씩을 받는다. 그러나 우리나라 사람들에게는 돈을 받지 않았는데, 여러 번 물을 길러 와서 사례로 부채를 주었다고 한다. 선흥은 쇄마구인과 함께 남아서 물을 긷게 하고 이윽고 영정문永定門을 나섰다. 이것은 외성 남쪽 중앙문이다. 우물에서 여기까지 1리 남짓 되는데, 좌우에 인가가 서로 접해 있고 중간에는 묘당이 있다. 성 바깥에도 인가와 시장이 있으나 많지는 않다. 『가재연행록』 1713년 1월 19일

북경과 그 주위의 풍경

해자의 다리를 건너서 수십 보를 가다 그만두고 도로 성으로 들어와 성 위를 보니, 수레와 말들이 왕래하므로 이윽고 올라가 보았다. 문루門樓

는 잠겨 있어서 열 수가 없고 성가퀴를 따라 배회하니 궁성 내의 궁궐과 만세산이 모두 보인다. 이 날 바람이 불어 먼지가 공중에 자욱해서 자세히 보지 못했으나, 이 곳에서 정양문과 태화전을 바라보니 곧기가 먹줄을 놓은 듯하다.

궁성 서쪽에는 흰 탑이 하늘 높이 서 있는데, 태액지太液池 곁에 세운 것이라 한다. 성 밖은 인가는 적고 무덤이 많은데, 간간이 백양나무가 있다. 멀리 바라보니 큰 들이 까마득한데, 이 곳으로 가면 남방으로 가는 길이라 한다. 서쪽에 큰 산이 가로로 걸쳤는데, 한 소년이 곁에 있다가 "이게 서산이다."라고 말했다. 일찍이 듣건대, 서산은 연도燕都 북경에서 40리 떨어져 있다고 하는데, 지금 보니 매우 가까워 10리를 넘지 못할 듯하다. 산 전면은 모두 토산이요, 뒤에는 봉우리가 그림자를 감추고 있으니, 연도 8경燕都八景 중의 서산제설西山霽雪이 곧 이것이다.

『가재연행록』 1713년 1월 19일

자금성과 주위의 풍경

이에 시종이 앞장 서고 홍이가와 박득인 두 사람이 그 뒤를 따르고 세 비장이 그 다음에 서고 나는 조금 뒤에서 따라가고, 호인 4~5명이 말을 타고 내 뒤로 한패가 되어 따라나왔다. 옥하玉河의 서쪽 언덕을 따라가다가 동장안문 큰 거리를 지나니 거리에 큰 돌다리가 있었다. 꺾어서 북쪽으로 궁전 담을 따라가다 동안문으로 들어가니, 이 곳이 바로 궁전 담의 문이다. 말을 탄 채로 들어가니 문 안에 또 문이 하나 있는데, 제도는 마치 패루와 같고 양 문 사이는 60~70보나 되는데, 모두 돌로 포장해서 다리를 덮었다. 옥하수가 그 밑으로 흐른다고 한다. 제2문 안은 길이 광활한데, 좌우에 두서너 채의 큰 집이 있으니, 아문인 듯하다.

서쪽을 바라보니, 수백 보 밖에 궐문이 하나 있는데 이름은 동화東華라

하며 바로 궁성 문이다. 궁전의 담과 북경성 사이에는 인가가 즐비하고 거마의 왕래가 딴 곳이나 다를 바 없다. 동화문에서 100여 보 못 미쳐서 꺾어져 북쪽으로 1리 남짓 가서 만세산을 지났다. 산은 궁성의 주산으로 흙을 쌓아서 만든 것이다. 높이는 10여 장에 불과하고, 동서는 100여 보, 남북은 그 절반가량 된다. 『가재연행록』 1713년 1월 25일

북경의 성과 궁궐제도

북경의 성은 둘레가 40리로 사방의 모퉁이 각이 반듯하나 서북쪽이 조금 빠졌다. 동·서·북 3면에는 각기 두 개의 문이 있다. 동쪽에는 조양문朝陽門과 동직문東直門이 있는데, 조양문은 한가운데 있고 동직문은 조금 북쪽에 있다. 서쪽에는 부성문阜成門과 서직문西直門이 있는데, 부성문은 한가운데 있고 서직문은 조금 북쪽에 있다. 북쪽에는 안정문安定門과 덕승문德勝門이 있는데, 덕승문은 약간 서쪽에 있고 안정문은 동쪽에 있다. 남쪽에는 세 개의 문이 있는데, 가운데는 정양문正陽門, 왼쪽은 숭문문, 오른쪽은 선무문宣武門으로 도합 9문이다.

안에 있는 누대樓臺는 모두 세 겹의 처마로 푸른 기와를 이었다. 문에는 모두 각기 옹성甕城이 있고 성 위에는 2층루樓가 있다. 이것을 적루敵樓라고 하는데, 벽돌로 만들었으며 3면에는 각기 포문을 네 겹으로 내고, 장벽은 판板으로 하고 주사朱沙를 칠하였다. 성 네 모퉁이에는 모두 두 겹의 처마를 가진 누대가 마치 곡척曲尺 같은 모습을 하였으니 각루로서 제도는 적루와 같다.

남성南城 밖에 다시 외성을 쌓았는데 둘레는 28리며, 7개의 문이 있다. 남쪽은 영정문永定門, 좌안문左安門, 우안문右安門 등이 있는데, 영정문이 가운데에 있다. 서쪽은 광녕문廣寧門, 서편문西便門, 동쪽은 광거문廣渠門, 동편문東便門이다. 이 7개의 문루는 모두 두 겹 처마에 옹성은 있으나 적루는 없었다.

궁성도 각이 졌으니 동서가 300보, 남북이 500보 가량 되었다. 동쪽은 동화문東華門, 서쪽은 서화문西華門, 북쪽은 신무문神武門, 남쪽은 오문午門이요, 네 모퉁이에는 모두 십자각十字閣이 있었다. 성 바깥은 해자[濠]로 둘려 있고, 해자 밖은 모두 여염집이었다. 그 바깥에 담을 한 겹 쌓고, 4개의 문이 있는데 동쪽은 동안문東安門, 서쪽은 서안문西安門, 남쪽은 태청문太淸門, 북쪽은 후재문厚載門이다.

태청문 좌우에 각기 문이 하나씩 있는데, 동쪽은 동장안문東長安門, 서쪽은 서장안문西長安門이다. 동안문은 동화문과 마주 보고 있고 서안문은 약간 북쪽에 치우쳤으니, 이 두 문 안에 태액지太液池가 있기 때문에 지세가 그러하였다.

오문 좌우에는 종묘와 사직이 있는데, 궁성의 바깥이며 궁장宮墻의 안이다. 궁궐은 도성에 있는데 남쪽에 치우쳐 있기 때문에 만세산은 조양문을 마주보고 있다. 궁성 북쪽에는 저자와 점포, 종루, 고루鼓樓가 있다. 이것은 남쪽에는 조정, 북쪽에는 시장, 왼편에는 종묘, 오른편에는 사직을 두는 체제다.

내성과 외성 사면에는 모두 해자에 물이 있는데, 외성 서북쪽에서 물을 끌어와 두 갈래로 나누어 놓았다. 한 갈래는 궁장宮牆으로 들어와 서북쪽으로 태액지와 궁성의 해자 물이 되었고, 그대로 궁성 안으로 들어와 태화문, 옥하교를 거쳐 숭문문과 정양문 사이로 나가 외성의 해지기 되어 대통히人通河로 흘러 들어간다. 한 줄기는 고루가鼓樓街를 지나 궁장 동북쪽으로 들어와 동안문을 거쳐 궁성의 물과 합류하여 옥하玉河로 들어간다.

『대흥현지大興縣志』에 이르기를,

"구성舊城은 원나라 지원至元 4년(1267, 고려 원종 8)에 쌓았고, 명나라 영락永樂 5년(1407, 태종 7)에 도읍으로 정하여 19년에 궁실을 지으며 성 남쪽을 개척하였다. 중성重城은 가정嘉靖 23년(1544, 중종 39)에 쌓았고, 옹성은 가정 42년에 쌓았는데, 갑신년 유적流賊의 난리에 문루門樓가 모두 타버렸고, 단지 정양문의 2루만 남았었는데, 청나라 사람들이 수리했다."라고 하였다.

내가 전후로 관문館門을 출입한 것이 13차례나 되어 내성 9문 가운데 8개 문을 출입하였는데, 조양문, 숭문문, 정양문, 서직문, 덕승문으로 출입한 것은 서너 차례 정도 된다.

동직문東直門은 문까지 갔다가 돌아왔다. 또 외성문은 영정문, 동편문으로 출입하였다. 대로大路는 경과하지 않은 곳이 없고, 궁벽한 골목, 작은 길도 여러 번 왕래하였으며, 비록 보지 못한 곳이라도 형세는 모두 짐작할 수 있다.

성 안에는 인가가 빈틈없이 들어차 있는데 모두 기와집이었으며, 길가의 인가는 비록 궁벽한 골목이라도 모두 점포를 열고 있었다. 인가 사이에는 간간이 절과 사당이 보였는데, 그 수는 열에 두셋을 차지했다. 성중의 저자와 점포는 북쪽이 가장 융성하였으며, 그 다음은 동패루가東牌樓街인데, 서쪽은 동쪽만 못하였다. 서패루 남북의 길가는 모두 관청 및 제왕諸王의 집들이 있고, 점포는 열 중 두셋에 불과하였다. 성 밖의 시장 및 인가는 남쪽이 가장 번화하였으니, 정양문 밖이 으뜸이요 숭문 문 밖이 그 다음이며, 선무문 밖이 또 그 다음이었다. 동쪽은 남쪽만 못하고, 서쪽은 동쪽만 못하며 북쪽은 서쪽만 못하였다.

성 안의 대로와 골목길 인가의 처마 밖에는 모두 하수도를 설치하여 온 성의 물이 모두 이 곳으로 배출되었다. 성 안의 큰 도랑 이외에는 하수구가 없었으며, 또 거위, 오리, 양, 돼지 따위를 기르지 않기 때문에 길에는 더러운 곳이 없었다. 『가재연행록』 1713년 2월 11일

통주의 거리 풍경(1)

마침내 팔리교八里橋를 지나 통주通州 밖에 있는 서문으로 들어섰다.

길 오른편으로 창고들이 늘어서 있고 그 수백 보 되는 곳에 문봉서門封署가 있다. 올 때에도 이 곳을 지나왔지만 보지 못하였다. 남방에서 배로 실려오는 쌀은 모두 이 곳에 도착하여 절반은 북경으로 보내지고 나머지 절반은 비축된다고 한다. 성을 1리쯤 들어가서 꺾어져 북쪽으로 100여 보쯤 가다가 돌다리를 건넜다. 다리 밑에서 물소리가 매우 웅장하게 울려 왔다. 말을 멈추고 내려다보니 물이 서성西城에서 동성東城을 향해 흘러나오다가 다리 밑에 와서 팽배하며 물줄기가 솟구치고 있었다. 아마도 다리 밑에 수문을 설치해 놓은 것 같았다. 『가재연행록』 1713년 2월 15일

통주의 거리 풍경(2)

날이 밝자 출발하여 북문을 나섰다. 객관에서 북문 1리쯤에 이르니 북문 밖 근처에는 길을 끼고 좌우로 점포들이 수백 보씩 늘어져 있다. 점포 양쪽으로는 모두 강물이어서, 점포는 대개 강물을 끼고 깊숙이 들어가 있었다.

점포들이 늘어서 있는 중간에 큰 돌다리가 있는데 높이는 배가 통과할 만하나 수심은 그다지 깊지 않았다. 강 동쪽 기슭에도 인가들이 즐비한데 나무다리가 놓여 있어, 그 위를 통과하여 왕래하도록 되어 있었다. 점포들이 있는 곳이 끝나면 바로 모래밭이었다. 모래밭에는 재목들이 무수히 쌓여 있었는데, 나무의 길이, 굵기, 상태에 따라 종류별로 분류되어 가지런하게 잘 쌓여 있었다. 강 위에는 배들을 묶어 연결시켜 다리를 만들어 놓았는데 마차들이 평지처럼 지나가고 있었다. 성에서 이 곳까지는 불과 2리 정도였으며, 물은 서북쪽에서 흘러 내려왔다. 이 곳을 지나 반리쯤 가니 또 강이 나왔다. 처음 건너온 강보다 조금 컸는데 역시 배다리를 만들어 놓았다. 이 강은 북쪽에서 흘러 내려오고 있었는데, 백하白河의 정맥인 것 같았다. 해는 아직 떠오르지 않았는데 어부

한 사람이 배 위에서 망태 그물을 쳐 놓고 서 있는데, 그 모습이 그림 속에서 보던 광경과 꼭 같았다. 햇짚[新藁]을 싣고 성 안으로 들어가는 사람이 꼬리를 물고, 닭장에 닭이나 거위를 넣어 나귀로 싣고 가는 사람도 있으니, 모두 새벽장을 보러 가는 사람들이었다. 『가재연행록』1713년 2월 16일

고려보

고려보高麗堡를 지나는데, 촌락들이 자못 부유하였다. 마을 안에 '희자각戲子閣'이 있는데, 편액扁額에 '태평옥촉太平玉燭'이라고 적혀 있었다. 풍윤豐潤으로 가는 큰길로 접어들어 5리쯤 구부러져 돌아가니 성 서쪽으로 '환향하還香河'라는 강이 나왔다. 크기는 우리나라 파주坡州에 있는 광탄廣灘강의 몇 배는 되는데, 양안兩岸이 백사장으로 되어 있고, 언덕 위에는 떠내려온 재목들이 있는 것으로 보아 수원水源이 또한 먼 것 같았다. 『가재연행록』1713년 2월 19일

산해관의 풍경(2)

아래로 내려다보니, 산해관의 성이 바로 무릎 아래 있는 것 같았다. 성의 연못과 마을 우물들이 이리저리 비단을 깔아놓은 듯 펼쳐져 있고, 동쪽과 남쪽은 바닷물이 하늘에 맞닿아 있었다. 등주登州와 내주萊州 지방도 보일 듯한데, 시력이 그에 미치지 못하였다.

서남쪽은 많은 산들로 겹겹이 싸여 있는데, 바다 근처에는 가끔 푸른 봉우리가 보였다. 아마 창려현昌黎縣 근처에 있는 산들인 듯하다. 서북쪽 산봉우리들은 가장 기묘하고 장대하여 깎아지른 듯하였다. 봉우리마다 모두 깊은 골짜기에서 곧장 솟아올라 천길 낭떠러지를 이루어 두려움에 간담이 서늘할 지경이다. 그러나 그 모양이 쇠붙이 같을 뿐 빼어나게 아름다운 기품은 없다. 자못 금강산 비로봉에 올라 구룡연의 계곡을

굽어보는 기분과 비슷하였다.

월사月沙의 기록에 보면, "성 위에 낮게 쌓은 담 위로 북쪽을 바라보면 산이 끊긴 곳에 황사黃沙 백사白沙가 펼쳐져 까마득히 호촌胡村에 닿아 있다."라고 하였는데, 생각건대, 이 곳에 올라와 사막을 볼 수 있었다면 오히려 그렇지 못함을 한탄했을 것 같다. 산의 형세가 매우 높고 험준했지만 산 뒤에 또 산이 있어 호지胡地와의 사이에 중첩된 산이 얼마인지 알지 못할 정도다. 아마도 월사는 일찍이 이 곳까지는 올라와 보지 못하고 기록한 것인 듯하다.

이 곳에 왔으니 일몰도 구경할 생각이었으나, 바다로 들어가는 곳이 마침 멀리 산에 가려져 볼 수 없게 된 것이 아쉬웠다. 그러나 북쪽으로 장성을 바라보니, 산을 따라가며 꾸불꾸불 하얀 성 위에 쌓은 낮은 담이 첩첩이 쌓인 산봉우리 사이로 나타났다 사라졌다 하면서 뻗어 있었다. 참으로 장관이라 사람의 마음을 호장豪壯하게 하였는데, 다만 홀로 와서 구경하고 있으니 더불어 뛰어난 광경을 이야기할 상대가 없는 것이 한스러울 뿐이었다.

산꼭대기에서 동쪽으로 10여 보쯤 걸어가 한 층계쯤 내려서면 곧 장성長城이다. 성의 높이는 한 길 남짓한데, 잡석雜石으로 쌓아올린 것이 꼭 우리나라의 성과 같다. 단지 여장女墻성 위에 낮게 쌓은 담만은 벽돌로 쌓아올렸다. 그리고 절벽으로 험준한 곳은 군데군데 성을 쌓지 않고, 성 밖으로 산기슭이 높은 곳에는 보두 언내煙臺(봉홧불을 올리는 곳, 봉수대)를 설치해 놓았다. 그리하여 조그마한 골짜기까지 모두 보이도록 하여 적병賊兵이 은신하지 못하도록 하였으니, 설치가 참으로 장대하고도 치밀하였다. 『가재연행록』 1713년 2월 23일

산해관의 거리풍경

산해관 북문으로 해서 성에 들어섰다. 성문은 역시 이중문二重門으로

되어 있고 내성內城에는 2층 누대樓臺가 있는데, 해자의 깊이는 서성西城
과 같이 깊어 역시 다리를 건너 성으로 들어가 찰원에 이르렀다. 찰원은
십자로에 있었다. 서쪽 작은 거리로 나 있는 문 앞의 뜰은 몹시 넓었는데,
호인 장사꾼의 출입구라 혼잡하기가 다른 곳보다 배는 더하였다. 『가재연
행록』 1713년 2월 24일

북진묘

수리를 걸어가 북진묘北鎮廟에 이르렀다. 북진묘는 높은 언덕에 있었
는데 자리가 탁 트이고 규모 또한 장려하여 동악묘東岳廟와 서로 비등할
만하였다. 그러나 옛 건물은 모두 허물어졌고 남아 있는 것은 근래
새로 수축한 것인데, 폐허의 터를 가지고 보면 수축한 것이 10에 6~7도
못 되었다.

신축한 제도를 기록하면 이렇다. 외문外門은 3칸이요 앞에는 월대月臺
를 쌓아 놓았는데 높이는 한 길 남짓하고, 문 양옆으로 나 있는 계단의
높이도 월대와 대등하였으며 담은 그 위로 쳐져 있었다. 외문으로 들어
가니, 또 하나의 문이 있고 그 곳의 층계 높이도 외문에 있는 것과
비슷하였으나 월대는 없다. 문의 만듦새는 외문과 같았다. 두 문
사이의 넓은 뜰에는 좌우 양쪽으로 모두 집터가 있었다. 주춧돌로 계산
해 보니 3칸 집이었다. 뜰에는 소나무 네 그루를 심었는데 왼쪽에 하나,
오른쪽에 세 그루고 그 중 한 그루는 말라 죽어 있었다. 문의 좌우로는
각각 무량각無梁閣이 있었는데, 종이나 북을 걸어놓는 곳이었다. 문 안으
로 50~60보를 들어가니, 비로소 정전正殿이 나왔는데 편액을 '울총가기
전鬱蔥佳氣殿'이라 하였다. 세 기둥이 있는 한가운데 소상塑像이 있었는데
왕자의 복색과 장비를 다 갖추고 있다. 곧 여산閭山의 신神이었다. 문에서
이 정전까지는 돌을 다듬어 길을 만들고 정전 양 옆과 앞 계단의 3면이
모두 오르내릴 수 있게 설치되어 있었다. 뜰 좌우 쪽으로 월랑月廊의

터가 있는데, 건물이 남아 있는 것은 각각 3칸뿐이었다. 월랑의 남쪽으로 조금 안쪽에 좌우로 각각 1칸 집이 있었는데 우측에 있는 것은 육면정六面亭이었다. 복판에 길을 끼고 좌우 양옆으로 비석 7개가 서 있었는데 우측의 제일 첫 번째 비석은 성화成化 연간에 세운 것이요, 두 번째 비석은 정덕正德 연간에 세웠고, 세 번째 비석은 만력萬曆 원년에 세운 것으로서 비문은 도찰원 우부도 어사都察院右副都御史 장학안張學顏이 지었다. 왼쪽에 있는 첫 번째 비석은 성화 연간에 세운 것이고, 두 번째 비석은 정덕 연간에 세웠으며, 세 번째 비석은 강희 연간에 세웠고, 네 번째 비석은 만력 병오년(1606, 선조 39)에 세웠다. 그리고 계단 아래에도 좌우로 5개의 비석이 있었는데 오른쪽의 비석 하나는 홍치弘治 연간에, 2개는 모두 강희 연간에 세운 것이다. 왼쪽에 있는 비석 하나는 영락 19년(1421, 세종 3) 3월에 조칙에 의하여 세운 비석이라고 씌어 있다. 『가재연행록』1713년 3월 2일

광녕성의 모습

광녕성도 왈日자형으로서 남쪽을 외성으로 하고 북쪽을 내성으로 하였으며, 그 사이를 가로막은 성이 4분의 1을 차지하였는데 남쪽에 가까웠다. 내성에는 동·서·북쪽에 각각 문이 하나씩 있고 남쪽에 문이 두 개였으며, 외성은 동·서·남쪽에 각각 문이 하나씩 있어 모두 8개의 문이 있었다. 성의 둘레는 심양瀋陽보다 컸으며 성 안의 길들은 지극히 넓었다. 크고 작은 거리의 입구에는 모두 돌기둥을 마주 세워 놓았는데 그 크기는 4~5척이 되었다. 비록 구석진 골목이라 해도 모두 그렇게 해 놓았다. 아마도 옛날 이문里門의 기둥인 것 같았다. 이는 다른 곳에는 없는 것으로, 설치해 놓은 것이 정밀하여 볼 만하였다.

천계天啓 2년 임술 왕화정王化貞이 무신撫臣으로 이 성을 지키고 있을 때, 요양이 이미 함락되어 오랑캐가 삼분하三盆河를 건너 사령沙嶺을

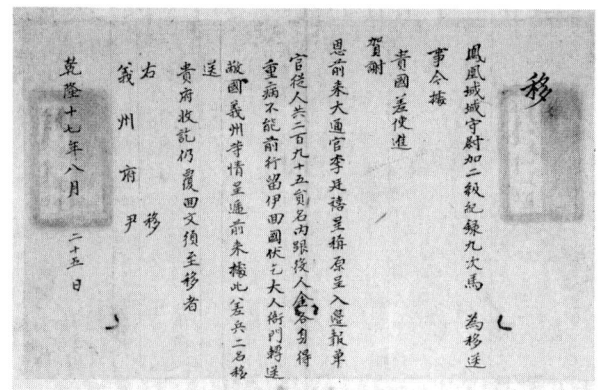

청 봉황성 주이문

침범해 들어왔으니, 광녕에서 150리의 거리였다. 반장叛將인 손득공孫得功이 성 안으로 들어와 소리를 지르며 호통을 치자, 군민은 급히 머리를 깎고 항복하였으며 온 성 안 사람들이 다투어 문으로 모여들어 도망하였다. 서장西將 강조간江朝揀이 소식을 듣고 급히 왕화정에게로 들어갔더니 안에 누워 있던 왕화정이 바야흐로 일어나 책을 펼쳐 보고 있었다. 강조간이 그를 붙들며,

"사태가 급박합니다." 하니, 왕화정이 그제서야 비로소 따라나와 보았다. 기르던 말은 이미 반적叛賊들이 훔쳐가 버렸다. 창졸간에 행장 네 상자를 꾸려서 낙타 두 마리에 싣고 여양閭陽으로 달아났다. 그 때 마침 웅정필熊廷弼이 우둔右屯에서 병사를 이끌고 와서 왕화정에게 이르기를,

"6만 군사가 요동을 무너뜨렸으니 마침내 어찌하겠소?" 하였다. 왕화정이 부끄러워하며 광녕을 지킬 일을 의논하니 웅정필이 말하기를,

"늦었습니다. 오직 100만의 생명을 보호하여 관關을 들어가서 적에게 도움이 되지 않도록 하면 됩니다." 하고, 곧 무리를 보호하여 서쪽으로 갔다. 대개 요동과 심양을 잃은 후 왕화정은 싸우기를 주장하고 웅정필은 방어를 주장하였다. 왕화정이 패하게 되자 웅정필도 군사를 잃고

땅을 잃은 죄를 받아 마침내 기시棄市 당하기에 이르렀으니, 원통한 일이었다. 『가재연행록』1713년 3월 2일

봉황성

『일통지一統志』에 말하기를,

"봉황산은 도사성都司城 동쪽 360리에 있고, 위에는 돌을 겹쳐 쌓은 옛 성이 있는데 10만 군중을 수용할 만하다. 당 태종이 고려를 정벌할 때 여기에 행차하여 머물렀다."라고 하였다. 『가재연행록』1713년 3월 13일

팔리교를 지나다

팔리교에 이르렀는데, 이 다리는 통주에서 황성으로 통하는 큰 길이다. 다리를 고친 지 오래지 않았고, 10여 칸 너비에 5백여 보 길이다. 길 남쪽 난간의 모양이 기이하게 새겼는데, 희고 빛이 나서 멀리서 바라보면 예삿돌이 아닌 것 같았다. 다리 서쪽에 마을이 있는데 팔리포八里鋪라고 불렀다. 통주에서 8리가 되는 곳이라 해서 이렇게 부르는 것이다. 이 곳에 이르면 수레와 말, 행인이 길을 메우고, 그 중 준수한 인물과 화려한 의복, 사치스런 안장을 얹은 말의 번화한 거동과 넓고 커서 펼쳐진 기상이 이미 다른 곳과는 확연히 달랐다. 스스로 행색을 돌아보니, 조용한 다른 지역의 곤궁한 서생과 두메산골의 어리석은 백성이 피폐한 행장으로 한강을 건너 도성으로 향하는 모습이다. 팔리교부터 큰 길 가운데는 전부 다듬은 돌로 이를 맞추어 깔았다. 너비가 여남은 보가 되고 길이는 황성 30여 리를 이으니, 웅장한 기구는 이를 데가 없었다. 그 위로 수레 구르는 소리가 우레와 같아서 지척에서 말을 주고받기가 어려웠고 정신이 현란하였다. 『담헌연기』1765년 12월 27일

북경의 모습(1)

조양문 제도는 청기와로 이었고 앞으로 옹성甕城을 둘렀다. 그 안은 둥글어 사면이 백여 보며 북쪽에 큰 문을 내고 남쪽으로 어문을 대하여 적루를 지었는데 높이는 거의 성문과 다름 없었다. 연하여 벽돌을 쌓아 올리고 층층이 작은 문을 내어 문짝마다 세 구멍을 내었으니 활 쏘고 총을 놓아 도적을 막게 하기 위함이다. 성 두께는 10여 보였고 높이는 8~9장이다. 그 웅장한 모습은 심양과 산해관도 감히 상대하지 못하였다. 문으로 들어가니 서쪽으로 다섯 봉우리가 있고 그 위에 각각 층층한 집이 있으니 만세산萬歲山(조양문 서쪽으로 있는 동산)인가 싶었다.

수리를 가서 네거리에 이르니 사면에 각각 패루를 세웠는데, 사패루四牌樓라 이르는 곳이다. 이 즈음에 이르니 시장거리의 가게들이 더욱 번성하였다. 남쪽 패루로 나와 남으로 향하니 길 가운데 임시로 장막과 집을 지어 온갖 물건들을 벌여놓고 온갖 점을 치는 사람들이 앉아 있었으나, 이루 다 기록하지 못하였다. 『담헌연기』 1765년 12월 27일

북경의 모습(2)

앞으로 나아가자 큰 길이 나 있고 남쪽의 3층 성문이 특별히 웅장하였다. 안에는 좌우로 과거시험을 치르는 장소가 자리하고 있고 거마와 행인이 매우 많았는데, 바로 황성의 남쪽 가운데 있는 정양문이다. 아문 안에서 북쪽으로 백여 보를 가면 이 문을 마주하여 또 큰 문이 있는데 이름을 태청문이라 하였다. 이층집을 누런 기와로 이고 문들은 다 무지개 모양으로 둥글게 만들었으며 이 문 앞쪽 좌우로 높이가 두 길이나 되는 돌사자 둘을 앉혀 놓았다. 돌사자 남쪽에 주홍칠을 한 목책을 세웠는데 그 빛이 찬란하였다. 목책 끝을 이어서 옥 같은 돌로 난간을 세웠는데 양쪽 길을 막고 남쪽으로 꺾어 양 끝이 서로 마주하게 하였다. 난간과 책문 안은 남북으로 수십 보고 동서로 50~60 보였다.

두 문 사이로 10여 보 길을 통하게 하였으나 태청문은 대궐문이어서 세 문을 다 닫아둔 까닭에, 난간 안은 행인이 다니는 일이 없으며 목책의 북쪽 돌사자 밑으로 동서로 통하는 길이 있어 걸어다닐 수는 있지만 수레와 말은 못 다니게 하였다. 난간 밖으로 양쪽에 각각 큰 길이 있는데 이 곳은 행인들이 통행할 수 있었다. 태청문 좌우로 붉은 담을 높이 쌓고 또 누런 기와로 이어서 북쪽으로 벌여져 있으니 이것이 궁장宮牆이다.

　드디어 동쪽 난간 밖으로 나가니 동쪽으로 큰길이 있고 길 어귀에 큰 패루가 서 있는데 위에 현판을 붙여 골목 이름을 새기고 금으로 메웠다. 말을 타고 이 곳에 이르러 사면을 돌아보니 눈이 어지럽고 마음이 놀라웠다. 북경의 번성함에 대해서야 전에 익히 들은 바 있고 『김가재일기』도 보아서 거의 짐작할 듯하였는데 진실로 귀로 듣는 것은 눈으로 보는 것만 같지 못하니, 어찌 이 지경에 이를 줄 생각지 못했을까?

　패루로 들어가 동쪽으로 백여 보를 지나 북쪽으로 꺾어서 한참을 더 가니 길 동쪽에 세 개의 문을 웅장하게 세우고 양쪽에 검고 둥근 나무발을 여러 개 박아서 가로눕혀 놓았는데 이것은 예부의 안문이다. 자문咨文을 실은 말은 정문으로 들어가 가운데 노도路道를 통해 바로 정당의 대청에 올라가 짐을 부렸고, 사행은 남쪽 협문으로 들어가 말에서 내려 나아갔다. 관원이 아직 오지 않아 드디어 정당에 올라 집 제도를 구경하였다.

　큰 문 안에 한 칸 문이 있는데 두 기둥은 패루의 모양이다. 정당은 길이와 넓이가 수십 칸이고 제도는 매우 크고 훌륭하나 바닥에는 벽돌을 깔았을 뿐 단청을 하지 않았으니 묘당의 사치에 비하면 극히 소박하였다. 『담헌연기』 1765년 12월 28일

코끼리의 모습

　오문 밖에 좌우로 오색의 수레 다섯을 놓았는데, 만든 모양은 모두 같고 다만 뚜껑과 휘장은 각각 오방五方에 맞추었다. 즉 흰빛과 검은빛은 서쪽에 놓고, 푸른빛과 붉은빛 및 누런빛은 동쪽에 놓았다. 가까이 가서 그 모습을 보니 수레 높이는 반 길 남짓하고 좌우에 주홍칠을 한 사다리를 놓아 사람이 오르내리게 하였다. 그 위에 돌아가며 두어 자 난간을 세웠는데 조각과 채색이 특별히 빛났다. 가운데는 가마 모양으로 꾸몄는데 크기는 한 칸 남짓하고 뚜껑과 사면을 온갖 구슬과 금옥으로 꾸미고 뒤에 큰 기를 한 쌍 비껴 꽂았는데 바탕빛은 다 수레의 빛과 같게 하고 기마다 자수로 용과 호랑이를 수놓았다.

　한 수레에 코끼리 하나씩을 매었는데 코끼리 모양은 날이 밝은 후에야 비로소 볼 수 있었다. 높이는 거의 세 길이나 되고 형체는 실한 것이 돼지 같고, 온 몸은 완전히 잿빛이며 털은 심히 작아서 멀리서 보면 털 같지가 않았다. 큰 귀는 키처럼 아래로 드리우고 둥글게 굽은 눈은 작지는 않지만 형체에 비해 매우 작아보였다. 입의 좌우로 뻗은 어금니는 길이가 네다섯 자고 긴 코는 땅에 닿으니 거의 양 팔을 벌린 정도의 길이가 될 것이며 코 끝은 새의 부리 같고 꼬리는 쥐꼬리 모양을 하고 있는데 땅에 드리웠다. 발은 둥글고 다리에 비해 매우 크지 않으니 대나무 마디를 벌려서 세워 둔 것 같았다.

　대개 천하에 제일 큰 짐승이어서 한 곳에 서면 움직이지 않고 심히 행동이 느리고 굼떠서 특별히 맹렬한 기운이 없는데, 사나운 호랑이와 표범도 충분히 제어하니 이상한 일이다. 코가 아주 길어서 우리나라 사람이 코끼리라고 이름을 지었는데, 코를 휘둘러 사람을 한 번 치면 골육이 썩어 문드러지고, 호랑이 표범도 이 코로 제어한다고 하였다. 그래서 낯이 익은 사람들 외에는 가까이 접근하지 못하게 하였다. 전에 들으니 코끼리는 남방에서 나는 짐승으로 함정을 놓아 잡아넣은 후

황제의 조서를 읽어서 머리를 숙이고 순하게 들으면, 즉시 함정에서 꺼내놓아도 전혀 거스르는 일이 없고, 조서를 듣고도 머리를 숙이지 않으면 기르지 못할 것이라 하여 즉시 죽인다고 하였다.

이 짐승은 영물이어서 옛날 당의 명황明皇(현종, 685~762)은 여러 코끼리들에게 춤을 가르쳐 잔치를 할 때면 문득 뜰에 쌍쌍이 세워두고 풍류 곡조에 따라 춤을 추게 하였다고 한다. 후에 안녹산의 난으로 명황이 쫓겨서 촉으로 들어가고 녹산이 경성에 자리를 잡고 참람히 황제라 일컬으며 모든 장수를 후원으로 모아 큰 잔치를 벌였는데, 춤추는 코끼리를 뜰에 세우고 풍류를 연주하여 춤을 추게 하였다. 그런데 여러 코끼리들이 몸은 움직이지 않는 채 다만 눈물을 비처럼 흘리며 소리를 길게 하며 슬피 울었다. 이에 녹산이 크게 노하여 코끼리들을 일시에 찢어 죽였다. 난세를 당하여 충절을 고치지 않았으니 역시 범상치 않은 짐승이다.

좌우에 붉은 옷을 입고 머리에 노란 깃을 꽂은 사람들이 여럿 있었는데, 코끼리를 맡아 기르는 사람으로서 상노象奴라고 하였다. 상노가 짚 한 줌에 소금을 넣어 조그맣게 꾸러미를 만든 후 멀리서 던져주면 코끼리가 코를 휘둘러 이 꾸러미를 받아먹는데, 마치 손으로 쥐듯이 코를 안으로 말아서 입에 넣으니 보기에 우스웠다. 두어 사람이 큰 궤를 하나 가져다가 그 앞에 놓고 열었는데, 다가가서 보니 코끼리의 몸에 맞게 매우 크게 만든 안장이었다. 말 안장에 장식한 가슴걸이에 온갖 구슬을 무수히 꿰어놓아 휘황찬란하였다.

한 사람이 코끼리의 오른쪽 앞다리를 손으로 치며 두어 마디 하니 코끼리가 몸을 진중히 움직여 오른쪽 다리 마디를 굽히고 내밀었다. 그가 붉은 실로 만든 큰 줄을 코끼리 등 너머로 쳐서 두어 사람의 부축을 받으며 그 다리 마디를 짚고 붉은 줄을 붙들어 등으로 기어 올라가서는 걸터앉았다. 그 모양이 큰 집 위에 아이가 올라앉은 것 같았는데, 코끼리가 크고 높다는 것을 이를 통해 알 수 있었다. 또한 사람이 다리에 올라서고 다른 사람이 아래에서 안장 기구를 받치면 차차 받아올려서 앞뒤로 줄을 얽었다. 그리고 푸른 무명으로 귀를 덮고 안장 가운데는 금 꼭지를 세웠는데 그 모양이 가마의 꼭지 같았으며 길이는 한 길이 넘었다. 꼭지를 올릴 때는 예닐곱 명이 줄을 이용하여 몹시 애를 쓰며 올렸는데 무척 무거운 듯싶었다. 안장 기구를 다 갖춘 후, 수레 좌우의 붉은 실로 만든 밧줄 두 가닥을 가마의 꼭지와 가슴에 연결하여 맸다. 『담헌연기』 1766년 1월 1일

코끼리를 구경하다

도로 문을 들어가 기다리니 오문 안에서 종소리가 나며 의장과 군악 기구를 한꺼번에 물리고, 코끼리의 안장도 풀어서 궤 속에 넣었다. 상노 하나가 코끼리의 목에 올라앉아 두어 자 요구쇠로 목을 찍으며 무슨 소리를 하자 코끼리가 몸을 움직여 단문을 항해 가는데 매우 천천히 걷는데도 수레바퀴는 매우 빠르게 굴러서 쉽게 움직였다. 요구쇠로 목을 찍은 곳에서 피가 흐르는데, 볕을 보면 즉시 아문다고 하지만 꼭 이렇게 해야만 제어할 수 있는가 싶었다. 수레 셋은 코끼리가 메고 나가고 둘은 말 여섯 마리가 메고 나가는데, 말이 코끼리를 겨우 따라가니 능히 코끼리의 힘을 짐작하겠다. 『담헌연기』 1766년 1월 1일

낙타의 모습을 구경하다

낙타 예닐곱 마리가 관 앞으로 지나가기에 그 모양을 자세히 보았다. 높이는 사람의 키 정도로 길 반이 되고, 다리는 극히 길며 몸은 매우 가늘어 호박 같았다. 꼬리와 발은 소 같고, 목은 오리 같으며 머리는 아주 작고 부리는 뾰족하여 뱀 머리 같았다. 모습은 매우 섬세해 보였지만 힘이 세서 짐을 많이 싣고도 긴 다리로 하루에 수리씩 간다고 했다.

등의 앞뒤에는 떼살이 돋아 있는데 마치 저절로 생긴 길마안장(짐을 싣거나 수레를 끌기 위하여 소나 말 따위의 등에 얹는 안장) 같은 모양이었다. 안장을 올리지도 않았는데, 저절로 생긴 안장 같은 것에 짐을 실으니 이상한 짐승이다. 또 소금을 먹이지 않으면 등의 혹이 없어져서 짐을 싣지 못하므로 낙타를 부리려면 미리 소금을 먹인다고 하였다. 이 짐승은 북방에서 나는 것으로 몰고 가는 사람의 몰골이 다 추악하며, 뒤에 하나는 낙타의 맨 등에 타고 가는데 다 몽골 사람이었다. 『담헌연기』 1766년 1월 4일

북경의 번화한 모습

정양문에 이르사 수레외 인마가 길을 메우고 있었다. 서로 먼저 가려고 다투는 일이 없고 잡되게 소리치는 일이 없어, 온후한 그 기상이 우리나라에 비할 바가 아니었다. 수레에는 비단 장막을 두르고, 말에는 자수를 수놓은 안장을 놓았는데 화려한 채색이 눈부셨다. 새해를 맞아 세배하는 사람이 많은데 다 비단에 수를 놓은 의복의 치장이 매우 선명하였다. 문 안에 오래 머물면서 그 물색을 구경하니, 남으로 3층 문루는 하늘에 닿을 듯하고, 북으로 태청문太淸門의 제도가 웅장하고, 좌우로 붉게 칠한 담이 둘려 있었다. 문 앞으로 붉은 목책과 옥 같은 돌난간이 서로 빛을 다투고, 길 양쪽의 정갈한 시사의 현판과 그림의 온갖 채색이 극히 현란하였다. 이 가운데로 수많은 수레와 말들이 서로 왕래하여 박석薄石에 바퀴 구르는 소리가 벼락같았고, 지척에서도 말을 알아들 수 없으니 실로 천하에 장관이었다.

이 곳에 앉아 우리나라의 기상을 생각하니 쓸쓸하고 가련하여 나도 모르게 절로 탄식이 나왔고, 심양의 번화함도 여기에 비하면 또한 쇠잔하기 그지 없었다. 슬프다! 이런 번화한 기술을 오랑캐에게 맡기고 백 년 넘도록 능히 회복할 길이 없으니, 만여 리 중국에 어찌 사람이

있다 하겠는가! 『담헌연기』 1766년 1월 4일

북경 옹화궁을 구경하다

옹화궁 법륜전

동으로 백여 보를 가자 남북으로 큰 길이 있었다. 이 길을 지나니 남쪽으로 붉은 담이 천여 보에 뻗치고 담 안으로 첩첩한 누각의 장대함은 비할 데가 없었다. 이는 옹화궁으로, 옹정황제가 황실의 명복과 소원을 비는 법당으로 사용하였다. 옹정은 지금 황제의 아버지로 강희제의 넷째 아들인데, 강희제가 죽은 후 친왕으로서 황제에 올랐다. 옹정이 죽은 후 그가 친왕이었을 때의 집을 원당顧堂으로 만들고, 몽골의 승려 수천 명에게 송나라 제도를 모방해서 지키게 하였는데, 지은 지 오래되지 않았고 대단히 사치스러웠다. 남향한 2층 문은 장대하고, 남쪽으로 수십 보를 물러 문을 대하여 10여 칸의 누각을 지었는데 단청이 영롱했다. 이것은 연극을 하는 건물인 것 같았다. 대개 큰 묘당 앞에는 다 희대戲臺를 지었는데 그 뜻을 모르겠다.

동서로 한 쌍의 패루를 지었는데 그 기교가 매우 뛰어났다. 서쪽으로 길을 따라 붉은 목책을 세워 가로막고 문을 냈는데, 문 밖에 갑군 일곱이 창검과 궁시를 세우고 엄히 지키면서 사람을 들이지 않았다. 문 옆에 갑군들이 머무는 집이 있어서 들어가 앉았더니, 세팔이 갑군에게 각각 청심환을 주고 달래어 겨우 바깥문으로 들어가 패루를 지나 큰 문 앞에 이르렀다. 큰 문을 엄히 봉한 것으로 보아 황제의 출입문이 아닌가 싶었다. 서쪽으로 작은 문이 있어서 사람들이 다니기에 그 문으로 들어가고자 하였지만, 그 안에 또 갑군이 있어서 막으며 들어가지 못하게 하여 세팔도 어쩔 수 없었다. 서쪽 패루 밑에는 라마승 하나가 서 있었는데, 누런 비단옷에 누런 방한모를 썼으며 인물이 매우 준수하여 품직이 있는 중이 아닌가 싶었다. 홍명복을 시켜 달래보라 하였더니, 홍명복이 그 앞으로 나가 공손히 인사를 하며 말하기를,

"우리는 외국 사람입니다. 이 곳을 구경하고 싶어서 왔는데, 문을 지키는 사람이 허락해 주지 않아서 매우 실망스럽습니다. 노야가 주선을 해주셨으면 합니다."라고 하니, 그 중이 기색을 매우 온화하게 하고 말하기를, "어찌하여 그렇게 하겠습니까? 그대들은 해마다 들어와 이 곳을 여러 번 구경하였고, 외국 사람이라 해서 전부터 막는 일이 없었으니 어찌 그러하겠습니까." 하며 사람을 불러 이르고자 하였다. 그런데 책문 밖에서 한 사람이 수레에서 내려 들어오는데, 눈부시게 화려한 예전용 옷차림과 몸가짐으로 보건대 품직을 가진 사람으로 보였다. 누런 옷을 입은 스님이 그에게 사연을 아뢰니, 그 말을 듣고는 희미하게 웃으며 우리에게 들어오라는 시늉을 해서 즉시 뒤따라 문으로 들어갔다. 문 안은 또한 광활하고 좌우가 다 집과 연결되었는데, 스님들이 머무는 곳이었다. 붉은 옷을 입은 사람이 동쪽 집으로 들어가더니 간 곳을 알 수 없자, 혹시 통행이 막힐까 염려하여 세팔을 시켜 그를 찾아보게 하였다. 그러자 세팔이 말하기를, 이 문 안으로 들어온 이상은 걱정할 것이 없다고 하였다.

세팔을 앞세워 인도하라 하고 백여 보를 나아가니 문 하나가 또 나오는데 현판에 '옹화궁'이라고 적혀 있고 앞에는 청나라 문자와 몽골

문자로 적혀 있었다. 동쪽의 좁은 문으로 들어가니 안은 극히 넓고 좌우로 깃대 한 쌍이 서 있는데, 그 높이가 수십 장은 되어 보여 끝이 보이지 않을 듯싶었다. 양쪽에는 이층집을 지었는데, 한편은 종을 달고 한편은 북을 달았다. 남향하여 정전이 있는데, 현판은 '옹화궁'이라고 되어 있으며, 건물을 지은 제도의 사치는 비할 바가 없었다. 또 계단에 쌓은 벽장은 갖은 색깔의 유리 빛을 만들어 그 기이한 빛에 눈이 현란하니, 이 한 가지만 보고도 다른 것을 거의 짐작할 수 있었다. 『담헌연기』 1766년 1월 5일

북경의 유명 저잣거리 유리창

이 날은 황제가 천단제天壇祭를 마치고 새벽녘에 돌아왔기에, 길에 출입하는 것을 금하지 않는다고 하였다. 드디어 식사를 재촉하고 나가기를 꾀하였다. 북경에는 유명한 거리가 하나 있는데 바로 유리창琉璃廠이다. 그 곳에서 파는 물건은 서책과 진귀한 노리개, 그리고 선비의 집물들이다. 그러므로 이 거리에는 왕왕 글하는 선비와 낙방한 남방南方의 과거응시자들이 많아서, 서책과 집물을 구경하기 위해서만이 아니라 혹 의젓한 선비라도 만날까 하여 이 곳에 가고 싶어하였다. 『담헌연기』 1766년 1월 11일

유리창의 서점에서 책구경을 하다

수리를 가니, 길이 좁고 좌우 저자에 달린 패와 드리운 휘장이 길을 막아 행인들은 겨우 지나갈 수 있을 정도였다. 저자의 처마 곳곳에는 나무우리를 걸어 여러 가지 새를 넣어두었는데, 그 지저귀는 소리가 서로 응하여 내 몸이 은연히 수풀 속에 있는 듯하였다.

수백 보를 가니 길 가운데 큰 문이 있고 문 위에 현판이 있는데 금자金子로 '유리창琉璃廠'이란 석 글자가 새겨져 있었다. 이 문으로 들어

가니 좌우로 수리에 걸쳐 상점가가 늘어서 있고, 서쪽에 또한 이문里門을 내었는데 이 곳이 유리창이라 하였다. 유리창 가운데에 기와 굽는 곳이 있어서 관원이 관장을 하고, 각 색의 유리 빛으로 기와를 구워 궁실에 책임지고 물품을 납품하는데 여기에서 유리창이라는 이름이 나왔다고 한다. 문으로 들어가니 좌우의 집들이 다 낮고 몹시 좁아 다른 곳과 같은 사치스럽고 화려함은 적으나 집집에 벌여놓은 것들이 다 조촐한 물건이고 출입하는 사람들에게서 왕왕 선비의 단아한 태도가 보여 기특하였다.

먼저 서책 가게를 찾아보니 대략 일곱여덟 군데 정도 되었다. 남쪽의 한 가게에 가장 볼 만한 서책이 많다고 하기에 그 곳에 들어가 반등에 나란히 앉았더니, 주인이 나와서 인사를 하고는 무슨 책을 사고자 하는지를 물었다. 김복서가 대답하기를, 좋은 책이 있으면 사고자 하거니와 돈을 가져오지 않았으니, 먼저 어떤 책이 있는지 보고 싶다고 하였다. 주인이 탁자를 가리키며 사고 싶은 책이 있거든 임의로 보라고 하였다. 일어나 두루 돌아보니 삼면에 층층이 탁자를 만들었는데 높이는 두세 길이고, 칸칸이 서책을 가득 쌓아두고 책갑冊匣마다 종이 쪽지를 붙여서 책이름을 표시하였다. 대개 경서와 사기史記, 제자백가의 책은 없는 것이 없고, 그 중 절반 이상은 들어본 적도 없는 책이었다. 한참을 바라보니 뒤통수 한복판이 아파오고 머리가 어질어질하여 이름을 이루 다 살필 수가 없었다. 양쪽에 반등을 놓고 값이 적힌 책을 아무렇게니 쌓아 두었는데, 이것들은 다 소설·잡서雜書와 과거에 쓰는 글이어서 우리나라의 동인사집과 같은 것이었다. 두어 권을 빼보니 다 인쇄한 책으로 극히 세심하게 공을 들인 것으로, 중국의 기술과 근검한 풍속을 짐작할 수 있었다. 『담헌연기』 1766년 1월 11일

창춘원과 원명원을 구경하다

원명원(서양루. 해안당)

　20리를 가니 비로소 여염집이 즐비하고 길 남쪽으로 긴 담이 있고 담 안에 집들이 있었다. 이 곳이 바로 강희가 머물던 창춘원이었다. 그런데 담의 둘레가 수리를 넘지 못하고 담 안의 높은 집 마루가 보이지 않아, 밖에서 담 제도와 궁실의 규모를 살펴보니 아주 소박하고 검소한 것을 알겠다. 천자의 위엄과 천하의 재력을 갖고도 이처럼 검소함을 숭상하여 행락을 일삼지 않았으니, 60년 태평을 누리고 지금 성군으로 일컬어지는 것도 이상할 것이 없었다. 좌우로 가게와 민가가 가득하고 서쪽으로 창춘원의 큰 문을 지나니 양쪽에 인공산을 쌓은 수풀 사이에 왕왕 퇴락한 집들이 보였는데 오래된 분원墳園으로 보였다. 황제의 궁궐이 지척간이지만, 사가私家의 분원을 옮기지 않으니 또한 소박한 규모였다.

　서쪽으로 5리를 가서 원명원에 이르니, 뒤쪽으로 큰 산이 둘러 있는데 이름이 옥천산이다. 산 앞으로 층층의 누각이 수리에 걸쳐 뻗어 있는데, 황제가 머무는 궁실과 관원들이 모이는 마을 및 부처와 신선의 묘당들이다. 그 제도가 장려하고 사치스러워 창춘원에 비해 백층도 넘을 것 같았다. 강희가 평생 검소한 정치로 60년간 재물을 모았으나 이것이 도리어 후에 임금의 사치를 도우니, 한 번 성하고 한 번 쇠함은 자연의 이치라 하지만 선조의 가난을 생각지 않고 재물의 유한성을 돌아보지 아니하니, 오랑캐의 운수를 거의 짐작할 만하였다.

수풀 사이로 새로 지은 묘당이 있는데 패루와 단청은 요 몇 년 사이에 새로 만든 것 같았다. 묘당 북쪽에 궐문闕門이 있고 좌우로 수십 칸의 행각이 있어 금벽金璧에 각각의 모습이 비쳤다. 문 앞으로 큰 돌사자 한 쌍을 세웠는데 높이가 두어 길이고, 사자 동쪽으로 수백 보에 걸쳐 붉은 살나무지렛대를 늘어놓고 사람의 출입을 금하였다. 살나무 동쪽으로 수십 보 되는 길이 나 있고 길 동쪽으로 큰 연못이 있는데, 사방이 삼백 보 정도 되었다. 사면의 석축은 매우 정치情致하며 연못 동쪽의 못을 따라 수백 칸의 가게들이 한 줄로 늘어서 있었다. 한없이 크고 넓어 어렴풋한 누각과 영롱한 채색이 물 가운데 비치어 물결이 흔들리며 일어나는 황홀한 그림자와 기이한 경색은 글로는 전하지 못할 일이다. 세팔이 말하기를,

"이 가게들은 수년 사이에 지은 것들입니다. 다 황상이 건축 자재를 내려 최고의 사치를 부려 만들었는데, 상인의 이익과 행인의 음식만을 위해서가 아니라 매우 기이한 구경을 위해서입니다."라고 하였다.

수레에서 내려 연못 북쪽을 천천히 걸으며 좌우를 구경하니 궁궐의 엄정한 제도는 한 번 봄직한데, 문 밖에 여러 갑군이 곳곳에 늘이앉아 사람을 금하므로 들어갈 방법이 없었다. 동으로 꺾어 연못 남쪽에 이르렀는데, 연못 근처에 작은 비를 세우고 황제의 글과 글씨로 연못을 판 사적을 기록하였다. 그 대강의 의사는, 땅이 질퍽하여 사람들이 다니지 못하였는데 흉년에 굶주린 사람들을 모아 진휼을 베풀고 이 못을 파서 지나는 사람들의 근심을 덜어주었을 뿐 아니라, 물을 모아서 가뭄에 관개하는 공이 적지 않으니, 부질없는 놀이를 위한 것이 아니라

고 하였다. 『담헌연기』 1766년 2월 11일

책문의 거리풍경

대개 그 배치가 제대로 규모를 갖추고 있어서 서로 거리끼는 일이 없다. 밖으로 보아도 이러하니 속속들이 세세한 것이야 말할 나위도 없을 것이다.

천천히 문 밖으로 나섰는데, 그 번화하고 부유한 모습이 비록 북경인들 이보다 더할 수 있을까 생각된다. 중국의 이러한 번영은 참으로 뜻밖이다. 길 좌우에 즐비하게 늘어선 점방들은 모두 아로새긴 들창 비단을 드리운 문, 그림을 그린 기둥, 붉게 칠한 난간, 푸른 색으로 치장한 주련柱聯, 황금빛깔 현판들로 현란하게 눈부시다.

그 안에 펼쳐 놓은 것들은 모두 국내의 진기한 물건들이다. 변문邊門의 보잘것없는 이 땅에 이처럼 정치하고 아담한 감식鑑識이 있을 줄은 몰랐다. 『열하일기』 1780년 6월 28일

심양을 둘러보다

멀리 요양성 밖을 돌아보니 수풀이 아주 울창한데 새벽 까마귀 떼가 들 가운데 흩어져 날고 한 줄기 아침 연기가 하늘가에 짙게 낀데다 붉은 해가 솟으며 아롱진 안개가 곱게 피어오른다. 사방을 둘러본즉 넓디 넓은 벌에는 아무 거칠 것이 없다. 아아, 이 곳이 바로 옛 영웅들이 수없이 싸우던 터전이구나. 범이 달리고 용이 날 때 높고 낮음은 내 마음에 달렸다는 옛말도 있지만, 천하의 안위는 늘 이 요양의 넓은 들에 달려 있었으니 이 곳이 편안하면 천하의 풍진이 잦아들고, 이 곳이 한번 시끄러워지면 천하의 전투의 북소리가 요란하게 울려퍼진다. 이는 어인 까닭일까. 대개 들판이 평평하고 넓게 확 트여 천 리가 한눈에 들어오는 이 곳은 지키자니 힘들고, 버리자니 오랑캐가 쳐들어오면

방비할 계교가 전혀 없으니 중국으로서는 반드시 지켜야 할 터전이다. 비록 천하의 병력을 동원해서라도 이를 지켜야만 천하가 편안해질 수 있는 것이다. 이제 천하가 백 년 동안이나 아무일 없는 것이 어찌 그들의 덕화와 정치가 전대前代보다 훨씬 뛰어났기 때문이라고 할 수 있겠는가. 다만 심양은 본시 청나라가 흥기한 터전이어서 동으로 영고탑과 맞물리고, 북으로 열하를 끌어당기고, 남으로는 조선을 어루만지며 서로는 향하는 곳마다 감히 까딱하지 못하니, 그 근본을 튼튼히 다진 것이 역대 왕조에 비하여 훨씬 낫기 때문일 것이다.

요양에 들어오면서부터 뽕나무와 삼밭이 우거지고, 개·닭 소리들이 끊이지 않는다. 이처럼 백년 동안 무사하긴 하였지만, 청의 황제로서는 오히려 근심이 남아 있을 수 있다. 『열하일기』 1780년 7월 22일

몽골인에 대한 인상

몽골 수레 수천 대가 벽돌을 싣고 심양으로 들어오는데, 수레마다 소 세 마리가 끈다. 그 소는 흰 빛깔이 많으나 간혹 푸른 것도 있으며, 찌는 듯한 더위에 무거운 짐을 끌고 오느라 코에서 피를 뿜는다. 몽골 사람들은 코가 우뚝하고 눈이 깊으며 험상궂고 날래고 사나운 품이 사람 같아 보이지 않는다. 게다가 옷과 벙거지가 너덜거리고 얼굴에는 땟국물이 흐른다 그런데도 버선은 꼭 신는다. 그래서 우리 하인들이 알정강이로 다니는 것을 이상스레 여기는 모양이다. 우리의 말몰이꾼들은 해마다 몽골 사람들을 봐 와서 그 성격을 잘 알므로 길을 가면서 서로 장난질을 한다. 채찍 끝으로 그들의 벙거지를 튕겨 길 곁으로 버리기도 하고, 혹은 공처럼 차기도 한다. 그래도 몽골 사람들은 웃으며 성을 내지 않고, 두 손을 펴서 부드러운 말씨로 돌려달라고 사정한다. 또 하인들이 뒤로 가서 벙거지를 벗겨가지고 밭 가운데로 뛰어들어가 짐짓 그들에게 쫓기는 체하다 갑자기 몸을 돌이켜 그들의 허리를

북경성 아래의 낙타

안고 다리를 걸면 영락없이 넘어지고 만다. 그러면 그 가슴을 가로타고
앉아서 입에 티끌을 넣으면, 여러 되놈들이 수레를 멈추고 서서 모두들
웃고 밑에 깔렸던 자 역시 웃으며 일어나서 입을 닦고 벙거지를 털어서
쓰고는 다시는 덤벼들지 않는다. 『열하일기』 1780년 7월 10일

낙타

장복이 "아까 몽골 사람이 낙타 두 마리를 끌고 지나가더이다." 하기
에, 나는 "왜, 내게 알리지 않았어?" 하고 꾸짖었다. 이에 창대가 "그
때 코 고는 소리가 천둥 치듯 해서 불러도 일어나지 않으시는 걸 어찌하
겠습니까. 쇤네들도 생전 처음 보는 것이라 무언지는 똑똑히 모르겠으
나 짐작으로는 낙타인 듯합니다."라고 한다. 내가 "그 꼴이 어떻게
생겼더냐?" 하고 다시 물으니, 창대는 "정말 형언하기 어렵습니다.
말인가 하면 굽이 두 쪽뿐이고, 꼬리가 소처럼 생겨 소인가 하면 머리에
뿔이 없습니다. 얼굴이 양같이 생겨 양인가 하면 털이 꼬불꼬불하지

않고 등에는 산봉우리 두 개가 솟아 있습니다. 게다가 머리를 쳐들면 거위 같기도 하려니와, 눈을 뜨기는 했지만 꼭 청맹과니 같사옵니다." 한다. 나는,

"과연 낙타였나 보다. 크기는 얼마만 하더냐." 하니, 그는 한 길이나 되는 허물어진 담을 가리키며, "높이는 저만 하더이다."라고 한다. 나는, "다음부터는 처음 보는 것이 있거든 비록 내가 졸고 있거나 식사를 하고 있거나 상관하지 말고 반드시 알리렷다." 『열하일기』 1780년 7월 12일

심양의 거리풍경

영안교永安橋에서부터 아름드리 통나무를 엮어서 다리를 놓았는데, 다리의 높이는 두세 길이나 되고, 넓이는 다섯 길이며, 양쪽의 나무 끝이 가지런하여 마치 한 칼로 밀어놓은 것 같다. 다리 밑 도랑으로는 푸른 물이 끝없이 흐르고 진흙 벌에서는 윤기가 난다. 만일 이것을 개간해서 논으로 만든다면 해마다 가지각색의 벼를 몇 만 석씩 거둘 수 있을 것이다. 혹은 이르기를,

"강희황제가 일찍이 경직도耕織圖와 농정에 대한 모든 글(농정전서農政全書)을 지었다. 지금 황제도 역시 노농가老農家의 자제이니 산해관 밖의 이 푸른듯 검은 기름진 땅이 상상전上上田이 될 줄 알 것이다. 하지만, 저 관 밖의 땅은 실로 자신들이 흥기한 고장이니, 벼가 기름지고 향기로 우며 이밥이 차져서 백성이 혀에 감기도록 늘 먹어 버릇이 된다면, 힘줄이 풀리고 뼈는 연해져서 용맹을 쓸 수 없게 될 것이므로, 차라리 수수떡과 산벼 밥을 늘상 먹게 하여, 그들로 하여금 주림을 잘 참고 혈기를 돋우어 구복口腹의 사치를 잊게 하는 것이 낫다고 생각하였다. 즉 비록 천 리의 기름진 땅을 버릴지언정 그들로 하여금 메마른 땅에 정의를 위해서 사는 백성이 되게 한 것이니, 이것이 그의 더욱 깊은 생각일 것이다."라고 한다.

길에서 본즉 2리나 3리마다 시골 집들이 끊어졌다 또 이어지고, 수레와 말이 수없이 지나다니고 좌우의 점포들 역시 모두 볼 만하여 봉성에서 여기까지 비록 사치하고 검박한 것의 차이는 있겠지만, 그 규모는 모두 한결 같다. 때로 갑작스럽게 눈에 띄는 것이 실로 놀랍고 즐거운 것들도 적지 않지만 이루 다 적을 수 없다. 『열하일기』 1780년 7월 13일

이도정의 모습

이도정二道井은 꽤 번화한 마을이다. 은적사는 규모가 대단한 절인데 많이 허물어졌다. 비碑에 적힌 시주施主들 가운데 조선사람의 이름이 새겨져 있는데, 모두 의주상인인 것 같다. 이 곳에서 처음으로 의무려산醫巫閭山이 보이는데, 멀리 서북을 가로지른 것이 마치 푸른 장막을 드리운 것 같고, 산봉우리는 오히려 보일락말락한다. 혼하를 건넌 뒤 무릇 다섯 번 강을 건넜는데 모두 배를 이용하였다. 연대는 이 곳으로부터 시작된다. 5리마다 대臺가 하나씩 있는데, 원경圓徑이 10여 장이요, 높이가 대여섯 발이며, 쌓은 제도는 성과 다름 없고, 그 위에는 총구멍을 뚫고 여장女墻 성 위에 또 담장을 쌓아 둘렀다. 척남궁戚南宮 계광繼光이 만들었다는 팔백망八百望이 곧 이것이다. 『열하일기』 1780년 7월 13일

연행로, 안전하지 못하다

일판문과 이도정은 땅이 움푹 패인 곳이라서 비가 조금만 와도 진창이 된다. 봄에 얼음이 풀릴 즈음 자칫 시궁창에 빠지거나 하면 사람이건 말이건 삽시간에 보이지 않게 되어 바로 가까이에 있어도 구출하기 어렵다. 작년 봄 산서지방의 장사꾼 20여 명이 모두 건장한 나귀를 타고 지나다 일판문에서 한꺼번에 빠진 적이 있는데, 이 때 우리나라 마부도 두 사람이나 빠져버렸다고 한다. 『열하일기』 1780년 7월 14일

산서인에 대한 생각

(이도정의 한 점방에서) 내가 성명을 써서 보여주니 그들이 더욱 기뻐한다. 내가 처음 들어올 때는 반가워하지 않았을 뿐 아니라 본체만체 하더니, 내 글씨를 본 뒤로는 그 기색을 살펴보니 지나치게 반기면서 서둘러 차 한 잔을 내오고, 또 담배에도 불을 붙여 권한다. 삽시간에 대하는 태도가 달라진 것이다. 그들은 모두 태원太原 분진汾晉에 사는 사람들로, 지난해에 이 곳에 와서 은장방을 내고, 차釵(두 갈래진 비녀)·비녀·잠·귀걸이·가락지 등을 사들이고 가게 이름을 '만취당晚翠堂'이라고 하였다. 이들 중 셋은 성이 최崔씨고, 둘은 유柳씨와 곽霍씨인데 모두 문필文筆이 극히 짧고 그나마 곽생霍生이 제일 나아 보인다. 다섯 명 모두 나이는 서른 남짓하고 세차고 굳세기가 마치 노새 같으며, 얼굴은 모두 희멀겋고 눈매가 서늘하나 맑고 아담한 기가 전혀 없다. 요전의 오吳와 촉蜀 사람들과는 매우 다르다. 이로써 지방풍토가 다름을 충분히 알 수 있는데, 산서에서 장수가 잘 난다더니 과연 빈 말이 아닌 듯싶었다. 『열하일기』 1780년 7월 14일

산해관 지명

산해관은 옛날의 유관楡關인데, 왕응린王應麟의 『지리통석地理通釋』에, "우虞의 하양下陽, 조趙의 상당上堂, 위魏의 안읍安邑, 연燕의 유관, 오吳의 서릉西陵, 촉蜀의 한락漢樂은 모두 그 지세로 보아서도 꼭 뭉거해야 하고, 그 성으로 보더라도 꼭 지켜야 한다."라고 하였다. 명 홍무洪武 17년(1384)에 대장군 서달徐達이 유관을 이 곳으로 옮겨 성을 다섯 겹으로 쌓고 이름을 '산해관'이라고 하였다. 『열하일기』 1780년 7월 22일

산해관 돈대

관내關內의 경치는 관동과는 아주 달라서 산천이 밝고 아름다워 구비

구비 그림 같다. 홍화포로부터 비로소 돈대가 있어 5리에 하나, 10리에 하나씩인데, 그 제도는 네모지고 바르며, 높이는 다섯 길이다. 돈대 위에 방을 세 칸 두고, 곁에는 세 길 되는 깃대를 세웠다. 돈대 아래에도 방 다섯 칸 집을 두었다. 담 위에는 활집·살통과 표창慓鎗·화포 등을 그려 붙였고, 집 앞에는 도刀·창鎗·검劒·극戟을 늘어 꽂았으며, 무릇 봉화 드는 것과 망보는 일 등에 관한 여러 가지 조목을 써서 벽에 붙여놓았다. 『열하일기』 1780년 7월 24일

양국의 종이와 붓을 비교하다

조선종이는 그림에는 맞지 않고 다만 돈짝처럼 두꺼운 것은 조금 낫다고 했다(서위徐渭 : 명나라 사람으로 서화에 뛰어났다). 이것이야 보지 않더라도 그럴 일이다. 왜냐하면 우리나라 종이는 애초에 다듬지 않으면 결이 거칠어서 쓰기 힘들고, 그렇다고 도침搗砧(종이나 피륙 따위를 다듬잇돌에 놓고 다듬어서 윤기가 나고 매끄럽게 함)을 지나치게 많이 하면 지면이 너무 빳빳해지고 미끄러워서 붓이 머무르지 못하고 딱딱해서 먹을 받지 않는다. 그래서 우리 종이가 중국만 못하다고 하는 것이다. 붓은 부드럽고 날씬하며 고르고 순하여 팔과 함께 잘 돌아가는 것이 좋은 것이요, 빳빳하고 강하고 뾰족하고 날카로운 것은 좋지 못하다. 그러므로 중국에서 좋은 붓이라고 하면 반드시 호주湖州 것을 말하는데, 이는 오로지 양털羊毫만 쓰고 거기에 다른 털은 섞지 않는다. 양털은 다른 털보다 부드러워 부서지지 않으며, 종이에 닿으면 먹을 마음대로 놀리는 것이 마치 효자가 어버이가 말하기 전에 그 뜻을 알아차리는 것과 같다. 이른바 '낭모필狼毛筆'이라는 말은 매우 잘못되었으니, 이리가 무슨 짐승인지도 알지 못하면서 어찌 그 꼬리를 얻을 수 있을 것인가. 이는 족제비의 속명俗名인 광鑛에서 나온 말이다. 광鑛자에서 釒변을 떼고 또 广을 버리면 곧 황黃자가 되니 이를 '황필黃筆'이라고 하는 것이다.

이것은 단단하고 억세고 뻣뻣해서 부서질 염려가 있으니, 마치 동서를 가리지 않고 제멋대로 내닫는 철없는 아이와 같다. 그래서 우리 붓이 중국 것만 못하다고 하는 것이다. 종이와 붓이 이러한데다 안동安東의 마간석馬肝石 벼루에 해주海州의 후칠厚漆 먹을 갈아서 왕희지王義之의 「필진도서筆陣圖序」를 체첩體帖으로 본받으니, 제 아무리 삼절법三折法(세 번 붓을 꺾는 서법)을 쓴들 여읜 뼈대가 메마르다. 『열하일기』 1780년 7월 25일

계주를 둘러보다

계주薊州 성 안에는 인물들이 번화하니 실로 북경 동현의 큰 시진답다. 산 위에는 안록산의 사당이 있고 성중엔 돌로 세운 패루가 셋인데, 그 중 하나는 금자金字로 '대사성大司成'이라 새기고, 그 아래에는 국자좨주國子祭酒 국자감國子監의 벼슬이름 등 '삼대고증三代誥贈'이라고 나란히 써 붙였다. 이 곳의 술맛은 관동에서 으뜸으로 치므로 한 주막에 들어가 여러 사람과 함께 흉금을 터놓고 한 번 취하도록 마셨다. 독락사獨樂寺에 들어가니, 정전正殿의 제액은 자비사慈悲寺였고, 그 뒤엔 2층 다락이 있는데 그 가운데에 아홉 길이나 되는 금부처를 세웠고, 머리 위에는 작은 금부처 수십 개를 앉히고, 다락 밑엔 한 부처를 눕혀 비단 이불을 덮어두었다. 다락 현판에는 '관음지각觀音之閣'이라고 적고 그 왼편에는 조그마한 글자로 '태백太白'이라고 써 붙였다. 『열하일기』 1780년 7월 29일

계주의 풍경

계주는 옛날의 어양漁陽이다. 그 북에는 반산盤山이 있는데 위태로이 솟은 봉우리가 깎아세운 듯하고, 그 봉우리들이 모두 위는 퍼지고 아래는 가늘어서 그 꼴이 소반 같아서 '반산'이라는 이름을 얻었는데 일명 오룡산五龍山이라고도 한다. 내가 앞서 원중랑袁中郎의 『반산기盤山記』를 읽다가 뛰어난 경치가 많다는 것을 알았는데, 이제 기어코 한 번 올라가

보고 싶지만 함께 갈 사람이 없으니 하는 수 없겠다.

그 산은 비록 가파르지만 몇 백 리를 웅장하게 서려 있을 뿐더러 겉은 바위지만 속은 살찐 흙이어서 과실나무들이 극히 많아, 북경에서 날마다 소비하는 대추·밤·감·배 등속이 모두 여기에서 난다고 한다.

『열하일기』 1780년 7월 30일

통주를 둘러보다

새벽에 연교보를 떠나 변卞·정鄭 여러 사람들과 먼저 갔다. 몇 리를 가지 않아서 날이 벌써 밝아오는데 별안간 우레 같은 소리가 우렁차게 공중을 울린다. 이는 노하潞河의 뱃속에서 나는 포성이라 한다. 아침놀이 어린 곳으로 바라보니, 돛대들이 총총히 늘어선 갈대 같고, 버드나무 위에는 뗏목과 풀뿌리 따위가 많이 걸렸는데, 이는 한 열흘 전에 연경에 큰 비가 내려서였다. 이 때 노하가 넘치면서 민가 몇 만 호가 떠내려 가고 큰물에 휩쓸린 사람과 짐승의 수는 이루 헤아릴 수 없었다고 한다. 내 이제 말 위에서 담뱃대를 쥔 채 팔을 뻗어 버드나무 위의 물 지나간 흔적을 가늠해 보니, 땅에서 두서너 길은 될 것 같다. 물가에 다다르니 물이 넓고도 맑으며 배가 빽빽이 들어선 것이 장성長城의 웅대 함과 견줄 만하고, 큰 배 십여 척에 모두 용을 그렸는데, 호북湖北의 전운사轉運使(운수運輸를 담당하는 벼슬 이름)가 어제 호북의 곡식 3백만 석을 싣고 왔다 한다. 배에 올라서 그 대략의 제도를 구경하니, 배 길이는 모두 여남은 발이나 되고 쇠못으로 장식하였으며, 그 위에는 널빤지를 깔아서 층 집을 세웠으며 곡물은 모두 선창 속에 그냥 쏟아넣 었다.

집은 모두 아로새긴 난간, 그림 기둥, 아롱진 들창, 수놓은 지게문으로 꾸며서 그 제도가 뭍의 건물과 다름없고 밑은 창고고 위는 다락으로 되어 있었다. 그 패액牌額·주련柱聯·장유帳幃·서화書畵 등은 모두 묘연히 신선의 세계였다. 지붕에는 쌍돛을 높이 세웠는데 돛은 가는 등나무로 엮어 몇 폭이나 되고, 온 배에는 연분鉛粉을 기름에 타서 두껍게 바른 후 그 위에 노란 칠을 하여 물 한 방울도 스며들지 못하게 하여 비가 내려도 아무 걱정도 없다 한다.

선기船旗에는 '절강浙江'이니 '산동山東'이니 하는 배 이름이 크게 씌어 있었으며 물을 따라 1백 리를 내려오는 사이에 배들이 마치 대밭처럼 빽빽하게 들어섰으되, 남으로 직고해直沽海에 줄곧 통하여 천진위天津衛를 거쳐 장가만張家灣에 모이게 된다. 그리하여 천하의 선운船運들이 모두 통주通州에 모여들게 되니, 만일 노하의 선박들을 구경하지 못한다면 이 나라 수도의 장관壯觀을 말할 수는 없을 것이다. 『열하일기』 1780년 8월 1일

유리창

수레를 몰아 정양문을 나와 유리창을 지나면서, "모두 몇 간이나 되지요?" 하고 물었더니, 어떤 이가, "모두 27만 간이나 된답니다." 하고 답한다. 대체 정양문에서부터 가로로 뻗어 선무문에 이르기까지의 다섯 거리가 모두 유리창이고, 국내와 국외의 모든 보화가 여기에 쌓였다. 『열하일기』 1780년 8월 4일

열하의 연혁과 노정

열하의 성지와 궁전은 해로 더하고 달로 늘어서, 그 화려하고 견고하고 웅장함은 저 창춘원暢春苑이나 서산원西山苑보다 더하였다. 뿐만 아니라 산수의 경치 역시 연경보다 나아 해마다 이 곳에 와서 머물게 되니, 애초에는 외적을 막기 위했던 곳이 도리어 방탕한 놀이터로 변하게 되었다. 이제 우리나라 사신이 갑자기 열하로 오라는 명을 받고 밤낮 없이 달려온 지 닷새 만에 겨우 다달았으니, 그 노정을 짐작건대 4백여

리만이 아닐 것이다. 열하에 와서 산동 도사都司 혁성郝成과 함께 거리의 원근을 논할 때 그 역시 열하에 처음 온 모양이었다. 그의 말이,

"대개 구외口外에서 북경까지는 7백여 리나, 강희황제 이후로 해마다 이 곳에 피서하여 석왕碩王 황제의 아들, 액부額駙와 각부 대신閣部大臣들로 하여금 닷새에 한 번씩 조회하게 하였습니다. 그런데 그 오가는 길에 빠른 여울과 사나운 큰물, 높은 고개, 험한 언덕이 많아서 모두이 험하고 먼 곳의 발섭跋涉을 꺼렸습니다. 이에 강희황제가 일부러 참站 차참車站을 줄여서 4백여 리로 만들었는데, 실제로는 7백 리나 됩니다. 그런데 모든 신하들이 말을 달려와서 일을 보고하였으므로, 막북漠北을 문 앞처럼 여기고 몸이 안장을 떠날 겨를이 없으니, 이는 성군聖君이 편안할 때 오히려 위태로움을 잊지 않고자 하는 뜻이랍니다."

하니, 그의 말이 근사한 듯싶다. 그리고 고염무顧炎武의 「창평산수기昌平山水記」에,

"고북구역古北口驛으로부터 북으로 56리를 가서 청송靑松이란 곳이 한 참站이고, 또 50리를 가서 고성古城이라 하는 곳이 한 참이며, 또 60리를 가서 회령會嶺이란 곳이 한 참이고, 또 50리를 가서 난하濼河라 한 곳이 한 참이다."라고 하였으니, 이제 난하를 건너 열하까지 40리인즉, 고북구에서 이 곳까지 총 256리다. 이것만 보더라도 「열하지」에 기록된 것보다 벌써 56리가 많다.

구의의 노정의 어긋남이 이와 같으니 장성 안이야 더 그러할 것임은 짐작할 수 있겠다. 이제 이 노정은 우리나라 사람으로서는 처음일뿐더러 밤낮을 가리지 않고 달려와 마치 소경이 걷고 꿈결에 지나치는 것과 같아서, 일행은 역참이며 돈대며 아무것도 자세히 보지 못하였다. 그러나 이제 「열하지」를 살펴보니 420리라 하였은즉, 이대로 따를 수밖에 없다. 『열하일기』 1780년 8월 4일

열하 가는 길에 회회의 사행과 만나다

올 때 길에서 본즉, 막대를 가로질러 누른 궤櫃 수십 개를 나르고 있는데, 혹은 뾰족하고 혹은 넙적하고 혹은 길죽하고 혹은 높다란 것들이었다. 여기에는 모두 옥그릇을 실었는데 회자국回子國에서 조공을 바치는 것으로, 북경에서 짐군을 세내어 나르고 회자 너덧 사람이 이를 거느리고 가는 판이었다. 회자의 생김새로 미루어 벼슬아치인 듯했는데, 그 중 한 명은 회자국의 태자太子로서 모습이 웅건하고 사나워 보였다. 누런 궤짝을 배에 싣고 방금 삿대를 저어 언덕에서 떠나려 할 순간 주방廚房과 구인驅人(말몰이군)들이 펄쩍 배로 뛰어올라와 말을 포개어 놓은 궤짝 위에 섰다. 배가 이미 길을 뜨자 언덕에 있던 회자가 놀라서 소리를 치며 발을 굴렀으나 주방과 구인들은 조금도 두려움 없이 먼저 건너기로 작정한 것 같았다. 내가 수역에게 말하니 수역이 크게 놀라 "빨리 내려."라고 호령하고, 회자 역시 시끄럽게 지껄이면서 배를 돌려서 궤짝을 모두 내렸으나 우리나라 사람과는 한 마디도 다투는 일이 없었다. 중류中流에 이르렀을 때 갑자기 검은 조각구름이 피어나 거센 바람을 품고 남에서부터 굴러오더니 삽시간에 모래가 날리고 티끌이 날리더니 그것이 연기와 안개처럼 하늘을 덮어 지척을 분별할 수 없었다. 배에서 내려 하늘을 올려다본즉, 검으락푸르락하고 여러 겹 구름이 주름을 잡은 듯하였는데, 독기를 품은 듯 노염을 피는 듯 번갯불이 그 사이에 얽혀 올올이 반짝이는 금실이 천 송이 만 벌기를 이루었으며, 벽력과 천둥이 휘감고 겹겹이 싸여 마치 검은 용이라도 튀어나올 것 같았다. 밀운성을 바라보니 겨우 몇 리밖에 남지 않았으므로 채찍을 날려 빨리 말을 몰았으나, 바람과 우레가 더욱 급해지고 빗발이 비껴치는 것이 마치 사나운 주먹으로 후려갈기는 듯하여 형세가 지탱할 수 없었으므로, 재빨리 길가의 낡은 사당으로 뛰어들었다. 그 동편 월랑月廊에 두 사람이 책상을 사이에 두고 교의에 걸터앉아 바삐 문서를 다루고 있는데, 이는 밀운 역리驛吏가 오가는 역말들을 적는 것이었다. 하나는 한자로 쓰고 또 하나는 만주글자로 번역하는데, 내 눈에 얼핏 조선이라는 글자가 보이기에 들여다보니, 곧 "황제의 명령을 받들어 북경에 있는 병부兵部로부터 조선 사신들에게 건장한 말을 주어 험난함이 없게 하며, 또는 그들 행리行吏의 필수품을 공급하라."는 내용이었다. 이윽고 사신이 비를 피하여 뒤이어 들어왔으므로 내 수역을 끌어 그 종이를 보이니 수역이 사신에게로 가져갔다. 이에 그 사람들에게 물으니, 그들은 "저희는 모르는 일입니다. 저희는 그저 오가는 문서를 장부와 견주어 맞춰볼 따름입니다."라고 대답한다. 그 문서에서 지적한 이른바 건장한 말이란 찾아볼 것도 없거니와 설령 그 말을 준다 하더라도 탈 수도 없다. 그 말들은 모두 몹시 날쌔고 건장하여 불과 한 시간에 70리를 달리니 그들의 이른바 비체법飛遞法이다. 길에서 역말이 달리는 모양을 보았는데, 앞에서 선창하기를 노래하듯 하면 뒤에서 응하기를 마치 범을 쫓는 듯하다. 그 소리가 산골과 벼랑을 울리면 말은 일시에 굽을 떼어 바위·시내·숲·덩굴을 가리지 않고 훌훌 날아올라 달리는데, 그 소리가 마치 북을 치는 듯하고 소낙비가 퍼붓는 듯하다. 우리나라에서는 쥐처럼 잔약한 과하마果下馬조차 견마를 잡히고 부축을 받아도 오히려 떨어질까 두려워하는데, 하물며 이렇게 날뛰는 역말을 누가 능히 탈 수 있겠는가. 만일 황제의 명령으로 억지로 타게 된다 해도 오히려 걱정거리일 것이다. 대개 황제가 우리 사신을 영접하도록 보낸 근신近臣이 방금 이 곳을 지나쳤는데, 길이 서로 어긋난 모양이다. 『열하일기』 1780년 8월 6일

열하성

며칠 동안 산골길을 다니다가 열하로 들어가니, 궁궐이 장려하고 좌우로 시전이 10리에 걸쳐 뻗쳐 있으니 실로 새북塞北의 큰 도회다.

바로 서쪽에 봉추산捧捶山의 한 봉우리가 우뚝 솟아 있는데, 마치 다듬잇돌과 방망이 같은 것이 높이 백여 길에 달하고, 꼿꼿하게 하늘을 향해 솟아 석양이 옆으로 비치어 찬란한 금빛을 내뿜고 있다. 강희황제가 이를 '경추산磬捶山'으로 이름을 고쳐 지었다 한다. 열하성熱河城은 높이가 세 길이 넘고, 둘레가 30리다. 강희 52년(1713)에 돌을 섞어서 얼음무늬로 쌓아올리니, 이른바 가요문哥窯紋이었다. 인가의 담도 모두 이 방식으로 쌓았다. 성 위에는 비록 방첩防堞을 쌓긴 하였으나 여느 담과 다름없어 오히려 지나온 여러 고을의 성곽만도 못하였다. 그리고 이 곳에는 삼십육경三十六經이 있다 한다. 한 나라의 옛 요양要陽 · 백단白檀 · 활염滑鹽 세 고을의 땅이니, 한나라의 경제景帝가 이광李廣에게 조칙을 내려,

"장군은 군사를 거느리고 동으로 달려 백단에서 깃발을 멈추라."라고 하였는데 곧 이 곳을 이름이다. 거란의 아보기阿保機가 활염滑鹽의 허물어진 성을 고쳐 쌓았는데, 세속 사람들은 이를 '대흥주大興州'라 불렀고, 명나라의 상우춘常遇春이 먀속乜速(원元의 명장)을 전녕全寧으로 몰아서 깨뜨리고 대흥주로 나아가 머물렀다 한 곳이 곧 이 곳이다.

지난해 태학太學을 새로 지었는데, 제도는 북경과 다름없었다. 대성전大成殿과 대성문大成門은 모두 겹처마에 누런 유리기와를 이고, 명륜당은 대성전의 오른편 담 밖에 있으며, 당堂 앞 행각行閣에는 일수재日修齋 · 시습재時習齋 등의 편액이 붙어 있고, 그 오른편에는 진덕재進德齋 · 수업재修業齋 등이 있었다. 뒤로는 벽돌로 쌓은 대정이 있고, ㄱ 좌우에 직은 재실이 있어서, 오른편에는 정사가 들고 왼편에는 부사가 들었다. 서장관은 행각 별재別齋에 들고 비장과 역관은 한 재실에 모두 들었으며 두 주방은 진덕재에 나누어 들었다. 대성전 뒤와 좌우에 둘려 있는 별당 · 별재 들은 이루 다 기록하기 어려울 만큼 많고 또 화려하기 그지없는데, 우리 주방으로 인해 많이 그슬리고 더럽혀졌으니 애석한 일이 아닐 수 없었다. 『열하일기』 1780년 8월 9일

중국의 소

이제 책문冊門에 들어온 뒤 열하에 이르기까지 호戶마다 기르는 소가 7, 8두 이하가 없고, 혹은 30~40두에 이른다. 그런데 밭을 가나 수레를 끄나 모두 뿔에 매어서 부릴 뿐, 코를 꿴 놈은 없었다. 소들은 모두 유달리 크고 집집마다 방목을 하는데, 작은 아이 하나가 수십 마리를 몰 수 있었다. 그런데 코만 꿰지 않은 것이 아니라 역시 뿔도 매지 않았으니, 중국 사람들이 소를 치는 기술은 우리가 미치지 못하였다. 다만 코뚜레를 하지 않는 것은 역시 고금의 다름이 있는가 싶다. 『열하일기』 1780년 8월 1일

중국의 과거

중국의 향시 지방고시 규정은, 첫 번째 사서四書로 글짓기 세 편과 성리론性理論 한 편을 만 하루 만에 마치고, 두 번째로 경문經文 네 편과 배율排律 한 편을 하루 동안에 마치고, 세 번째로 책策 다섯 편을 역시 만 하루 만에 마치는데, 모두 천여 자씩 된다. 회시會試 규정도 역시 향시와 같고, 전시殿試는 단번에 책策 한 편을 역시 일주야에 마치는데, 반드시 글은 만여 자가 되어야 한다. 또 이 격식에 하나도 틀림이 없어야 한림翰林에 들어갈 수 있고 전시 뒤에는 또 조고시朝考試가 있어 조詔(황제의 지시문)·고誥(황제의 교서)·논論(논문)·시詩 등을 시험하는데, 하루의 시간이 걸린다. 향시나 회시에서, 다섯 편의 책策 가운데 3조條는 옛날 역사에서 글제를 내고, 2조는 시무時務에서 제목을 낸다. 전시는 시무뿐이고, 한 번 향시에 합격하면 이내 거인擧人이 되고, 회시 때마다 직접 응시할 수 있다. 비록 회시에 합격을 못하더라도, 10여 년 뒤에는 고을 한 자리는 얻을 수 있다. 『열하일기』 동란섭필銅蘭涉筆

서양 역법

명 만력 9년(1581) 서양 사람 이마두利瑪竇가 중국에 들어와 북경에 머문 지 29년 되던 해, 중국 사람으로서 그를 믿지 않는 자가 한 사람도 없었다. 다만 그의 역법曆法을 주장한 자는 서광계徐光啓(명나라 과학자) 한 사람뿐으로, 드디어 그가 만세력萬歲曆의 조종祖宗이 되었은즉 만력萬曆이라는 연호는 이마두가 중국에 들어올 조짐이었을까? 『열하일기』 동란섭필

종 교

중국인의 종교생활(1)

마을마다 절과 사당이 있는데, 요양遼陽, 심양, 산해관 등에 가장 많다. 북경에 가면 성 안팎의 사관寺觀이 인가의 거의 3분의 1을 차지한다. 그런데 한 절에 거주하는 승려의 수는 아무리 큰 절이라도 수십 명을 넘지 않으며 도사道士는 더욱 적다.

집집마다 관제關帝의 화상을 모셔두고 두고 아침저녁으로 분향하며, 상점도 마찬가지다. 관제묘關帝廟엔 반드시 부처를 모시며 절에도 반드시 관제를 모신다. 승려들은 부처와 관제를 똑같이 존숭하여 받들며 구별하지 않는다. 『가재연행록』 산천 풍속 총록

봉성鳳城의 절 풍경

대문 안에 금불상 하나가 입을 벌리고 웃고 있었다. 이후부터는 가는 절마다 이런 불상이 반드시 대문 안에 있었는데 어떤 부처인지 모르겠다. 『가재연행록』 1712년 11월 29일

변발로 승속을 구별하다

마을 옆에 조그만 사당이 하나 있었다. 가운데 자리엔 왕자 복장을 한 세 소상塑像이 있고 좌우로 판관判官 소귀小鬼들이 서 있었다. 사당을 지키는 이는 머리가 변발이 아니었다. 원건의 말에 따르면 그는 승려였 다. 이 곳 사람들은 대개 머리를 깎기 때문에 변발이냐 아니냐를 가지고 승속을 구별한다고 한다. 『가재연행록』 1712년 11월 29일

장례 후 불제하는 풍경

전날 통원보에 있을 때, 멀리 바라보니 어느 집이 깃대를 너댓개나 세워 두었다. 원건의 말이, 그 집은 상갓집이며깃대는 발인 때 쓰는 도구라고 하였다. 그 집을 가까이 지나치면서 살펴보니 깃대는 보이지 않고 대문 밖에 불더미가 있는데, 소복을 한 4~6명의 여인이 밖에서 안으로 들어갈 때 모두 불에 옷을 턴 후에 들어갔다. 장례를 치른 뒤의 불제祓除(재액을 떨어버리는 한 방법) 같았다. 『가재연행록』 1712년 12월 1일

관제 화상에 분향하다

우리가 든 방의 북쪽 벽에 관제의 화상이 있는데, 아침이 되자 주인집 여자가 나와서 향로에 분향한 뒤 머리를 조아리고 들어간다. 조반 후에 떠났다. 『가재연행록』 1712년 12월 2일

첨수참甛水站의 절

서장관과 함께 성 안으로 들어갔다. 새로 지은 절이 하나 있는데 문도 하나고 전殿도 하나로 규모는 매우 작았지만 단청이 정갈하고 고왔다. 문 안에 있는 금갑을 입힌 신장과 단 위에 있는 불상은 모두 생기가 있고 벽화도 볼 만하였다. 탁자 위에 책궤가 있기에 뽑아보니 『법화경法華經』이었다. 그러나 기둥 밖에는 말똥이 수북이 쌓여 있어 청소한 흔적이 전혀 없었다. 이 곳의 절들도 마치 우리나라 서원처럼

많이 짓기에만 힘쓰고 관리는 잘하지 못하니 우스운 일이다. 『가재연행록』 1712년 12월 2일

중국인의 종교생활(2)

봉성에서부터 마을마다 신묘神廟나 절이 있었는데, 토지묘土地廟는 두어 집이 사는 마을이라도 모두 있었으며, 작은 토지묘는 돌을 쌓아서 실室을 만들었는데 크기가 말[斗]만 하였다. 그 안에 화상을 모시고 앞에는 질화로를 놓고 분향을 하였다. 관제는 집집마다 모두 있었으며, 화상이나 소상塑像을 모시고 아침저녁으로 분향하고 절을 올린다. 그들의 신神, 불佛을 믿는 풍습은 대개 이러하다. 『가재연행록』 1712년 12월 4일

중국인의 종교생활(3)

이 곳을 지나니, 또 하나의 문이 있는데, 나무와 흙을 다루는 솜씨가 극히 사치스럽고 화려했다. 정전正殿에는 관제關帝의 소상塑像, 동무東廡에는 장비張飛를 모셨다. 그 앞에는 두 역사力士와 등에 결박을 지은 사람이 하나 있었는데, 고개를 뒤로 젖히고 장비를 쳐다보고 있었다. 모양이 썩 장대한 것으로 보아 아마도 촉나라 장수인 엄안嚴顔 같았다. 비로소 전문殿門에 들어서니, 지키는 자가 머리를 조아려야 한다고 하였다. 드디어 종을 치고 탁자 앞으로 나아가 절을 하였는데, 부처에게 절을 할 때 으레 종을 치는 것이 이 곳 풍속인 듯하다. 『가재연행록』 1712년 12월 4일

중국의 사원 건축

쌍석성에서 10리를 가서 간월間越, 양강兩岡을 지나 영녕사永寧寺에 이르렀다. 절은 행길 옆에 있었다. 첫째 문을 들어가니 금불상이 있었다. 여기를 지나면 또 문이 있는데, 좌우에는 벽돌을 쌓은 담의 문채가

영롱하였다. 문 안에는 석병石屛을 세우고 안팎에 용과 사자를 조각하였는데 매우 정교하였다. 전殿 위의 불상은 관음불이었으며, 불전 뒤에는 하나의 봉대峯臺가 있었다. 뜰에 비석이 둘 있는데, 하나는 강희 갑자년(1684, 숙종 10)에 세운 비석으로, 향진사鄕進士 유군덕劉君德이 글을 짓고 향진사 경생만耿生晩이 글씨를 썼다. 유군덕은 오삼계吳三桂의 부하로서 요좌遼左에 정배온 자다.

비문에는 "영원성寧遠城 동쪽 5리에 수산首山이 있고, 산기슭에 절이 있으니, 영녕사다. 뒤는 봉대에 의지하고 앞은 큰길[周道]에 임했다. 노인들이 전하는 말에 명나라 숭정崇禎 신미년(1631, 의종 4)에 요진遼鎭, 복녕福寧의 제독 조공祖公이 세웠다고 하니, 아마도 대의 이름으로 인하여 영녕이라고 절 이름을 삼았다."라고 했다. 또 하나의 비석은 이 절을 중수한 시주들의 이름을 기록한 비석이었다.

중문 좌우에는 각기 전각이 있는데 동쪽은 관제를 모시고 서쪽은 문이 잠겨 있었다. 승려 두 명이 문 안에 있다가 우리에게 의자에 앉을 것을 권하고 호초차를 내와 하인들까지 모두 먹인다. 절 뒤에 있는 산은 수산首山으로 높이가 수십 길에 달하며 서쪽에 또 하나의 봉우리가 대치해 있고, 그 사이에 큰길이 나 있었다. 두 봉우리 꼭대기에는 모두 연대가 설치되어 있었다. 쌍석성雙石城에서부터 산등성이가 중복되더니, 이 곳에 와서 하나의 관문을 이루었다. 이 곳에서 영원성까지는 6~7리 거리였다. 『가재연행록』 1712년 12월 15일

중국의 사찰

동관역에 이르러 세 사신은 모두 성 안의 민가에 들었다. 찰원 동쪽에 작은 절이 있어서 가 보았더니, 절 앞뒤로 짧은 울타리가 둘러 있고 울타리 안에 들어가니 좌우로 종각과 고각이 있는데, 모두 겹처마로 되어 있고 금단청이 찬란했다. 여기를 지나니 비로소 정문이 나왔다.

정문에는 사천왕이 있고 전 위에는 불상과 10나한이 있는데, 모두 정신이 어려 있고 채색이 정교하여, 전에 본 것과는 비할 바가 아니었다. 동서 행랑채에 각기 소상塑像이 있는데, 그 가운데 관제가 있었다. 또 아름다운 소년상 하나가 있는데, 승려의 말로는 '이랑신二郎神'이라고 하였다. 뜰 앞에는 강희 황제가 임진년(1712)에 세운 비석이 있는데, 비문은 섭방葉芳이 찬했다. 그런데 이 곳 지명을 '삼한三韓'이라고 한 것은 무슨 이유에서인지 모르겠다. 『가재연행록』 1712년 12월 16일

중국의 사찰건축과 화려함

중후소中後所에 이르니, 외성에 사당이 있었다. 두 중문을 들어서니 전각이 둘 있는데, 앞 전각에는 관제상을 모시고, 뒤 전각에는 방榜에 쓰기를 '문창궁文昌宮'이라 하였다. 이른바 문창진군文昌眞君은 가는 눈에 멋진 수염이 나 있었는데 모습이 고상하고 곤룡포를 입고 사모紗帽를 썼다. 오른쪽에 안장을 갖춘 흰 말이 서 있고 병졸 하나가 그 말고삐를 잡고 있는데, 소상이 모두 생기가 돌았다. 안팎의 집들은 모두 단청이 현란하고 좌우에는 각각 낭옥廊屋이 있었다. 오른쪽에는 작은 금불이 있었으며 왼쪽에는 백의 관음이 묵화로 그려져 있는데 그 필법이 속되지 않았다. 탁자 위에는 작은 화로가 놓여 있는데, 녹색 바탕에 꽃을 새기고 금을 입혀 사뭇 정교하고 우아하였다. 흙으로 만들어 구운 것이었다. 불당 안에는 승려들이 거처하는 작은 방이 있는데 문이 잠겨 있었다. 좀 열어보려 했더니 한 노승이 나와서 고래고래 고함을 치는데 그 기상이 흉하고 사나웠다. 까닭을 물으니, 돈을 내야 한다기에 종자를 시켜 5문文을 주니 노기는 좀 가라앉혔으나 문은 끝내 열어주지 않았다. 사당 문 밖에 희자옥이 있는데 찬란한 단청은 사당과 마찬가지였다.
『가재연행록』 1712년 12월 17일

중국 비구니의 모습과 비구니 사찰

정문이 닫혀 있어서 서쪽 쪽문으로 들어가니 담 곁으로 긴 행랑채가 10여 칸 있고 비구니가 거주하고 있었다. 옷은 호녀胡女들과 다를 바 없었으나 다만 머리를 깎고 승려가 쓰는 모자를 쓰고 있었다. 긴 행랑을 지나 한 작은 각문角門을 들어가니 전각들이 우뚝우뚝 솟아 있고 단청이 찬란하여 처음 보는 우리의 눈을 현란하게 하였다.

이 절은 외부 사람의 출입을 선뜻 허락하지 않는 까닭에, 우리의 이번 출입도 아역배가 먼저 와서 말을 한 후에 가능하였다. 누각의 왼쪽 행랑에는 관성제군을 모셨고, 그 남쪽 끝에 매우 정결한 방 하나가 있었다. 온돌 위에는 흰 전氈을 깔고 이부자리 등이 있었는데, 비구니들이 거처하는 곳이었다. 세 사신이 모두 오니, 외인이 온다는 소문을 들은 비구니들이 모두 숨어버렸다. 이에 대해 유봉산이 몹시 유감의 뜻을 나타내는 것을 보니 우스웠다. 방 안을 보니 탁자 위에 향로, 화병, 화장 그릇이 놓여 있고, 또 한 갑을 열어보니 납지蠟脂(벌꿀 찌꺼기)를 짜서 만든 기름, 향조香皁(향의 한 가지) 등이 들어 있었다. 또 벽 밑으로 큰 광우리가 하나 놓여 있고 그 안에 대추와 용안육龍眼肉이 가득 들어 있는데, 대추가 매우 크고 특이하여 한 웅큼 집어서 소매 속에 넣고 나왔다. 각문 밖에 있는 긴 행랑채에서도 비구니들이 앉아 차를 마시고 있었는데, 이 곳의 비구니들은 하류下流라 그런지 사람을 피하지 않았다. 절에서 서쪽으로 수십 보쯤 가니 새로 지은 절이 하나 있는데 전각들은 많았으나 단청은 하지 않았다. 혹자의 말이, 청나라 황제가 매년 한 번씩 거둥하여 자고 간다고 하는데, 순치順治의 묘가 준화현遵化縣에 있기 때문에 오가는 도중에 머무르는 모양이다. 절 안에 곳간이 10여 칸 되었는데, 이는 다른 절에서 보지 못한 것으로서 왜 지었는지 알 수 없었다. 『가재연행록』 1712년 12월 25일

중국 승려들의 식사와 의복 모습

팔리포에서 6리쯤 가니 큰 석교가 있는데 신교新橋라고 하였다. 세대로가 여기에서 모이는데, 우리가 온 길은 그 가운데 길이다. 여기서부터 시장이 이어지고 거마로 붐볐다. 신교를 지나 1리쯤 가니, 미륵원彌勒院이 나왔다. 전에는 늘 사신들이 동악묘東嶽廟에 들어가 옷을 바꾸어 입고 입성하였는데, 근년에 와서는 금지되었기 때문에 이 미륵으로 들어왔다.

이 절은 큰길 남쪽에 있는데 규모가 웅장하고 화려했다. 세 사신이 서쪽 행랑채에서 옷을 갈아입는데 통관 두 사람이 나와서 기다리고 있었다. 이 절의 승려 수십 명이 중당에 모여 앉아 밥을 먹는데, 의식절차가 우리나라 승려와 같이 사람마다 바리 하나와 두세 개의 접시를 들고 네 줄로 열을 지어 걸상에 앉아 있었다. 그들 앞에는 탁자가 놓여 있는 그 위에 그릇을 진열하고, 두 사람이 밥과 채소를 차례로 나누어 주니, 승려들은 다 먹고 나서 각기 그릇을 들고 일어섰다. 몸에는 모두 가사를 걸치고 머리에는 승모를 썼는데 간혹 맨머리도 있었다. 가사는 모두 비단으로 만들었는데, 만듦새가 우리나라와 같지 않고 옛날 그림 속에서 본 것과 같았다. 모자는 검은 베로 만들고 솜을 넣었는데 모양이 우리나라의 침모寢帽와 비슷하면서 모서리에 각을 주어 뒤통수와 좌우가 두 겹으로 접혀 있었다. 『가재연행록』 1712년 12월 27일

북경의 사원 두로궁

이번에 와서 전후로 구경한 사관寺觀이 많지만, 토목공사로 말한다면 계주薊州의 향화암香火菴이 가장 컸는데 이것은 그보다 갑절은 더 되어 보였다. 묘의 이름은 두로궁斗姥宮이라 하는데, 아마도 북두신北斗神을 모시는 것이리라. 전우殿宇는 모두 네 겹인데, 좌우에 각각 월랑이 있다. 첫째 전은 북극전北極殿인데 안에 안치한 소상이 바로 두로군斗姥君이다.

양쪽 벽과 좌우 행랑에는 모두 신선을 그렸는데, 지극히 생기가 있었다. 전 뒤를 따라 한 문으로 들어가니 둘째 전이다.

북쪽 벽에는 오색으로 용을 그렸는데, 문지기가 그것을 드니 판자였다. 판자 안에는 벽이 있고 벽을 따라 사다리가 있는데, 문지기가 인도하여 올라갔다. 대들보에는 채색한 깃발이 무수하게 걸려 있고, 그 끝에는 작은 방울들이 달려 있었는데 조금만 건드려도 모두 소리가 난다. 가운데 소상이 있으나 무슨 신의 상인지 알 수 없었다. 누각 밑에 동쪽과 서쪽으로 작은 집들이 있는데 모두 잠겨 있다. 여기를 지나니 3칸 집이 나오는데 이것이 곧 셋째 전이었다.

좌우 벽에는 모두 4~5세 되는 아이들만 한 크기로 신선을 그려넣었는데, 필법이 더욱 기이하다. 또 초서 두 폭이 걸려 있고, 모두 채경蔡璟이란 두 글자가 적혀 있는데, 어느 때 사람인지 알 수 없다. 벽 아래의 탁자에는 여러 가지 그릇들이 놓여 있으며, 양 곁에는 4~5개의 교의가 놓여 있다. 맨 뒷전에는 부처를 모셨는데 좌우 협실에는 우산 같은 것을 달고 누런 보로 그것을 덮었으니, 여기가 넷째 전이다. 『가재연행록』
1713년 1월 19일

북경 밖 관제묘를 구경하다

드디어 말을 타고 큰길로 나와서 남쪽으로 2리쯤 가서 천단에 다다랐다. 뒷길이 끊어져서 서쪽 길로 들어가니 왼쪽에 작은 점포가 있기에, 관제묘關帝廟가 있는 곳을 물었다. 이 묘는 『대흥현지大興縣志』에 이르기를,

"수나라 때 지은 것이며 소상塑像이 볼 만하다."고 하였다. 주인이 동쪽 벽 바깥을 가리키며 말하기를, "이것이 바로 관제묘다."라고 하였다.

이르러 보니, 묘는 그리 크지 않고 문 하나를 들어가니 곧 전이었다.

지키는 자가 전문殿門을 여니 종이 울렸다. 내가 앞으로 나아가 두 번 절하고 우러러보니, 모셔놓은 신의 모습이 특이하였다. 갑옷을 입고 눈을 부릅떴으며, 두 손을 무릎에 얹고 동쪽을 향하여 비스듬히 보고 있는데, 마치 무엇을 묻는 듯하다. 꿇어앉은 사람이 하나 있는데, 뒤로 묶였으나 얼굴은 바깥을 향하고 항복하지 않는 표정을 짓고 있다. 이것은 오나라의 장수 요빈姚彬이라 한다. 신마神馬를 훔쳤다가 붙잡혀 몸은 비록 묶여 있으나 마음만은 꼿꼿하다. 시자侍者가 4~5명인데, 그 중 한 명이 요빈의 뒤에서 밧줄을 끌어당기고, 다른 한 명은 몽둥이를 들고 서서 마치 때릴 것 같은 기세다. 모두 소상을 쳐다보고 신명을 기다리는 듯한 모습인데 그 의도는 요빈을 처치하려는 듯하다. 말이 좌우에서 신을 돌아보는데 눈을 부릅뜨고 길기를 세웠다. 사람과 동물이 다 살아 있는 듯하여 근세의 솜씨로는 미치지 못할 바였다.

전에는 소문小門이 있고, 문 안에는 관음죽觀音竹 몇 떨기가 있다. 동쪽으로 한 집에 들어가니, 벽 밑에 탑이 놓여 있고, 곁에 책이 두 갑 있는데 사람은 없다. 마침 몸을 돌리려 하는데, 한 노승이 바깥에서 들어오더니 앉으라고 하면서 차를 대접한다. 이름을 물으니 융강融江이라고 한다.

묘에서 서쪽으로 반리쯤 가니 약왕묘藥王廟가 있다. 묘 안에는 천황天皇, 지황地皇, 인황人皇, 황제皇帝, 복희伏羲, 신농神農의 6소상이 있고, 좌우에 있는 자는 모두 의약에 공로가 있는 자들로 총 10여 명이나. 그 앞에 위패를 만들어 세우고 성을 썼는데, 그 가운데 손孫이라고 쓴 것은 아마 손사막孫思邈(당나라 때 학자)인 듯하다. 여러 소상은 모두 새로운 비단옷을 걸쳤고, 전 안에는 향기가 가득하며, 촛농이 수북하게 쌓여 있는 것으로 미루어 향화香火를 올리는 자가 많음을 알 수 있다.

『가재연행록』 1713년 1월 4일

라마승과 사원

작은 골목을 따라 들어가 서쪽으로 가다가 북쪽으로 굽어져 동쪽으로 나오니 지역이 비로소 훤하게 트였는데, 큰 절이 하나 있었다. 문 앞에 3개의 패루가 있고 전옥 위로는 큰 금정金頂이 덮였는데 그 제도와 장려함이 궁궐과 다를 바 없다. 통관이 말하기를, "이 곳은 라마교 승려들이 있는 절인데, 황제 이하 모두가 이 승려들을 공경합니다."라고 한다. 『가재연행록』 1713년 1월 26일

관제묘 등 사원을 구경하다

숭문문을 나서니 거마가 줄을 잇고 걸어다니는 여인이 그전보다 더욱 많았다. 관제묘 앞에 이르니, 노상에 탁자를 놓고 관제關帝의 상과 불상을 그린 병풍을 펴놓고 향을 꽂았다. 그 앞으로 왕래하는 많은 사람들이 종이로 만든 솔개를 가져와 날개를 펴는 모양을 짓는다. 원숭이가 작아서 족제비만 한데, 막대기 끝에 매달려 가면서 사지를 모두 흔드니, 어린아이들의 장난감이다.

약왕묘에 이르니 남녀가 뒤섞여 복잡하였다. 안팎 문정門庭에 온갖 꽃을 늘어놓았는데 여인들이 꽂는 종이꽃이 가장 많았다. 또한 가면, 복두幞頭(두건 이름)도 있었으니, 광대놀이에 쓰이는 물건이다. 사람들을 비집고 들어가 전날 올라갔던 누각의 아래 난간에 도착하니 사람들로 가득하다. 돌아나와 제2전과 제3전을 보았다. 남녀노소가 향을 들고서 어깨를 비비고 들어가 향로 가운데에 이를 꽂고 물러나와 고두叩頭한다. 그 사이에 낀 4~5세 되는 아이들 역시 고두한다. 분향은 새벽부터 이와 같았는데, 신분이 높은 자들은 이미 먼저 다녀갔고, 이들은 모두 평범한 집안의 부녀자들로서 의복과 자색은 그리 화려하지 못하고 거의 모두 얼굴에 병색을 띠고 있다. 안팎 뜰에 의자와 탁자를 늘어놓고 갖가지 음식을 파는데 식품은 정결하고 그릇들도 선명하다. 묘문을

나와서 한 점포에 들어가 앉으니 묘 안에 있던 사람들이 따라나와 에워싸고 구경을 하는데, 구경하는 사람이 너무 많아서 견디기 어려울 정도였다. "위개衛玠를 죽였다."는 말이 헛말이 아니다(위개는 고대 중국의 미남으로 어디를 가든 그를 보려고 몰려든 사람들로 법석였다. 원래 몸이 약했던 그가 세상을 뜨자 사람들 사이에선 "사람들의 눈길이 위개를 죽였다."는 말이 나돌았다).

드디어 법장사法藏寺를 방문하러 천단, 북단北壇 밖으로 해서 동쪽을 향하여 가니 절 가운데 탑이 이미 보인다. 냇물 하나를 건넜는데, 수심은 얕고 모래가 많다. 지나는 곳마다 인가가 있는데, 묘당과 불사가 그 절반을 차지한다. 길가의 밭 사이에 군데군데 무덤이 있고 그 사이를 가로질러 큰길 하나가 났는데, 좌안문左安門에서 숭문문으로 통하는 길이다. 왕래하는 거마는 많지 않았다. 반리 남짓 가서 절에 이르렀다. 승려 하나가 작은 문으로 인도하여 들어갔는데, 문 안에는 전이 둘 있고 전 뒤에 탑이 있으니, 노상에서 바라본 것이다. 높이는 10장, 8면에 7층탑이다. 탑 아래 남쪽으로 무지개 문이 나 있는데, 겨우 한 사람이 들어갈 만하다. 탑으로 들어가 오른쪽으로 벽돌 층계를 밟고 한 길 남짓 올라가니 한 층이 끝나고 평평한데 제1층이다. 또 돌아가니 계단이 있고, 계단이 끝나니 평평한데 제2층이다. 이렇게 하기를 다섯 빈 히어 드디어 제7층에 올라섰다. 처음 들어갈 적에는 캄캄하였는데 평평한 곳에 이르니, 8면에 모두 창이 나 있고, 햇빛이 서로 비치는 곳에 모두 벽을 파서 부처를 앉혔으며 그 앞에 향로와 등을 놓았다. 상원일上元日 밤이면 절의 중이 탑 안에 두루 등불을 켜고 음악을 연주하는데, 위에서 바라보면 마치 천상天上 같다고 한다.

창에 의지하여 사방을 둘러보니, 서쪽으로는 천장天墻, 북쪽으로는 황성이 모두 뚜렷하게 보인다. 탑 안의 제명題名은 남방인이 많은데 나도 상층에 "조선인 김모, 모년 모월 모일 와서 오르다."라고 적었다.

따라온 자는 차준걸·강우양·원건·선흥·귀동·장지張志 등이었다.
차준걸은 만상 군관, 장지는 쇄마구인으로 물을 길러 왔다가 천단에서
부터 따라온 자들이다. 『가재연행록』 1713년 2월 1일

황제의 국사인 라마승

라마승 3인이 와서 서쪽 월랑의 계단 위에 앉았는데, 모두 누런 옷에
붉은 가사를 걸쳤고, 종자들의 복색 역시 누런 상의가 종아리에 닿고
아래는 바지를 입지 않았다. 머리에 쓴 것도 모두 황색인데 모양은
호모胡帽와 같으나 조금 높았다. 승려 3인이 쓴 것은 위가 둥글고, 종자가
쓴 것은 뾰족했다. 이 승려들이 들어오니 사람들이 모두 길을 비켜주고,
앉은 자리에도 역시 가까이 가지 않는다. 유독 한 곳에 앉아 반나절
동안 꼼짝을 하지 않는데, 바라보니 역시 도통한 자들 같았다. 한 호인이
글자를 써 보이기를,

"이 승려들은 바로 만세야萬歲爺(황제라는 뜻의 국사國師)입니다."라
고 하였다. 『가재연행록』 1713년 2월 5일

라마불교

이 날 라마승이 30여 명이나 들어왔다. 수승首僧 2인이 월랑에 들어와
온돌방에 앉았다. 유봉산과 최덕중이 가서 보기에 나도 역시 따라갔다.
최덕중이 글을 써서 보이니 승려 하나가 능히 문자로써 대답한다. 사는
곳이 어디냐고 물으니, 서천국西天國이라고 한다.

다시 서천국이 어디 있으며 몇 달이 걸려야 갈 수 있느냐고 물으니,
'곧 서역의 서쪽인데 일곱 달이면 닿을 수 있다.'고 한다. 라마가 무슨
뜻이냐고 물으니, 승려를 이르는 말이라고 답한다. 무엇 때문에 여기
왔느냐고 물으니, 10년 전 진향進香 향을 꽂고 부처님께 예를 올리기
위해 왔는데, 황제가 국사로 대접하여 절을 궁중 담 안에 지어주고

거기에 거처하게 하면서 매월 은 10냥씩 준다고 하였다. 가만 보니 세상의 승려는 모두 누런 옷을 입어야 교도가 되는 듯하다. 『가재연행록』 1713년 2월 6일

도교

천원각에서 돌아나오니 광명전 안에서 책 읽는 소리가 들렸다. 들어가 보니 두 도사가 옥황이 있는 탁자 앞에서 향을 피우고 『도경道經』을 읽고 있었다. 도사는 도포를 입었는데, 모양이 우리나라의 것과 똑같았으며, 두건도 우리나라의 유건儒巾과 비슷한데 모두 흑색이었다. 한 사람이 글로 적어 보이기를,

"이 곳은 황상께서 분향하시는 곳인네 도사 40인, 태감太監 환관 16인이 지키고 있으며, 지금 황제가 자금을 지원하여 다시 건축하고 있는 중입니다."라고 하였다. 『가재연행록』 1713년 2월 9일

북경의 천주당

저자에는 감귤이 많아 선흥에게 사게 하였는데 값이 싸지 않았다. 문 안에 이르러 동쪽을 바라보니, 쇠로 만든 종이 인가에 높이 솟아 있으니 천주대天主臺였다. 일찍이 신지순申之淳의 말을 들으니, 홍우정洪禹鼎을 따라가 보았다고 한다. 외면에는 '천주대天主臺'의 석 자를 편액에 썼다. 문 안에 대가 있는데 높이는 3~4장이며, 남쪽에 홍예문이 있었나. 그 안에 들어가니 북쪽 벽에 소상 하나가 걸려 있는데, 머리를 풀어헤치고 어깨를 내놓았으며, 화주火珠를 쥐고 있는데 얼굴은 살아 있는 듯했다. 그 위에 '천지진주天地眞主'의 넉 자와 '경천敬天'의 두 자가 적혀 있는데, 황제의 필적이었다. 좌우 벽에도 각기 상 하나씩을 걸었는데, 모두 북벽에 그려진 그림과 같았다. 홍예문의 좌우 석면에 돌아가며 12방위를 써놓고 중간에 철침鐵針을 끼웠는데, 이것으로 해 그림자를 보았다.

위에 크고 작은 종을 달았는데 종은 각기 치는 것이 있으며 중앙에 있는 것이 가장 높고 컸는데 혼천의渾天儀가 그 위에 있었다. 홍예문 왼쪽에 또 홍예문이 있고, 문 위에 역시 12방위가 적혀 있었다. 문 안에는 4개의 얇은 판자를 세워 문을 만들고, 앞면에 분칠을 하고 그림을 그렸다. 지키는 자가 대지팡이[竹杖]로 두 짝을 나누어 열고는 좌우 벽으로 밀어넣었다. 그 안에 또 2층으로 된 붉은 문이 있는데, 위의 두 짝과 아래 네 짝이 차례로 열렸다. 『가재연행록』 1713년 2월 9일

중국인의 종교

영평부永平府에 도착하였다. 성 밖에 큰 묘당이 있는데, 길 왼편 전각에는 '사대용왕四大龍王'이라고 써붙인 금갑金甲 입힌 소상塑像이 있었고, 우두귀牛頭鬼(머리가 소머리처럼 생긴 괴물) 같은 모양의 신상神像에도 역시 금갑을 입혀 용왕과 나란히 탁자 위에 앉혀 놓았다. 그리고 '평랑왕平浪王'이라고 써 붙였는데, 어떤 신인지는 알 수 없다. 대개 성지城址가 청룡하靑龍河에 부딪혀서 서북쪽 귀퉁이가 거의 다 허물어졌으므로, 이 곳에 용왕묘를 건립하여 보호 유지를 기원한 듯하다.

용왕묘 동쪽의 전각에는 관제 소상을 모시고 있는데, 갖춘 의물儀物들이 모두 지극히 화려하다. 모두 강희 연간에 건립된 것들이다. 묘당 문 옆에는 큰 비[豐碑]가 많이 서 있는데, 모두 거사비去思碑였다.

성城 남쪽으로 1리쯤 떨어진 불쑥 솟은 산두덩이 위에 큰 묘당廟堂이 있었다. 붉은 지붕과 붉은 담을 둘러친 그 규모가 웅장하고 화려하기에 물어보니, 관음을 모시는 절이라 하였다. 성문에 흰 옷과 흰 수건을 쓴 두 사람이 길 위에서 지옥紙屋을 태우며 엎드려 곡을 하다가 절하고 일어나는데 곡성이 매우 슬프게 들렸다. 선홍이 말하기를, 지옥은 초상初喪 때 사용하는 물건으로 장례를 마치고 나면 불살라 버린다고 한다.

성 안의 거리들은 크고 넓으며, 길 옆에는 높은 대문을 가진 큰 집들이

종종 보였다. 시장거리는 비록 통주通州만큼 번화하지는 못했지만 각종 상품들이 없는 것이 없었다. 거리 서쪽에 있는 석탑은 높이가 3장 정도 되고, 반질반질하게 다듬은 돌에다 주위를 돌아가며 모두 불상을 새겨 놓았는데 세밀한 부분은 털끝을 넣어 새긴 것 같다. 지금까지 지나오면서 많은 탑을 보았지만 대부분은 벽돌로 만든 것이었고, 석탑이 이렇게 정교한 것은 여기서 처음 보았다. 우리나라의 경천탑擎天塔 및 대사탑大寺塔은 중국 장인의 손에 의해 만들어졌다고 세상에 전해오는데, 지금 이 탑을 보고 나니 조각솜씨가 한 사람의 손에서 나온 듯하였다. 『가재연행록』 1713년 2월 21일

관음사를 구경하다

관음사觀音寺였다. 말에서 내려 문을 들어서니 문 안에 또 중문이 있었다. 정전正殿의 방榜을 '연대蓮臺'라고 하였는데, 좋은 단청을 칠하여 아주 선명하고 화려하다. 대들보와 기둥 사이에는 나무로 서로 움켜잡고 있는 용을 조각해 놓았는데 금빛으로 채색을 입혔다. 서편 뜰에는 비석이 있는데 순치 연간에 세운 것으로 비문에 따르면, 성화成化 연간에 절을 세우고 만력萬曆·천계天啓 연간에 두 차례 중수하였다고 한다. 『가재연행록』 1713년 2월 28일

라마승의 옷차림

백씨가 앉은 곳에서는 관광하는 호인들이 문을 밀치고 들어와 추잡하게 달려드는 광경이 바라다보였다. 이를 종자들이 막을 수가 없었다. 라마교 승려 한 사람도 들어왔다. 내가 바라보니 옷을 양쪽으로 걷어올리고 뛰었는데, 아래는 아무것도 입지 않았기 때문에 보는 사람들이 모두 웃었다. 그도 웃으면서 옷을 걷어올려 보였는데 무릎 밑에 감아묶은 것이 있었으니, 우리나라에서 행전行纏(바지를 입을 때 정강이에

감아 무릎 아래 매는 물건)과 같은 것이었다. 그 위로는 벗은 맨몸이다.
『가재연행록』 1713년 3월 5일

양국의 불교에 대해 이야기하다

서반西班 부가傅哥가 들어와 한참을 말하는데 황후의 일을 물어보니 모른다며 대답을 하지 않았다. 제 본집을 물으니 하남 사람으로 서반이 되어 북경에 온 지 5년이 넘었는데도 돌아가지 못한다고 하였다. 부가가 조선 중의 복색에 대해 묻기에 대강 대답하고 또 말하기를, "중국 묘당은 다 일반인의 집들 사이에 있으니 어찌 출가한 보람이 있겠습니까? 우리나라는 산이 없는 곳에는 절을 짓지 못합니다."라고 하였다. 이에 부가가 말하기를

"북경 근처에는 산이 드물고 성시 가운데 절이 많아 머무는 높은 중이 없지만, 남방에는 산 위에 지은 절이 많고 도 닦는 고승이 많이 있습니다."라고 하였다. 내가 말하기를, "이 즈음 중을 만나면 거동과 말씀이 속인과 다름 없고 왕왕 의복도 차이가 없더군요. 이런 승풍僧風으로 일반인들 집 사이에 섞여 있으면, 반드시 중의 경계를 지키지 못할 것입니다."라고 하니 부가가 말하기를, "이 즈음의 승풍은 고기도 대수롭지 않게 먹고, 혹 처첩을 두어도 서로 괴이하게 여기지 아니하니 어찌 중이라 할 만하겠습니까?"라고 하였다.

내가 말하기를, "동국에도 이러한 승풍이 있어서 '재가승'이라 부르는데, 이것이 또한 천하가 한가지군요." 하니 부가가 웃었다. 『담헌연기』 1766년 2월 1일

중국인의 종교

마운령摩雲嶺을 넘어 천수참千水站에서 점심을 먹었다. 오후에 몹시 무더웠다. 청석령靑石嶺을 넘을 때 고갯마루에 관제묘가 있는데, 매우

영험하다 하여 역부와 마두들이 서로 다투어 탁자 앞으로 가서 머리를 조아리며, 혹은 참외를 사서 바치기도 하고, 역관들 중에는 향을 피우고 제비를 뽑아서 평생의 신수를 점쳐 보는 이도 있었다. 한 도사道士가 바릿대를 두드리며 돈을 구걸하였다. 도사만은 머리도 깎지 않고 우리나라의 환속한 중처럼 상투를 틀고 등나무 갓을 쓰고 몸에는 야견사野繭紗 도포道袍를 한 벌 입어 마치 우리나라 선비들 차림새와 같았으나 다만 검은색 깃만이 조금 달라 보였다. 또 한 도사는 참외와 달걀을 파는데, 참외는 맛이 매우 달고 물이 많으며, 달걀은 맛이 좋았다. 『열하일기』 1780년 7월 7일

관제묘 중수

구요동성 문 밖을 나서면 돌다리가 하나 있다. 다릿가 돌 난간은 만든 품이 매우 정교하다. 강희 57년에 만든 것이다. 다리 건너편에서 백여 보쯤 되는 곳에 패루牌樓가 있다. 구름 속의 용과 수선水仙을 새겼는데, 모두 파서 새긴 것이다. 패루에 올라보니 동쪽에 큰 다락이 있는데, 글자를 써서 현판을 걸어 적금루摘錦樓라 하였고, 그 왼편의 종루鍾樓는 용음루龍吟樓요, 오른편의 고루鼓樓는 호소루虎嘯樓라 하였다.

묘당廟堂이 웅장하고 화려하여 복전複殿과 중각重閣에 금빛 푸른빛이 휘황찬란하다. 정전正殿에는 관공關公의 소상塑像을 모시고, 동무東廡에는 장비張飛(자는 익덕翼德), 서무西廡에는 조운趙雲(자는 자룡子龍)을 배향하였으며, 또 촉의 장군 엄안嚴顔의 굴복하지 않는 모습을 설치하였다. 뜰 가운데에는 큰 비碑가 몇 개 서 있는데, 모두 이 사당의 창건과 중수한 사실의 시말을 적은 것이다. 그 중 새로 세운 한 비는, 산서山西의 어떤 상인이 사당을 중수한 일을 새긴 것이다. 『열하일기』 1780년 7월 8일

통관이 조선의 불교에 대해 묻다

통관이 당번한 역관에게,

"귀국에서도 부처를 존경하는지요. 국내에 절은 얼마나 되죠?" 하고 묻자, 수역이 들어와 사신에게 여쭙되,

"통관의 이 말은 허투루 하는 말이 아닌 듯하오니 무어라 대답하오리까." 한다. 삼사가 의논하여 수역으로 하여금,

"우리나라 습속에서는 본디 부처를 숭배하지 않았으므로, 시골에는 혹 절이 있으나 서울이나 도회에는 없다."라고 대답하라고 지시하였다.

『열하일기』 1780년 8월 9일

중국의 성승

소위 성승聖僧이란 서번의 승왕僧王을 말함인데, 호는 반선불班禪佛이요, 장리불藏理佛이라고도 하며, 중국 사람들은 그를 존경해서 활불活佛이라 부른다. 그는 스스로 말하기를,

"42대 전신轉身이라 하는데, 전신前身은 중국에서 많이 태어났고, 나이는 지금 마흔셋이다."라고 한다. 지난 오월 스무날에 열하로 맞이해 왔는데, 따로 궁궐을 짓고 스승으로 섬긴다고 한다. 혹은 이르기를,

"그의 하인들이 많아서, 이 곳으로 들어오자 점차 떨어져 나가기도 했으나 그래도 그를 따라온 자가 수천 명이 넘으며, 그들이 모두 몰래 무기를 감추고 있는데도 황제만 이 사실을 모르고 있다."라고 한다. 하지만 이 이야기는 괜히 인심을 어지럽히고자 만들어낸 말인 듯싶다. 거리의 아이들이 부르는 황화요黃花謠는 이를 두고 말함이라 한다. 이 시詩는 욱리자郁離子가 지은 것이다.

붉은 꽃 다 지고 누런 꽃 피는구나　　　　　紅花落盡黃花發

붉은 꽃이란 붉은 모자를 가리키고, 누런 꽃은 몽골과 서번이 모두

누런 모자를 쓰는 것을 가리킨다. 또 한 노래에,

원래는 옛 물건이니 누가 정말 주인인고　　元是古物誰是主

라 하였는데, 이 두 노래는 모두 몽골을 가리킨다. 몽골은 현재 48부가
강하고, 그 중 토번吐蕃이 가장 사납다. 토번은 서북의 호족胡族이었으며,
몽골의 별부別部로서 황제가 가장 두려워하는 존재다. 『열하일기』 1780년
8월 10일

중국의 관묘 숭상

길을 가다 한 묘우廟宇에 들렀다. 강희황제의 어필로 "좌성 우불左聖右
佛"이라고 쓰여 있는데, 좌성이란 곧 관운장關雲長을 말한다. 좌우의
주련柱聯에는 그의 도덕과 학문이 높이 찬양받고 있다. 대개 그들이
관공關公을 공경하여 받든 것은 명나라 초기의 일이며, 심지어 그의
이름을 휘하여 패관稗官 기서奇書들까지 모두 관모關某라 일컫는다. 그리
하여 명明 · 청淸 즈음에는 공이公移와 부첩簿牒까지 관성關聖이니 관부자
關夫子니 하고 높여 불렀다. 그 그릇됨과 야비함을 그대로 좇아 천하의
사대부들이 모두 그를 학문하는 이로 높여왔던 것이다. 『열하일기』 1780년
8월 19일

천주교에 대해 논하다

"옛날 혼의渾儀에 정통한 자로서는 낙하굉洛下閎(한漢 때의 태사) · 장
평자張平子(동한 때의 역상가) 외에도 채백개蔡伯喈(동한 때의 채옹蔡邕,
백개는 자)와 오吳의 왕번王蕃이 있었고, 유요劉曜(전조前趙의 임금)의
광초光初 연간의 공정孔定과 위魏의 태사령 조숭晁崇 등이 모두 선기옥형
의 옛 법을 얻었으며, 송나라 원우 연간에, 소자용蘇子容이 종백宗伯이

종교　391

되어서 옛 의기儀器를 참고하여 수년 만에 이룩하였으나, 서양학술이 중국에 들어오자 저 의기들은 모두 쓸 데가 없게 되었습니다. 하지만, 그 학술은 보잘 것 없으니 가소로울 뿐입니다. 이른바 저 야소는 마치 중국 말에 현인을 군자라 하고 번속番俗에 승려를 라마라고 하는 것이나 같습니다. 그리고 야소는 마음껏 하느님을 공경하여 온 팔방에 교리를 세웠으나, 나이 서른에 극형을 받았으므로 그 나라 사람들이 몹시 애모하여 야소회耶蘇會를 설립하고는 그 신을 높여 천주天主라 하였답니다. 그리고 그 교에 들어간 자는 반드시 눈물지으며 슬퍼하여 그 사실을 잊지 않는다고 합니다. 천주는 어릴 때부터 네 가지 맹서를 세웠으니, 첫째로는 색념을 끊을 것, 둘째로는 벼슬 생각을 버릴 것, 셋째로는 팔방을 다니며 선교하되 다시 고국으로 돌아옴을 원하지 말 것, 넷째로는 헛 이름을 연모하지 말 것 등이었고, 그는 비록 부처를 배격했지만, 윤회설을 믿었다고 합니다. 명 만력 연간에 서양사람 사방제沙方濟(F. Xavier)라는 이가 마카오에 이르러서 죽었고, 그 뒤를 이어 이마두利瑪竇 등 모든 사람들이 들어왔던 것입니다. 그들의 교리는 일을 밝힘으로써 종지를 삼고, 몸 닦기로써 요체要諦를 삼고, 충효와 자애로써 공부를 삼으며, 천선遷善과 개과改過로써 입문을 삼고, 생사와 같은 큰 일에 대해서 예비하여 걱정이 없게 함을 극치로 삼는답니다. 그리하여 서방의 모든 나라들이 이 교를 신봉한 지 벌써 천여 년이 되매, 나라가 아주 편안해졌답니다. 그러나 그 말이 너무 과장스럽고 허탄한 편이어서 중국 사람들로 믿는 이가 없답니다."라고 한다. 나는,

"만력 9년(1581)에 이마두가 중국에 들어와 수도에 머문 지 29년이나 되었는데, 그가 이르기를, 한漢 애제哀帝 원수元壽 2년(기원전 1)에 야소(예수)가 대진국大秦國(로마제국)에서 나서 서해 밖을 다니며 교를 선전했다 하였으나, 한 원수로부터 명 만력까지 1천 5백여 년이나 되었는데도 불구하고, 이른바 '야소'라는 두 글자마저 중국 서적에 나타나지

않았으니 이는 아마 야소가 저 절양絶洋의 밖에서 났으므로 중국 선비들이 그의 이름을 듣지 못했는지 또는 비록 들어서 안 지 오래되었어도 그가 이단이어서 역사에 기록되지 않았는지는 모르겠습니다. 대진국의 또 한 가지 이름은 불림拂菻이라고도 하는데, 그의 이른바 구라파는 곧 서양의 총칭이 아닌가 합니다." 『열하일기』 곡정필담鵠汀筆譚

문화교류

문화교류(1)

호인들도 많이 와서 구경하였는데, 그 중에는 수재라고 칭하는 자도 있었다. 전에 본 송형의 『일기』에서, "한족의 아이 왕영반王寧潘은 나이가 14세며 모습이 자못 단아하고 벌써 사서를 읽었다.……"고 하였기에, 시험삼아 그가 지금 있느냐고 물어보았더니, 성 안에 산다고 누가 일러 주었다. 조금 있다가 왕영반이 왔다. 드디어 찰원의 한 뒷방에 앉히고 붓으로 문답을 하였다.

"정축년(1697, 숙종 23) 주청사행奏請使行 서장관 송공을 만난 적이 있소?"

"뵌 적이 있습니다."

"그 때 들으니 그대 나이 14세에 벌써 사서를 읽었다고 하였는데, 지금은 문사文辭가 더욱 늘고 공명을 이미 이루었겠지요?"

"제가 14세로 관館에 있을 적에 한 노야와 말씀을 나누었는데 벌써 10여 년이 되었습니다. 그땐 겨우 사서를 읽었으며, 지금은 반관泮館에 들어가 있습니다. 어떤 것을 묻는지 알 수 없으니 일일이 분명하게 써 주시지요."

"특별히 물을 것은 없고, 다만 송공이 족하를 보시고 귀국하여 총명한 수재라고 많이 칭송하였지요. 내가 성화를 많이 들은 터라 마침 이곳에 온 김에 한 번 보고 싶었을 뿐이오. 반관에 들었으면 유생일 텐데, 어찌하여 손가락에 각결角決(활 쏠 때 손에 끼는 것)이 있소?"

"저는 무반武泮에 들어갔습니다. 활과 말에 익숙하고 책론策論에 정통한 것을 본국에서는 으뜸으로 칩니다. 다만 아직 벼슬을 하지 못하였습니다."

"족하의 선대에 어떤 관직이 있습니까?"

"아무 관직도 없었습니다."

"원래 이 고을에 살았습니까? 아니면 다른 고을에서 이사왔습니까?"

"조부께서 산서山西의 태원부太原府에 살았는데, 무역 때문에 이 곳 요동으로 오셨습니다. 벌써 수십 년이 되었습니다."

한인 왕영번과 서신왕래

이 곳에 올 적에 쪽지를 써서 원건元建을 시켜 왕영번王寧藩에게 요즘 지은 글[文稿]을 요구하였더니, 원건이 그의 답서를 받아가지고 와서 말하기를, "집은 가난한 듯하였으나 차와 과일, 술과 떡을 잘 대접받았습니다."라고 하였다. 『가재연행록』 1712년 12월 15일

김창업의 연행에 대한 준비와 생각

선군先君 아버지, 곧 김수항의 『계축일기』에 보면,

"영원寧遠에서 사하沙河까지, 사하에서 산해관까지가 모두 100여 리 길이라, 사람과 말이 모두 피로하여 이틀 안에 관에 들어가기가 정말 어려웠다. 그래서 호행 마패護行廳貝에게 사흘 내에 관에 들어갈 계획이라고 하였는데, 점방이 없는 곳에 이르면 마패와 아역衙譯들이 모두 행중行中에서 음식을 제공하고 땔감과 식수의 값을 요구하였다."라고

하였다. 이로 본다면 옛날에는 이 곳에 찰원이 있었는데, 어느 때인지는 모르지만 없애고 동관東關과 양수兩水에 두 참站을 설치한 것이다. 지금 마패와 아역들이 참이 설치되어 있는 곳에서도 상사와 부사의 방에 음식 공궤를 받고 있으니, 이것은 후대에 생긴 잘못된 규례다.

한인 황득재黃得才는, 곧 송형이 숙박하였던 집의 주인이었던 까닭에, 역배를 시켜 생사 여부를 물었더니, 그는 현승縣丞이 되어 먼 지방으로 갔다고 하였다. 『가재연행록』 1712년 12월 17일

인적 교류에 대한 관심

한인 진가유陳嘉由의 집에 들었다. 아침을 먹고 나니 주인의 동생 진가빈陳嘉賓이 글자로 써서 묻기를, "대노야大老爺는 무슨 벼슬입니까?" 하기에 각로(정승)라고 답하였다. 또 성이 무엇이냐고 묻기에 내가 써서 보여주었다. 또 나의 벼슬을 묻기에, 벼슬은 없고 다만 늙은 수재[老秀才]라고만 대답해 주었더니, 고개를 끄덕이며 웃었다. 내가 오삼계 선조의 묘가 여기서 몇 리나 떨어져 있느냐고 물었더니, 동쪽으로 5리쯤 되는데 모두 파 갔다고 하였다. 대개 오삼계는 이 곳 사람으로 그의 집이 성 안에 있다는 것이었다. 두 사람이 자금정紫金丁을 갖고 싶어하기에, 두 알씩 주었다. 『가재연행록』 1712년 12월 17일

문화교류(2)

다시 남문으로 들어가니 남문에도 누각이 있고 옹성甕城과 해자가 있었다. 찰원은 마침 수리중이므로 민가에 들었더니, 방값이 비싼 곳은 정은正銀 3냥이나 되었다. 이 곳 사람들은 모두 한인으로, 집을 빌려 주려 하지 않기 때문에 전부터 그렇다는 것이다. 밤에 서화를 팔러 온 자가 몹시 많았는데, 그들은 흔히 수재들이었다. 그 중에 '난정묵본蘭亭墨本'(왕희지王羲之의 글씨)이 꽤 좋았으나 부르는 값이 너무 비쌌다.

또 '음중팔선첩飲中八仙帖', '화조첩花鳥帖', '산수족山水簇'은 다 속필俗筆이었고, 당백호唐白虎의 '수묵 산수도', 범봉范鳳의 '담채산수淡彩山水', 미불米芾의 '수묵 산수'는 다 안품贋品(위조품)이었다. 미불의 그림이 은 30냥을 호가하기에 분첩粉帖 위에 미불의 글씨를 모방하여 쓰고 30냥이라고 그 위에 썼더니, 여러 호인들이 웃어댔다. 그 가운데 행동이 단아하고 나이는 40여 세쯤 되는 사람이 있었는데, 늠상생廩庠生(관비생, 청대에는 생원의 제1등급)이라 자칭하였다. 드디어 그를 맞아들여 방에 앉히고 성을 물었더니, 성은 곽郭이요 자는 확암廓菴이라 하였다.

"확암이 표덕表德(자字)입니까, 호입니까?"

"휘諱(이름)는 여백如栢, 호는 신보新甫입니다." 하니, 자로써 호를 삼았는지, 호로써 자를 삼았는지 알 수 없었다.

"선조 가운데 벼슬한 분이 있습니까?"

"옛 명나라 때 지휘동지指揮同知를 했습니다."

"몇 대 조입니까?"

"10대 조입니다."

"우리들의 의관을 보니 우습습니까?"

"나라가 다르니 제도도 다른 것입니다."

그가 '저중근체邸中近體'라고 쓰기에, 내가 근체가 무슨 말이냐고 물어보니 체란 곧 작作이라고 대답하였다. 그제야 나는, 내가 지은 시를 보여달라는 뜻임을 알아차렸으나, 도중에 읊은 시들이 거의 촉휘觸諱(금기에 저촉되다)되는 말이 많아서 동관東關에서 지은 절구 한 수를 써보였다.

동해에서 온 나그네 연경을 향하니　　　　客從東海向燕京
고향달이 나를 따라 곳곳마다 밝혀주네　　　鄕月隨人處處明
내일이면 관문에 들겠구나, 누워서 생각하니　　臥算關門明日入

수루의 남반에서 파도 소리 들려오네　　戍樓南畔聽濤聲

　　그는 시를 보더니 고개를 끄덕이며 읊조리다가 다시 자세히 보곤
했다. 내가 무슨 뜻으로 자세히 보는가 물으니, 한 번 화답하고 싶은
뜻이 있어 그렇다고 했다. 그는 종이를 꺼내더니, 옆에 서 있는 소년을
시켜 쓰기를

문물 의관은 경사가 제일일세　　　　文物衣冠莫如京
원컨대 따라가서 문명을 깨우치네　　願隨驥尾啓文明
우연한 만남이라 전체야 모르지만　　未窺全豹偶相見
지난날 현송하는 소리가 짐작되네　　可憶當年絃誦聲

하였다. 말은 비록 매끈하지 못했으나 그 착상이 우연은 아닌 듯했다.
소년은 바로 그의 아들이었다. 나이는 19세로 미목이 청수하고, 필법은
비록 거칠지만 도리어 속되지 않았다. 사람을 시켜서 종이를 펴게 하고
붓자루 끝을 잡고 서서 쓰는데도 경솔하지 않았다. 붓과 먹을 꺼내서
부자에게 각각 주었더니, 굳이 받지 않고 아들도 역시 허락하지 않다가
여러 사람이 재삼 권하니 비로소 허락하였다. 내가,
　　"오늘은 창졸간이라 끝내지 못했으니, 내년 귀로에 다시 가르침을
받고 싶은데, 괜찮겠습니까?"하니, 그는
　　"내년 봄에 우리 황상皇上이 만수과萬壽科를 보이기 때문에, 근일 내로
아들을 데리고 서울에 가야 합니다."라고 하였다.
　　"그렇다면 북경에 가서 서로 만나는 것은 어떻습니까?" 하고 물었으
나, 답이 없었다. 『가재연행록』 1712년 12월 18일

문화교류(3)

어떤 사람이 임양林良의 「노안蘆雁」과 구십주仇十洲의 「춘유도리원도春遊桃李園圖」를 가지고 왔는데, 살펴보니 「노안」은 진품 같았으며 값도 비쌌다. 박동화의 말이, 여산군礪山君이 지난해에 이 그림을 보고 돌아와서, 자기에게 사다달라고 부탁하였다고 했다. 또 한 사람이, 흰 비단에 학이 수놓인 그림 한 폭을 가지고 왔다. 여인의 작품이라고 하는데, 작품이 매우 정묘했다.

또 화조첩花鳥帖 하나를 가지고 왔는데, 근래인의 작품이지만 채색이 자못 정교했다. 어디서 났는지 물었더니, 자기 주인이 지금 북경에서 벼슬을 하고 있는데 이 그림은 남방 사람이 보내왔다고 했다. 수재 차림을 한 그 사람은 그림을 보에 싸서 하인을 시켜 품고 왔는데, 그 보를 막 펼치려 할 때 갑군이 들어오자, 겁을 집어먹고는 도로 말아서 품에 집어넣었다. 마침 서장관이 와서 문을 닫고 그것들을 살펴보았다. 그가 맨 마지막에 또 하나의 그림을 내놓자 서장관이 집어서 펴보니, 첫머리에는 한 소년과 미인이 마주 앉은 그림이 있었고 그 밑은 소년과 미인이 사랑의 유희를 나누는 모습이었다. 서장관이 그 다음을 보려고 하자 내가 웃으면서 춘화도 같다고 하였더니, 서장관 역시 웃으면서 그만두었다. 내가 그 사람을 보고,

"그대는 수재입니까?" 하고 물으니, 그는 그렇다고 대답하였다.

"성문聖門의 제자로서 어찌 춘화도를 품고 와서 남에게 보이시오?" 하고 물었더니, 이 말을 듣고 그만 얼굴이 붉어지며 주섬주섬 보자기를 싸고는 달아나 버렸다. 우스운 일이었다. 『가재연행록』 1712년 12월 23일

어의 김덕삼, 황자를 진료하다

이 날 김덕삼이 창춘원에 갔다가 해가 질 때 돌아와서 다음과 같이 이야기했다.

"아침결에 하敏(만주어로 황제의 시종이란 뜻) 한 사람과 환관 한

사람이 수레를 몰고 관소館所로 와서 같이 갔습니다. 통관 두 사람이 역시 수행하였는데, 북경의 서쪽 성문을 나서서 약 30리를 가서 창춘원에 도착하니, 높은 담으로 빙 둘러싸여 있는데 문 안에 들어서니 물을 끌어와서 만든 못이 보이고 못 가운데에는 배 두 척이 떠 있었습니다. 두 번 다리를 건넜는데 다리들은 모두 난간이 붉고, 못가에 궁실이 있는데 그리 사치스럽지는 않았습니다. 황자가 누워 있는 곳에 이르러 통관과 함께 온돌 밑에서 절을 하니, 자리를 내주며 앉으라고 하였습니다. 차를 마신 뒤 문병을 하였습니다. 황자는 나이가 30여 세쯤 되고 병든 지 5년이라 하는데, 몹시 여위고 혈색이 없었는데 안색의 희기가 눈과 같았습니다. 증세는 담이 결리고 무릎이 쑤시며 머리도 아프다고 하였습니다. 머리 몇 군데에 침을 놓고, 약 처방은 다시 진료한 뒤에 의논하여 정하겠다고 하였습니다. 드디어 인사를 하고 나와 대문 바깥 가게에 나와 앉아 있으니, 안으로부터 성찬을 가져다 대접하였습니다."

또 말하기를,

"황자가 나의 모자를 벗겨 살펴보다가 하직할 적에 비로소 돌려주었습니다. 황자가 입은 의복과 금침은 매우 검소하여 보통 호인들의 부자만도 못하고, 쓰는 기물 등도 역시 기이한 것이 전혀 없었습니다."
또 말하기를,

"갈 때에 탈 말을 찾았으나 허락하지 않고 굳이 수레를 타라고 했습니다. 수레는 지붕이 있고 내부 3면을 장막으로 가리고 오직 전면만 열어두었는데, 몰이꾼이 또한 가리고 앉았고, 창춘원 가까이 가니 전면도 장막으로 쳐서 지나가는 산천이 어떠한지 알 수 없었습니다. 답답함을 이기지 못해 잠깐 열어달라고 청했으나 통관이, '만약 그대 옷에 먼지라도 묻거나 하면 황자가 반드시 우리가 잘 모시고 오지 않았다며 꾸지람을 하실 것이니 열 수가 없다.'고 하였습니다. 그러나 그 얼굴빛을 보니 마치 다른 뜻이 있는 듯하였습니다." 하였다. 『가재연행록』 1713년 1월 6일

한인사대부와 교류하다

동쪽으로 100여 보를 가니, 길 왼쪽에 높은 문들이 있고, 집은 짝기와 [鴛鴦瓦]를 이었다. 여기 법이 공가公家나 사관寺觀 및 제왕諸王, 부마의 집 이외에는 수키와를 쓸 수 없다고 하니, 짐작건대 이 집들은 반드시 평범한 사람들의 집은 아닌 듯하나, 미처 묻지 못했다.

그 문을 수십 보쯤 지났을 때, 한 호인이 쫓아와서 말하기를, "집주인이 오시기를 청합니다."라고 한다. 집주인이 어떤 사람이냐고 물으니 그 사람이 말하기를, '관인인데 만나 보아도 괜찮다.'고 하였다. 의심스러웠지만 그가 청한다 하니, 역시 한 번 그 집에 가 보고 싶어졌다. 말을 돌려 문에 이르니, 더벅머리를 한 작은 아이가 우리가 도착한 것을 보고는 곧 안으로 들어갔다. 조금 있다가 한 작은 호인이 중문으로 나와서 우리를 맞아들였다. 뜰이 상당히 넓고 집이 컸는데, 동쪽 작은 문에서 여인 3~4명이 서서 구경을 하고, 앞서 본 더벅머리도 그 속에 있었다. 중앙에 이르러도 맞이하는 자가 없는데, 작은 호인이 나에게 읍하고 동쪽 방으로 들어갔다. 방 안에 한 사람이 있는데, 면모가 준수하고 나이는 30세 정도 되어 보였다. 나에게 읍하고 온돌 위 방석에 앉으라 하고는 자신은 온돌 곁에 걸터앉았다. 내가 꿇어앉아 있었더니, 여러 차례 편하게 앉으라고 하였다. 또 한 젊은이가 안에서 필묵을 갖고 나와 의자를 끌어 온돌 아래에 앉았는데, 나이는 25~26세쯤 되어 보이고 얼굴은 살짝 얽고 말랐으나, 미목에는 다소 맑은 기운이 돌았다. 붉은 종이를 꺼내 글자를 쓰면서 먼저 나의 성명을 물었다. 두 사람이 앞에서 일어나 나의 안팎 의복을 들춰보고 다 무명인 것을 보고는 '귀국의 천이 좋은데 팔 것이 있는가?' 하기에, 내가, '가지고 온 것이 없다.'고 대답했다. 또 묻기를,

"우리 지필묵紙筆墨과 귀국의 지필묵을 교환하는 것이 어떻습니까?" 하니, 답하기를,

"필묵은 바꿀 필요가 없고 찾아서 보내드리겠소." 하니 젊은이가 듣고 희색을 띠었다.

또 묻기를,

"귀하의 직책은 무슨 아문衙門에 속합니까?" 하기에, 답하기를,

"나는 벼슬이 없는 한인閑人이오."라고 하였다. 내가 성명을 물으니, 이李라고 썼다. '무슨 아문이냐?'고 물으니, 『일통지一統志』 찬수관纂修官이라고 답했다. 또 나에게, '시를 지을 수 있느냐?'고 묻기에, 조금 지을 수 있다고 하였다. 젊은이가 이 말을 듣고 곧 안으로 들어가 황색과 홍색의 전지牋紙를 가지고 나와 내 앞에 놓고서 근래 지은 시를 적어달라고 하였다. 내가 졸작을 보이는 것이 부끄럽다고 사양하니, 젊은이는 관계 없다고 하였다.

내가 제야除夜에 지은 절구 1수를 썼으니

연관에 들어와서 한 해도 다 갔는데	燕館投來歲亦窮
밤 깊어 외로이 앉아 촛불만 밝혔노라	夜深孤坐燭華紅
함께 온 친구들은 서로 노고를 위로하고	同來火伴相勞苦
다 함께 고향 이야기 꿈결같이 나누더라	共說家鄕若夢中

하니, 젊은이가 보고 희색을 띠며 쓰기를, "당나라 사람들의 시와 같습니다."라고 하였다.

이어서 말하기를,

"저와 벗이 되는 것이 어떻겠습니까?" 하니, 내가 웃으며 대답하기를,

"감히 어찌 바랄 수가 있겠소?" 하였다. 젊은이는

"너무 겸손할 필요는 없습니다." 하고는, 더벅머리를 불러 차를 내오게 하였는데, 곧 문 바깥에서 본 아이였다. 젊은이가 다시 안으로 들어가 모과 하나를 가져와 내 앞에 놓고 칠언절구 한 수를 내보였다. 그 시에,

가품이 지시를 따르자니 제철이 아니요　　　嘉品從教不耐春
그러나 옛 향기 오히려 청신하네　　　　　舊時香氣尙淸新
남 위해 주려는 일 용이치 아니하니　　　　憐他投贈非容易
경거로 갚을 생각하지 마오　　　　　　　莫把瓊琚別報人

하였다. 다시 율시 절구律詩絶句 수십 수를 내어보였는데, 종이에 인쇄한
것이 모두 두 장이나 되며, 자기가 지은 것이라 하는데 시가 정교했다.
두장 모두 발문跋文이 있는데 역시 당세 명사들의 작품이었다. 한 장에는
'고양高陽 이원영李元英 작作'이라 하고, 한 장에는 '송분재誦芬齋 이원영
작'이라고 적혀 있었다. 원영은 젊은이의 이름이며 고양은 본관이고,
송분재는 호였다. 『가재연행록』 1713년 1월 6일

어의 김덕삼이 청인들을 진료하다

일찍이 듣건대, 이 곳 사람들은 우리나라 의원에게 진찰을 받으면
효과 유무를 막론하고 모두 선물을 가져다주는데, '면피面皮'라고 하며,
물건은 모두 비단이었다고 한다. 지금은 그렇지 않고 서화 같은 물건을
가지고 오는 자들도 상당히 많다고 한다. 보통 김덕삼에게 진찰을 받으
러 오는 사람들이 종일 줄을 이었다. 더러는 들어오고 더러는 아문에
앉아서 불러내어 가기도 하고, 여인은 들어올 수 없으므로 모두 관문
밖에 집을 정하여 통관을 통해 진찰을 바랬다. 관문이 열리면 김덕삼이
바로 나가서 간혹 종일토록 있다가 돌아오기도 하였다. 『가재연행록』 1713년
1월 23일

청 환관들의 대접을 받다

이윽고 처음에 앉았던 곳으로 되돌아왔다. 묻기를,
"당신네 나라에도 이런 사람이 있습니까?" 하기에, 나는 처음엔 무슨

말인지 몰랐다. 그가 곧 스스로 자기 몸을 가리키니, 옆에 있던 어린 환관이 또,

"고자古者, 고자"라고 한다. 내가 비로소 깨닫고서 답하기를,

"우리나라에도 있습니다."라고 했다. 묻기를,

"관직이 몇 품까지 이릅니까?" 하기에, 답하기를,

"지위가 1품까지 이르는 자도 있으나, 다만 관직은 없고 궁중에서 명령을 전할 따름이오."라고 하였다. 그리고 대국은 어떠하냐고 물으니, 여러 사람이 오랫동안 상의한 뒤 '일양一樣'이라고 두 글자를 쓴다. 그러나 그 기색을 살펴보니 실제가 아닌 것 같다.

대개 호인들은 명나라가 망한 것이 환관들 때문이라고 믿고 노예처럼 취급하고, 비록 봉급이 있어도 아주 박해서 그들의 거처와 의복을 보면 역시 모두 남루하였다. 문답할 적에 시종 붓을 쥐고 있던 자는 조씨라는 성을 가진 자였다. 여러 환관이 각기 묻고 싶은 바를 붓을 쥐고 있는 자에게 써 보이게 하였는데, 전후 끊일 사이가 없어 응대하기가 피곤하였다. 나도 물어보고 싶은 바가 있었으나 미처 물을 새가 없었고, 또한 혹여 행색이 탄로날까 두려워 다른 말은 감히 꺼내지 못했다. 여러 사람들이 문답을 적은 종이를 모두 접어서 소매에 넣고 가는데, 그 뜻을 추측하기 어렵다. 또 나에게 문답하는 말을 큰 소리로 한 번 읽어보라고도 하였다. 이는 우리나라 글자의 음을 알고 싶어해서였다. 내가 '마두馬頭'라고 소리내어 읽으면 저들도 따라서 '바두'라고 소리내어 발음하였다. 또 '고자'라고 말할 수가 있는 자가 있는 것을 보고 여러 사람에게 묻기를,

"어떻게 우리나라 말을 할 수 있소?" 하니, 대답하기를,

"통관에게서 배웠습니다."라고 한다. 뒤에 박득인에게 물으니,

"황제가 나에게 조선말을 여러 환관들에게 가르치도록 하였으나, 끝내 잘하지 못했습니다."라고 하였다.

박득인에게 조선말을 가르치게 한 것도 이상한 일이다.

여러 환관이 묻기를, "배가 고프십니까?" 하기에,

"아니오."라고 대답하였다. 조금 있다가 또,

"배가 고프십니까?" 하고는 이내 온돌방으로 데리고 들어가 밥을 들여왔다. 나물 두 그릇, 돼지고기 한 그릇, 또 한 그릇에 담긴 것은 만두처럼 생겼으나 빛깔이 몹시 붉고 맛은 짠 것이 마치 면에다 장을 넣어 만든 것 같았다. 조 환관이 탁자 머리에 앉아서 손으로 장에 절인 생강을 끊어 권했다. 밥상을 물리고 남은 것을 종자에게 주었다. 나와서 중정中庭에 앉으니, 어린 환관 하나가 와서 배 두 개를 준다. 내가 묻기를,

"제군이 과실을 연달아 나에게 주는 것은 무슨 까닭이오?" 하니, 답하기를,

"존경하기 때문입니다."라고 한다.

내가, "너무 지극히 대접해 주니, 무어라고 감사해야 할지 모르겠소." 하니,

"한편으로 생각하면 손님이고, 한편으론 연분입니다." 한다. 내가,

"손님으로 연분을 얻지 못할 수도 있소?" 하니, 여러 사람들이 다 기뻐하며 웃는다. 내가 배를 깎다가 손가락을 베었다. 조 환관이 보고, "불상간不相干"(중국 음으로는 뿌샹깐) 하고는 곧 주머니 속에서 한 가지 물건을 꺼내는데, 종이 같기도 하고 조기 껍질 같기도 하다. 침을 발라 불려서 붙이니 피가 곧 멎었다. 며칠이 지나도 떨어지지 않았는데 끝내 이것이 무엇인지는 모르겠다. '불상간'이란 말은 '불타긴不打緊'(중국 음으로는 뿌따찐)과 같은 말로서 '걱정 말라'는 뜻이다.

여러 환관이 또 '자字가 무엇이냐?'고 묻기에, 답하기를,

"비천한 사람이 어찌 칭호가 있겠소? 다만, '김삼金三'이라고 부릅니다." 하니 여러 사람들이 웃는다. 『가재연행록』 1713년 1월 25일

인적 교류(1)

조화趙華가 여러 번 보기를 청하였지만, 앞서 황제의 시종이 왔을 때 일행 가운데 시를 지은 사람에 대해 물었는데, 조화도 황제의 측근이므로 행여 의외의 곤경을 당할까 염려하여 가서 보지 않았었다. 그러나 황제가 패주로 갔고, 우리 역시 떠날 날이 가까웠으므로 지금은 만나보아도 무방할 듯싶었다. 또 그가 보고자 하는 뜻을 알고도 싶고, 아울러 그의 문필도 보고 싶어서 드디어 글을 써서 왕사王四를 시켜 보냈는데 편지 내용은 다음과 같았다.

"먼 고장 사람이 뜻밖의 보살핌을 입어 여러 번 심부름을 보내 오셨는데, 마침 하찮은 신병이 있어 명령을 받들지 못하였습니다. 이제 떠날 날이 가까워진 지금, 그동안 매우 바빠서 틈을 내지 못해 끝내 인사 한 번 드리지 못한 것 같아 죄송한 마음 금할 수 없습니다. 생각건대 보고자 하심은 반드시 뜻한 바가 있을 것입니다. 만약 묻고 싶은 바가 있으시면 마땅히 아는 대로 대답해 드릴 것이며, 혹 구하시는 바가 있으면 역시 가진 것에 따라 드리고 싶으니, 편지로 알릴 수 없다고 하시면 몸소 댁으로 방문할까 합니다. 문득 감히 글월로 여쭙는 것을 용서해주시기 바랍니다." 『가재연행록』 1713년 2월 9일

호인들과는 의사소통이 어렵다

여러 호인들은 뭔가를 물어보고 싶어하였으나 말이 통하지 않아 내가 사양하였다. 여러 호인들 가운데 글을 쓸 줄 아는 사람은 불과 몇 명에 지나지 않았고 또 글을 쓸 줄 안다 해도 종종 문장을 짓지 못해 쓰려다가 쓰지 못하는 일도 여러 번 있었다. 『가재연행록』 1713년 2월 28일

중국 관원과 만나 환담하다

이 날은 백관 가운데 나온 자들이 어제보다 더욱 많아져 안팎 월랑과

계단 위가 사람들로 가득하였다. 평상복을 착용하였으나 모두 염주를 걸고 있었다. 각로 송주松柱가 지나가는데, 키가 크고 얼굴이 말랐으며 턱은 길고 수염이 드물며 눈에는 광채가 있었다. 이 사람은 심양瀋陽 장군으로 들어와 예부상서가 되어 각로가 되었다 한다. 역관들이 심양을 지날 때 안면 있는 자가 있어 앞으로 나아가 알현하니, 송주가 손을 들어 답하면서 지나갔다. 또한 한 대관이 뒤뜰에서 나와 우리들이 앉아 있는 계단 밑에 서서 통관을 불러 말하기를,

"고려 통사는 앞으로 나오시오." 하였다. 장원익이 나아가 뵈니, 그 사람이 먼저 묻기를,

"벼슬이 무엇이오?" 하니 원익이 대답하기를,

"홍려시鴻臚寺(외교, 조공 일을 맡아 보던 곳)에 있습니다." 하였다. 또 묻기를,

"그대 나라의 신하들은 국왕을 볼 때에 고두례叩頭禮를 하오?" 하니, 원익이 대답하기를,

"아닙니다. 오직 사배례四拜禮만 행합니다."라고 하였다. 그 사람이 오랫동안 서서 여러 가지 일을 묻다가 갑자기 또 묻기를,

"일행 중에 진사인 사람도 왔소?" 하니, 통관 문봉선이 나를 지적하면서 말하기를,

"이분이 바로 진사입니다."라고 하였다. 내가 마침 그 곁에 서 있는 바람에 피할 수가 없었으므로 드디어 그 사람과 서로 마주 보았다. 그 사람이 말하기를,

"무슨 벼슬을 하오?" 하기에, 내가 장원익을 시켜 대답하기를,

"동국東國에서는 비록 진사라 하더라도 반드시 다 벼슬을 하는 것은 아닙니다." 하니, 다시 묻지 않았다.

그 사람은 키는 작으나 용모가 청명하며 문아文雅한 기품이 있었다. 벼슬은 호부상서이며 성명은 장붕격張鵬翮으로 한인이었다. 또, 대관

두 명이 그 뒤에 서 있었는데 관직을 물으니 모두 시랑이었다. 『가재연행록』
1713년 2월 5일

어의 김덕삼이 호인을 치료하다

금주錦州의 관원 2인이 과일과 떡을 가지고 김 의원을 기다린 지
이미 반나절이 지났다. 아역衙譯이 들어와 불러가더니 얼마 안 있어
김 의원이 돌아와 말하기를,

"그 호인이 침을 맞은 뒤 또 그의 노복의 병을 보게 했습니다. 그는
두 다리가 아파 몸을 굽히지 못한 지 이미 반년이 되었다고 했는데,
습담濕痰이 맺혀서임을 알았습니다. 여기저기 침을 놓은 후 두 손으로
힘을 써서 펴게 하고는 시험삼아 일어나 보라고 하니 홀연 일어섰습니
다. 그리고 걸어 움직여 보라고 했더니, 또한 걸어 움직일 수 있었습니다.
그러자 주인이 기뻐 소리지르면서 기절해 넘어지고 구경꾼들은 갈채를
보내지 않은 사람이 없었습니다." 하였다. 『가재연행록』 1713년 2월 28일

인적 교류(2)

여러 관원들이 어지럽게 뜰을 거닐며 서로 만나는데, 혹 손을 잡고
흔들어 은근한 행동을 보이고, 혹 물러섰다가 웃으며 다시 두 손을
잡고 흔드는 모양이 은연히 닭싸움을 하는 것 같아 우스웠다. 유구국
사람 하나가 나와 구경을 하고 있어서 억관을 시켜 이야기를 시켜보라고
하니, 그 사람이 비록 통관은 아니나 복건성에 내려 7천 리를 들어왔기에
한어는 약간 통하였지만 알아듣지는 못하였다. 그 나라 임금의 성은
상가尙哥라고 하고, 중국의 온갖 서적이 다 있으나 자음字音은 중국과
다르다 하였다. 한 관원이 역관 변한기邊漢基를 보고 반가워하는 행동을
보였으나 말은 하지 못하였다. 물으니 회자국回子國(이슬람) 오랑캐로
사로잡혀 와서 벼슬을 받았는데 지금도 한어를 하지 못하고, 몇 년

전 들어올 적에 그 얼굴을 보았는데 알아보고 반가워한다 하였다. 『담헌연기』 1766년 1월 1일

북경의 천주당에서 예수회 신부들을 만나다

천주당은 서양국 사람이 머무는 곳으로, 서양국은 서쪽 바다 가운에 있는 나라로 중국에서 수만리 밖에 있다. 옛날에는 중국과 통하는 일이 없었는데, 대명 만력 연간에 이마두(마테오 리치)라고 하는 사람이 비로소 중국에 들어왔다. 이마두는 천하에 이상한 사람이었다. 스스로 말하기를, 20여 세에 천하를 구경하려는 생각을 품고 자기 나라를 떠나 천하를 두루 돌아보고 땅 밑으로 돌아 중국에 들어왔다고 하였다. 그 말이 비록 믿어지지는 않으나, 대개 천문성상(천체와 별을 연구하는 학문)과 산수 · 역법을 모르는 것이 없고, 다 근본을 속속들이 살피고 증거를 밝혀서 하나도 억측의 말이 없으니 대개 천고에 기이한 재주였다. 또 저희 학문을 중국에 전하였는데, 그 학문의 대강은 하늘을 존숭하여 하늘 섬기기를 불도가 부처 섬기듯 하고, 사람을 권하여 조석으로 예배드리고 착한 일에 힘써 복을 구하라고 하니, 대개 중국 성인의 도와는 다르고 이적의 교회여서 말할 것이 없다. 그렇지만, 천지의 도수와 책력의 근본을 낱낱이 의논하여 세월의 전후를 틀리지 않게 함은 또한 옛사람이 미치지 못할 것이다.

그 나라의 풍속은 이치에 합당하여 온갖 기계를 매우 정교하게 만든다. 그러므로 이마두利馬竇가 죽은 후에 그 나라 사람이 이어서 중국에 계속 왔고 근래에는 벼슬을 내리고 녹봉을 후하게 주어 책력 만드는 일을 완전히 맡겼다. 그 사람들은 한 번 오면 돌아가는 법이 없어서 각각 집을 지어 따로 거처를 정하고 중국 사람들과 섞여 살지 않았는데, 동서남북 네 집이 있으며 그 이름을 천주당이라 하였다. 이는 하늘을 주主로 한다는 뜻이다. 그 중 서천주당(남천주당의 잘못)의 집과 기물이

더 이상하였다. 두 사람이 있는데, 한 명은 유송령 劉松齡, A. Von Hallerstein
이고 다른 한 명은 포우관 鮑友官, A. Gogeisl으로 둘 다 나이가 많고 소견이
높았다. 이 곳은 전부터 우리나라 사람이 출입하는 곳이었다. 『담헌연기』
1766년 1월 7일

천주당 방문시 의사소통에 어려움을 겪다

식후에 이덕성을 데리고 천주당에 다시 갈 때, 홍명복은 말로는 통하
기 어려워, 차라리 지필로 서로 문답하는 것만 못해서 이덕성과 함께
갔다. 『담헌연기』 1766년 1월 13일

몽골인을 만나 환담하다

뜰 안 곳곳에 몽골 장막을 쳤으니 몽골 사람들이 머무는 곳이다.
약대낙타 수삼십 마리가 곳곳에 누워 있고, 좌우에 약대 똥을 두루
깔았는데, 이것을 말려서 뭔가에 쓴다고 하였다. 여러 몽골 사람들이
끊이지 않고 출입하였는데 모두 다 의복과 얼굴이 더러워 꼴이 말아
아니었다. 의복은 북경 사람과 다름이 없는데 다만 방한모의 모서리를
누런 털로 둘렀다. 한 사람이 사향을 가지고 와서 사라고 하니 김복서가
말하기를 몽골 사람들이 파는 사향은 다 가짜라며 쓰지 못한다고 하였
다.

이억성이 몽골 사람 하나를 불러 몽골 말로 저희 장수가 머무는
곳을 물으니 한 장막을 가리키면서 '이리 오라'며 장막의 문을 들추고는
무슨 말인가 하더니 들어가라 하였다. 이억성을 따라 여럿이 들어가
보니, 안이 둥글고 넓이는 두세 칸이며 겹으로 된 삼베로 만든 장막이었
다. 가운데 있는 마루는 장막의 한 칸 넓이를 열어놓아서 햇빛을 통하게
하고 사면에는 양가죽 옷과 가죽 이불 같은 것을 무수히 깔아 놓았는데
가죽이 닳고 털이 더러워 극히 힘들고 고생스러워 보였다. 그 가운데에

큰 노고(놋쇠나 구리로 만든 작은 솥)를 하나 걸어 두었는데, 이것으로 밥을 지어 먹는다.

한 사람이 홀로 앉아 있었는데 우리가 들어오는 것을 보고도 몸만 조금 움직일 뿐, 전혀 답하는 거동이 없었다. 가로 돌아앉아 인물을 자세히 살펴보니, 몸의 윤곽이 매우 장대하고 상하에 비단옷을 걸쳐 비교적 선명하였다. 진피眞皮 방한모에 홍보석 징자를 붙인 걸 보니 정1품 벼슬일 터인데, 낯과 손이 더러워 평생 씻지 아니하는 모양이었다. 얼굴이 무식하고 미혹해 보였는데, 다만 눈동자는 영특하고 육체적 힘이 보통 사람보다 뛰어난 모양이었다. 이억성이 더불어 약간 수작을 하였는데, 한문과 한어가 전혀 통하지 않고 몽골 언문을 또한 알지 못하니 몽골말로 이야기를 나눌 길이 없었다. 이억성에게 대답하는 말에 대해 물어보니 벼슬은 정1품이고 몽골왕의 종실이며 중국에 번藩을 살러 부역하러 왔노라고 했다. 또 들어오는 길이 5천리 밖이고, 약대를 타고 왕래하노라고 했다.

몽골에는 여러 부락이 있는데 서로 통제하는 것은 아니어서 중국에 조공을 하지 않는 부락이 여럿이라 하였다.

처음에 들어갔을 때는 매우 귀찮아하는 기색이 역력하였는데, 이덕성이 청심환 하나를 건네주며 귀한 약이라고 하니 비로소 반가워하며 묻는 말에 순순히 대답했다. 제 담배를 담아 이덕성과 나에게 권하는데 구멍이 막혀 피우지 못하였다. 불이 꺼지면 제 허리에 찬 부리를 쳐 권하는 까닭에 마지 못해 받아 피웠는데, 맛이 괴이하였다. 덕유가 담배를 담아 왔기에 그 사람에게 권하니 받아 피우며 기뻐하는 기색이다. 돌아갈 사연을 전하고 문을 나오는데, 앉은 곳에서 일어설 뿐이니 예법을 전혀 모르는 것 같았다. 『담헌연기』 1766년 1월 24일

북경의 천주당을 방문하다

오늘날의 신북당新北堂

　드디어 수레를 세내어 덕성과 함께 타고 동천주당으로 향했다. 북쪽
옥하교를 건너 궁장을 좇아 백여 보를 가고, 다시 동쪽 골목으로 들어
큰 길로 나가 북으로 1, 2리를 가서 천주당에 이르렀다. 밖에서 집의
모양을 보니 대체로 서천주당(남천주당의 잘못)과 한가지였다. 문을
들어가니 문지기가 구태여 막지 않았고 세금 따위를 요구하지 않는
데, 조선 사람이 드물게 다니는 까닭이었다. 동쪽으로 중문을 들어가니
문 안에 두 사람이 마주 앉아 장기를 두고 있었다. 나아가 보고자 하니
두 사람이 즉시 쓸어버리고 일어나기에, 다시 두라고 하였지만 종시
듣지 아니하였다. 한 사람이 나와 말하기를,

　"조선 사람이 가장 청수淸秀하여 다른 외국에는 비하지 못할 것입니
다." 하기에 내가 대답하기를,

"무슨 청수함이 있겠습니까? 우리를 조롱하는 말입니다."라고 하니, 그 사람이 머리를 저으며 그렇지 않다고 하였다. 『담헌연기』 1766년 1월 24일

한인사대부들과 왕양명·육산상에 대해 이야기하다

내가 말하기를,

"여만촌(여유량)은 어디 사람이며 인품은 어떻다고 합니까?" 하니 반생(반정균)이 말하기를, "여만촌은 항주 석문현 사람입니다. 학문이 매우 높은데, 아깝게 화란(문자옥)에 걸렸습니다."라고 하였다.

내가 말하기를,

"왕양명이 또한 절강 사람이니 필연 산천에 이상한 기운이 있어 여러 인재를 빚어내는가 봅니다." 하니 반생이 말하기를 "절강은 산천이 명수明秀하여 북방의 누추한 기운이 없습니다."라고 하였다. 내가 말하기를

"절강의 선비들은 누구의 학문을 존숭합니까?"라고 하니, 반생이 모두 주자를 존숭한다고 하면서 이어서 말하기를,

"왕양명은 절강 사람으로 학문이 큰 선비이며 성묘(공자를 받드는 사당)에 배향한 사람입니다. 다만 그 학문의 경계가 주자와 다른 까닭에 학자들이 존숭하지 않고 가는 이가 한두 사람 있으나 또한 드러남이 없습니다."라고 하였다.

대개 왕양명의 이름은 수인으로, 대명 정덕 연간 사람이고 문장과 학문이 한 시대를 풍비하였다. 영왕 신호는 종실 친왕이었는데, 수십만 군사를 일으켜 참람히 왕실을 침노하자 양명이 의병을 일으켜 수천 군사로 20여 일 사이에 그를 사로잡고 천하를 진정시키니, 이는 고금의 보기드문 일이요, 호걸의 재주다. 다만 학문아 오로지 마음을 숭상하여 불도에 가깝고 주자를 배척한 까닭에 대명 때에는 존숭하는 사람이 많았지만 근래의 학자들은 오로지 주자를 존숭하는 고로, 반생의 말이

이러하였다. 내가 말하기를,

"양명은 천하에 기이한 재주를 가졌습니다. 문장과 사업으로 명나라 제일의 인물이지만, 다만 학문의 경계는 진실로 난공(반정균)의 말과 같습니다." 하니 엄생이 묻기를

"조선에서도 육상산을 배척합니까?" 하였다. 육상산은 송나라 때의 선비이며, 주자와 같은 시대의 사람이다. 또한 마음을 숭상하는 학문을 하고 양명이 존숭하는 사람이었다. 내가 말하기를, "이미 주자를 존숭하고 상산은 주자가 배척한 사람인데 어찌 배척하지 않겠습니까?" 하니, 엄생이 말하기를,

"육상산은 그 사람됨이 매우 높고 왕양명은 그 공적이 천하를 덮었으니, 두 사람은 고금의 큰 인물입니다. 어찌 가볍게 책망하겠습니까?"라고 하자 반생이 말하기를,

"천하의 사업은 반드시 먼저 학문의 경계를 바로잡아야 할 것이니, 양명의 학문에 어찌 미진함이 없겠습니까?" 하니 엄생은 다만 희미하게 웃을 따름이었다.

내가 말하기를,

"양명의 학문이 진실로 그른 곳이 있지만, 다만 후세 학자들이 겉으로 주자를 숭상하며 입으로 의리를 의논할 따름이고 몸의 행실은 돌아보지 아니하니, 도리어 양명의 절실한 의론에 미치지 못할 것입니다. 어찌 부끄럽지 아니하겠습니까?" 하니 반생이 그렇다고 하였다. 『담헌연기』
1766년 2월 3일

인적 교류(3)

어떤 한 사람이 와서,

"연암 박 선생님이 누구십니까?" 하고 묻는다. 기공의 심부름하는 이가 나를 가리킨다.

그가 곧 내게 읍하면서 몹시 기뻐하는 얼굴이, 마치 옛 벗을 만나는 듯하였다. 그는,

"저는 바로 광동 안찰사按察使 왕노야汪老爺의 청지기온데, 우리 댁 노야께옵서 그저께 선생님을 만나뵙고는 퍽 기뻐하시며, 내일 정오쯤 꼭 다시 찾아뵙겠다고 하시면서, 금칠로 서화를 그린 절강 부채를 올리겠다고 하십니다."라고 한다. 나는,

"저번 날은 왕공汪公의 과분한 사랑을 입고도 아무런 대접을 못했는데, 먼저 귀한 선물까지 받는다는 것은 도리어 맞지 않습니다."라고 했더니, 그는

"제가 이번에 갖고 온 것은 아닙니다. 노야께서 오실 적에 몸소 지니고 오시겠답니다. 내일 정오 선생님께서는 부디 다른 데 출입하지 말아 주셨으면 합니다." 한다. 내가 고개를 끄덕이면서,

"약속하지요. 그런데 댁은 고향이 어디고, 성함은 어찌 되시는지요." 하였더니, 그는,

"저는 강소江蘇 사람이고, 성은 누屢, 이름은 일왕─旺이며, 호는 원우鴛玗라고 한답니다. 일찍이 왕노야를 좇아서 광동에 갔습니다. 그런데, 선생님은 귀국을 떠나신 지 몇 해나 되셨는지요." 한다. 나는,

"금년 5월에 고국을 떠났습죠." 하였더니, 누屢는,

"우리 광동에 비하면, 오히려 문 밖이나 다름없군요." 하고는, 그는 또

"귀국 황제의 연호는 무어라 부릅니까?" 한다. 나는

"무슨 말씀입니까?" 하고 되물었더니, 누는,

"황제의 기원 연호 말이외다." 한다. 나는,

"우리나라는 중국의 기원을 쓰고 있으니, 어찌 따로 연호가 있겠소. 금년이 곧 건륭 45년이지요." 하였더니, 누는,

"귀국의 임금은 중국과 대등한 천자가 아니옵니까?" 한다. 나는,

"만국이 한 천자를 받들고, 천지는 모두 대청大淸이요, 해와 달이 다 건륭인가 봅니다." 하였더니, 누는,

"그렇다면 관영寬永이니 상평常平이니 하는 연호는 어디에서 난 것이옵니까?" 한다. 나는,

"그게, 무슨 말씀이오?" 하였더니, 누는,

"제가 바다에서 표류해 온 귀국의 배에서 보았는데, 관영통보寬永通寶라는 돈이 잔뜩 실려 있었습니다."라고 한다. 나는,

"그건, 일본 사람들이 참칭한 연호고, 우리나라 것은 아니오." 하였더니, 누가 고개를 끄덕였다.

그의 행동거지나 말하는 태도로 보건대, 얼굴은 풍후하고 맑은 듯하나 어딘지 무식해 보였다.

당초 그의 묻는 바가 무슨 깊은 뜻이 있었던 것도 아니요, 돈이란 워낙 금물인데 그가 묻는 까닭은 금물禁物이라고 해서 물은 것도 아니고, 우리나라에 정말 천자가 있는 것으로 알았기 때문에 지금의 연호까지 물어보았던 것이다. 그가,

'귀국의 황제'라고 묻는 한 마디로 벌써 그의 무식함을 알 수 있겠고, 또 비록 관영이니 상평이니 하는 것들을 우리나라의 연호로 알았다 하더라도, 그것이 못 쓸 것을 쓰는 것인 줄도 모르는 모양이었다.

또 우리나라의 표류한 배가 돈을 싣고 있었다 하더라도 그리 이상할 것도 아니지마는, 관영통보를 한 비나 가득 실었을 리 있겠는가. 그는 필시 관영통보를 구경하고 상평통보를 구경했던 것이 뒤범벅되어, 모두 우리나라 돈인 줄 알았던 모양이다.

그는 정말 우리나라가 중국의 책력을 쓴다는 사실도 몰랐고, 돈을 보고는 우리나라에도 연호가 있는 줄만 알았던 모양으로, 특별히 다른 의심을 품어 내 속을 떠보고자 물어본 것이 아님을 알았다.

누가 차를 다 마시자,

"내일은 부디 다른 데 출입을 말아 주셔요." 하고 거듭 부탁한다. 내가 고개를 끄덕이니, 그는 조금 섭섭해하는 빛을 보이면서 한 번 읍하고 가버린다. 내가 수역을 보고,

"돈을 금하는 것은 대관절 무슨 까닭이오?" 하고 물었더니, 수역은,

"별반 약조된 일은 없다 하더라도, 우리나라 안에서는 중국 돈을 쓰는 것을 금하고, 또 작은 나라로서 돈을 따로 만들어 쓴다는 게 온당한 일이 아닐까 합니다." 하기에, 나는,

"옛날 제 태공齊太公(여상呂尙의 봉호)이 경중輕重 구부九府를 두었지만 주周의 천자는 이를 금한 적이 없었다. 또 근래 돈을 쓰기 시작한 것이 숙종肅宗(이돈李㷩) 경신년庚申年(1680)이니 올해로 벌써 101년이나 지났은즉, 청나라 초기에 두 나라가 맺은 약조에도 이런 금법은 들어 있지 않았던 것 같다. 우리나라에서는 세종 때 돈을 한 번 주조하여 한 7, 8년 동안 쓰다가, 민간에서 불편하다고 하니 다시 저폐楮幣를 쓰게 되었고, 인조 때 와서 두 번째로 돈을 주조하였다가 진작 그만두었다. 이는 모두 민간에서 불편하다고 해서 그랬던 것이지, 청나라를 두려워해서 그랬던 것은 아니다. 이제 북도지방은 돈을 금하고 돈 대신 무명을 쓰고 있는데 국경이 가깝다 해서 그런 것이고, 관서 지방의 경우 의주로부터 압록강가의 여러 고을까지 아직 한 번도 돈을 금한 적이 없으니, 이것도 알쏭달쏭하여 종잡을 수 없는 일이다. 그런데 표류된 우리나라 배가 지닌 돈을 금한다는 것은 무슨 말인가." 하였더니, 수역은,

"그렇습니다. 지금도 역원譯院(통역을 맡은 기관)에서는 몇 해를 두고 임시 변법으로 중국 돈을 사용하는 것이 좋을 듯합니다. 우리나라 은은 자꾸만 귀해지고 중국의 물건 값은 날로 비싸지니, 이로써 역원이 입는 손해는 막심하지요. 은 한 냥으로 중국 돈 7초鈔를 바꾸고 보니, 만일 중국 돈을 통용시킨다면 우리나라에서는 돈을 만드는 수고 없이 돈이 저절로 헐해질 것이요, 이익은 막대해질 것입니다."라고 한다. 주 주부周

主簿가 있다가,

"조선통보朝鮮通寶는 한나라의 오수전五銖錢보다 더 잘 만들어졌을 뿐더러 돈 가운데 가장 오래된 것이기 때문에, 귀신이 붙어 점치는 돈으로 쓴다죠." 하기에, 나는,

"오래 돼서 귀신이 붙다니?" 하였더니, 주周는,

"이 돈은 기자箕子 때의 돈으로, 중국 사람들이 보면 의당 커다란 보물로 여길 텐데, 애석하네요. 이걸 못 갖고 와서."라고 한다. 나는,

"이건, 세종 때 만든 돈이야. 기자 때에 해자楷子가 어디 있었어. 송宋 동유董逌의 전보錢譜에 의하면 우리나라 돈이 네 가지 실렸는데, 삼한중보三韓重寶 · 삼한통보三韓通寶 · 동국중보東國重寶 · 동국통보東國通寶만 실리고 조선통보가 실리지 않은 것을 보면, 그 돈이 아주 옛적의 돈이 아님을 알 수 있을 것이네." 하고 설명해 주었다. 『열하일기』 1780년 8월 14일

만주인을 만나다(3)

기풍액奇豐額은 만주 사람으로, 자는 여천麗川이다. 현재 귀주貴州 안찰사로 있으며 나이는 37세다. 그는 애초 우리나라 사람으로서 중국에 들어간 지 이미 4대째인데, 본국에서의 문망門望이나 조상은 알 길이 없고, 다만 그의 본성이 황씨黃氏라는 것만 알 뿐이라 한다. 8척의 키에 얼굴이 희고 풍도風度가 아름다운데 곧장 위의를 잘 꾸미며, 학문이 넓고 글을 질하고 해학과 웃음이 넘쳤다. 불교를 몹시 배격하고 의논을 가짐이 제법 올바르긴 하나 사람됨이 교만하여 세상이 안중에 없었다. 태학사太學士 이시요李侍堯가 운남雲南 · 귀주의 총독이 되었을 때 귀주 안찰사 해명海明이 뇌물 2백 냥을 바친 사실이 발각되자 이시요는 갇히게 되고 해명은 사형은 면하여 흑룡강에 귀양 살게 되자 여천이 해명의 자리를 대신하게 된 것이다. 내 우연히 그의 거처를 지나다가 누렇게 칠한 궤짝 수십 쌍을 발견하였으나 모두 어떤 물건도 들어 있지 않았다.

아마 만수절萬壽節의 공물을 다 바친 것인 듯싶었다. 나와 함께 이야기를 하다가 이별의 말이 나오자 문득 눈물을 흘리곤 한다. 혹자는 이르기를, '풍액이 화신和珅에게 아부하여 해명을 밀어뜨리고 그 자리를 차지하였다.'고 한다. 연경에 돌아와 그의 집을 찾아 귀주로 떠나는 길에 작별을 고하였다. 『열하일기』 1780년 8월 19일

전前 조선사행의 교류에 대해 듣다

윤형산은 다시,

"노복老僕은 일찍이 무인년(1758) 강항降香 행차 때 의무려醫巫閭까지 갔는데, 귀국 인사들의 성명이 먹글씨로 씌어져 있습디다." 하기에, 나는,

"그 성명이 어떻게 되던가요." 하고 물으니, 형산은,

"모두 6, 7명이었는데, 누구였는지는 기억나지 않습니다."라고 한다. 내가 또,

"우리나라 선배 김창업金昌業의 자는 대유大有요, 호는 노가재老稼齋인데, 일찍이 강희 계사년(1713)에 천산을 유람하였으니 의무려산에도 응당 제명題名한 데가 있을 것입니다."라고 말했더니, 형산은,

"천산은 저도 한 번도 구경할 기회가 없었는데 혹시 가재稼齋 김공金公은 좋은 시구를 지은 것이 있나요." 하고 묻기에, 나는,

"문집이 몇 권 있지만 아름다운 글귀는 한두 구절도 기억하지 못합니다. 김가재는 역시 창춘원暢春苑에서 이용촌李榕村 선생을 만났다던데 당시 그는 각로였지요."라고 했다. 형산은,

"용촌 선생은 강희 계사 연간에는 필시 남쪽으로 돌아갔을 터인데 어떻게 서로 만났단 말입니까." 하고 묻기에, 나는 다시,

"용촌 선생의 휘가 이광지李光地였지요?" 하고 물으니, 두 사람 모두 그렇다고 머리를 끄덕인다. 『열하일기』 곡정필담鵠汀筆譚

찰신룬포

찰십륜포에 가다

반선액이덕니班禪額爾德尼를 찰십륜포札什倫布에서 보았다. 찰십륜포란,
서번西番 말로서 대승大僧이 거처하는 곳이라는 말과 같다. 피서산장避暑
山莊으로부터 궁성을 돌아서 오른쪽으로 반추산盤捶山을 바라보고 더
북쪽으로 십여 리를 가서 열하를 건너면, 산을 의지하여 동산을 만들고
언덕을 뚫고 산모롱이를 끊어 산의 뼈대만 드러내고 있는데, 절로 언덕
이 찢어지고 석벽이 깎여 십주十洲와 삼산三山 모양 같이 바윗돌이 착락錯
落하여, 마치 짐승이 입을 벌리고 새가 날개를 펴서 구름이 흩어지고
우레가 터지는 듯한데, 공중에 다리 다섯을 놓고 다리에서 층계로 길을
내어 그 평평한 곳에 용과 봉을 새겼다. 길을 따라 흰 돌로 된 난간이
구부러지고 꺾여서 문까지 닿았다. 또 두 개의 각문角門이 있는데 모두
몽골 군사가 지키고 있었다. 『열하일기』찰십륜포札什倫布

라마승 반선을 만나다

제독提督이 사신을 인도하여 반선班禪 앞에 이르니, 군기대신이 두 손으로 수건을 받들고 서서 사신에게 준다. 사신이 수건을 받아서 머리를 들어 반선에게 주니, 반선은 앉은 채 수건을 받으면서 몸을 조금도 움직이지 않고 수건을 무릎 앞에 놓으니, 수건이 탁자 아래로까지 늘어졌다. 차례로 수건을 받은 다음 반선이 다시 군기대신에게 건네주니, 군기대신이 수건을 받들고 반선의 오른편에 모시고 섰다. 사신이 막 돌아서려 하는데 군기대신이 오림포烏林哺에게 눈짓을 하며 중지시켰다. 이것은 대개 사신으로 하여금 절을 하게 하려 함인데, 사신은 그것을 알지 못하고 머뭇머뭇 물러서더니 검은 비단에 수가 놓인 요를 깐 몽골왕의 아랫자리에 앉았다. 앉을 때 조금 허리를 구부리고 소매를 들고는 이내 앉으니, 군기대신의 얼굴빛이 당황스러워 보였지만 이미 사신이 앉아버렸으니 어쩔 수 없는지라 아예 못 본 체했다. 제독이 수건을 나누어 얻을 때 남은 것이 한 자 남짓하였는데 이것을 반선에게 올리면서 조심스레 머리를 조아렸고, 오림포 이하 모두가 공손히 머리를 조아렸다. 차를 몇 바퀴 돌린 뒤 반선이 소리를 내어 사신이 온 이유를 묻는데, 말소리가 전각 안을 울려 독 속에서 소리를 지르는 것 같았다. 그는 빙그레 웃으면서 머리를 숙여 좌우편을 고루 둘러보더니, 미간을 찡그리고 눈동자를 눈 속에서 반쯤 드러내며 눈을 가늘게 뜨고 속으로 굴리는 것이 시력이 나빠 보였다. 눈동자는 더 희어지고 흐릿하여 정광精光이 더욱 없어 보였다. 라마가 말을 받아서 몽골 왕에게 전하자, 몽골 왕이 군기대신에게 전하고 군기대신은 오림포에게 전하며, 오림포가 다시 우리 역관譯官에게 전하니, 대체로 오중五重 통역이다. 상판사上判事 조달동趙達東이 일어나 팔뚝을 걷어붙이며,

"만고에 흉한 사람이로군. 옳게 죽을 리가 없을 거야."라고 하기에, 내가 그에게 눈짓을 했다. 라마 수십 명이 붉고 푸른 모직과 붉은 탄자와 서장 향香과 조그마한 금불상을 메고 와서 등급대로 나누어주는데,

군기대신이 받들고 있던 수건으로 불상을 쌌다. 사신은 그 다음에 일어서서 나왔는데, 군기대신은 반선이 하사한 모든 물건을 펴 보고 황제께 아뢰기 위하여 말을 달렸다. 사신이 문을 나와 50~60보쯤 가서 절벽을 등지고 소나무 그늘의 모래 위에 둘러앉아 밥을 먹으면서 의논하기를,

"우리가 번승을 볼 때 예절에 소홀하고 거만해서, 예부의 지도대로 하지 못했는데, 그는 만승 천자의 스승이니 앞으로 우리에게 득실이 없을 수 없다. 그가 준 선물들을 물리친다면 공손하지 못하다 할 것이요, 받자니 명분이 없는 일이니 장차 어찌하면 좋을까."라고 하였다. 당시 일이 갑자기 벌어져서 선물을 받고는 사양함이 마땅한지 어떤지를 고려해 볼 틈이 없었고, 모두 황제의 조서에 매인 일인데다가 저들의 행사가 번개 치고 별 흐르듯 삽시간에 끝나버려 우리 사신의 진퇴와 좌립은 다만 저들의 인도에만 따를 뿐이어서 흙으로 뭉치고 나무로 깎은 허수아비나 마찬가지였다. 또 통역은 중역重譯이 되어 피차의 통관이 도리어 귀머거리와 벙어리가 되니, 마치 벌판에서 괴상한 귀신을 갑자기 만난 듯 어떻게 측량해 볼 수가 없었다. 사신은 비록 묘한 말과 익숙한 행동을 했지만 그렇다고 장황스레 늘어놓을 수는 없었고, 저들 역시 능히 그렇게 하지 못하여 형세가 그렇게 된 것이다."『열하일기』찰십륜포札什倫布

중국 시인에 대해 묻다

내가 윤성너러,

"현존하는 시인으로서 해내海內에서 가장 으뜸되는 분은 누구입니까? 그 이름을 들을 수 있겠습니까?" 하고 물었더니, 윤경은,

"천하가 넓은지라, 홍장鴻匠과 묘재妙才가 진실로 없는 것은 아니로되, 저는 나이가 많고 세상사를 모두 끊어버렸으므로 젊은 재자들은 아는 이가 없고, 다만 저의 늙은 벗으로서 원 태사袁太史 매枚라는 이가 있습니다. 그의 자는 자재子才였고 뜻이 고상하여 세속에 얽매이지 않는 선비입

니다. 벼슬을 좋아하지 않고 산수에 방랑하여 가장 회고적懷古的인 작품
에 능합니다." 하고는, 이내 소리를 높여서 그의 시 두어 구를 읊었다.
내가 그가 읊는 것을 잘 알아듣지 못하여 글씨로 써서 보여주기를
청하였다. 그의 「박랑성시博浪城詩」에,

약을 캐는 진인들은 봉래산을 향해 가고	眞人採藥走蓬萊
아득한 박랑의 모래벌은 망해대에 연했구나	博浪沙連望海臺
구정은 아직 잠기고 삼호들은 일어섰네	九鼎尙沈三戸起
여섯 왕이 쓰러지자 한 방망이 오는구려	六王纔畢一椎來
범과 용이 기개 높은들 누른 금은 다하였네	虎龍有氣黃金盡
산도깨비 소리 없고 흰 구슬만 슬프다네	小鬼无聲白璧哀
열흘 두고 찾다 못해 손을 마침 떼었다네	大索十日還撤手
그대 같은 기이한 재주 예부터 몇이런고	如君終古儘奇才

라고 하였으니, 이 시를 보아서도 가히 중국 사대부의 심경을 짐작할
수 있을 것이다. 형산이 구태여 이 시를 읊어보인 뜻은 역시 명확하다.
그러나 그가 기려천竒麗川이 있음에도 기피하지 않는 것은 무슨 배짱인
지 모르겠다. 『열하일기』 피서록避暑錄

회회의 사신과 문답하다

동직문東直門을 나서서 열하로 향하는데, 몇 리 못 가 북경의 교군
30여 명이 어깨에 가마채를 메고 발을 맞추어 가고 있었다. 그리고
회회국回回國 사람 십여 명이 그 뒤를 따르는데 얼굴이 사납고, 코가
크며, 눈은 푸르고, 머리와 수염이 억세게 났다. 그 중 두 사람은 눈매가
맑고 고우며 복색이 가장 화려하였다. 붉은 전립을 썼는데, 좌우 가장자
리 끝을 말아 붙이고 앞뒤 가장자리는 뾰족하여 마치 아직 피지 않은
연 잎사귀 같았다. 이리저리 돌아볼 때는 경망스러워서 보기에 우스웠

다. 마두馬頭들은 추측으로 그를 회회국 태자太子라고 불렀다. 앞서거니 뒷서거니 길동무 삼아 간 지 사나흘 동안 때로는 말 위에서 담배도 함께 나누어 피우곤 했는데, 그 행동이 꽤 공순하였다. 하루는 한낮이 되어 너무 덥기에 말에서 내려 도중에 삿자리 가게 아래서 쉬고 있는데, 두 사람이 뒤따라와서 역시 말에서 내려 마주보며 의자에 앉았다. 나에게 묻기를, "만주 말을 할 줄 아시오? 몽골 말을 할 줄 아시오?" 하기에, 나는 농으로, "양반이 어떻게 만주 말이건 몽골 말이건 알겠어?"라고 대답하고는 곧 글로 써서 회회국의 내력을 물었다. 이에 한 사람은 머리를 흔들며 다른 쪽을 쳐다보는 걸 보니 아주 까막눈인 것 같았고, 다른 한 사람은 붓을 한참 만지작거리더니 겨우 한 글자를 쓰는데, 젖 먹던 힘까지 내는 것이 몹시 힘들어 보였다. 그는 스스로를 합밀왕哈密王이라고 하고 같이 온 사람을 가리키며 역시 12부部의 번왕蕃王이라고 했다. 그리고 대답하는 말이 전연 문리文理에 닿지 않아서 알 수가 없었다. 그에게,

"메고 온 물건들은 무엇인고?" 하고 물었더니,

"모두 황제께 진상할 옥그릇들입니다. 이 중 가장 큰 것은 자명종입니다."라고 한다. 번왕이라 일컫는 사람이 주머니를 풀더니 차茶를 꺼내어서는 사람을 시켜 끓여서 서로 나누어 마시면서 나에게도 한 잔 권하는 폼이 아마 색다른 차라고 여기는 모양이었다. 그러나 그 향내와 빛깔을 보건대 그냥 북경거리에서 파는 보통 차와 다름이 없었다. 화로라든가 찻잔들은 모두 붉게 칠한 가죽으로 주머니를 만들어 주렁주렁 허리띠에 달린 장식품처럼 허리에 차고 등에 짊어졌는데, 극히 간편해 보인다. 그는 차를 마신 뒤 먼저 일어나 채찍을 한 번 들어치면서 사라졌다. 이튿날 아침 또 강가에서 만나서는 중국말로,

"합밀왕의 나이는 몇이나 됩니까?" 하고 물었더니 그가 역시 중국말로,

"서른여섯입니다."라고 답한다. 번왕은 중국말에 더 능하나 다시 손바닥을 두 번 쥐었다 펴고 또 한 손을 펴서 스물다섯 살임을 표시하였다. 『당서唐書』를 상고해 보면,

"회흘回紇의 또 한 이름은 회골回鶻이다."라고 하였고, 『원사元史』에는 외올얼부嵬兀兒部가 있는데 외올은 곧 회골이고 회회는 또 회골의 변한 소리라고 되어 있다. 또 『고려사高麗史』에,

"원나라 사람이 고려 사람에게 외오얼 말을 가르쳤다."라고 하였으니, 외오얼은 또한 외올의 변한 말이다. 합밀은 한나라 때에는 이오伊吾에 속했고 당나라 때에는 이주伊州에 속하였다. 고려 말의 설손偰遜이란 이는 곧 회골 사람으로서 원나라에서 벼슬을 하다가 공주를 따라 동으로 와서 이내 고려에서 벼슬을 하였는데, 이조에 들어와서 벼슬한 설장수偰長壽는 곧 설손의 손자다." 『열하일기』 구외이문口外異聞

의식주

짐을 운반하는 모습

남자가 짐을 운반할 때는 어깨에 메고, 등에 지지 않는다. 나무막대기의 양 끝에 물건을 매달고 어깨에 메는데 이것을 '편담扁擔'이라고 한다. 한 번에 멜 수 있는 무게는 100근이며, 물이나 땔감을 운반할 때도 이러한 방법을 쓴다. 먼 길을 가는 자는 행장과 포개鋪蓋(깔 것과 덮을 것)를 한데 싸서 어깨에 얹고, 힘에 겨울 때는 좌우 어깨로 번갈아가며 멘다. 천 리나 먼 길을 가도 이렇게 한다. 대체로 짐은 어깨에 메며, 결코 등에 지지 않는다. 『가재연행록』 산천 풍속 총록

중국인의 식생활

아침과 저녁 식사는 밥 아니면 죽이다. 남녀가 식탁에 둘러앉아 작은 그릇으로 나누어 먹는데, 한 그릇을 다 먹으면 다시 한 그릇을 더 먹곤 하며 양대로 먹는다. 손님에게 음식을 접대할 때는 손님과 주인이 한 식탁에 앉으며 손님이 몇 사람이든 따로 차리지 않는다. 다만 앞에 젓가락과 술잔 하나씩을 놓으며 심부름꾼이 술항아리를 들고 술을 따라 주기도 하는데, 잔이 비는 대로 따르다가 잔을 비우지 않으면 그친다. 술잔은 아주 작아서 두 잔이라고 해야 우리나라 술잔으로 겨우 한 잔 정도 되는데, 단번에 마시지 않고 조금씩 마신다.

평소의 반찬은 시골집의 경우 김치 한 접시뿐인데, 맛이 몹시 짜서 물에 적셔서 소금기를 씻어내고 조금씩 씹어 먹는다. 부잣집에서 잘 차린다고 해도 기껏해야 돼지볶음과 잡탕[熱鍋湯](면양고기, 돼지고기, 쇠고기, 달걀 등을 합쳐 끓인 잡탕) 정도다. 대개 간단한 음식에는 숟가락을 쓰지는 않지만 숟가락은 있다. 숟가락은 자석으로 만들었는데 자루가 짧고 바닥은 우묵하다. 젓가락은 나무나 뿔로 만들었다.

손님을 접대할 때는 반드시 차를 내온다. 차를 대접하는 방법은 술을 대접할 때와 마찬가지로 한 사람당 잔 하나씩이며 마시는 대로 따른다. 그런데 차는 반드시 뜨거워야 하므로 찻잔에서 조금만 식어도 도로 항아리에 붓는다. 차는 천천히 마시는데, 한 잔을 마시는 데 거의 한 담배참이 걸린다.

차는 손님을 대접할 때만이 아니라 수시로 마신다. 동팔참東八站같이 차가 귀한 곳에서는 볶은 쌀로 대신하는데, 이를 '노미차老米茶'라고 한 다.

담배[南草]는 남녀노소 가리지 않고 다 피운다. 손님을 접대할 때는 차와 함께 내오므로 담배를 '연다煙茶'라고 한다. 그런데 그 담배는 잘게 썰어 바싹 말린 것으로 습기라고는 없으므로, 깜빡할 사이 다 타버리는데도 거듭 피우지 않고 한 대로 그친다. 하루 종일 피운다고 해도 많아야 너댓 대다.

식탁은 온돌방에 차리는데, 길이는 3자에 높이가 6~7치이며 너비는 길이의 3분의 1도 못 된다. 이것을 탁자라고 하는데, 밥만 차리는 것이 아니라 거기에서 글씨도 쓴다. 구들 밑에 차리는 탁자는 높이가 걸상과 맞먹는다. 기록 중에서 척촌尺寸은 모두 영조척營造尺을 기준으로 한 것이다. 의자와 걸상은 모두 온돌 아래에 놓는데 사람이 앉는 것이다.

걸상의 모양은 둥근 것과 모난 것, 긴 것, 높은 것이 있는데, 걸터앉기 위한 것이다.

이른바 '유박아柔薄兒'란 우리나라의 상화떡처럼 밀가루로 만든 것인데 우리나라의 만두처럼 가장자리가 쭈글쭈글하다. 이것은 옛 만두로서 돼지고기와 마늘을 다져서 만드는데, 그 곳의 떡 중 가장 맛이 있었다. 또 밀가루로 둥근 빵을 만든 뒤 돼지기름이나 양기름에 튀기면 흡사 우리나라의 강정처럼 가볍고 연해져 씹기 쉽다. 진품은 설탕가루에 버무려서 만든다. 품질의 차이는 있지만 가게에서 파는 것은 모두 이런 것이며 흰떡은 볼래야 볼 수 없었다.

영원위寧遠衛나 풍윤현豐潤縣에는 모두 동치미가 있는데, 우리나라 동치미와 그 맛이 비슷하며 풍윤현의 동치미가 더 나았다. 북경의 통관通官 집에서 만든 김치를 보니, 역시 우리나라 것을 모방하였는데 맛이 꽤 좋았다. 이 밖에 갓김치와 배추김치는 가는 곳마다 있었는데 조금 짜지만 가끔 맛있는 것도 있었다. 갖가지 장아찌도 있었는데 맛은 좋지 않았다.

동팔참의 꿩 맛은 우리나라의 살찐 꿩 못지 않았다. 소흑산小黑山, 십삼산十三山에는 메추리가 매우 흔했고 대릉하大陵河·소릉하는 감동젓甘冬醢이 맛도 좋고 흔하였다.

물고기는 우리나라에도 있는 뱅어膾殘魚(속칭 백어白魚), 쏘가리鱖魚,

숭어鯔魚(수어秀魚)는 있는데, 누치重唇魚, 잉어鯉魚, 붕어 및 속명 모시조개苧蛤, 긴맛[竹蛤]은 없고, 뱅어와 방어魴魚 외에 이름을 알 수 없는 물고기가 많았다.

나물은 오이, 파, 배추, 갓, 무, 콩, 마름, 시금치(속명 시근채時根菜), 당근이 가장 흔하고, 상치와 미나리, 씀바귀도 있었다. 당근은 빛깔이 붉어 붉은 무 같다. 미나리는 맛이 맵고 씀바귀는 우리나라에서 나는 것과 비슷하였다. 무는 볼래야 볼 수 없었고 산약山藥은 역시 많은데, 모두 텃밭에서 심은 것으로 굵기는 하지만 맛은 별로 없었다. 통원보通遠堡의 고사리는 가장 좋았다.

소주는 맛이 우리나라 것과 같았으나 마신 뒤에 뱃속이 편치 못하였다. 아마도 서회를 타서 그런 듯하였다.

술은 계주薊州, 역주易州의 술이 모두 맑고 차서 우리나라의 백하주白霞酒 못지않지만 도수가 약해서 취기가 쉽게 깬다. 술을 담그는 법은 어떤지 알 수 없지만, 아마 모두 찰기장으로 만든 듯하다. 북경 통관 박인득朴仁得의 집 술과 사하보沙河堡의 유계적劉繼迪의 집 술은 아주 좋아 계주의 술보다 나았다.

장은 콩과 밀로 만든다. 메주[燻造]를 보니 우리나라 메주와 같은데 한 덩이의 크기가 말斗만 하였다. 맛은 싱겁고 조금 시지만 잡맛이 없어서 먹을 만하다. 파는 장은 팥을 섞어 만드는데 맛이 더욱 좋지 않았다.

땔감은 대개 수수깡 아니면 버드나무인데 톱으로 베고 도끼로 베지 않는 까닭은 도끼밥을 아까워하기 때문이다. 탄炭은 거의 석탄이며 나무숯도 있다. 석탄의 빛깔은 매우 검으며 덩이의 크기는 일정하지 않다. 석탄 부스러기는 빻아서 가루로 만들어 화전花磚을 만들어 놓았다. 시장에 무더기로 쌓아놓은 것이 다 이것들이었다. 다 타지 않은 것은 불을 꺼 놓았다가 다시 쓸 수 있다고 하였다.

그릇은, 후미진 시골에서는 거의 무늬 있는 자기나 오지그릇이고, 백자는 드물었다. 구리나 놋그릇은 전연 없다시피하였다. 절의 향로나 민가의 술그릇, 찻그릇, 촛대는 흔히 백석白錫(속명은 백철)이었다. 『가재 연행록』 산천 풍속 총록

생활도구

말안장과 말고삐의 장식에는 구리나 철을 별로 쓰지 않았으며, 노새의 등자(말을 탔을 때 두 발로 디디는 제구) 같은 것은 흔히 나무를 굽혀서 만들었다. 구리나 철이 귀한 때문이리라.

밥을 지을 때는 모두 가마솥을 사용하는데, 솥바닥이 평평하기 때문에 쉽게 끓는다. 세발 솥과 노구 등은 본 적이 없다.

물을 긷는 그릇은 다 버들로 엮어 만들기 때문에 가볍고 질기다.

작두는 날이 얇고 날카롭다. 한 사람이 손으로 누르면 한 단의 풀을 능히 썰 수 있으니 발로 밟는 우리나라의 작두보다 낫다.

말[斗] 모양은 입구가 넓고 차츰 좁아진다. 그 반을 막아서 2칸으로 만들었다.

활은 모두 뿔로 만들며 길이는 우리나라 활에 비해 5분의 2가 더 길다. 화살은 버드나무 살대에 황새 깃이며, 한 전동[箙]에 7개만 꽂힌다. 조총은 길이가 거의 한 발이며 세워서 멘다. 말 위에서 나는 새도 맞출 수 있다고 한다. 『가재연행록』 산천 풍속 총록

청나라 주택 캉

캉[炕]이란 온돌을 의미한다. 동서로 향한 집이 3칸인데, 가운데에 마루가 있고 남북으로 방이 있으며, 방마다 온돌이 있다. 문은 이중으로 되어 있고 문 옆으로 낭옥廊屋(행랑채)이 있으며 역시 온돌방이다. 집은 들보가 모두 다섯이며 삼면에 담을 쌓고 전면 중앙에 대문을 두었으며

좌우로 창문이 있었다. 여기서부터 북경까지는 집의 구조가 대략 같았다. 『가재연행록』 1712년 11월 28일

중국의 다과 음식

한참 있으니, 안에서 과자와 과실 다섯 가지를 내와서 탁자에 놓았다. 한 그릇에는 큰 감자가, 한 그릇에는 귤이 들어 있었고 세 그릇은 당면으로 만든 것이었다. 한 가지는 우리나라의 강정[乾飣]과 같은데 여기서는 '진자珍煮'라고 부르니, 떡의 일종이다. 또 한 가지는 우리나라 삽산참鈒散糁으로 만든 것으로 맛이 좋다. 나머지 한 가지는 얇은 종이를 말아 놓은 것 같은데, 크기가 마치 우리나라의 요화과병蓼花果柄과 같았다. 주인이 먼저 이것을 맛보라고 권하였다. 가볍고 연하며 맛은 달걀에 사탕을 바른 것과 같았다. 돌아와서 역관의 이야기를 들어보니, 이것은 달걀이 아니라 볶은 타락으로 만든 것이며 여기서는 별미로 친다고 하였다. 『가재연행록』 1713년 1월 10일

잔칫날 손님대접 음식

통관 문봉선文鳳先이 오늘 며느리를 맞이하여 손님을 청했는데, 세 사신에게 잔칫상을 각각 두 상씩 보냈다. 한 상은 여러 가지 어육이고, 또 한 상은 여러 가지 당병과 과자였는데, 수륙 진미를 모두 갖추었고 지극히 정결하였다. 그 가운데는 오색 물을 들인 깃도 있고, 잡탕류기 가장 많았다. 내가 두루 맛보았는데, 다 먹을 만했다. 우리나라의 복어, 해삼, 대구도 있었다. 과실은 용안龍眼, 감귤에서 배, 감 따위에 이르기까지 상에 오르지 않은 것이 없고, 감자는 껍질을 벗겨서 가늘게 썰었으며, 약밥藥飯은 우리나라 것을 모방해서 만들었는데 맛이 제일 좋았다. 그릇은 모두 그림을 그린 자기고, 주발과 접시는 모양이 모두 큰데, 두 상 합해서 58그릇씩 놓였다. 『가재연행록』 1712년 1월 14일

호아胡兒의 의복

유봉산이 호아胡兒를 데리고 들어왔는데, 제독의 아들이라고 했다. 의표儀表가 준수하면서도 귀중한 모습이 있었다. 나이를 물으니 14세라 답하고, 성명을 물으니 '부傅'자만 쓰고 이름은 끝내 말하지 않았다. 그의 의복은 극히 화려하였는데, 상의는 안으로 푸른 실과 넓은 끈을 매고, 그 전후 좌우에 모두 금으로 새긴 대안帶眼이 있었다. 전안前眼으로 써 잠갔는데, 제작에 기교가 있었다. 차고 있는 칼은 곧 우리나라의 청서피青黍皮 은장도銀粧刀니. 예단물禮單物이었다. 백자병柏子餅 한쪽을 주니, 반을 먹다가 그친다. 『가재연행록』 1712년 1월 14일

조선사행들의 접대 음식

아침에 주방에서 과일상을 차려 들여왔는데, 약밥이 제법 잘 되어 반가웠다. 박득인이 각색 과자와 조과造果, 떡, 엿 등을 들여보냈는데, 그 가운데 우리나라 강정도 있었다. 과실 중에 '문단文丹 유자의 별종'이 란 것이 두 개 있었는데, 대개 유자나 감자와 같은 종류로서 크기는 밥그릇 만하고 놋줄로 둘렀다. 재어 보니, 포목 재는 자로 9치 5푼이나 되고, 맛은 달며 신맛이 적당하고 물이 매우 많으니, 정말 진귀한 과실이 다. 다만 감자에 비하면 껍질이 매우 두꺼웠다. 『가재연행록』 1712년 1월 15일

중국집의 구조와 캉

숙소에 이르러 바깥문으로 들어가니 뜰이 아주 넓고 좌우에 집이 있으며 가운데 남향하여 큰 채를 지었는데 전면으로 다 창을 내었다. 가운데 조그만 널문이 있고 문 안으로 문렴자門簾子를 드리웠다. 문렴자 라 하는 것은 문에 치는 발로서, 삼승(석새삼베)으로 만들며 크기는 문보다 조금 크다. 위아래와 가운데 세 곳에 안팎으로 주홍칠을 한 좁은 전반(널판자)을 마주대고, 서너 곳에 주석朱錫·구화(국화장식)·

사북(못)을 박아 항상 드리워 둔다. 문렴자를 들어올리고 문 안으로 들어가니 안의 넓기가 대여섯 칸은 되었다. 아래는 다 벽장을 깔고 양쪽에 벽을 의지하여 섬돌처럼 만들었는데 높이는 겨우 무릎에 지나고, 둘 사이에 한 칸은 비어 있었는데 이는 벽장을 깐 땅이다. 계부께서 그 위에 올라앉아 계시기에 나아가 뵙고 하인에게 방이 어디에 있는지를 물으니, 하인들이 다 웃으며 이르기를,

"앉으신 곳이 방입니다."라고 하였다.

비로소 북경의 캉[炕] 모양이 이러한 줄 알았으니, 캉이라 하는 것은 한어로 부를 때는 구들이라는 말이다. 『담헌연기』 1765년 11월 29일

중국여인의 모습

아침에 일어나 세수를 마치고 문 밖으로 나가니, 곁집에서 주인 여자가 무슨 그릇을 들고 나오다가 하인들을 보고는 반겨 인사하며 웃고 들어갔다. 검은 삼승(석새삼베)으로 만든 긴 옷을 입었는데 그 모양이 우리나라의 장옷 같고, 고름이 없어서 턱 밑부터 깃까지 단추를 끼우고 버선 위에 바지 대님으로 붉은 헝겊을 매고 삼승 당혜唐鞋(가죽신)를 신었다. 머리는 상투를 하였는데 가난한 여자라서 꽃도 아니 꽂고 여러 날을 빗지 않아 언뜻 보면 우리나라 사내가 상투 바람으로 있는 모양이었다. 예닐곱 살 먹은 주인의 어린 자식이 담뱃대를 물고 앞으로 다니기에 하인에게 붙들이오리 하니, 눈을 부릅뜨며 뿌리치고 달아나 조금도 두려워하는 기색이 없었다. 『담헌연기』 1765년 11월 30일

중국 수레의 모습

숙소에 돌아와 아침밥을 먹는데, 그제야 문이 열리고 문 밖에서 지내던 인마들이 모두 들어왔다. 수역首譯(수석 역관)이 태평차 하나를 보냈다. 북경까지 타고 왕래하는 비용이 은 45냥인데, 이번에는 일곱이나

나왔으므로 여러 역관들이 다투어 얻어 탔다. 내게 보내온 수레는 낭자
산狼子山에 사는 왕가王哥의 수레로, 수레를 모는 사람은 왕가의 아들인
왕문거王文擧였다. 나이가 어리고 인물이 밉지 않다고 해서 내게 보냈다
고 한다. 수레의 제도는 우리나라 수레와 대체로 같지만 극히 단단하고
바르게 만들어져 가히 앉을 만하였다. 위는 가마 모양으로 꾸미고 검은
삼승으로 겹으로 만든 휘장을 내리씌웠다. 앞에는 문렴자를 드리웠으
며, 앞과 양옆에 말[斗] 정도 크기의 구멍을 내어 다른 천을 덧붙이고
단추를 끼워 놓았다. 쌍교雙轎 안은 꽤 넓어서 충분히 누울 만하였다.
밖에서 보면 위는 둥글고 길어 우리나라 소금장小錦帳(작은 비단 장막)
같았다. 말 둘을 매었는데, 하나는 가운데다 매고 안장 끈에 가죽을
매어 말 가슴에 끼워 벗어지지 않도록 하였다. 다른 말 하나는 옆으로
매었는데, 양쪽에 큰 바를 걸어 수레에 매었다. 바닥에 요를 깔고 이불과
의복과 약간의 행장을 보자기에 동여 뒤로 놓고 앞쪽으로 앉으니 매우
편하였다. 말 탄 사람과 함께 도착하였다.

계부의 행차를 뒤따라 천천히 몰고가다가 마을을 지나고 왕가가 또한
수레 문 앞에 올라앉아 채를 들고 말을 몰았는데, 이는 저희들의 법도다.
『담헌연기』 1765년 11월 30일

여자의 머리모양

상투의 제도를 보니 머리털을 사내의 상투 모양으로 모아서 헝겊을
접어서 매었는데, 상투보다 뒤로 한 주먹이 놓일 만큼 물려서 매고,
앞으로 한 번을 꺾어 높고 둥글게 굽혀 높이가 반뼘 남짓 되었다. 위로
머리꾸미개를 붙이는 사이를 비우고 털을 넓게 다듬어 치포건(검은
색 베로 만든 수건)과 모양이 거의 방불하였다. 머리 지경(묶은 줄기)을
굽혀 온 굽이를 한데로 모으고 남은 머리털을 꼬아 그 밖으로 차차
둘러 방석을 틀듯 하고 작은 비녀를 여러 개 꽂아 풀리지 않게 한

뒤 그 위로 비단 조화를 여러 개 꽂았다. 처녀의 머리 모양은, 다른 것은 다 같고 앞으로 한 치의 가르마를 만들어 두 가닥을 좌우로 올려 모은 털을 한데 맨다. 한족 여자는 그 위에 여러 가지 관을 쓰거나 혹 복건幞巾 같은 것도 쓰는데, 만주족 여자는 쓰지 않는 것으로 보였다.

『담헌연기』 1765년 12월 7일

중국의 집짓는 법

벽돌의 제조

대체로 집을 지을 때는 모두 벽돌만 사용한다. 벽돌은 길이가 한 자, 넓이가 다섯 치여서 둘을 가지런히 놓으면 이가 꼭 맞고 두께는 두 치다. 한 개의 네모진 벽돌박이에서 찍어낸 벽돌이라 해도 귀가 떨어진 것도 못 쓰고, 모가 이지러진 것도 못 쓰며, 바탕이 비뚤어진 것도 못 쓴다. 만일 벽돌 한 개라노 이를 어기면 그 집 전체가 틀어지고 만다. 그러므로 같은 기계로 찍어냈다 해도 혹여 어긋난 놈이 있을까 염려하여, 반드시 곡척曲尺으로 재고 자귀로 깎고 돌로 갈아서, 힘써 가지런하게 하니 그 갯수가 아무리 많아도 한 금으로 그어놓은 듯하다. 쌓는 법을 보면 한 개는 세로, 한 개는 가로로 놓아서 저절로

감坎 · 이離 괘卦(≡≡ · ≡)가 만들어진다. 그 틈 사이는 석회를 이겨 붙이되 초지장처럼 엷어서 겨우 둘 사이가 붙을 정도고, 그 흔적은 실밥 같아 보인다. 회를 이기는 법은 굵은 모래도 섞지 않으며 진흙도 피한다. 모래가 굵으면 어울리지 않고 흙이 진하면 터지기 쉬우므로, 반드시 검고 부드러운 흙을 회와 섞어서 이기는데, 그 빛깔이 거무스름해서 마치 새로 구워낸 기와 같다. 대체로 그 특성은 진흙도 쓰지 않고 모래도 쓰지 않으며, 또 빛깔이 순수할 뿐 아니라 거기에 어저귀(삼의 일종) 따위를 터럭처럼 가늘게 썰어서 섞는다. 이는 우리나라의 초벽하는 흙에 말똥을 섞는 것과 같으니 질겨서 터지지 않게 하기 위함이요, 또 동백기름을 타서 젖처럼 번드럽고 미끄럽게 하여 떨어지고 터지는 탈을 막는다.

기와를 이는 법은 특히 본받을 만한 것이 많다. 모양은 마치 동그란 통대를 네 쪽으로 쪼개놓은 것 같고 크기는 두 손바닥만 하다. 보통 민가에는 원앙와鴛鴦瓦(짝기와)를 쓰지 않으며, 서까래 위에는 산자를 엮지 않고 삿자리를 몇 잎씩 펼 뿐, 진흙을 두지 않고 곧장 기와를 인다. 한 장은 엎고 한 장은 젖혀 자웅으로 서로 맞추고 틈 사이는 한층한층 비늘진 데까지 온통 회를 발라서 붙여 때운다. 그러다 보니 쥐나 새가 뚫거나 위가 무겁고 아래가 허한 폐단은 절로 없어진다.

우리나라에서 기와를 이는 법은 이것과는 아주 달라서, 지붕에 진흙을 잔뜩 올려서 위가 무겁고, 바람벽은 벽돌로만 쌓고 회로 때우지 않으니 네 기둥이 의지할 데가 없어 아래가 약해지게 된다. 기왓장은 너무 크고 지나치게 굽기 때문에, 저절로 빈 데가 많아져 진흙으로 메우지 않을 수 없게 된다.

진흙이 내리누르니 기둥이 휘어지는 병폐가 생기고, 젖은 것이 마르면 기와 밑이 저절로 떠서 비늘진 곳이 물러나며 틈새가 생기게 된다.

이리하여 바람이 들고, 비가 새고, 새가 뚫으며, 쥐가 숨으며, 뱀이

서리고, 고양이가 뒤적이는 걱정을 면하지 못하게 되는 것이다.

아무튼 집을 세우는 데는 벽돌의 공이 가장 크다. 비단 높은 담을 쌓을 때만이 아니라 집 안팎을 헤아리지 않고 벽돌을 쓰지 않는 데가 없다. 넓고 넓은 뜰에도 눈 가는 곳마다 반듯반듯 바둑판을 그린 것처럼 쌓았다.

집이 벽을 의지하여 위는 가볍고 아래는 튼튼하며, 기둥이 벽 속에 들어 있어서 비바람을 타지 않는다. 이러므로 불이 번질 염려도 없고 도둑이 뚫을 위험도 없으려니와, 더구나 새·쥐·뱀·고양이 같은 놈들의 걱정도 있을 수 없다. 가운데는 문 하나만 닫으면 저절로 굳은 성벽이 되니 집 안의 모든 물건은 궤 속에 간직한 셈이 된다. 이렇게 보면, 많은 흙과 나무를 사용할 필요가 없고 못질과 흙손질도 필요 없이, 벽돌만 구워 놓으면 집은 벌써 지어진 것이나 다를 바 없다.

『열하일기』 1780년 6월 28일

중국여인의 모습

통원보通遠堡에서 벽을 사이에 두고 가끔 여인의 말소리가 들려온다. 너무도 가냘픈 목청의 아리따운 하소연이어서 마치 제비와 꾀꼬리가 우짖는 소리처럼 들린다. 나는 마음속으로,

"아마 주인집 아가씨겠지. 반드시 절세 가인이리라." 하고, 일부러 담뱃불을 댕긴다는 핑계를 대고는 부엌에 들어가 보니 나이가 쉰도 넘어 보이는 부인이 문 쪽에 평상을 의지하고 앉아 있는데, 그 생김새가 매우 사납고 누추하였다. 나를 보고는 "아저씨, 평안하세요."라고 한다. 나는 "주인께서도 복 많이 받으시지요."라고 답하고는, 짐짓 재를 파는 척하면서 그 부인을 곁눈질해 보았다.

머리 쪽지에는 온통 꽃을 꽂고, 금비녀 옥귀고리에 분연지를 살짝 바르고, 몸에는 검은빛 긴 통바지에 촘촘히 은단추를 끼었고, 발엔

풀·꽃·벌·나비를 수놓은 한 쌍의 신을 꿰었다. 대체로 만주 여자인 듯싶었다. 다리에 붕대를 감지 않고 발에는 궁혜弓鞋를 신지 않은 것을 보아서 그리 짐작할 수 있다. 주렴 속에서 한 처녀가 나온다. 얼굴을 보니 스무남은 살 되어 보인다. 그가 처녀라는 것은 양쪽으로 갈라서 위로 틀어올린 머리 모양으로 알 수 있다. 생김새는 역시 억세고 사나우나, 다만 살결이 희고 깨끗하다. 쇠양푼을 갖고 와서 퍼런 질그릇을 기울여 수수밥 한 사발을 수북하게 퍼담고는, 양푼의 물을 부어서 서쪽 벽 아래 놓여 있던 교의에 걸터앉아 젓가락으로 밥을 먹는다. 또 길이가 두어 자 되는 파뿌리를 잎사귀째 장에 찍어서 밥과 번갈아 씹어 먹는다. 목에는 달걀만한 혹이 달렸다. 밥을 먹고 차를 마시는데, 화기로 보아 조금도 수줍어하는 기색이 없다. 아마 해마다 조선사람을 예사로 보아서 아주 낯이 익었기 때문이리라. 『열하일기』 1780년 7월 1일